W0191086

Hermann Glaser

Maschinenwelt und Alltagsleben

Industriekultur in Deutschland
vom Biedermeier
bis zur Weimarer Republik

Lizenzausgabe der S. Fischer Verlags GmbH, Frankfurt am Main
© 1981 by S. Fischer Verlag GmbH, Frankfurt am Main
Lektorat: Walter H. Pehle
Typographie: Hans-Heinrich Ruta
Lithographie: Industriedienst Reproduktion, Wiesbaden
Satz: Fotosatz Otto Gutfreund, Darmstadt
Druck: Aumüller KG, Regensburg

Inhalt

Einleitung

Die Spuren der Völker, die diese in den Zeiten hinterlassen haben, sind aus unserer Geschichtsschreibung gut ablesbar. An Herrschaftsgeschichte ist kein Mangel; wollen wir aber Historie im umfassenden Sinne begreifen, müssen wir einer anderen Fährte folgen: uns der Geschichte und den ›Geschichten‹ der Leute zuwenden. Wenn Geschichte, wie *Peter Wapnewski* es einmal formulierte, nicht verwechselt wird mit bloß Gewesenem; wenn Geschichte aktiviertes Gedächtnis, eingeholte Vergangenheit ist, wenn Geschichte betreiben heißt, eine Sache aus ihren Voraussetzungen heraus und in ihren Folgen zu verstehen, als Chance, aus Vergangenem das Gegenwärtige zu begreifen und das Künftige zu vermuten, dann kann im besonderen Maße die Beschäftigung mit Industriekultur demokratischer Identität dienen.

Diese Thematik greift der vorliegende Band auf. An deutschen Beispielen schildert er das Schicksal von Menschen im Maschinenzeitalter, zeigt er, wie Maschinen den Menschen zum Schicksal wurden. Die Beispiele sind der Epoche vom Biedermeier bis zum Ende der Weimarer Republik entnommen. Es geht um Manifestationen des arbeitenden und feiernden, leidenden und erfolgreichen Menschen des 19. und anfänglichen 20. Jahrhunderts.

Der Versuch der Spurensuche und Spurensicherung handelt von den Lebensformen im Zeitalter der Industrialisierung, von den Vorgängen und Ereignissen der Mechanisierung und von ihren ›Örtlichkeiten‹. Das bedeutet, daß der dingliche Bereich eine wesentliche Rolle spielt; vor allem aber sind wichtig die Wechselbeziehungen zwischen Dingen und Bewußtsein, Empfinden und Handeln, Denken und Umwelt, die Einwirkung der Dinge aufs Bewußtsein und die umweltprägende Kraft des Bewußtseins. Zu fragen ist, wie Bewußtsein dinglich in Erscheinung tritt, und wie Bedingtheiten Bewußtsein formen. Wie aufschlußreich ist z. B. der Blick in die Wohnung eines Fabrikanten, der mit pompösem Aufwand das Erbe der Fürsten anzutreten sucht, oder in die Wohnung eines Arbeiters, der notdürftig, ohne große finanzielle Möglichkeiten, sich die Nische der Wohnküche gemütlich zu gestalten sucht. Welche Dinge und Zeugnisse wir auch angehen, sie sind komplex und bedürfen der viel-

dimensionalen Aufschlüsselung. Aus den Eindrücken und Abdrücken individueller Subjektivität soll Geschichte ablesbar werden. Erlebniskomplexe, Erlebnisknotenpunkte, in denen Bewußtes und Unbewußtes, Faktisches und Symbolisches, Stoffliches und Strukturelles verknüpft sind, stehen im Mittelpunkt der Darstellung, die dementsprechend mehr konkret denn abstrakt, mehr induktiv denn deduktiv, mehr impressionistisch denn systematisch vorgeht. Die Phänomene sollen exemplarisch aufgezeigt werden, ohne daß deshalb der übergreifende Bezugsrahmen vernachlässigt wird. Industriekultur bedeutet kein Dorado, in das wir uns vor den Problemen unserer Zeit flüchten könnten. Die Maschinenzeit war voller Widersprüche, Gegensätze, sozialer Probleme. Ihr Fortschrittsglaube war vielfach fatal, da er des Denkhorizonts entbehrte. Auf der anderen Seite zeigt aber gerade diese Zeit, was es heißt, Modernität erfahren und erleiden, gestalten und auch an ihr scheitern zu müssen. Indem wir uns einer Welt zuwenden, die den unmittelbaren Ursprung unserer Gesellschaft darstellt, indem wir uns die Menschen, von denen wir abstammen, deren Probleme sowie die politischen und sozialen Auseinandersetzungen, die sie um ihre Existenz austrugen, vergegenwärtigen, werden wir unserer selbst besser bewußt, erfahren wir, warum wir so sind, wie wir sind. Realistische Vorstellungen von der sinnvollen Verbesserung der Lebensformen in unserer Zeit sind erst möglich, wenn wir wissen, wie die Menschen vor uns ihr Leben bewältigten. In einer auf Selbstbestimmung beruhenden demokratischen Gesellschaft kommt solchem aufklärenden Zugang zur Geschichte eine grundlegende kulturpolitische Bedeutung zu.

›Falsche‹, das heißt oberflächlich-romantische Tagträume sowie eine vermarktete Nostalgie sollten vermieden werden; ›richtige‹ Nostalgie, also Sehnsucht nach Heimat, fühlt sich dem Hegelschen Aufheben verpflichtet: Die Erbschaft der Zeit soll aufgehoben, das heißt ›vernichtet‹, aufgehoben, das heißt bewahrt, aufgehoben, das heißt ›erhöht‹ (sublimiert) werden.

›Vernichten‹ ist im Sinne der psychoanalytischen Bewältigung zu verstehen; im 19. Jahrhundert liegen wichtige Wurzeln der deutschen Fehlentwicklung; sie zu erkennen, bedeutet ein Stück Trauerarbeit.

›Erhalten‹ ist mit der Empfindung von Stolz verknüpft; gerade das Maschinenzeitalter läßt uns, wie es Gustav Heinemann 1970 einmal formulierte, etwas von jenen Kräften spüren und ihnen Gerechtigkeit widerfahren, die dafür gekämpft und dafür gelitten haben, daß heute das deutsche Volk politisch mündig und moralisch verantwortlich sein Leben und seine Ordnung selbst gestalten kann.

›Erhöhen‹ ist nicht als Mystifikation gedacht, vielmehr als Bereitschaft, Werte aus ideologischem Schutt freizulegen und damit an eine Tradition anzuknüpfen, die seit dem Biedermeier zwar nicht voll zum Durchbruch kam, wohl aber prägend wirkte.

Die Erforschung beziehungsweise die Darstellung der Industriekultur des 19. und 20. Jahrhunderts gleicht der ›Verortung‹ von Erfahrungen, welche die individuelle wie kollektive Biographie tief berühren und immer wieder betroffen machen. Eine solche Topographie bedeutet Vorstoß in Bereiche unendlichen Details, eines Details, das als Markierung sinnlicher Gedankenräume zu verstehen ist. Die Erfassung dieses Details (freilich nur in ausgewählten Beispielen) soll den allgemeinen Begründungszusammenhang abstecken; dieser wird in vier Hauptkapiteln entwickelt:

Weichenstellung: Die Eisenbahn als revolutionäre Erfindung verändert das Bewußtsein der Menschen; diese erwachen aus biedermeierlicher Verinnerlichung; ›vertikale‹ Besinnlichkeit geht in ›horizontale‹ Expansion über; das Schienennetz erweist sich als Realisierung eines großen ›Vernetzungstraums‹; das Eisenbahnwesen bringt die Industrialisierung erst auf Touren.

Industrielandschaft: Bodenschätze werden ausgebeutet; Industrieanlagen breiten sich aus; aus Werkstätten werden Fabriken, aus Läden Warenhäuser; die Landschaft, die wirkliche wie die geistig-seelische, verändert sich. Industrialisierung bedeutet Verstädterung; die Mauern der mittelalterlichen Stadt werden aufgesprengt; Profitopolis entsteht; Bevölkerungsexplosion und Landflucht bewirken große Probleme; die städtische Selbstverwaltung wird neu organisiert, die dabei entstehenden ›Stadt-Werke‹ sind beeindruckend.

Von Ständen und Schichten: Das gesellschaftliche Leben vollzieht sich in Klassen; Bürgertum und Großbürgertum reüssieren; die Arbeiterschaft gewinnt langsam Selbstbewußtsein, nach zähen Kämpfen politische Anerkennung; innerhalb des Mittelstandes stellen die Angestellten eine besonders labile Gruppe dar: zum Bürgertum aufstrebend, oft zum Proletariat herabsinkend. Höchst unterschiedlich die Arbeits- und Lebensräume, das Wohnen, die Familienstruktur, die Erziehung, die Freizeitgestaltung. Im Überbau wird die sozialistische Bewegung zum Träger einer umfassenden und eigenständigen Arbeiterkultur, die sich zunehmend aktiv von der affirmativen Kultur der Bourgeoisie absetzt. Die Kirchen greifen soziale Ideen auf. Bürgerlicher Überbau, durch Historismus und eine Reihe ästhetischer Fluchtbewegungen geprägt, versucht, der häßlichen Welt, der Welt im Gaslicht, einen irisierenden Glanz zu verleihen. Die bürgerliche Kultur erweist sich aber auch als Entstehungsgrund emanzipatorischer, das eigene beschränkte Bewußtsein transzendierender Strömungen.

Die Lust am Untergang: Das Ende des Maschinenzeitalters steht im Zeichen der Euphorie, eines »subjektiven Wohlbefindens bei schwerer Krankheit«, einer »überbetonten Heiterkeit nach Genuß von Rauschmitteln«, einer »Hochstimmung kurz vor dem Ende«. Im Rausch des Fortschritts übersieht man zunächst die Menetekel; die kaschierte, vom Zweckoptimismus überlagerte Existenzangst führt jedoch zur Neurasthenie, die zur Zeitkrankheit wird; Tempo, Unrast, Hektik, Zerfall der Werte liegen dieser ›modernen Nervosität‹ zugrunde. Der kompakte Materialismus, Positivismus und Kapitalismus, die nach wie vor das Gefühl des Wohlbefindens suggerieren, atomisieren sich; sie werden durchlässig für neue Erlebnisformen. Kurz nachdem die Elektrizität die Welt erhellt und neue Chancen fürs kollektive Wohlbefinden illuminiert hat, »gehen die Lichter aus«: Im Weltkrieg werden die zerstörerischen Elemente der Technisierung ungezügelt freigesetzt, die humanen Hoffnungen der industriekulturellen Epoche in Stahlgewittern zerschlagen. Die zwanziger Jahre bringen bei aller sozialen und wirtschaftlichen ›Häßlichkeit‹ noch einmal einen Höhepunkt kultureller Lust: als urbaner Kosmopolitismus gehen sie in die Geschichte ein; es ist eine »Lust am Untergang«. Solche ›Heiterkeit‹ wird bald gefährdet und dann hinweggefegt von der nationalsozialistischen Bewegung, deren Laut-Sprecher besinnungslosen Mechanismus und dumpfe Regression (den Rückfall auf vorzivilisatorische und vorkulturelle Bewußtseinszustände) propagieren und auf eine ganz andere Weise, als es *Oswald Spengler* voraussah, den »Untergang des Abendlandes« vorbereiten.

Zum Thema ›Industriekultur‹ steht heute, was Einzelfragen wie Schwerpunktbereiche betrifft, ein höchst umfangreiches wissenschaftliches Schrifttum, ferner eine stattliche Zahl von Quellensammlungen und Wiederveröffentlichungen autobiographischer und sonstiger Zeugnisse zur Verfügung. Wer zum Beispiel in die Kochtöpfe der bürgerlichen oder proletarischen Küche hineinsehen will, kann aufgrund einer genauen Untersuchung »des Wandels der Nahrungsgewohnheiten unter dem Einfluß der Industrialisierung« und mit Hilfe der Reprints alter Koch- und Haushaltungsbücher den schichtenspezifischen opulenten wie frugalen Mittags- bzw. Abendtisch exakt rekonstruieren. Man möchte im Interesse demokratisch-republikanischer Identitätsbildung dieser Literatur eine größere Verbreitung wünschen. Freilich fehlt eine einigermaßen bündige Zusammenschau der verschiedenen Bereiche und Tendenzen, die plastische Darstellung von Lebens-, Erlebnis- und Handlungsräumen. Dies wird mit vorliegendem Band versucht.

Die Anmerkungen und die Auswahlbibliographie machen deutlich, wieweit der Verfasser sich dabei der Sekundärliteratur dankbar verpflichtet weiß. Die vielen eingefügten, auch längeren Zitate dienen, soweit sie Quellen entstammen, der Veranschaulichung, der ›Versinnlichung‹ des Gedankenganges; als Zitate aus dem Sekundärschrifttum fassen sie wichtige Forschungsergebnisse konzentriert zusammen; sie können so zugleich als Vademekum durchs relevante Sachschrifttum dienen. Das Zitat, meint *Walter Benjamin*, hat als ›Denkbruchstück‹ vor allem die Aufgabe, den Fluß der Darstellung mit ›transzendenter Wucht‹ sowohl zu unterbrechen als auch das Dargestellte in sich zu versammeln.

Die Abbildungen sind nicht nur Pendant zum Text; sie sind eigenständige Dokumente im Rahmen der Absicht, die Geschichte der Leute im Maschinenzeitalter sowohl ›zum Sprechen‹ als auch durch Bildbeispiele ›zum Ansehen‹ (und damit auch zu Ansehen) zu bringen. Der Verfasser dankt den im Bildnachweis aufgeführten Archiven, Agenturen, Bilderdiensten, vor allem aber den vielen Privatpersonen, die diese reichhaltige und aufschlußreiche Illustration ermöglichten.

Weichenstellung

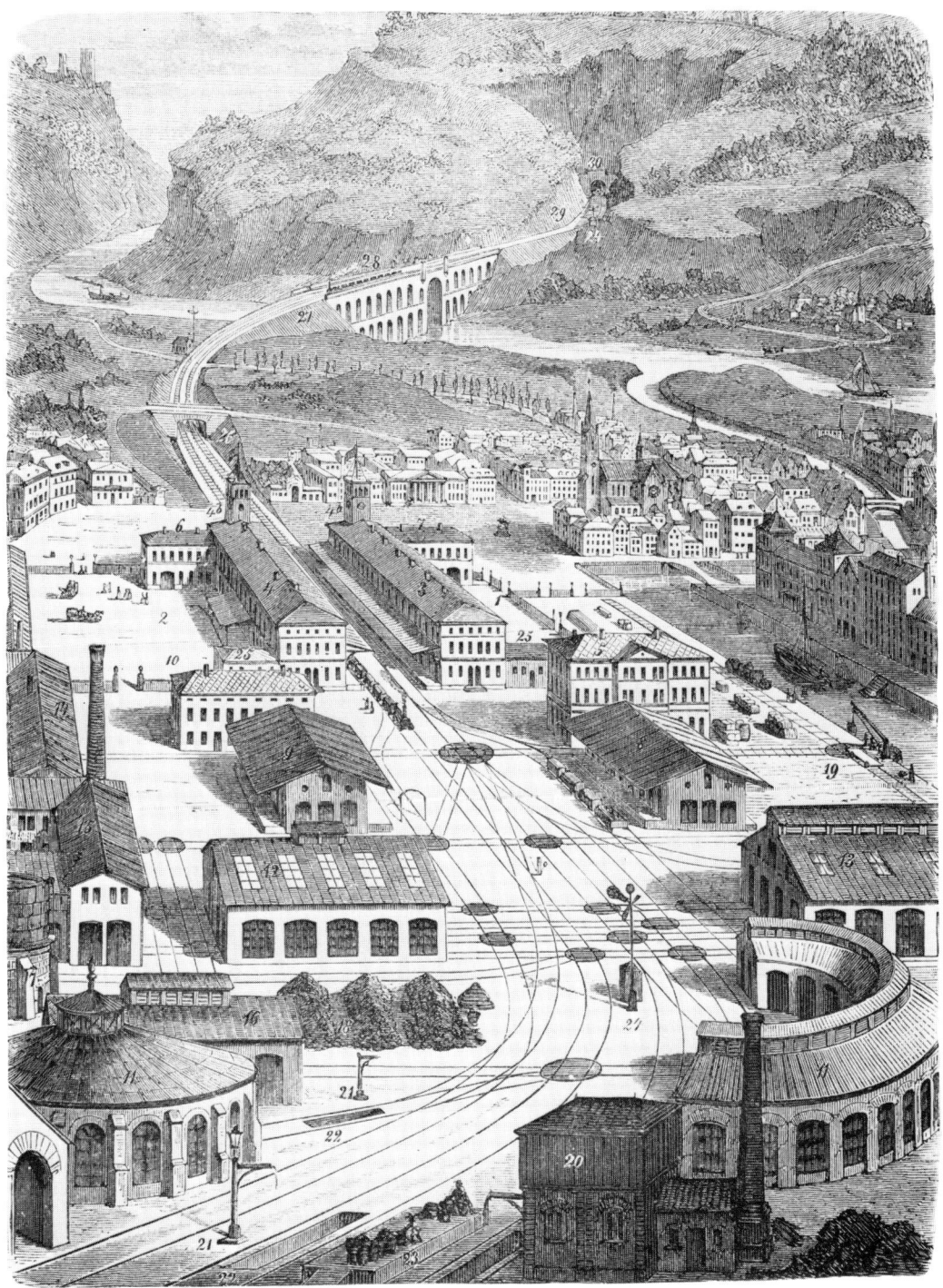

Modellhafte Darstellung einer Eisenbahn-
anlage mit Umgebung. Die einzelnen Nummern
markieren typische Elemente:
unter anderem Bahnkörper mit Durchstich (26),
Viadukt (28), Felseneinschnitt (29),
Tunnel (30).

Das Eisenbahnwesen als Vernetzungstraum

Als der dänische Dichter *Hans Christian Andersen* 1840 auf einer Reise nach Nürnberg kommt, ist er von der ersten Eisenbahn, die in Deutschland angelegt wurde, tief beeindruckt: »Das alte Nürnberg war die erste Stadt, die in den gigantischen Gedanken der jungen Zeit miteinstimmte, die Städte durch Dampf und eiserne Bänder zu verbinden.« In einer Postkutsche war er von Leipzig auf holprigen Straßen durch Oberfranken über Hof und Bayreuth in die alte Reichsstadt gefahren. Hier ergriff ihn das Eisenbahnfieber. Die Schienen waren ihm Zauberfäden, die der menschliche Scharfsinn gezogen hatte. In einem Triumphgefühl sondergleichen genießt der Dichter den Rausch der Geschwindigkeit; die Fahrt erscheint ihm als Wolkenflug: »Oh, welche Großtat ist doch diese Erfindung! Man fühlt sich so mächtig wie ein Zauberer der alten Zeit! Wir spannen unser magisches Pferd vor den Wagen, und der Raum entschwindet; wir fliegen wie die Wolken im Sturm, tun es den Zugvögeln nach! Unser wildes Pferd schnaubt und prustet, aus seinen Nüstern quillt der schwarze Rauch. Schneller konnte Mephistoles nicht mit Faust auf seinem Mantel fliegen! Durch natürliche Mittel sind wir in unserer Zeit ebenso mächtig, wie man im Mittelalter es nur vom Teufel glaubte, unser Scharfsinn hat ihn eingeholt, und ehe er sich's noch versieht, sind wir an ihm vorbei.«[1]

Am 7. Dezember 1835 hatte zwischen Nürnberg und Fürth die erste deutsche Eisenbahn, die Ludwigsbahn, auf einer sechs Kilometer langen Strecke ihren Betrieb aufgenommen.[2] Die erste Anregung dazu war von dem Geheimen Oberstbergrat Professor Dr. med. *Joseph Ritter von Baader* (1763–1835) gekommen. Er hatte in Ingolstadt und Göttingen Medizin, Mathematik und Mechanik studiert und war danach für mehrere Jahre in Frankreich und England gewesen, wo er sich reiche Kenntnisse im Berg- und Maschinenbau erwarb. In zahlreichen Schriften über die »fortschaffende Mechanik« setzte sich *Baader*, der 1815 erneut nach England ging, um vor allem das Eisenbahnwesen an Ort und Stelle zu studieren, für den Bau von Eisenbahnen in Deutschland ein. Im Schloßpark zu Nymphen-

burg richtete er 1825 zwei kleine Versuchsbahnen ein. Er fiel aber bei *Ludwig I. von Bayern* in Ungnade, weil er dessen Kanalbaupläne angriff. Der König ließ sich jedoch immerhin so weit überzeugen, daß er 1834 der Aktiengesellschaft, die sich zwecks Einrichtung und Betrieb der Eisenbahnlinie gebildet hatte, ein auf dreißig Jahre befristetes ›Privileg‹ erteilte und zudem die Genehmigung gab, seinen Namen zu verwenden. Als ›Ludwigs-Eisenbahn‹ bestand die Strecke dann bis 1922.

»Die Erfindung der Eisenbahn mit Dampfkraft ist für den materiellen Verkehr der Staaten und für die Verbindung der Völker von einer ebenso unberechenbaren Wichtigkeit als die Erfindung der Buchdruckerkunst für ihren geistigen Verkehr«, heißt es im Aufruf *Johannes Scharrers*, des damaligen 2. Bürgermeisters von Nürnberg (1785–1844), dem vor allem die Verwirklichung des Projekts zu verdanken war.

Er erkannte damit die ›Botschaft‹ der neuen Zeit, in der, beflügelt von bedeutsamen Erfindungen, ein zivilisatorischer Fortschrittsglaube mit enormer Expansionskraft sich zu entfalten begann – skeptisch, aber auch fasziniert beobachtet von der Biedermeiergesellschaft, die sich angesichts der beschränkten ökonomischen und politischen Möglichkeiten in das Reich der Innerlichkeit zurückgezogen hatte; geprägt von der »Heiterkeit auf dem Grunde der Schwermut«, gewissermaßen an einer geistig-seelischen Vertikalen orientiert, erkannte sie nur langsam die Bedeutung des Horizontalen: die Chance, welche die Überwindung des Raumes mit zunächst unfaßbarer Geschwindigkeit bot, das ›Aktivitätspotential‹ des damit einhergehenden völlig neuen Zeitgefühls.

Die kleine Strecke zwischen den beiden fränkischen Städten, welche die ›Feuermaschine‹ mit ihren neun angehängten Wagen (auf Schienenfahrgestelle gesetzte Postkutschen) im Dezember 1835 in etwa 13 Minuten bewältigte, war der Beginn eines Weges, auf dem auch für Deutschland der große ›Vernetzungstraum‹ des 19. Jahrhunderts Wirklichkeit werden sollte. Die Eisenbahn förderte zunächst einmal die Überwindung der Klein-

staaterei, half mit bei der Erreichung nationaler Einheit (auf der Schiene des technischen Fortschritts).

»Mir ist nicht bange«, sagte *Goethe* zu *Johann Peter Eckermann*, »daß Deutschland nicht eins werde; unsere guten Chausseen und künftigen Eisenbahnen werden schon das ihrige thun. Vor allem aber sei es eins in Liebe untereinander, und immer sei es eins, daß der deutsche Thaler und Groschen im ganzen Reiche gleichen Wert habe; eins, daß mein Reisekoffer durch alle sechsunddreißig Staaten ungeöffnet passieren könne. Es sei eins, daß der städtische Reisepaß eines weimarischen Bürgers von den Grenzbeamten eines großen Nachbarstaats nicht für unzulänglich gehalten werde, als der Paß eines Ausländers. Es sei von Inland und Ausland unter deutschen Staaten überall keine Rede mehr. Deutschland sei ferner eins in Maß und Gewicht, in Handel unter Wandel, und hundert ähnlichen Dingen, die ich nicht alle nennen kann und mag.«[3]

Daß der Verkehr das Rückgrat der künftigen wirtschaftlichen und politischen Entwicklung in Deutschland sein werde, propagierte vor allem *Friedrich List*. Im Eisenbahnbau wie in dem von ihm geforderten Zollverein sah er die Grundlagen für einen glanzvollen Aufstieg Deutschlands. Solche weiträumigen Perspektiven hatte *List*, 1789 in Reutlingen geboren, in Nordamerika kennengelernt, wohin der junge Tübinger Professor für Staatspraxis seiner liberalen Anschauungen wegen hatte auswandern müssen (als Gründer des ›Deutschen Handels- und Gewerbevereins‹ war er zu Festungshaft verurteilt worden).

Ein Jahr, nachdem *List* aus Amerika zurückgekehrt war, veröffentlichte er seine Abhandlung ›Über ein sächsisches Eisenbahnsystem als Grundlage eines allgemeinen deutschen Eisenbahnsystems‹ (1833); sie blieb wie das 1841 erschienene Werk ›Das nationale System der politischen Ökonomie‹ weitgehend unverstanden. Die politischen Streitigkeiten und vergeblichen Anstrengungen zermürbten List so, daß er 1846 bei Kufstein Selbstmord verübte.

»Was wir zur Zeit«, schrieb *Friedrich List* 1841, »in Deutschland an Eisenbahnen besitzen, ist gut als Spielzeug für die Städte und um dem deutschen Publikum einen Begriff von der Sache zu geben; der eigentliche Nutzen dieses Transportmittels aber, sein Einfluß auf die Agrikultur, die Industrie, den Bergbau, auf den innern und äußern Handel kann in großartiger Weise erst hervortreten, wenn der Osten mit dem Westen, der Norden mit dem Süden Deutschlands durch wenigstens vier Nationallinien verbunden sein wird. Allein die wichtigste Seite eines allgemeinen Eisenbahnsystems ist für uns Deutsche nicht die finanzielle, nicht einmal die nationalökonomische, sondern die politische. Für keine andere Nation ist es von so unschätzbarem Wert als Mittel, den Nationalgeist zu wecken und

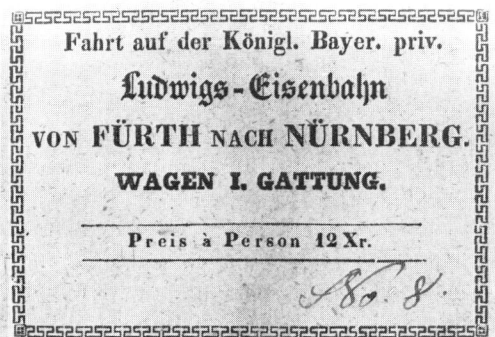

Die Fahrkarte der ersten deutschen Eisenbahn war zugleich das Entree-Billett in eine neue Zeit.

Die Ludwigs-Eisenbahn Nürnberg–Fürth auf einem zeitgenössischen Stich und als Photo um die Jahrhundertwende.

zu nähren und die Verteidigungskräfte der Nation zu stärken.«[4] Ein deutsches Eisenbahnsystem bedeutet für *List*
- ein »Nationalverteidigungsinstrument«, denn es erleichtere die Zusammenziehung, Verteilung und Direktion der Nationalstreitkräfte;
- ein »Kulturbeförderungsmittel«, denn es beschleunige die Distribution aller Literaturprodukte und aller Erzeugnisse der Künste und Wissenschaften; es bringe Talente, Kenntnisse und Geschicklichkeit jeder Art in Wechselwirkung; es vermehre die Bildungs- und Belehrungsmittel aller Individuen, von jedem Stand und Alter;
- eine »Assekuranzanstalt« gegen Teuerung, Hungersnot und gegen übermäßige Fluktuationen in den Preisen der ersten Lebensbedürfnisse;
- eine »Gesundheitsanstalt«, denn es vernichte die Entfernungen zwischen den Leidenden und dem Heilmittel;
- einen Vermittler des gemütlichen Verkehrs, denn es verbinde den Freund mit dem Freund, den Verwandten mit dem Verwandten;
- ein »Stärkungsmittel des Nationalgeistes«, denn es vernichte die Übel der Kleinstädterei und des provinziellen Eigendünkels und Vorurteils;
- einen »festen Gürtel um die Lenden der deutschen Nation«, der ihre Glieder zu einem streitbaren und kraftvollen Körper verbinde;
- ein »Nervensystem des Gemeingeistes« wie der gesetzlichen Ordnung, denn es verleihe im gleichen Maße Kraft der öffentlichen Ordnung wie der Staatsgewalt.[5]

Die Nürnberger Lokomotive, der ›Adler‹ (bis 1852 im Dienst der Ludwigsbahn, dann nach Augsburg verkauft und wahrscheinlich dort verschrottet), die im Dezember 1835 nicht nur zweihundert Personen von Nürnberg nach Fürth transportierte, sondern ein neues kulturelles, wirtschaftliches, politisches wie gesellschaftliches Bewußtsein »beförderte«, war aus England bezogen worden. Seit *Thomas Newcomens* erster ›atmosphärischer Dampfmaschine‹ 1712 war dort die Nutzung der Dampfkraft systematisch weiterentwickelt worden, wobei sich besonders das Modell von *James Watt* als wichtig erwies. 1769 bekam er ein Patent auf eine »neue Methode zur Senkung des Dampf- und Brennstoffverbrauchs bei Feuermaschinen« – eines der bedeutendsten Patente in der Geschichte der Technologie.[6] *Watt* und *Matthew Boulton* gründeten 1775 die Firma Boulton & Watt, deren Fabrik als erste Antriebsmaschinen industriell herstellte. Der Handel blühte; den besonderen Erfolg bewirkte eine kluge Geschäftsidee: die frühe Form des ›Leasing‹. Die Maschinen wurden nicht verkauft, sondern an die Kunden unter der Bedingung gegeben, daß die Gesellschaft als Miete den Preis für die Menge Kohle bekam, die im Vergleich zu einer Newcomenmaschine vergleichbarer Größe eingespart

Bahnhof Steinbeck der Düsseldorf-Elberfelder
Eisenbahn (Druck um 1840).

Das Eisenbahnnetz Europas um 1875
(gezeichnet von Alfred Beron).

werden konnte. – Zahllose Einzelerfindungen
waren notwendig, bis zu Beginn des 19. Jahrhunderts eine sich bewegende Dampfmaschine auf Schienen vorgestellt werden konnte; sie
war für den Transport in Bergwerken gedacht.
George Stephenson löste die Eisenbahnen aus
dem Grubenbereich und machte sie zum öffentlichen Verkehrsmittel. 1814 wurde die Lokomotive ›Mylord‹ gebaut, am 17. September
1825 fuhr die erste öffentliche Eisenbahn mit
Dampfkraft auf der Strecke von Stockton
nach Darlington.
Die Fabrik von *Stephenson* in Newcastle/
England war auch mit dem Bau des Nürnberger ›Adlers‹ beauftragt worden. In 19 Kisten
verpackt, gelangte die Lokomotive per Schiff
bis Köln und von da ab per Fuhrwerk nach
Nürnberg. Ein *William Wilson*, Mitarbeiter
der Firma Stephenson & Co, der nach Nürnberg per Postkutsche reiste, hatte den Auftrag, die in rund hundert Einzelteile zerlegte
Lokomotive wieder zusammenzubauen. Dies
erfolgte in der Nürnberger Maschinenfabrik
J. W. Spaeth. Der ›Adler‹ hatte drei Achsen,
sechs Räder, zwei Zylinder; seine Leistung betrug 25 PS; die größte zulässige Geschwindigkeit war 23 km/h; bei Probefahrten erreichte er 40 km/h; er kostete 850 Pfund
Sterling.
Wilson blieb übrigens in Nürnberg; er bildete
bei der Ludwigsbahn-Gesellschaft neue Kräfte zu Lokomotivführern aus und arbeitete als
Konstrukteur am Zeichentisch wie als Prakti-
ker in der Werkstätte. Nach seinem Tod 1862
wurde er auf dem Nürnberger Johannisfried-
hof beigesetzt.[7]
Die kleine Bahn Nürnberg–Fürth hatte ein
Gleis, insgesamt zwei Weichen und sieben Dreh-
scheiben; die letzteren waren von der Firma
Spaeth hergestellt worden. Die Schienen
sollten ursprünglich aus England bezogen werden – die Regierung verweigerte jedoch die
zollfreie Einfuhr, weshalb eine deutsche Firma
im Rheinland die Fertigung übernahm.
Die Bescheidenheit im Technischen läßt uns
dennoch in einem symbolischen Sinne von
einer ungemein wichtigen ›Weichenstellung‹
sprechen. Nach einem Wort von *Max Weber* ist
die Eisenbahn das revolutionärste Mittel gewesen, das die Geschichte für die Wirtschaft,
nicht nur für den Verkehr verzeichnete. Sie
war Wegbereiterin der Industrialisierung,
›Motor‹ des umfassenden gesellschaftlichen
Wandels (Gegenkraft zum feudalen vorindustriellen Gesellschafts-, Herrschafts- und
Wirtschaftssystem). Der Eisenbahnbau veränderte die Infrastruktur aller Länder und forderte darum die staatliche Wirtschaftspolitik

heraus, die lange zwischen merkantilistischen und liberalistischen Konzepten und Maßnahmen schwankte. Der Eisenbahnbau als ursprünglich private Angelegenheit brachte sehr deutlich die Spannungen zwischen dem monarchisch-bürokratischen Staatsapparat und dem erstarkenden Wirtschaftsbürgertum zum Ausdruck und zum Ausbruch; das aber war ein bedeutsamer Konflikt bürgerlicher Gesellschaften auf der Stufe des Hochkapitalismus. »Ausgehend von der Eröffnung der er-

Der Lokomotivensaal der Maschinenbauanstalt Borsig. Die von Johann Friedrich Karl August Borsig gegründete Fabrik beschäftigte 1847 1200 Mann; bis Ende 1851 waren aus ihr 330 Lokomotiven hervorgegangen. 1847 lieferte Borsig 67 Lokomotiven mit Tendern; das war mehr, als zu jener Zeit die größten Werkstätten Englands fabrizieren konnten.

Waggonbau bei der Maschinenbau AG Nürnberg.

sten deutschen Eisenbahn im Königreich Bayern, gefördert durch die Gründung weiterer Eisenbahn-AGs im Lande und gesteigert durch den lukrativen Handel mit Eisenbahnaktien, wurden die Eisenbahnen seit 1835 zum beherrschenden Thema der öffentlichen und veröffentlichten Diskussion. Die bayerischen Zeitungen, die die Eisenbahnen bisher völlig ignorierten, behandelten nun über Nacht technische Fragen des Eisenbahnbaus, meldeten Vorhaben in Württemberg und anderen deutschen Staaten, brachten täglich die Kurse der Eisenbahnaktien, schrieben wöchentlich über die Personenfrequenz auf der Linie Nürnberg–Fürth und berichteten über das Eisenbahnwesen in Amerika und England. Auch in den technischen Fachzeitschriften wurden die Eisenbahnen mit einem Schlage das bevorzugte Thema. Genauso wie die wirtschaftliche Seite der Eisenbahnen ein führender Gegenstand war, bildete sich bei der Bevölkerung erstmals so etwas wie ein industrielles Bewußtsein. Jetzt merkten und

spürten die Menschen symbolhaft, daß das spätfeudale Gesellschaftssystem in seinen letzten Zügen lag und vom neuen, industriellen Zeitalter abgelöst wurde, in dem andere Mechanismen und Gesetzmäßigkeiten galten. Die Zeitungen diskutierten breit den volkswirtschaftlichen Segen und Fluch der Eisenbahnen, verdammten die überdurchschnittlich hohen Spekulationsgewinne des Eisenbahnaktienhandels oder verteidigten sie als notwendiges Übel. Selbst die Unterhaltungsblätter des breiten Volkes schrieben darüber und zeigten so den Sieg des rationalen Zeitgeistes an. War zu Beginn des Jahrhunderts der Großteil der Bevölkerung auch seßhaft, beschränkte sich Umwelterfahrung noch auf den lokalen Bereich des Wohnorts, so wurden jetzt durch den Bau der Eisenbahnen der menschliche Horizont erweitert, räumliche Grenzen überwunden und damit eine lokale Mobilität, ja unser Massentourismus angekurbelt. Diese Mobilität erregte das menschliche Bewußtsein.« *(Karl Bosl)*[8]

Der Mythus vom Dampf

Als man 1875 bei dem Stiftungsfest des preußischen ›Vereins für Gewerbefleiß‹ die Hundertjahrfeier der Erfindung der Dampfmaschine durch *James Watt* beging, brachte der Direktor des preußischen Statistischen Büros, Dr. *Ernst Engel*, einen Trinkspruch aus, in dem er die Vereinigung von Technik und Natur als ›Familienbild‹ allegorisierte: »Die im Jahr 1775 vollzogene Ehe ist, trotz der großen Verschiedenheiten von Mann und Frau, eine der glücklichsten auf dem ganzen Erdenrunde und besteht noch heute. Sie ist aber auch die fruchtbarste. Ihre Sprößlinge zählen nach Hunderttausenden. Mit sehr wenigen Ausnahmen sind diese die wohlerzogensten, fleißigsten und willigsten Geschöpfe. Sie kennen keine Ruhe bei Tag und Nacht und sind wahre Muster von Fügsamkeit und Genügsamkeit. ... Wo man ihnen Hütten baut und sie richtig zu nehmen weiß, folgt Glück und Segen ihrem Einzuge auf dem Fuße.«[9] Der aufbrausende, unmanierliche Gatte ›Dampf‹ bedürfe freilich stets der bezähmenden, freundlichen, harmonisierenden Gattin ›Maschine‹. – Selbst diese positivistisch-optimistische Metapher verweist noch auf die das 19. Jahrhundert insgesamt durchziehenden Ambivalenzgefühle, die in technischen Apparaturen und Gerätschaften sowohl ›eiserne Engel‹ als auch ›eiserne Teufel‹ empfanden. Das rollende Flügelrad, als Symbol des Eisenbahnwesens auf Fahrplänen, Prospekten, Uniformen immer wieder verwendet, war ein Wappenzeichen, das Technik bald als Gefährt zum zivilisatorisch-kul-

turellen Olymp, bald als Gefährt in den Abgrund der Hybris signalisierte. Die Tatsache, daß man nun ›beschränkungslos‹ mit Hilfe der (Dampf-)Maschine Raum und Zeit durcheilen und mit der Streckenführung der Eisenbahnen Natur ›durchschneiden‹ konnte, sich ihr nicht mehr anpassen mußte, statt dessen die natürlichen Bedingungen, Grenzen und Zwänge aufzuheben vermochte, bewirkte ein Gefühl unendlicher Kraft und Macht. »Die Natur, das heißt die räumliche Entfernung, an der die animalischen Bewegungsapparate sich bis zur Erschöpfung abarbeiteten, wird nun selber zum Opfer des neuen mechanischen Bewegungsapparats Eisenbahn, welche – so eine oft verwendete Metapher – mit der Gewalt eines Projektils durch sie hindurchschießt. Vernichtung von Raum und Zeit (annihilation of time and space) lautet der Topos, mit dem das frühe 19. Jahrhundert beschreibt, wie die Eisenbahn in den bis dahin unumschränkt herrschenden natürlichen Raum einbricht. Ob und wie und welche Bewegung stattfindet, das hängt von nun an nicht mehr ab von der Natur dieses Raumes, sondern von der mechanischen Kraft, die sich ihre eigenen neuen Räumlichkeiten schafft.« *(Wolfgang Schivelbusch)*[10] Der ›Mythus vom Dampf‹ rekurrierte auf den Mythus vom gefesselten Prometheus, vom bezwungenen Herkules. ›Des Vaters Zorn, der Mutter Kraft‹ waren zweckvoll gebändigt. Der Dampf, der ›Feuergeist‹, durfte nicht mehr in die Wolken greifen, »nicht spielen mit des

Blitzes Loh'n / in Lüften nicht die Welt durchschweifen, / ein freigeborner Königssohn«.

»Nein, wo der Mensch von Eisenschienen sein unabsehbar Netz gespannt, da muß in harter Fron er dienen, ein Herkules im Knechtsgewand, da muß er mit des Windes Flügel, wettlaufen in erglühter Hast und über Heide, Strom und Hügel dahinziehn die getürmte Last ...«

Am Ende dieses Gedichts von *Emanuel Geibel*, das die Stimmungslage prometheischer Technikgläubigkeit gut widerspiegelt, steht freilich die eschatologische Angst vor dem »Tag des Zorns«, vor dem »Trümmersturz der Dinge« – vor dem Weltenbrand, da alles ins Nichts vergeht.[11]
Die Lokomotive, das »zwanzigmeterlange Tier, / die Dampfmaschine, / auf blankgeschliffener Schiene / voll heißer Wut und sprungbereiter Gier«[12], vermittelte nicht nur individuelle und kollektive Ich-Stärke, gespeist aus dem Bewußtsein vom Sieg des Menschen über die Natur, sondern auch ein besonders ästhetisches Glücksgefühl. Wenn *William Turner* (1775–1851) davon sprach, daß er einen blühenden Birnbaum ebenso liebe wie eine Dampflokomotive, die Kathedrale von Reims ebenso wie eine Ölraffinerie, dann bekundete sich darin eine neue Weltsicht, die sich die Perspektive vibrierender, ›schnaubender‹, ›siedender‹ Schönheit erschloß. *Turners* Bild ›Rain, steam and speed – The Great western railway‹, 1844, ist charakteristisch für solche künstlerische Grundbefindlichkeit, die, gipfelnd im Impressionismus, die Kompaktheit der bisherigen Welt in Bewegung auflöste. Die Geschwindigkeit des neuen Transportmittels versetzte den Menschen in einen Zustand der Exorbitanz; es ergriff ihn gleichermaßen der Taumel der Freude wie der Schwindel der Angst; er raste einem Ziele zu und fühlte sich doch dem Ungewissen ausgesetzt. Was Maler und Dichter artikulierten, war nicht nur Ausdruck von Artistik; wiedergegeben wurde damit auch das alltägliche Lebensgefühl, das bis heute, bewußt oder unbewußt, die Freunde der Dampflokomotive nostalgisch prägt: ein Verlangen nach Auflösung, Ent-hebung, Ent-fernung. Wer sich dem Bahnhof nähert, den Pfiff des ankommenden Zuges hört, erwartungsvoll den Bahnsteig und dann das Abteil betritt, der löst sich aus der Enge seiner Verhältnisse; er ergreift Besitz von der Ferne, er ist versetzt in eine transitorische Welt. In der ›Kurzen sentimentalen Reise‹ von *Italo Svevo* betrachtet der alte Herr Aghios ein paar Minuten lang entzückt den Rauch, der von einer Lokomotive aufsteigt, die außerhalb des Bahnhofs steht. »Der Wind trieb ihn vor sich her. Er stieg aus dem Schornstein in Schwaden auf und wurde vom Wind sofort aufgelöst und zerstreut. Es war, als entkleide sich jede einzelne dieser Rauchschwaden, während sie der Zerstörung

Eröffnung der Münchner-Augsburger Eisenbahn. Steinzeichnung von Gustav Kraus.

Johann Adam Kleins ›Eisenbahn-Szene bei München‹ (1842) spiegelt die Angst vor der ›Teufelsmaschine‹.

Auf dem zeitgenössischen Gemälde, das die Köln-Mindener Eisenbahn bei Benrath um 1860 zeigt, haben sich Mensch und Tier an das neue Verkehrsmittel schon gewöhnt.

anheimfiel, und enthülle einen in ihrem Innern verborgenen Kampf, einen Rüssel, ein Lebewesen. Die Augen dieser Köpfe waren, während sie sich auflösten, weit aufgerissen, wie um besser sehen zu können, immer besser, bis sie ganz zerrissen.«[13] Dieser ›Wirbel des Lebens‹, der Bahn und Bahnhof zum Topos des Aufbruchs macht, charakterisierte den ›Zug der Zeit‹. Überall, in allen Ländern und Kontinenten, da die Eisenbahnstrecken die Grenzen der Provinzen und des Provinziellen aufsprengten, skandierte der dampfende, zischende Maschinentakt der ›Dampfrösser‹ mit den Stakkatoschlägen der Schieneneinschnitte, über die die Wagen dahinstürmten, die Melodie eines dunklen, furchtbaren Hungers nach Welt.

»Quer durch Europa von Westen nach Osten
rüttert und rattert die Bahnmelodie.
Gilt es die Seligkeit schneller zu kosten?
Kommt er zu spät an im Himmelslogis?

FortfortfortFortfortfort drehn sich die Räder
rasend dahin auf dem Schienengeäder,
Rauch ist der Bestie verschwindender Schweif,
Schaffnerpfiff, Lokomotivengepfeif.

Länder verfliegen und Städte versinken,
Stunden und Tage verflattern im Flug,
Täler und Berge, vorbei wenn sie winken,
Traumbilder, Sehnsucht und Sinnenbetrug.

Mondschein und Sonne, noch einmal die Sterne,
bald ist erreicht die beglückende Ferne,
Dämmerung, Abend und Nebel und Nacht,
stürmisch erwartet, was glühend gedacht. ...«

Der ›Blitzzug‹, den dergestalt *Detlev von Liliencron* als Rhapsodie der Bewegung in die Ferne rasen läßt, zerschellt an seinem ›Gegenbild‹:

»Halthalthalthalthalthalthalthalthaltein
ein anderer Zug fährt schräg hinein.«

»Folgenden Tags, unter Trümmern verloren
finden sie sich zwischen verkohltem Gebein,
finden sich schuttüberschüttet zwei Sporen,
Brennscheren, Uhren, ein Aktienschein,
Geld, ein Gedichtbuch: ›Seraphische Töne‹,
Ringe, ein Notenblatt: ›Meiner Camöne‹,
endlich ein Püppchen, im Bettchen verbrannt,
dem war ein Eselchen vorgespannt.«[14]

Gefeiert wird hier das 25jährige Dienstju-
biläum eines Lokomotivführers; diesen Beruf
wollte fast jeder Junge einmal ergreifen.

Das neue Transportmittel Eisenbahn bewirkte
Panik: Stunden der Enthebung wie Sekunden
des Schreckens gleichermaßen. Auf der einen
Seite ein unbestimmter Glückszustand, wie
ihn *Hippolyte Taine* in ›Carnet de voyage‹ beschreibt: »Ich befand mich allein in meinem
Wagen. … Die Räder rotierten unermüdlich
mit einem gleichförmigen Geräusch, wie der
Nachhall einer großartigen Orgel. Alle Gedanken an Irdisches und Gesellschaftliches ver-
schwanden. Ich sah nur noch die Sonne und
die Erde, die geschmückte Erde, lachend, ganz
in Grün, und zwar einem vielfältigen Grün,
aufgeblüht unter diesem süßen Regen von
warmen Sonnenstrahlen, die sie liebkosten.«[15]
Auf der anderen Seite die ständige Gegen-
wärtigkeit des Todes, die Angst vor dem Entgleisen des Zuges, die Ahnung von den dem

Eisenbahnwesen immanenten Katastrophen
(medizingeschichtlich bewirkte dies neue Formen der Hysterie und bei Überlebenden von
Unglücken eine besondere Art traumatischer
Schocks).
Sigmund Freud hat die Eisenbahnlust und die
Eisenbahnangst psychoanalytisch gedeutet:
»Die Erschütterungen in der Wagenfahrt und
später der Eisenbahnfahrt üben eine so faszinierende Wirkung auf ältere Kinder aus, daß
wenigstens alle Knaben irgend einmal im Leben Kondukteure und Kutscher werden wol-
len. Den Vorgängen auf der Eisenbahn pflegen
sie ein rätselhaftes Interesse von außerordent-
licher Höhe zuzuwenden und dieselben im
Alter der Phantasietätigkeit (kurz vor der
Pubertät) zum Kern einer exquisit sexuellen
Symbolik zu machen. Der Zwang zu solcher
Verknüpfung des Eisenbahnfahrens mit der
Sexualität geht offenbar von dem Lustcha-
rakter der Bewegungsempfindungen aus.
Kommt dann die Verdrängung hinzu, die so
vieles von den kindlichen Bevorzugungen ins
Gegenteil umschlagen läßt, so werden diesel-

ben Personen als Heranwachsende oder
Erwachsene auf Wiegen und Schaukeln mit
Übelkeit reagieren, durch eine Eisenbahnfahrt furchtbar erschöpft werden oder zu
Angstanfällen auf der Fahrt neigen und sich
durch Eisenbahnangst vor der Wiederholung
der peinlichen Erfahrung schützen.«[16]
In einem übertragenen Sinne verweist eine
solche Interpretation auf ein dominantes zeitgenössisches ›Seelenmuster‹: die Verknüpfung
des lustvollen Gefühles der Ichvergessenheit
im Geschwindigkeitsrausch mit dem Verdrän-
gungsmechanismus einer lustfeindlichen
Wirklichkeit, die libidinöse Dynamik eben
nur dann zuließ, wenn sie aufs Zweckratio-
nale umorientiert, das heißt, ihren ursprünglichen Zielen entfremdet war. Eisenbahnangst
signalisiert das Scheitern von Lustgenuß; das
Entgleisen des Zuges wird zum Symbol von
›Entgleisung‹ schlechthin. Weltfreude und
Weltsehnsucht werden auf festgelegte Strek-
ken geleitet; dennoch droht Kollision; auf die
Apparatur kann man letztlich nicht einwir-
ken. Es bietet sich das Bild einer geschlosse-

nen Gesellschaft, die in separierten Klassen der Phantasmagorie von Fortschritt nachrast. »Wir sind«, heißt es in einem Gleichnis von Franz Kafka – und dieses ist existentiell wie zeitgeschichtlich zu verstehen –, »mit dem irdisch befleckten Auge gesehen, in der Situation von Eisenbahnreisenden, die in einem langen Tunnel verunglückt sind, und zwar an einer Stelle, wo man das Licht des Anfangs nicht mehr sieht, das Licht des Endes aber nur so winzig, daß der Blick es immerfort suchen muß und immerfort verliert, wobei Anfang und Ende nicht einmal sicher sind. Rings um uns aber haben wir in der Verwirrung der Sinne oder in der Höchstempfindlichkeit der Sinne lauter Ungeheuer und ein je nach der Laune und Verwundung des Einzelnen entzückendes oder ermüdendes kaleidoskopisches Spiel. Was soll ich tun? oder: Wozu soll ich es tun? sind keine Fragen dieser Gegenden.«[17] Es gehört zum Verblendungszusammenhang der durch das Eisenbahnwesen inaugurierten Epoche der Industrialisierung, daß deren Gesellschaft, zumindest in ihren ›Spitzen und Stützen‹, die Sinnfrage nicht nachdrücklich genug stellte; fasziniert vom ›Mythus des Dampfes‹ blieb Reflexion auf der Strecke.

fernt. Mit den Räumen dazwischen, die sie voller Geringschätzung durchquerten und die nur einen nutzlosen Anblick böten, verbinde sie nichts, heißt es in einem französischen Text aus dem Jahre 1840.[19] Nach einem Wort von *John Ruskin* würden die Reisenden nun wie Pakete an ihren Bestimmungsort verschickt. Die Identifikation mit der Landschaft ginge verloren.

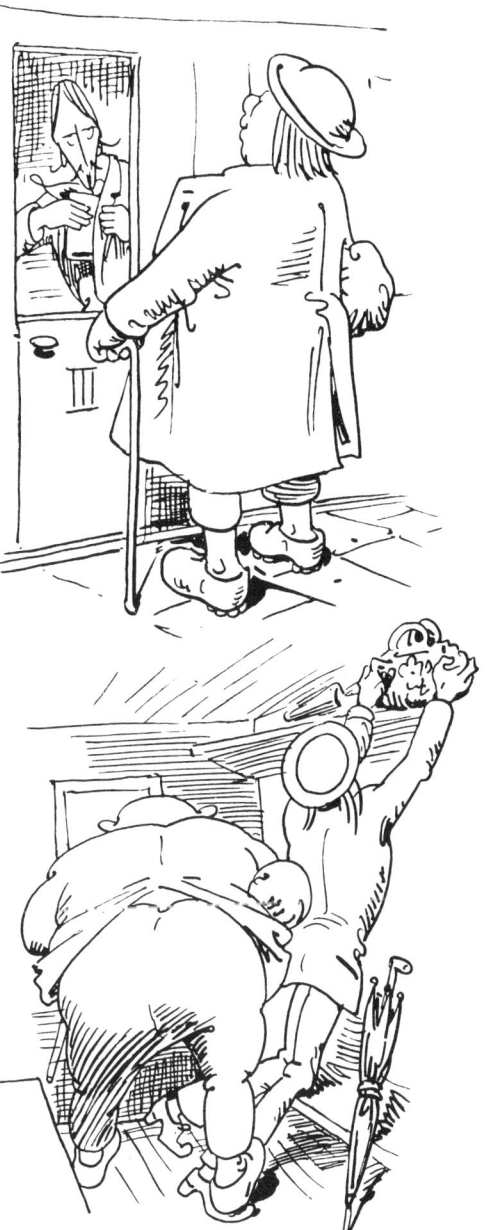

Die Zeit rollt – manchmal auch langsam

Angesichts der Erschütterung, welche die beiden Eisenbahnen von Paris nach Orleans und nach Rouen bewirkten, erkannte *Heinrich Heine*, daß die Elementarbegriffe von Zeit und Raum schwankend geworden seien; die Zeit rolle rasch vorwärts, unaufhaltsam auf rauchenden Dampfwagen; die abgenutzten Ideale und Helden der Vergangenheit werde man rasch aus den Augen verlieren. »Während aber die große Menge verdutzt und betäubt die äußere Erscheinung der großen Bewegungsmächte anstarrt, erfaßt den Denker ein unheimliches Grauen, wie wir es immer empfinden, wenn das Ungeheuerste, das Unerhörteste geschieht, dessen Folgen unabsehbar und unberechenbar sind.«[18] Da man in viereinhalb Stunden jetzt nach Orleans und in ebensoviel Stunden nach Rouen reisen könne, sei das natürliche Zeitgefühl ver-setzt. Berge und Wälder aller Länder rückten auf Paris an; »vor meiner Tür brandet die Nordsee«. Das neue Zeitgefühl bedeutete eine Ablösung vom Lebensrhythmus der statischen Agrargesellschaft. Angesichts der Verkürzung beziehungsweise Eliminierung des Zwischen-Raums, des Raumes zwischen den Orten, des ›Reiseraumes‹ (auch wenn dieser am Anfang aufgrund der geringen Geschwindigkeit der Eisenbahnen noch verhältnismäßig groß war – doch kam es nicht auf die objektive Zeitmessung, sondern auf das psychologische Zeitempfinden an!) – angesichts solcher Erfahrung bedeutete Unterwegssein vorwiegend Start und Ziel. Die Bahnen kannten nur Abfahrt, Aufenthalt und Ankunft als Orte, und diese lägen gewöhnlich weit voneinander ent-

*»Ein langer Pfiff. – Da hält er schon.
Auf der ersehnten Bahnstation. –
Ein wohlgenährter Passagier
in Nägelschuhen wartet hier.
Er zwängt sich hastig in's Coupé.
Pardon! – Er tritt auf Bählamm's Zeh' –.«*
(Wilhelm Busch)

Der erste Wagen, der auf der 1874 geschaffenen Bahnlinie zwischen Kronberg und Frankfurt am Main fuhr. Ganz rechts der Stationsvorsteher.

Die verschiedenen Formen der ›Bimmel-bahn‹ fanden bald Eingang ins Spielzeugsortiment.

Zugunsten eines geregelten Verkehrs vereinheitlichte man die Ortszeiten; eingeführt wurde die Eisenbahnzeit, die zunächst nur mit der Fahrplanzeit identisch war und erst gegen Ende des 19. Jahrhunderts zur allgemeinen Standardzeit avancierte. 1852 hatte man sich, obgleich jede längere Zugfahrt mit einem ständigen Regulieren der Uhren verbunden war, bei den Eisenbahnverwaltungen noch gegen die ›Normalzeit‹ gewehrt: »Was nun den Vorschlag betrifft, die diesfalls angenommene gemeinschaftliche mittlere Zeit überall zugleich als gesetzliche Ortszeit einzuführen und sie gleichsam als Regulator aller Geschäfte und Handlungen des Volkes festzustellen, erscheint diese Maßregel als eine in das Volksleben tief einwirkende Abnormität nicht nur naturwidrig, sondern auch als unnötig. Die unwandelbare Bewegung der Gestirne, vorzüglich der mittleren Sonne, ist der natürliche Regulator der Zeit eines jeden Ortes und der von derselben abhängigen Tagesgeschäfte seiner Bewohner.«[20] Eine solche Feststellung war freilich genauso anachronistisch wie die Tatsache, daß in manchen Städten die Türmer die Stunden von Hand schlugen, während längst überall Normaluhren etabliert und zu wichtigen Orientierungs- wie Kommunikationsorten geworden waren.

Eine derartige Ungleichzeitigkeit im Gleichzeitigen spiegelte sich nicht nur in der Unterschiedlichkeit von Eisenbahnzeit und Ortszeit; die Eisenbahn selbst nahm in sich agrargesellschaftliche Lebensformen auf, sie mehr bewahrend denn vernichtend. Während sie als Schnellzug der Industrialisierung den Rhythmus vorgab, erwies sie sich als Lokalbahn oder Vizinalbahn lediglich als Verlängerung des Kutschenzeitalters. Auf den vielen Nebenstrecken in Deutschland waren Standardisierung und Normierung zugunsten regionaler Besonderheit aufgehalten; die Uhren etwa auf der ›schwäb'schen Eisenbahn‹ schlugen eben anders, zeit-loser, un-regel-mäßiger. In Bayern war, wenn man *Ludwig Thoma* trauen kann, die gleichermaßen feudale wie ländliche gemütliche Eigensinnigkeit nicht nur bei Lokalbahnen, sondern sogar bei Schnellzügen gang und gäbe:

»Dann Moching. Seine Königliche Hoheit fahre dorthin, um ihr Rindvieh zu sehen, der Hofveterinärarzt fahren hin, um es zu kurieren, der Verwalter fahren herein, um vom Rindvieh einen Abend wegzukommen.

Der Baron von Daglfing ist erblicher Reichsrat. Fahren Sie vorbei, wenn Sie den Mut haben!

Jetzt werfen Sie einen Blick in das Kupee erster Klasse! Der Mann rechts ist es, der mit der buchsbaumenen Lederhose und der

Zweipfennigzigarre, die er in Fransen raucht. Das ist unser Abgeordneter Niedermoar, Sänftlbauer von Gscheerthausen. Gönnen Sie dem Manne, von aufreibenden Staatsgeschäften in seinen vier Wänden auszuruhen!

Allerdings, Haar. Daß hier der D-Zug hält, ist eine Liebenswürdigkeit Frauendorfers gegenüber den Gästen der Hofjagd.

Bevor Sie hart darüber urteilen, bedenken Sie, daß nicht selten ein Hase von der Bahn überfahren wird, und daß die Hofjagdintendanz eigentlich verpflichtet wäre, den Verkehr einzustellen. Da sie hiervon Abstand nahm, ist es nur billig, wenn sie ebenfalls Entgegenkommen findet.

Über Woadling und Kraglfing bin ich nicht informiert.

Ich hörte flüchtig erwähnen, daß der Benefiziat von Woadling für den nächsten vakanten Abgeordnetenposten in Aussicht genommen ist.

Damit wäre die Sache geklärt.

Rirrirri!

Der Schaffner pfeift.

Nun, sehen Sie, wir fahren ja schon wieder!«[21]

Die Blütezeit der Kleinbahnen fiel auf das Ende des 19. Jahrhunderts. Die wesentlichen Hauptbahnen waren geschaffen; nun mußten kleine Nebenbahnen die Aufgabe übernehmen, Gebiete, die noch abseits lagen, aber am

---

b. Elektrische Bahnen mit Feldmagnet-Motoren

zur Verwendung für Schwachstrom und Starkstrom (spez. Wechselstrom).

☞ (Für Wechselstrom unter Vorschaltung eines Widerstandes No 10415 Seite 326) ☜

mit Kohlenfaden-Glühlampen 4 Volt 0,25 Ampère für Schwachstrom und 1 Reservelampe mit 12 Volt 0,5 Ampère zur Verwendung bei Starkstrombetrieb.

Kohlenfaden-Glühlampen mit Zwerggewinde zur Stirnlampen-Beleuchtung für nachfolgende elektrische Bahnen passend

14379/1   4 Volt 0,25 Ampère (für Schwachstrom) . . . . per Stück inkl. Steuer hfl. —.32
10218/12 12 „   0,5   „   (für Starkstrom) . . . . „   „   „   „   „   —.45

Spurweite 0 = 35 mm

190/217/0 **Elektrische Bahn,** Lokomotive mit Pleuelstangen, **mit elektrischer Stirnlampen-Beleuchtung** (Kohlenfadenlampe) Tender, 3 feinen langen Personenwagen mit 10 teiligem Schienenoval inkl. Anschlußschiene . . . . per Stück (ohne Element) hfl. 10.50

Lokomotive 18 cm lang	Tender 8½ cm lang	Wagenlänge 14 cm	Zuglänge 78 cm	Schienenformation 1 Oval = 6 gebogene u. 4 gerade Schienen	Zulässige Spannung 4—6 Volt

Spurweite 0 = 35 mm

190/219/0 **Elektrische Bahn,** Lokomotive **mit elektrischer Stirnlampen-Beleuchtung** (Kohlenfadenlampe), Tender, 2 feinen langen Personenwagen und 1 feinen langen Postwagen, mit 10 teiligem Schienenoval inkl. Anschlußschiene . . . . per Stück (ohne Element) hfl. 11.25

Lokomotive 18 cm lang	Tender 10 cm lang	Wagenlänge 15½ cm	Zuglänge 84 cm	Schienenformation 1 Oval = 6 gebogene u. 4 gerade Schienen	Zulässige Spannung 4—6 Volt

Spurweite 0 = 35 mm

190/221/0 **Elektrische Bahn,** bestehend aus Lokomotive **mit elektrischer Stirnlampen-Beleuchtung** (Kohlenfadenlampe), Tender, 2 feinen langen Personenwagen und 1 feinen langen Postwagen mit 10 teiligem Schienenoval inkl. Anschlußschiene . . . . per Stück (ohne Element) hfl. 14.—

Lokomotive 21½ cm lang	Tender 12 cm lang	Wagenlänge 17 cm	Zuglänge 96 cm	Schienenformation 1 Oval = 6 gebogene u. 4 gerade Schienen	Zulässige Spannung 4—6 Volt

— 303 —

wirtschaftlichen Aufschwung teilhaben wollten, verkehrsmäßig zu erschließen. Im Deutschen Reich kostete 1910 ein Tonnenkilometer
Ware beim Fuhrwerksbetrieb durchschnittlich 30 Pfennig gegenüber 13 Pfennigen auf
Kleinbahnen; beim Reiseverkehr waren 10 gegenüber 4 Pfennig je Personenkilometer zu
bezahlen. Dazu kam auch noch die Zeit-
ersparnis. – Von den deutschen Ländern förderte Bayern mit einem Gesetz vom 19. April
1869 den Bau von Kleinbahnen; in Preußen
begünstigte der Staat durch eine Reihe von
Spezialgesetzen den Bau von Kleinbahnen (so
durch das Preußische Kleinbahnengesetz vom
28. Juli 1892). – In Deutschland gab es 1909
250 Kleinbahnen mit einem Streckennetz von
7565 Kilometern. (Die Durchschnittslänge
einer Strecke der preußischen Kleinbahn be-

trug 34,15 km.) Damit stand Deutschland
nach Ungarn und vor Frankreich an zweiter
Stelle in Europa.[22]
Solche Zahlen machen deutlich, daß die vielfach ironisierte (und später romantisierte)
›Bimmelbahn‹ wie die Vollbahn von großer
Bedeutung für die Industrialisierung war. Die
Kleinbahn, hieß es im Berliner Tagblatt
Nr. 201 von 1902, sei ein durchaus vollwer-
tiges Glied in der Reihe der öffentlichen Verkehrsmittel. Sie unterscheide sich von den
Vollbahnen dadurch, daß sie nur die Bedürfnisse eines beschränkten Verkehrsgebietes
abzudecken habe. Ihr Streben gehe dahin,
»durch tunlichstes Vereinfachen ihrer Einrichtungen zu ermöglichen, daß auch ent-
legene Gegenden in den Genuß eines Bahn-
anschlusses gelangen«.

von allen, die ich da gehabt habe, und als er
mir das einmal zu arg machte, da wars vorbei.
… Spaß war das freilich nicht, wenn der bela-
dene Wagen den Berg heruntersauste, da mußte man mit, da lernte man ›beinig‹ werden,
wenn es in voller Fahrt abwärts ging. Neben
der ›vollen Fahrt‹ entlang führte die ›leere
Fahrt‹, da waren Bohlen gelegt, auf welchen
man den leeren Wagen den Berg wieder hin-
aufzog, wobei man vom Markengeber jedesmal eine Marke empfing, so viel Marken man
abends abgeben konnte, so viele Wagen hatte
man gefahren, aber wer den Wagen nicht
ordentlich vollgeladen hatte, der sollte keine
Marke haben, und der Markengeber mußte
dafür aufpassen. Im Laufe der Zeit hatte er
mich 2 Mal angehalten und verwarnt, aber
die Marke hatte er mir jedesmal gegeben, aber
andre hat er gefährlich angeschnauzt, und
welche haben mehr wie einmal keine Marke
bekommen. Aber wenn wir mit dem leeren
Wagen wieder oben und bei unserer Ladestel-
le angelangt waren, da wollte sich der Wachtmeister, wie mancher andere immer erst ausruhen, aber ich sah wohl wie die andern das
machten: schnell den Wagen rumgedreht, und
passend hingestellt, mit einer Hand den Zottel
von der Schulter und mit der andern schon
nach der Schippe gelangt; dann ging das Werfen wieder los: was hast du, was kannst du!
bis der Wagen wieder voll war, und das durfte
gar nicht lange dauern, bei der letzten Schippe sagte einer : ›Gut‹ und da ließen sie die
Schippen bloß aus der Hand fallen, und im Nu
hatten sie schon beide den Zottel auf der
Schulter und zottelten wieder los.«[23]
Die Arbeitsmittel waren primitiv; für die gewaltigen Erdarbeiten standen hauptsächlich
nur Hacke, Schaufel und Karren zur Verfügung. Die Arbeitermassen wurden rigoros diszipliniert. Die technischen Schwierigkeiten
waren groß; in den Lehrbüchern und in der

Eisenbahnbau

Das Schienennetz der deutschen Eisenbahnen, deren Bau von Börsenspekulationen beflügelt wurde und einen enormen Eisenbedarf
einschloß (was wiederum einen Boom bei der
Stahlindustrie bewirkte), hatte 1845 eine Länge von etwa 2200 km, 1850 von rund 7500 km
und zur Jahrhundertwende von mehr als
50 000 km. 1917 erreichte das Schienennetz
eine Ausdehnung von 65 000 km.
Der Eisenbahnbau forderte den Einsatz gewaltiger Armeen von Arbeitern; beim Bau der
Thüringischen Eisenbahn waren zum Beispiel
15 000 Menschen beschäftigt. Ein Teil von
ihnen ging zur Ernte und im Winter ins Hei-
matdorf zurück; die anderen waren Wander-
arbeiter, die jahrelang von Strecke zu Strecke
zogen. *Carl Fischer*, ein gelernter Bäcker, war
über sechs Jahre als Erdarbeiter beim Eisenbahnbau beschäftigt. In seinen ›Denkwürdigkeiten und Erinnerungen eines Arbeiters‹,
einer der wenigen Arbeiterautobiographien
aus dem 19. Jahrhundert, berichtet er, wie er,
als die Halle-Kasseler Bahn gebaut wurde,
»nach der Bahn ging«:
»Da stellten sich bald viele fremde Leute ein:
Ost- und Westpreußen, Polen und Schlesier,
Pommern und Mecklenburger, Brandenburger
und Sachsen, Hessen und Hannoveraner, auch
einzelne Österreicher, Süddeutsche und aus
der Eifel, und alle bekamen sie da Arbeit. …
Auch viele Einheimische aus der Umgebung
waren dabei.« Man arbeitete mit zweirädrigen
Kippkarren, vor die jeweils zwei Mann gespannt waren. Das Karrenband, das man über

die Schulter nahm, und der damit verbundene
Strick wurden ›Zottel‹ genannt. Statt ziehen
sagte man ›zotteln‹; die Männer, die paarweise
einen Wagen zogen, hießen ›Zottelleute‹. Wer
etwas verdienen wollte, mußte einen passen-
den, verträglichen Partner haben; es handelte
sich um Akkordarbeit; sie wurde wagenweise
bezahlt. »Ich habe in 2 Jahren da hauptsächlich nur 4 bis 5 Kameraden gewechselt und
habe mich mit allen gut vertragen, bis auf einen, und mit dem habe ich grade am längsten
gezottelt, der wollte mirs manchmal zu verstehen geben und nahm eine Miene an, als ob er
mehr thäte als ich; aber ich wußte das besser,
denn grade dieser war der Ungeschickteste

Bahndammarbeiten bei Remtershofen
(Carl Herrle, 1853).

Fachliteratur gab es Beschreibungen bereits
fertiggestellter Strecken im Ausland, aber
sonst kaum systematische Informationen;
die leitenden Bautechniker mußten meist
selbst die optimalen technischen Lösungen
finden.

Beim Eisenbahnbau unterschied man Unterbau (Dämme, Einschnitte, Stütz- und Futter-
mauern, Böschungsbefestigungen, Ent-
wässerungen, Brücken, Durchlässe, Tunnels,
Wegübergänge) und Oberbau (Bettung,
Schienenunterlagen, Schienenbefestigung,
Schienen).[24] Erst wurde die Ackerkrume beziehungsweise der Rasen abgetragen und zur
späteren Befestigung der Böschungen in Haufen bereitgestellt. In Waldungen wurden die
Bäume und das Buschwerk gefällt, die Wur-
zelstöcke gerodet und etwaiger guter Boden
abgeschält und ebenfalls zur Seite gekarrt.
Leichte Bodenarten wurden mit Spaten und
Schaufel, mittlere mit Spitzhacke, Breithacke,
Erdkeil, Schlägel und Brechstange gelockert
und abgetragen. Bei festem Fels setzte man
Sprengmittel ein. Die übliche Abbaumethode
bei flachen und kurzen Einschnitten war der
Kopfbau: Der Einschnitt wurde in voller Breite »vor Kopf« ausgehoben und in Richtung
Bahnachse vorangetrieben. Größere Einschnitte wurden »in Terrassen und Banketts«
angelegt. Konnten die für die Dammschüttung
benötigten Massen nicht durch den Abtrag gewonnen werden, hob man Füllgruben neben
der Trasse aus. Das Aufschütten erfolgte la-
genweise; der Erdkörper wurde mit zwei- und
vierhändigen Handrammen gestampft; dies
war äußerst anstrengend und konnte nur von
den kräftigsten Arbeitern verrichtet werden.
Bevor der Oberbau auf die Dämme gesetzt
wurde, bekamen diese »zwei Winter zum Setzen«; in dieser Zeit sollten die Dämme, wann
immer möglich, als Fuhrwege benutzt werden,
um das Festwerden zu beschleunigen.

Zur Organisation des Arbeitsablaufs, im
besonderen was die Karrenbeförderung des
Erdreichs betraf, schrieb die Eisenbahn-
Zeitung vom 31. August 1845: »Es ist wohl
nicht ganz ohne Interesse zu erwähnen,
daß sich die Ameisen eines ganz ähnlichen
Transportsystems, versteht sich ohne Schub-
karren, bedienen, wenn sie ihre unterir-
dischen Gänge bauen.«

Die Herstellung des Oberbaus brachte für die
Bahnbauer weitaus größere Probleme als die
Herstellung des Unterbaus mit sich. Oft richteten die einzelnen Privat- und Staatsbahnen
ihre Oberbaukonstruktion nach dem zu erwartenden Eisenbahnbetrieb aus; plante man,
wenige oder leichte Züge verkehren zu lassen,
sparte man sich einen stabilen und damit teuren Oberbau. Bei der Verknüpfung der einzelnen Linien mußten dann häufig in späteren
Jahren die Strecken völlig erneuert werden.
1850 traten die Techniker sämtlicher deutscher Eisenbahnen in Berlin zusammen und
beschlossen »Gründzüge für die Gestaltung
der Eisenbahnen Deutschlands«. Seitdem
konnte eine gleichmäßige Konstruktion des
Bahnbaus erreicht werden. – Das Fundament
des Gleises, die Querschwellen, waren am Anfang meist aus Stein; die Holzschwellen setzten sich erst durch, als man sie durch das
Tränken mit Kupfervitriol, in Bayern ab 1853,
haltbarer machen konnte. Sowohl Roheisen
wie Stabeisen (fertige Schienen) mußten importiert werden; die deutsche Produktion
konnte mit dem raschen Zuwachs des Strek-
kennetzes nicht Schritt halten. Die belgischen
und vor allen Dingen die englischen Eisen-
werke waren aufgrund »ihrer fortschrittlichen
Technik, der Größe ihrer Produktionsanlagen
und ihrer gut ausgebildeten Arbeiter im Gegensatz zur deutschen Eisenindustrie in der
Lage,... die Massenaufträge der deutschen
Eisenbahn für Schienen schnell und in

Tunnel durch die Schäferwand bei Tetschen.

quantitativer wie qualitativer Hinsicht in
befriedigender Weise zu erfüllen«.
(H. Wagenblaß)

Die Situation der Eisenbahnarbeiter im 19.
Jahrhundert spiegelt im besonderen den
mit der Industrialisierung einhergehenden
›Pauperismus‹ wider; in ihm trat die Not
der übermäßig stark angewachsenen Unterschicht zutage, das Massenelend mit seiner
Bindungslosigkeit, der Verlust an Heimat und
familiärer Geborgenheit. Immerhin bot der
Eisenbahnbau dem häufig arbeitslosen Stadt-
wie Landproletariat eine Verdienstmöglich-
keit.

»Der Eisenbahnbau hat immer ein Zusammendrängen größerer Massen von Handlan-
gern, Taglöhnern, Gesellen usw. auf einzelnen
Punkten der Bahn zur Folge. Die oft aus weiter Ferne zusammen geströmten Arbeiter können aber auf den einzelnen Baustellen oder in
deren Nähe nicht immer genügend Herberge
mit Obdach und Lagerstätte, noch weniger zu
jeder Zeit eine gesunde und nahrhafte Verköstigung finden. ... Hier finden dann fast
immer ein Einlagern in Zelten und Hütten,
Scheunen und Ställen neben unregelmäßiger
Verköstigung statt. Selbst aber da, wo Herberge und Verköstigung wohl zu finden wären,
wird die Erlangung einer gesunden und kräftigen Nahrung nur zu oft durch Verteuerung
der Preise erschwert, während die Arbeiter
selbst meist bereitwilliger sind, ihr Geld zur
Anschaffung geistiger Getränke als zum An-
kauf der ihnen so nöthigen Nahrungsmittel
zu verwenden. Die Folgen solcher Mängel
können dann keine anderen als häufige
Erkrankungen sein, welche aber leider zu

*Eisenbahnbau: Durchstich mit Wegüberfüh-
rung auf Holzbrücke.*

Beim Eisenbahnbau kam es wegen schlechter Behandlung der Arbeiter auch zu Unruhen. Die Zeichnung zeigt den Arbeitertumult am St.-Gotthard-Tunnel im Juli 1875. Die Regierung setzte Militär ein; es gab Tote.

neuen Verlegenheiten führen. Die öffentlichen Landkrankenhäuser sind nicht immer in der Nähe, nicht immer erreichbar für die Erkrankten. Diese selbst sind in der Regel mittellos. Die Gemeinden, welche die Verpflichtung haben, für die in ihren Gemarkungen erkrankten Fremden zu sorgen, haben selten ersprießliche Einrichtungen, und oft auch nicht die Mittel dazu, besonders, wenn dergleichen Fälle häufiger vorkommen, wie dies... an der Bahnlinie nicht ausbleiben kann.« (Eisenbahn-Zeitung, 13. April 1845)[25]

Eine besondere technische Leistung stellte der Tunnel- und Brückenbau sowie die Anlage von Bergstrecken dar. Unfälle waren häufig, die Strapazen bei der Arbeit besonders groß. Die Bahn von Frankreich nach Italien durch den Mont Cenis war die erste Alpenbahn, die in geringer Höhe ein Massiv durchstieß; der Tunnel war 12 km lang; die Bauarbeiten dauerten vierzehn Jahre (1857–1871). Neun Jahre brauchte man für den Bau des 15 km langen Gotthardtunnels (1872–1881). Bis zu 2500 Mann arbeiteten hier. Es gelang nie zufriedenstellend, die Dynamitabgase voll-

Eisenbahnbrücke der Gotthard-Bahn.

ständig aus dem Stollen zu befördern, obwohl die zahlreich vorhandenen Wasserkräfte der Umgebung zur Drucklufterzeugung herangezogen wurden. 177 Personen verloren ihr Leben, 403 Männer wurden verletzt – oft verknüpft mit lebenslanger Invalidität.

Tunnels, die ja bei vielen Strecken notwendig waren und somit zur Alltagserfahrung des Eisenbahnbenutzers gehörten, bewirkten dennoch besondere Ängste. Als *Peter Rosegger* mit seinem Paten die Wallfahrtskirche Mariaschutz am Semmering besuchte, schauen sie sich auch die dortige Bahnstrecke an.

»Da ging eine Straße mit zwei eisernen Leisten daher und schnurgerade in den Berg hinein.

Mein Pate stand lange schweigend da und schüttelte den Kopf; endlich murmelte er: ›Jetzt stehen wir da. Das wird die neumodische Landstraßen sein. Aber derlogen ist's, daß sie da hineinfahren!‹

Kalt wie Grabesluft wehte es aus dem Loche. Weiter hin gegen Spital in der Abendsonne stand an der eisernen Straße ein gemauertes Häuschen; davor ragte eine hohe Stange, auf dieser baumelten zwei blutrothe Kugeln. Plötzlich rauschte es an der Stange und eine der Kugeln ging wie von Geisterhand gezogen in die Höhe. Wir erschraken baß. Daß es hier mit rechten Dingen nicht zuginge, war leicht zu merken. Doch standen wir wie festgewurzelt.

›Pate Jochem‹, sagte ich leise, ›hört Ihr nicht so ein Brummen in der Erden?‹

›Ja freilich, Bub‹, entgegnete er, ›es donnert was! es ist ein Erdbidn.‹ Da that er schon ein kläglich Stöhnen. Auf der eisernen Straße heran kam ein kohlschwarzes Wesen. Es

schien anfangs stillzustehen, wurde aber immer größer und nahte mit mächtigem Schnauben und Pfustern und stieß aus dem Rachen gewaltigen Dampf aus. Und hintenher – ›Kreuz Gottes!‹ rief mein Pate, ›da hängen ja ganze Häuser d'ran!‹ Und wahrhaftig, wenn wir sonst gedacht hatten, an das Lokomotiv wären ein paar Steirerwäglein gespannt, auf denen die Reisenden sitzen konnten, so sahen wir nun einen ganzen Marktflecken mit vielen Fenstern heranrollen, und zu den Fenstern schauten lebendige Menschenköpfe heraus, und schrecklich schnell ging's, und ein solches Brausen war, daß einem der Verstand still stand. Das bringt kein Herrgott mehr zum Stehen! fiel's mir noch ein. Da hub der Pate die beiden Hände empor und rief mit verzweifelter Stimme: ›Jessas, Jessas, jetzt fahren sie richtig in's Loch!‹

Und schon war das Ungeheuer mit seinen hundert Rädern in der Tiefe; die Rückseite des letzten Wagens schrumpfte zusammen, nur ein Lichtlein davon sah man noch eine Weile, dann war alles verschwunden, blos der Boden dröhnte und aus dem Loche stieg still und träge der Rauch.

Mein Pate wischte sich mit dem Ärmel den Schweiß vom Angesicht und starrte in den Tunnel.

Dann sah er mich an und fragte: ›Hast Du's auch gesehen, Bub'?‹

›Ich hab's auch gesehen.‹

›Nachher kann's keine Blenderei gewesen sein‹, murmelte der Jochem.

Wir gingen auf der Fahrstraße den Berg hinan; wir sahen aus mehreren Schachten Rauch hervorsteigen. Tief unter unsern Füßen im Berge ging der Dampfwagen.

Bahnbrücke über die Iller beim Kempten (Carl Herrle).

›Die sind hin wie des Juden Seel'!‹ sagte mein Pate und meinte die Eisenbahn-Reisenden. ›Die übermüthigen Leut' sind selber in's Grab gesprungen!‹«[26]
Die Amerikaner hatten gezeigt, wie man mit Viadukten aus Holzstämmen kilometerweite Täler überbrücken konnte. In Europa bevorzugte man Eisen- und Steinkonstruktionen. Fünf Jahre lang baute man an dem Viadukt über das Göltzschtal im Vogtland; 78 m hoch führte der Weg der Bahn mehr als einen halben Kilometer weit auf steinernen Gewölben in drei Stockwerken dahin (1850). Die höchste deutsche Eisenbahnbrücke, über die Wupper, überspannte in ihrem Mittelbogen 170 m, 100 m über dem Fluß. Zur Furcht vor Entgleisung und Zusammenstoß gesellte sich die vor dem Absturz. Als am 28. Dezember 1879 bei einem Orkan der Mittelteil der Brücke über den Firth of Tay in Schottland brach und ein Zug mit etwa 200 Personen in den Strom stürzte, wurde dies als furchtbares Menetekel empfunden. Die Natur hatte der Technik getrotzt. »Tand, Tand / ist das Gebilde von Menschenhand!«[27]
Bei den Gebirgsstrecken vereinigten sich die Ingenieurskünste des Eisenbahnbaus in besonders eindrucksvoller Weise. Die Semmeringbahn, die erste Gebirgsbahn Österreichs, führte von Wien nach Triest; sie war doppelt so lang wie die Luftlinie zwischen den beiden Orten; die Steigungen wurden durch das Ausfahren von Seitentälern, durch Tunnels, Viadukte, Galerien überwunden; die Bahn wurde kühn, von Mauern und Pfeilern gestützt, an den Berghängen entlanggeführt. Das Erlebnis einer Gebirgsstrecke wird in *Thomas Manns* Roman ›Der Zauberberg‹ beschrieben, da »ein einfacher junger Mann im Hochsommer von Hamburg, seiner Vaterstadt, nach Davos-Platz im Graubündischen« reist. Das »Emporgehobenwerden in Regionen, wo

er noch nie geatmet und wo, wie er wußte, völlig ungewohnte, eigentümlich dünne und spärliche Lebensbedingungen herrschten«, erregt ihn und erfüllt ihn mit Ängstlichkeit. »Heimat und Ordnung lagen nicht nur weit zurück, sie lagen hauptsächlich klaftertief unter ihm, und noch immer stieg er darüber hinaus. Schwebend zwischen ihnen und dem Unbekannten fragte er sich, wie es ihm dort oben ergehen werde. Vielleicht war es unklug und unzuträglich, daß er, geboren und gewohnt, nur ein paar Meter über dem Meeresspiegel zu atmen, sich plötzlich in diese extremen Gegenden befördern ließ, ohne wenigstens einige Tage an einem Platze von mittlerer Lage verweilt zu haben? Er wünschte, am Ziel zu sein, denn einmal oben, dachte er, würde man leben wie überall und nicht so wie jetzt im Klimmen

daran erinnert sein, in welchen unangemessenen Sphären man sich befand. Er sah hinaus: der Zug wand sich gebogen auf schmalem Paß; man sah die vorderen Wagen, sah die Maschine, die in ihrer Mühe braune, grüne und schwarze Rauchmassen ausstieß, die verflatterten. Wasser rauschten in der Tiefe zur Rechten; links strebten dunkle Fichten zwischen Felsblöcken gegen einen steingrauen Himmel empor. Stockfinstere Tunnel kamen, und wenn es wieder Tag wurde, taten weitläufige Abgründe mit Ortschaften in der Tiefe sich auf. Sie schlossen sich, neue Engpässe folgten, mit Schneeresten in ihren Schründen und Spalten. Es gab Aufenthalte an armseligen Bahnhofshäuschen, Kopfstationen, die der Zug in entgegengesetzter Richtung verließ, was verwirrend wirkte, da man nicht mehr wußte, wie man fuhr, und sich der Himmelsgegenden nicht länger entsann. Großartige Fernblicke in die heilig-phantasmagorisch sich türmende Gipfelwelt des Hochgebirges, in das man hinan- und hineinstrebte, eröffneten sich und gingen dem ehrfürchtigen Auge durch Pfadbiegungen wieder verloren. Hans Castorp bedachte, daß er die Zone der Laubbäume unter sich gelassen habe, auch die der Singvögel wohl, wenn ihm recht war, und dieser Gedanke des Aufhörens und der Verarmung bewirkte, daß er, angewandelt von einem leichten Schwindel und Übelbefinden, für zwei Sekunden die Augen mit der Hand bedeckte. Das ging vorüber. Er sah, daß der Aufstieg ein Ende genommen hatte, die Paßhöhe überwunden war. Auf ebener Talsohle rollte der Zug nun bequemer dahin.«[28]

Bahnhöfe – Kathedralen der Technik

Bahnhöfe: *Malewitsch* nannte sie »Vulkane des Lebens«, *Cendrars* die »schönsten Kirchen der Welt«. *Théophile Gautier* sprach davon, daß in ihnen, den »Kathedralen der neuen Humanität«, die Religion des Zeitalters, nämlich die der Eisenbahnen, zelebriert werde; sie seien Trefforte der Nationen, Zentren, wo alles zusammenfließe, Kerne riesiger Sterne, deren Eisenstrahlen sich bis zu den Enden der Erde erstreckten. Es gibt kaum einen Topos des 19. Jahrhunderts, in dem sich der Geist der Zeit derart grandios (behaftet mit dem Hautgout des Kitsches) versteinerte. Gautier, der 1872 starb, hat die frühen Eisengußbauwerke mit ihren Glaskuppeln noch erlebt; ihre volle

Pracht entfalteten die Bahnhöfe freilich erst in den letzten beiden Jahrzehnten des 19. Jahrhunderts. »Überall in der Welt nahmen sie die Gestalt von Basiliken, Palästen an, dekoriert mit Putz, Plüsch und Prunk. Ihre Hallen, Wartesäle und Speiselokale glichen Ballsälen mit Kassettendecken, Karyatiden, Keramiklandschaften, Wandgemälden, vergoldeten Säulen und Bronzelampen.«[29]
Auf den Lockruf der Lokomotiven antwortete man mit einem Ambiente, das in seiner Mischung aus Funktionalismus und Kulissenarchitektur, technischem Pragmatismus und überschäumendem Dekor surrealistisch anmutet (und auch immer wieder im be-

Der alte ›gotische‹ Bahnhof in Nürnberg nach einem Aquarell von Carl Herrle, um 1850.

Umbau des Bahnhofsplatzes in Nürnberg; rechts das zum Stadtzentrum hin geöffnete Empfangsgebäude (1905).

Der um die Jahrhundertwende gebaute Hauptbahnhof Nürnbergs.

sonderen surrealistische Maler inspirierte). In der Ausgestaltung der Bahnhöfe trat das nationale Sendungsgefühl in den Vordergrund; sie wurden zu Momenten patriotischen Stolzes und Selbstgefühls. Man nutzte sie für historische Zwecke; sie waren Orte der internationalen Begegnung, Zielpunkte der Expreßzüge aus fernen Städten und Ländern, Sammelplätze für Truppentransporte; ihnen entquoll jeden Tag das Heer der vom Lande herbeitransportierten Industriearbeiter. Bahnhöfe waren auch Treffpunkt und Auffangstelle der Entwurzelten, der sich Bahnhofspolizei und Bahnhofsmission annehmen mußten. »Im neunzehnten Jahrhundert, dem Heroenzeitalter der bürgerlichen Welt, auf dessen öffentliche Bauten der Blick sehnsüchtig zurückfällt, sollten die privaten Existenzen sich an möglichst vielen Orten pathetisch erweitert als bürgerliche menschheitliche Existenzen verstehen können. Über alle Gegensätze hinweg bestand ein Vertrauen in die sich stets vervollkommnende Menschheit, die sich selbst zum Kultobjekt erhob und deshalb nach Tempeln und Palästen für ihre Selbstdarstellung verlangte. Im Bahnhof fand sie zu einem sinnfälligen Mittelpunkt. Schien doch die Eisenbahn am vollkommensten die Hoffnungen auf weiteren Fortschritt zu befördern. Sie brachte dic Völker in engere Beziehung, erweiterte den friedlichen, Harmonie und Eintracht stiftenden Handel und Verkehr... Als gewaltiges Gesamtkunstwerk des Edlen, Wahren und Schönen, das sich im Nützlichen offenbart, verkündete sie die Überzeugungen der bürgerlichen Gesellschaft. Sie gab sich einen glänzenden Rahmen, der Theater, Salon, Museum und säkularisierte Kirche zugleich war. Mochten auch nicht alle der versprochenen Segnungen der Gesellschaft teilhaftig werden, wie in den früheren Kathedralen, so konnten sie sich doch auf diesen prächtigen Foren davon überzeugen, daß jeder Tüchtige freie Bahn hatte. Dokumentierte sich in den geteilten Abteilen deutlich die in Klassen geschiedene bürgerliche Ordnung, so traten doch an keinem anderen Ort die einzelnen Gruppen in eine so enge Berührung wie auf diesem Forum, das von der alles bändigenden industriellen Kultur beherrscht wurde, obschon sie sich vorerst noch nach den Bedürfnissen der eleganten Gesellschaft ausrichtete. Alle Schichten nahmen hier erstmals an einer gemeinsamen Kultur teil, auch wenn es nicht

Der Stuttgarter Hauptbahnhof um 1860.

›Wald- und Wiesenbahnhof‹, vor allem bei Nebenstrecken und als Haltepunkt für Personenzüge in kleineren Orten, bestand aus den durchgehenden Hauptgleisen und ein paar zum Rangieren, Abstellen und Beladen notwendigen Nebengleisen, aus dem Bahnhofsgebäude mit Schaltern, Diensträumen, Eingangshalle, Wartesaal und dem etwas abseits davon stehenden Güterschuppen.

Von besonderer Bedeutung für die Sicherheit war das Stellwerk, von dem aus die Weichenverbindungen und die Signalanlagen bedient wurden. Um die Züge zu erklettern, waren früher Holztreppen und Podeste montiert, bis die Engländer den Bahnsteig als durchgehende Plattform erfanden, demgegenüber das ursprünglich höhere Gleisniveau in der Tiefe lag. Wegen der Rauchentwicklung geleitete man die Reisenden früher erst nach Zugankunft auf den Bahnsteig. Auch die Bahnsteighallen wurden in England entwickelt: große, weitgespannte, an den Giebelfronten freie Eisenkonstruktionen auf dünnen Säulen, dem Licht oben mit langen Glasbahnen Eingang bietend. Die Empfangsgebäude wurden dem technischen Bereich als Riegel vorgeschoben und zum Stadtzentrum hin geöffnet. Kopfbahnhöfe hatten ›Schauseiten‹ nach drei Seiten hin; bei Durchgangsbahnhöfen war der vom Stadtzentrum abgewandte Teil, der auf die industriell bestimmten und in ihren Wohnverhältnissen häufig verelendeten Vororte blickte, weniger schmuckvoll gestaltet. In zahlreichen Städten entstanden ganze Bahnhofslandschaften, vor allem dann, wenn die einzelnen, zunächst privat betriebenen Strek-

zum Bruderkuß zwischen Unternehmer und Arbeiter kam, den ein Kapitell im Bahnhof zu Metz zeigt.« *(Eberhard Straub)*[30]

Die Anfänge der Bahnhofsarchitektur in Deutschland waren höchst bescheiden. Auf dem Titelblatt des ›Gesangs zur Feier der Eröffnung der Ludwigs-Eisenbahn zwischen Nürnberg und Fürth‹, 1835, ist der erste Bahnhof Deutschlands abgebildet. Im Gedicht heißt es zwar:

»Mit Schienen, Freunde, webet ohne Bangen
ein Netz von Pol zu Pol!
Sieht sich Europa einst darin gefangen
dann wird es ihr erst wohl« –

der Topos solcher weltumspannender Symbolik ist jedoch auf biedermeierliche Frugalität gestimmt: Ein schön verzierter gußeiserner Zaun umrahmt zwei Maschinenhallen und ein fränkisches Häuschen mit Fensterläden und Giebeldach. Mit dem Ausbau des Eisenbahnwesens folgte dann in Nürnberg ein ›gotischer‹ Bahnhof und schließlich um die Jahrhundertwende der Hauptbahnhof. »Die Hallen sind geräumig. Wie außen gediegener Muschelkalk zur Anwendung kam, so sparte man auch im Innern nicht an Marmorsäulen mit Sockeln und Kapitälen aus Metallguß. Massive Eiche ist in guter Verarbeitung reichlich angewandt«, hieß es in einer zeitgenössi-

schen Zeitungskritik. Das Nürnberger Beispiel ist generell übertragbar: Man begann mit bescheidenen Biedermeierhäuschen oder weltlichen Kirchlein; man entwickelte daraus Patrizierpaläste und säkularisierte Kirchen und endete schließlich bei technischen Kathedralen, Domen und Palästen.

Technisch gesprochen teilte man die Bahnhöfe je nach ihrer Verkehrsbedeutung in solche der ersten bis fünften Klasse ein; man baute Kopf- und Durchgangsbahnhöfe; der normale

Die neue Halle des Zentralbahnhofs in München 1881; der Bahnhof war 1848 gebaut worden.

ken in Kopfbahnhöfen endeten. In Dresden etwa wurden in Betrieb genommen: 1839 der Leipziger Bahnhof, 1851 der alte Böhmische, 1847 der Schlesische, 1855 der Albert-Bahnhof (spätere Kohlenbahnhof), 1875 der Berliner Bahnhof; der Güterverkehr hatte sich in Dresden in der Zeit von 1888 bis 1892 um 17 % gesteigert; von 1883 bis 1893 nahm der Personenverkehr von 2 300 000 auf 4 600 000 beförderte Fahrgäste zu. Der Vorortverkehr stieg von 1847 bis 1892 von 40 000 auf 400 000 Personen.

In Berlin begann der Eisenbahnbau 1838; vor den Toren der alten Kazisemauer des 18. Jahrhunderts, an denen Zöllner immer noch Abgaben für hereinkommende Waren erhoben, entstanden Kopfbahnhöfe der zunächst eingleisigen Privatbahnen. Vom Anhaltischen Tor fuhr eine Bahn ab 1841 über Jüterbog nach Köthen, später weiter nach Leipzig, Dresden, Wien und Prag. Von dem Bahnhof in der Nähe des Potsdamer Tors reiste man über Potsdam nach Magdeburg und über Hannover in Richtung Köln. Ein Berliner Reiseführer von 1861 stellt fest, daß »jene eisernen Schienenstraßen«, auf welchen der Zeitgeist hastig und ungestüm über die Erde brause, auch nach Berlin neue und wirksame Bildungsstoffe gebracht hätten. Aber erst die Reichsgründung, der industrielle Aufschwung und die explosionsartige Zunahme der Bevölkerung machten die Eisenbahn zum dominanten Verkehrsmittel. 1879 begann die Verstaatlichung der Eisenbahnen; es entstanden Stadtbahnhöfe, so 1874–1880 der Anhalter Bahnhof mit einer eindrucksvollen Hallenkonstruktion, die von dem Ingenieur und Schriftsteller *Heinrich Seidel* entworfen war. Der Anhalter Bahnhof war im besonderen ein Bahnhof der Prominenz; von hier aus fuhr man nach Paris, Basel, München oder Wien. Er war entsprechend prunkvoll ausgestaltet.

Aber auch kleine Bahnhöfe zeichneten sich durch eine großbürgerliche oder feudale Aura aus. 1856 wurde wenige Kilometer südlich von Bonn, an einer der schönsten Stellen des Rheins, gegenüber dem Siebengebirge, der Bahnhof Rolandseck gebaut; hier, an der sogenannten Riviera des Rheinlandes, hatten sich im 19. Jahrhundert Kölner Patrizier niedergelassen; die Privatbahn beförderte sie am Morgen rasch zu ihren Kölner Geschäften und abends in ihre Wohndorados zurück. Als Wohnortbahnhof für den Industrieadel war dieser Bahnhof von vorneherein ein »großer Bahnhof«, »Stätte der festlichen Repräsentation einer selbstbewußten gründerzeitlichen Besinnung. Deren fortschrittlich dahineilende Symbolmaschine, das Dampfroß, erhielt in Rolandseck seinen feudalen Stall. Es führte

die königlich-preußische Prominenz heran zu den Festen der Schnitzlers, Guillaumes, Mevissens. Mit den Spitzen der Gesellschaft kamen die Fürsten der Künste. ...«[31]

Die vornehmsten Bereiche des Bahnhofsareals waren die Wartesäle erster Klasse mit den entsprechenden Restaurationsbetrieben. Hier waren die oberen Schichten, die ansonsten die im Bahnhof sich vollziehende soziale Mischung als ästhetisch reizvolles Aphrodisiakum goutierten, unter sich. Die Struktur solcher privilegierten Abkapselung im Bahnhofsbereich wurde auf die Züge selbst übertragen, die mit ihren Wagenklassen (erste bis anfänglich vierte, später dritte Klasse) die Klassengesellschaft spiegelten. Aus der Frühzeit der Eisenbahnentwicklung berichtet Hans Christian Andersen: »Die Wagenreihe hier bildet drei Abteilungen, die beiden ersten sind bequeme, geschlossene Wagen, ganz wie unsere Diligencen, nur viel breiter, die dritte ist offen und unglaublich wohlfeil, so daß selbst der ärmste Bauer damit fährt, denn das kommt ihn weniger teuer, als wenn er den langen Weg gehen und sich unterwegs im Wirtshaus stärken oder übernachten müßte. – Die Signalpfeife ertönt – aber schön klingt sie nicht und hat viel Ähnlichkeit mit dem Schwanengesang eines Schweins, wenn ihm das Messer durch die Kehle fährt. Man setzt sich in die bequemste Kutsche, die man sich denken kann, der Kondukteur schließt hinter uns die Tür und steckt den Schlüssel ein, wir können aber doch das Fenster herunterlassen und die frische Luft genießen, ohne vom Luftdruck Unannehmlichkeiten zu befürchten. Man befindet sich ganz so wie in jedem anderen Wagen auch, nur weit bequemer, und hat man zuvor eine anstrengende Reise gemacht, so ruht man sich hier aus.«[32]

Heizung und Toilette fehlten in den Wagentypen der ersten Jahrhunderthälfte fast immer; in den 40er Jahren wurden die offenen Wagen aufgegeben, ab 1850 die Wagen verglast. Sonderabteile gab es für Damen; Nichtraucherabteile nur in der ersten und zweiten Klasse. 1837 erhielten die Polsterklassen Kerzenbeleuchtung und Rüböllampen, ab 1860 Gasbeleuchtung. *George M. Pullman* entwickelte in den USA besonders komfortable Wagentypen, unter anderem auch den Schlafwagen. Er und seine Konkurrenten schufen weitere Luxustypen, so den Speisewagen, den Hotelwagen (eine Verbindung von Schlaf- und Speisewagen), den Gesellschaftswagen. Auf dem europäischen Kontinent lief der erste Schlafwagen nach 1870, der erste deutsche Speisewagen etwa um die gleiche Zeit. Bis dahin hatte man beim Bahnhofswirt einen Speisekorb kaufen können, der eine kalte Mahlzeit, Wein, Teller, Besteck etc. enthielt.[33] Besonders luxuriös waren die ›Salonwagen‹ der Regierenden, etwa der Salonwagen des Fürsten *Bismarck*, der ihm 1871 von den deutschen Ländern zur unentgeltlichen Benützung geschenkt wurde (Mahagoni und grüne Seide, Gasbeleuchtung), oder der Salonwagen des Hofzuges *König Ludwigs II. von Bayern* (Holz und Stuck vergoldet, rote Seide, Deckenbild und zentrale Gasbeleuchtung). »Demokratisch möchte man die Eisenbahnen nennen, und wohl waren sie dies nach der einmaligen wirtschaftlichen und Arbeitsleistung beim Eisenbahnbau wie dank der Tatsache, daß jedermann mit dem neuen Gefährt nicht nur fahren durfte, sondern auch fahren konnte! Doch allenthalben schaute der aristokratische Zipfel der konstitutionellen Monarchien unter dem bürgerlichen Mantel der Eisenbahnen hervor.« *(Wulf Schadendorf)*[34]

Der Hauptbahnhof und der Anfang der späteren Kaiserstraße in Frankfurt am Main beim Empfang König Humberts von Italien 1889.

Bahnhöfe.

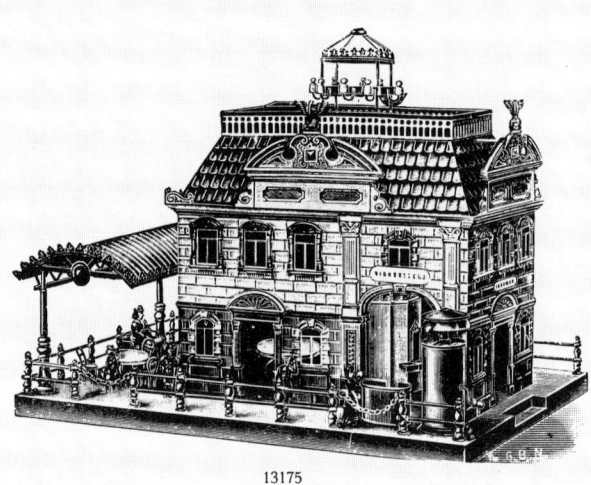

7065   11574

7065   Feiner Bahnhof, plastisch geprägt, hochfein mauerartig lackiert, mit abnehmbarem Wellblech-Vordach, plastischen
        Fenstern und Türen, für Kerzenbeleuchtung eingerichtet, 35 cm lang, 21 cm breit, 30 cm hoch . . per Stück hfl. **5.25**
11574 Hochfeiner Bahnhof, plastisch geprägt und hochfein lackiert, mit Halle, für Beleuchtung eingerichtet, mit Innen-
        einrichtung, Schalter, Tische, Bänke, Figuren etc., 36 cm lang, 21½ cm breit, 26 cm hoch . . . per Stück hfl. **8.25**

13175

13175 Hochfeiner Bahnhof, plastisch geprägt, hochelegant lackiert, mit Halle und für Beleuchtung eingerichtet, mit
        Inneneinrichtung (Schalter, Bank, Tisch etc.), Perronsperre etc. und Läutebude, 42½ cm lang, 29½ cm breit,
        33½ cm hoch . . . . per Stück hfl. **13.85**

— 179 —

Zwei literarische Szenen können den Span-
nungsbogen der in den Eisenbahnklassen gleichermaßen sich bewegenden wie einkapseln-
den Klassengesellschaft illustrieren. Mit Felix
Krull (im gleichnamigen Roman von *Thomas
Mann*) erleben wir den Expreßzug Paris–Lissabon:
»Der Zug hatte Paris um sechs Uhr verlassen.
Die Dämmerung sank, das Licht ging an, und
noch schmucker erschien darin meine Privat-
Behausung. Der Schaffner, schon höher an
Jahren, erbat sich die Erlaubnis zum Eintreten durch sachtes Klopfen, legte salutierend
die Hand an die Mütze und wiederholte die
Ehrenbezeichnung, als er mir meine Fahrkar-
te zurückgab. Dem biederen Manne, dem eine

loyale und bewahrende Gesinnung vom Ge-
sichte zu lesen war und der auf seinem Gang
durch den Zug mit allen Schichten der Gesellschaft, auch mit ihren fragwürdigen Elementen, in dienstliche Berührung kam, tat es
sichtlich wohl, in mir ihre wohlgeraten-vor-
nehme, das Gemüt durch bloße Anschauung
reinigende Blüte zu grüßen. Wahrhaftig
brauchte er sich keine Sorge um mein Fortkommen zu machen, wenn ich nicht mehr sein
Passagier sein würde. Für mein Teil ersetzte
ich die menschliche Erkundigung nach seinem
Familienleben durch ein huldvolles Lächeln
und Nicken von Hoch zu Nieder, das ihn
gewiß in seiner erhaltenden Sinnesart bis zur
Kampfbereitschaft bestärkte.

Auch der Mann, welcher Platzkarten für das
Diner im Speisewagen anzubieten hatte, meldete sich durch behutsames Klopfen. Ich
nahm ihm eine Nummer ab; und da wenig
später draußen ein Gong zur Mahlzeit rief, zog
ich zwecks einiger Erfrischung meine wohl
eingerichtete Handtasche für den Nacht- und
Toilettebedarf zu Rate, verbesserte vor dem
Spiegel den Sitz meiner Krawatte und begab
mich ein paar Wagen weiter zum Wagon-Re-
staurant, dessen korrekter Vorsteher mich unter einladendem Gestenspiel zu meinem Platz
geleitete und mir den Stuhl unterschob.«[35]
Einen Blick in die ›vierte Klasse‹ eines durch
Pommern fahrenden Zuges wirft ein Gedicht
von *Richard Dehmel*:

»... Von Kisten und Kasten eingeengt,
von Säcken und Päcken eingezwängt,
bringt schaukelnd die Mutter ihr Kind zur Ruh'
und summt ein Wiegenlied dazu.

Und rings umher ein müd' Geschwirr
gebrochener Laute, rauh und wirr;
und Mienen, knochig, derb und stumpf;
und Menschendünste, dick und dumpf.

Zusammengehockt mit zagem Mut,
mit ihrem letzten dürftigen Gut,
aus Posen und Preußen sitzen sie da
und wollen nach – Amerika...«[36]

Den Bahnhof nannte *Richard Lucae* 1869
»das Riesenvestibüle der Großstadt, durch das
Millionen in sie ein- und aus ihr ausströmen«.
Im Gegensatz zur Post (der Poststation einschließlich des ›Gasthofs zur Post‹), die ins
urbane Leben zentral integriert war, erwies
sich der Bahnhof zunächst als Appendix.
Auch bei kleineren Orten wurde er oft weit
nach außen verlegt, weil sein Lärm störte. Zudem befürchtete man, daß durch das Getüm-
mel Geborgenheit verlorenginge. Wenn, so
dichtete *Justinus Kerner* (›Im Eisenbahnhof‹),
der eiserne Zug wie ein Gewitter hereinbrau-
se, fliehe die Poesie des Reisens. Kein Kaufmann ziehe mehr »zu Roß mit Mantelsack und
Sporen« zur Messe, und kein Handwerksbursche wandere mehr froh in Regen und Wind
die Straße entlang.

»... Kein Postzug nimmt mit lust'gem Knallen
bald durch die Stadt mehr seinen Lauf,
und wecket mit des Posthorns Schallen
zum Mondenschein den Städter auf.

Auch bald kein trautes Paar die Straße
gemütlich fährt im Wagen mehr,
aus dem der Mann steigt und vom Grase
der Frau holt eine Blume her.

Kein Wandrer bald auf hoher Stelle,
zu schauen Gottes Welt, mehr weilt,
bald alles mit des Blitzes Schnelle
an der Natur vorübereilt...«[37]

Doch rasch fiel dem Bahnhof durch die Ausdehnung der Stadt eine zentrale Lage zu. Der Einfluß der Eisenbahn beschränkte sich nicht mehr auf die Stadtteile, die unmittelbar angrenzten; die Straßen wurden sternförmig auf den Bahnhofsplatz hin angelegt. Schule machte die Stadtsanierung von Paris; wie ein Eisenbahningenieur nahm dort Baron *Haussmann* die Neugestaltung vor: »Zur Vermeidung einer Kurve, die das Auge nicht wahrnehmen und die der Fuß nicht spüren würde, schlägt man Breschen ins Gelände wie für die Tunnels der Eisenbahnen.«[38]
Durch die Eisenbahn veränderte sich die Wirtschaftsstruktur der Stadt. Neue Käuferschichten wurden herbeitransportiert. Im Umfeld des Bahnhofs entstanden viele Ladengeschäfte, zunehmend auch Kaufhäuser. Die Bahnhofstraße zog Wirtschaften und Hotels an; die Fabriken suchten Standorte, die eine gute Bahnverbindung aufwiesen – sowohl was den Güterverkehr als auch die Beförderung der Arbeiterschaft betraf.
Parallel zur Aufwertung des Bahnhofs als Wirtschafts- und Kommunikationszentrum vollzog sich seine ästhetische Auratisierung.

Bahnhof einer Kleinstadt: Erlangen vor 1909.

Der Bahnhof, nach *Justinus Kerner* noch dafür verantwortlich, daß die Romantik aus den Städtchen wich, wird zum Ort neuer Romantik. Als »Inbegriff von Handlung« erweist er sich als schlechthin »literarische Gegend«. Der Bahnhof – so *Gerd Mattenklott* in seinem Essay ›Reisezeit‹ – sei der Ort der großen Verwandlung: Arbeitszeit schlage um in Reisezeit; hier gingen die Namen verloren, würden die tausend kleinen Tode des Abschieds gestorben; das Glück des Abschieds habe selbst keinen Namen, könne keinen haben; es läge in der Erfahrung, sich verlorenzugehen und doch noch zu sein, wiedergeboren als reine Möglichkeit. Unsere Individualität erlösche in der beschleunigten Zeit, und wir fänden uns wieder als Teil eines choreographischen Arrangements, als Bestandteil eines Ornaments, eines Rätsels, das uns selbst zur Lösung aufgegeben. »Der Stillstand in der heftig beschleunigten Zeit, den wir im Bahnhof nur erfahren durch den Wechsel der Perspektive vom Akteur zum Betrachter, wird zur spontanen Körpererfahrung, wenn wir endlich im Abteil, wenn wir unterwegs sind. Wir jagen durch die Landschaft und erleben die totale Mobilisierung; wir wissen, wieviel Zeit wir zurücklassen; die im Abteil aber ist stillgestellt, eine lange Weile in den vier Wänden eines Coupés – so drastisch und abstrakt, so entblößt von aller Ab-

lenkung, erfahren wir sonst kaum je einen Raum, ähnlich wie Gefangene.«[39] In *Marcel Prousts* Roman ›Auf der Suche nach der verlorenen Zeit‹ erlebt der Held den Bahnhof (Gare St. Lazare) als eine Stätte, die sozusagen kein Teil der Stadt sei und doch die Essenz ihrer Persönlichkeit so deutlich enthalte, wie sie in ihrem Signalschild ihren Namen trage. Unter der Wölbung der Bahnhofsglashalle könne sich »nur etwas Furchtbares und Feierliches vollziehen, eine Abfahrt auf der Eisenbahn oder die Kreuzerhöhung«.[40]
Auf den Bahnsteigen werden Menschen und Schicksale zusammengewürfelt; es sind Topoi des Abschiednehmens und Wiedersehens, des Flüchtens und Zurückkommens, der Fremdheit und der Zuneigung. »Über den ganzen Bahnsteig hin riefen die Beamten aus, die Fahrgäste sollten einsteigen, und sofort kam mehr Bewegung – schnelles Gedränge, eiliges Gestrudel – in die wartenden Freundesgruppen. Man sah Leute einander umarmen, sich küssen, sich innig die Hände drücken, weinen, lachen, sich schnell noch einmal zu einem letzten Kuß umdrehen und dann hastig in den Wagen klettern. Und der junge Ausländer hörte nun in der fremden Sprache Ausrufe, Gelübde und Versprechungen, hörte Späße und flüchtige Anspielungen, wie sie überall einzelnen Menschengruppen geheim und teuer

Wartesaal dritter Klasse. Kaltnadelradierung
von Walter Ophey (um 1922).

Andrang an der Bahnsteigsperre des Stettiner
Bahnhofs in Berlin, um 1910.

Das Innere eines Wartesaals erster Klasse.

sind und hier lautes Gelächter hervorriefen,
hörte Lebewohlworte, wie sie auf der ganzen
Welt die gleichen sind« – so erfährt *Thomas
Wolfe* den Münchner Hauptbahnhof.[41]
Die Poesie des Hauptbahnhofes ist oft die des
Herbstes. Unter bleiernem, herunterhängen-
dem Himmel die grauen, weißen Dampfwol-
ken der zischenden und schnaubenden Lokomotiven. In ihre Kapuzen tief verhüllt, laufen
die Schaffner mit trüben Handlaternen den
Zug entlang; Pfiffe gellen durch die neblig-
dunstige Atmosphäre; hinter regenbetropften
Abteilfenstern die Gesichter der Abreisenden;
draußen die Wartenden, fröstelnd, mit hoch-
geschlagenem Kragen.

»O wem des Seins Empfindung verlorenging,
ihm frommt am meisten Schatten und Finsternis.
Ich will, ich will vergehn in einer
Melancholie, die mich endlos einspinnt.«
(Paul Heyse)[42]

Doch dann werden die Türen zugeschlagen;
das Abfahrtssignal leuchtet grün; der Stationsvorsteher hebt den Stab; das Gefühl der
Erleichterung, daß der Abschied überstanden
ist, breitet sich aus; die quälenden Augenblicke sind vorüber; die Weichen sind gestellt;
›action‹ hat uns wieder.
Zwischen den Bahnhöfen, im Niemandsland
des ›Reiseraums‹, kaum wahrgenommen, liegen die Bahnwärter- bzw. Streckenwärter-
häuschen – fern der weiten Welt, die aber
ständig, Zug um Zug, an ihnen vorüberrollt.
»Rauch, Gestampf, Geröll, Geschrill … / alles
wieder totenstill.«[43]
Das Bahnwärterhaus ist ein Ort des Idylls,
dem industriellen Kreislauf ganz nahe – und
doch abseits. Inmitten der rasenden Zeit ein
Stückchen Beharrlichkeit. Der kleine Garten.
Augenblicke panischer Ruhe. In der Stille die
Gefahr: Gefährdungen muß der Bahnwärter,
der die Strecke abgeht und für deren Sicherheit sorgt, abwenden; und er ist selbst ständig
gefährdet, kann leicht vom Zug erfaßt und
zerschmettert werden. Neben den vielen anderen Berufen, die das Bahnwesen mit sich
bringt (Lokomotivführer, Heizer, Schaffner,
Stationsvorsteher, Rangierer, Weichensteller,
Ladearbeiter), ist der Bahnwärter im besonderen Maße einer, der sich der dämonischen
Kraft und Schönheit der Eisenbahn ›ausgesetzt‹ sieht.
Gerhart Hauptmanns Novelle ›Bahnwärter
Thiel‹ schildert die Geschichte eines Strecken-

wärters, der zum Mörder wird. Nach dem Tod
seiner schmächtigen, kränklichen Frau hatte
er ein zweites Mal geheiratet. Der Sohn aus
erster Ehe wird von der Stiefmutter Lene, die
nun ein eigenes kleines Kind hat, mißhandelt;
er gerät unter einen Zug und stirbt. Thiel
erschlägt mit einem Beil Lene und das kleine
Kind.
Benno von Wiese hat die Ding-Symbolik, die
im Zentrum dieser naturalistischen Erzählung
steht, hervorgehoben: Die Eisenbahnstrecke
erweist sich als Gleichnis für den Einbruch
des Unsichtbaren in das Sichtbare, für die
Auflösung einer realen und geordneten Welt
ins Geisterhafte und Chaotische. Gerade die
Entmächtigung der bis ins Detail beschrie-
benen, alltäglich-durchschnittlichen Wirklichkeit durch überwirkliche, unbewußte
Mächte des Traumes, der Vision, der Seele, der
Natur, mit einem Wort: des Irrationalen, sei
Thema der Novelle.
Thiel, der das Summen der Telegraphen-
stangen versteht, der den wunderbaren Lauten lauscht, die aus dem Holz wie sonore
Choräle aus dem Innern einer Kirche
hervorströmen, ist in seiner Mischung von
praktischer Robustheit und spintisierender,
schließlich in den Irrsinn umkippender Sensibilität der Prototyp des ›Eisenbahnmenschen‹,
dem Außenwelt und Innenwelt auseinander-
fallen.
»Lautlos und feierlich vollzog sich das erha-
bene Schauspiel. Der Wärter stand noch immer regungslos an der Barriere. Endlich trat
er einen Schritt vor. Ein dunkler Punkt am
Horizonte, da wo die Geleise sich trafen, ver-
größerte sich. Von Sekunde zu Sekunde
wachsend, schien er doch auf einer Stelle zu
stehen. Plötzlich bekam er Bewegung und

Einfahrender Zug.

näherte sich. Durch die Geleise ging ein
Vibrieren und Summen, ein rhythmisches
Geklirr, ein dumpfes Getöse, das, lauter
und lauter werdend, zuletzt den Hufschlägen
eines heranbrausenden Reitergeschwaders
nicht unähnlich war.
Ein Keuchen und Brausen schwoll stoßweise
fernher durch die Luft. Dann plötzlich zerriß
die Stille. Ein rasendes Tosen und Toben er-
füllte den Raum, die Geleise bogen sich, die
Erde zitterte – ein starker Luftdruck – eine
Wolke von Staub, Dampf und Qualm, und das
schwarze, schnaubende Ungetüm war vor-
über. So wie sie anwuchsen, starben nach und
nach die Geräusche. Der Dunst verzog sich.
Zum Punkte eingeschrumpft, schwand der
Zug in der Ferne, und das alte heil’ge Schwei-
gen schlug über dem Waldwinkel zusammen.«[44]

*Bahnwärterhaus der Bayerischen Ostbahn mit
optischem Telegraph, um 1860. (»Der
Eisenbahnwärter. / Ein wichtiger Dienst bei
Tag und Nacht. / Doch wird er munter stets
vollbracht!«)*

Industrielandschaft

Wer entfesselte Prometheus?

1885 besang *Arno Holz*, einer der wichtigsten Vertreter des deutschen Naturalismus, in seinem ›Buch der Zeit‹ die Poesie der industriellen Epoche. Eine Schlacht sah er gewonnen, »wie sie kein Feldherr noch erstritt«. Inmitten von Dampf und Kohlendunst schwoll ihm die Brust, »und mir ins Auge schießt der Tropfen / hör' ich dein Hämmern und dein Klopfen / auf Stahl und Eisen, Stein und Erz«. Fortschritt und Technik erklangen ihm als süße Melodie, voll zukunftsschwangerer Töne.

»Drum ihr, ihr Männer, die ihr's seid,
zertrümmert eure Trugidole
und gebt sie weiter die Parole:
Glück auf, Glück auf, die junge Zeit!«[45]

Als *Arno Holz* diese begeisterten Strophen schrieb, hatte sich der Übergang Deutschlands vom Agrarstaat zum Industriestaat endgültig vollzogen. Der jährliche Verbrauch von Roheisen pro Kopf der Bevölkerung betrug 1893 etwa 99 Kilogramm, 1899 waren es 155 Kilogramm. Der Steinkohleverbrauch stieg im gleichen Zeitraum von 1940 auf 2740 Kilogramm an; die Roheisen- und Eisenproduktion nahm von weniger als 5 Millionen auf mehr als 8 Millionen Tonnen zu; die Kohlenproduktion steigerte sich von 95 auf 136 Millionen Tonnen. Am Ende des 19. Jahrhunderts lebten von 67 Millionen Deutschen kaum 17 Millionen von der Landwirtschaft. »Jedes Jahr kehrten zahllose Bauern dem Lande den Rücken und strömten in die riesigen Fabriken. Die Städte wuchsen ganz im amerikanischen Tempo, und 45 davon hatten bereits zu jener Zeit mehr als 100 000 Einwohner, ganze Armeen von Arbeitern stellten sich unter das Kommando der Industriekapitäne – 15 000 bei Mannesmann, mehr als 30 000 bei Thyssen und 73 000 bei den verschiedenen Werken Krupps.« Der französische Beobachter (*Henri Hauser*), der diese Zahlen 1913 mit Besorgnis angesichts der europäischen Wirtschaftskonkurrenz auflistet, konstatiert, daß das bis dahin arme Deutschland mit einem Schlag reich geworden sei. Sein Gesamtaufkommen, 1895 auf 21 Milliarden Mark geschätzt, bewege sich 1913 zwischen 40 und 50 Milliarden. In Frankreich dominiere ökonomische Kurzsichtigkeit; die Deutschen dagegen hätten seit 1880 in einer breiten und weitsichtigen Weise vorausgeblickt. »Wenn sie ein Postamt, einen Bahnhof oder eine Schule errichteten, so zogen sie nicht nur die Erfordernisse des Augenblicks in Betracht, sondern planten gemäß den möglichen Bedürfnissen von fünfzig Jahren später.«[46] Im Rückblick schrieb *Johannes Haller* in seinem 1922 erschienenen Buch ›Epochen der deutschen Geschichte‹ über die mit dem Jahr 1837 anhebende Epoche der Industrialisierung: »Das Zeitalter der Kohle und des Eisens begann. Deutschland bekam Gelegenheit, einen seiner größten Schätze, die reichen Steinkohlelager nutzbar zu machen – die deutsche Großindustrie entstand, eine neue Quelle des Wohlstandes eröffnete sich. Wie reich sie dereinst strömen werde, konnte damals niemand ahnen, freilich auch nicht, welche Wandlungen in Leben und Art des Volkes sie hervorrufen würde.«[47]
Im Vergleich zu England hatte sich in Deutschland der Industrialisierungsbeginn um fünf bis sieben Jahrzehnte verspätet. Das bewirkte freilich, daß sich die industrielle Revolution in Deutschland gleich auf besonders zukunftsträchtigen Gebieten (wie etwa der Elektroindustrie) voll entfalten konnte. Was mit Biederkeit im Biedermeier begonnen hatte, veränderte die Lebensweise der Menschen auf eine so revolutionäre Weise wie nie zuvor in der Menschheitsgeschichte.
Der Funken, der den Feuersturm technisch-zivilisatorischer Entwicklung entfachte, war aus England auf den Kontinent und damit auch auf Deutschland übergesprungen. Auf die Frage, warum es gerade im England des 18. Jahrhunderts zur industriellen Revolution gekommen war (»Wer entfesselte Prometheus?«), läßt sich keine eindeutige Antwort geben; immerhin gibt es viele Gründe, deren Beschreibung zugleich das Grundmuster der Industrialisierung in allen Ländern verdeutlicht.
»Die Naturwissenschaft ist die Mutter der Erfindungen, das Kapital ist ihr Vater«, schreibt *T. H. Marshall* in seinem Buch ›James Watt‹.[48] *I. S. Ashton* bemerkt in seinem Werk ›The industrial revolution‹, daß das Zusammentreffen von wachsendem Angebot an Land, Arbeit und Kapital die Expansion der Industrie ermöglichte. Kohle und Dampf lieferten Brennstoff und Energie für die Massenproduktion; niedrige Zinssätze, steigende Preise und hohe Gewinnaussichten wirkten als Anreiz. Aber hinter all diesen nachweisbaren materiellen Faktoren sei eine geistige Revolution gestanden. Der Handel mit fernen Gegenden habe das Weltbild des Menschen und die Wissenschaft sein Verständnis des Universums erweitert. Vor allem *Adam Smiths* bahnbrechendes Werk ›Inquiry into the nature and causes of the wealth of nations‹ (›Untersuchungen über die Natur und die Ursachen

Sächsische Maschinenbauanstalt, Chemnitz.

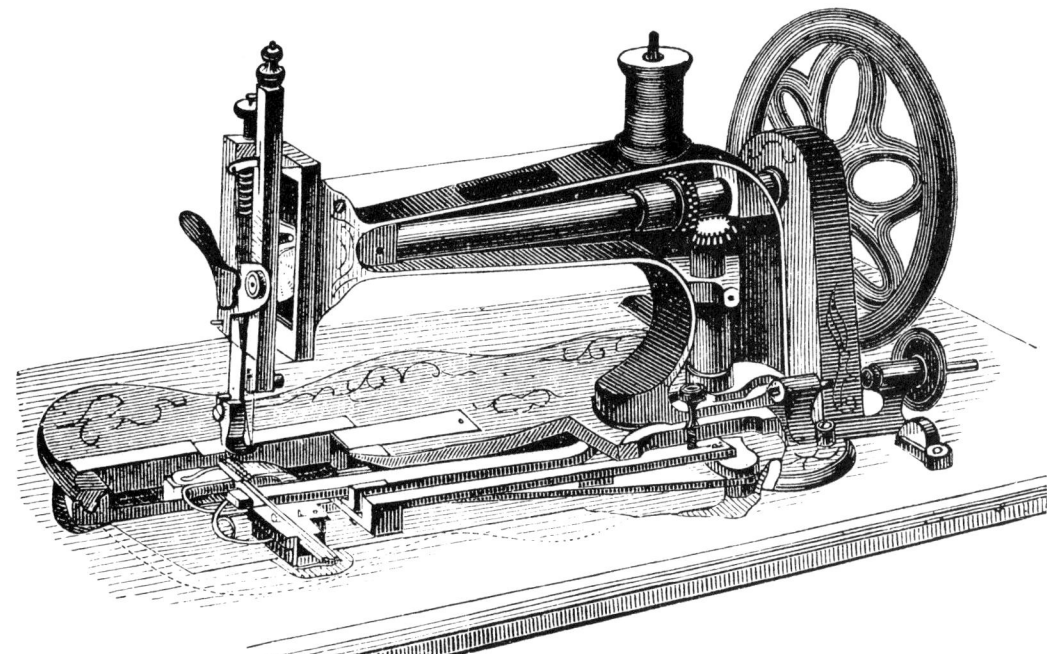

des Nationalreichtums‹, 1776) zerstörte die alte Welt und errichtete eine neue.[49]

Smith geht von zwei Produktionsfaktoren aus: erstens Arbeit, zweitens Boden und Klima. Der Wert der Güter sei durch das Maß der Arbeit bestimmt, das auf sie verwendet werde und ihren natürlichen Preis bilde; dieser sei nicht identisch mit dem Marktpreis, der noch von anderen Umständen, hauptsächlich vom Verhältnis zwischen Angebot und Nachfrage, abhänge. *Smith* unterscheidet ferner Gebrauchswert und Tauschwert (Wasser habe zum Beispiel einen hohen Gebrauchswert, aber fast keinen Tauschwert; umgekehrt besäßen Diamanten und Straußenfedern einen sehr bedeutenden Tauschwert, doch nur einen sehr geringen Gebrauchswert). Die Größe des Volksvermögens hänge ab von der Menge der Güter, die einen Tauschwert hätten, und dieser wiederum von dem Maß der investierten Arbeit: Die Arbeit sei der wahre Preis der Waren, das Geld nur ihr Nominalpreis. Als Idealmittel zur Hebung der Produktivität erschien *Smith* die strengste Arbeitsteilung, die Mechanisierung der Arbeit; ein Arbeiter könne im Tage zehn Stecknadeln erzeugen, in einer Manufaktur vermöchten jedoch zehn spezialisierte Handfertige, die richtig ineinander arbeiteten, in derselben Zeit 48 000 Stecknadeln herzustellen.[50]

»Der jährliche Ertrag aus Land und Arbeit irgendeiner Nation kann in seinem Wert nur gesteigert werden, indem man entweder die Zahl der in der Produktion beschäftigten Arbeiter oder die Produktivkraft der schon beschäftigten erhöht. Es ist einleuchtend, daß man die Zahl der in der Produktion tätigen Arbeiter nie bedeutend erhöhen kann, wenn nicht vorher das Kapital oder die Geldmittel, die zu ihrem Unterhalt bestimmt sind, vermehrt werden. Die Produktivität der gleichen Anzahl von Arbeitskräften kann nur auf zwei-

erlei Weise gesteigert werden: entweder durch den verstärkten Einsatz verbesserter Maschinen und sonstiger Produktionsmittel, die die Arbeit des einzelnen erleichtern und verkürzen, oder durch eine geeignetere Arbeitsteilung und -verteilung. In jedem Falle ist fast immer ein zusätzlicher Kapitaleinsatz notwendig.«[51]

Die Idee der Maschinenkultur auf der Basis des Kapitalismus war damit etabliert; die Erfindung neuer Maschinen sorgte für deren Verwirklichung. 1769 hatte *Richard Arkwright* die Spinnmaschine erfunden; in demselben Jahr erhielt *James Watt* das Patent auf seine Dampfmaschine; 1786 gelang dem englischen Geistlichen *Edmund Cartwright* die Herstellung des mechanischen Webstuhls; das ›Puddeln‹, die Gewinnung von Stahl aus Roheisen, das 1784 patentiert wurde, schuf die wichtigste Vorbedingung für exakten Maschinenbau. Gegen Ende des 18. Jahrhunderts waren Maschinen in England bereits weit verbreitet; auf dem Kontinent zogen sie erst erheblich später ein. »Wir stoßen hier wiederum auf die… Tatsache, daß in der menschlichen Kulturentwicklung das Primäre stets der Gedanke ist, auf den die entsprechenden Tatsachen ganz von selber folgen: Erst konzipierte der Engländer die Maschinenmenschen, und als dies geschehen war, blieb ihm gar nichts anderes mehr übrig, als die dazugehörige Maschine zu erfinden oder vielmehr wiederzuerfinden, denn sie war bereits dem Altertum bekannt, da man sie aber, und zwar von seinem Weltbild aus mit Recht, für eine bloße Spielerei hielt.« *(Egon Friedell)*[52]

Die seit Beginn der Neuzeit einsetzende experimentelle, naturwissenschaftlich orientierte Weltsicht, welche die meditative Haltung des Mittelalters ablöste, traf in England auf ein besonders günstiges Innovationsklima.[53] Der naturwissenschaftliche und technologische

Fortschritt, sowohl was Zufallsentdeckungen wie systematische Entdeckungen betraf, entwickelte sich dort in einer Gesellschaft, die in zunehmendem Maße neugierig war, Fragen stellte, in Bewegung geriet, Vorstöße unternahm, zu Neuerungen sich bekannte. Die Enzyklopädien und Einrichtungen wie die ›Society of Arts‹ (1754 gegründet), die ›Royal Institution‹ (1796), ›Lunar Society‹ und weitere lokale philosophische bzw. naturwissenschaftliche Gesellschaften popularisierten die Erkenntnisse; es kam zu interessanten Verbindungen zwischen radikalen, nonkonformistischen naturwissenschaftlichen Gruppen, Geschäftsleuten und religiösen Strömungen. Puritanisch-protestantische Ethik interpretierte das wirtschaftliche Vorankommen als Gunstbeweis Gottes. Nach *Max Weber* hat die vom Calvinismus geprägte Lebensführung des asketischen Protestantismus entscheidenden Einfluß auf die Herausbildung der modernen Berufs- und Wirtschaftsgesinnung und des modernen Kapitalismus gehabt. Stete, systematische Arbeit wurde als der von Gott vorgeschriebene Selbstzweck des Lebens verstanden. Dies entsprach optimal den normativen Prinzipien des modernen Betriebskapitalismus im Sinne einer rational-betriebsmäßigen Kapitalverwertung und kapitalistischer Arbeitsorganisation.[54]

Das englische Innovationsklima war auch dafür verantwortlich, daß die mittelalterlichen und merkantilistischen Beschränkungen für

Mechanischer Webstuhl.

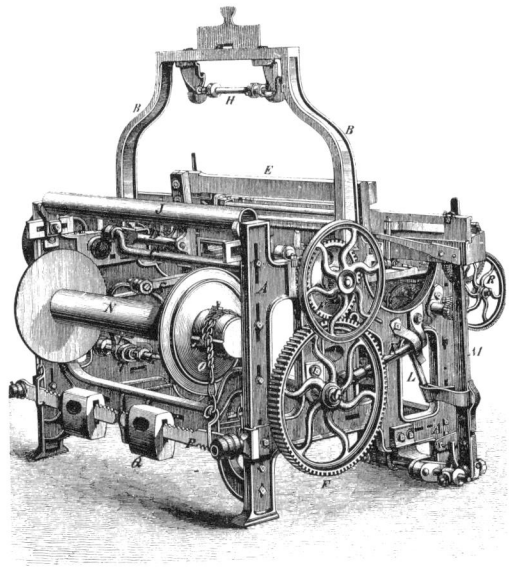

Die Dampfkraft veränderte auch die ländliche Arbeit (z. B. als Dampfpflug). Hier Lokomobil mit Dreschmaschine.

fähigen Märkten. Aufgrund der Bevölkerungsvermehrung stand ein Heer von Arbeitern, die auf Einsatz warteten und entsprechend ausgebeutet werden konnten, bereit. Dies förderte die Kapitalakkumulation, wobei die erzielten Gewinne zu vermehrten Investitionen führten.

In Deutschland hatte sich die Eisenbahn als Wegbereiterin der ersten Phase der Industrialisierung, die im Vergleich zu England um Jahrzehnte ›versetzt‹ erfolgte (etwa 1835–1873), erwiesen; sie wirkte besonders stimulierend für die Eisenindustrie, den Maschinenbau und andere Branchen der Grundstoff- wie Produktionsgüterfabrikation. Ab 1870/71 wurde die Industrialisierung von der Hochkonjunktur angeheizt, die durch die 5 Milliarden Goldfranken, die das besiegte Frankreich nach dem verlorenen Krieg an das Deutsche Reich zu zahlen hatte, hervorgerufen. In dieser Spekulations- und Gründerzeit wuchs der Anteil der jährlichen Investitionen am jährlichen Volkseinkommen, der in den 50er Jahren noch weniger als 9 % betragen hatte, auf über 17 %. Das Nominalkapital der Aktiengesellschaften verdoppelte sich in drei Jahren.[55]

Dem Gründerboom folgte die Gründerkrise, der Zusammenbruch von Unternehmungen mit der Folge von Massenarbeitslosigkeit. Der Glaube an wirtschaftsliberale Ideen, an das ›Laisser-faire‹ und konkurrenzwirtschaftliche Prinzipien ging zurück; das Bewußtsein von der Notwendigkeit gesellschaftlicher Integration und Kontrolle nahm zu.

Den sozialistischen Emanzipationsbestrebungen suchte man mit »Zuckerbrot und Peitsche«, in Form eines »organisierten Kapitalismus«, zu begegnen. »Die organisierte, kollektive Aktion der Unternehmer ergänzte beziehungsweise verdrängte in einer zunehmenden Zahl von Branchen das ›Spiel der freien Marktkräfte‹ und zielte auf Steuerung der Produktion, auf Regulierung der Preise, auf Sicherung der Profite (und zum Teil auch auf die Existenz der Unternehmer) durch Absprachen und Zusammenschlüsse verschiedenster Art. Organisationen – seitens der Gewerkschaften, dann auch der Arbeitgeber – kennzeichneten zudem zunehmend die Auseinandersetzung auf dem Arbeitsmarkt, den Klassenkonflikt und die Durchsetzung soziopolitischer Interessen mit Hilfe von Verbänden überhaupt. Stärker noch als bisher übernahm der von diesen beeinflußte Staat, übernahmen staatliche Wirtschafts- und Sozialin-

Handel und Industrie abnahmen; verbesserte Verkehrswege erleichterten den Transport von Menschen und Material. Großbritannien bildete innerhalb Europas das größte Freihandelsgebiet; dies wiederum förderte die Entwicklung des Unternehmertums; an die Stelle traditioneller Auffassungen traten Risikobereitschaft und Gewinnstreben; man

gab sich mit dem herkömmlichen Lebensstandard nicht mehr zufrieden und versuchte, zusätzliche Einkommen und Konsummöglichkeiten zu erschließen. Dazu kam eine günstige »Faktorenausstattung«; reichlich vorhanden waren Kohle, Eisenerz und andere Mineralien sowie vorteilhafte Standorte für den Handel mit entwicklungs-

Dreschmaschine auf einem Bauernhof, 1916.

terventionen Aufgaben bei der Förderung des wirtschaftlichen Wachstums, der Verbesserung der Infrastruktur, der Krisensicherung sowie bei der Gestaltung und Stabilisierung gesellschaftlicher Machtverhältnisse. Beim Ausbau des Bildungs- und des Verkehrswesens, der Kartell- und Zollgesetzgebung, der staatlichen Unternehmertätigkeit (Eisenbahnen, Kohlenbergbau vor allem) und der staatlichen Aufträge (Rüstung u. a.) zeigte sich dies deutlich, vor allem auch auf dem Gebiet der staatlich geförderten Expansion in Kolonien und unterentwickelte Gebiete, die – teilweise der Absicht, teilweise der Funktion nach – über Kapital- und Warenexport, Rohstoffversorgung und allgemeine ökonomische Zukunftsvorsorge u. a. wirtschaftlichen oder national-integrativen Zielen im Innern diente und nach allmählichem Beginn in den 1880er Jahren in der Trendperiode vor dem Ersten Weltkrieg ihren Höhepunkt erlebte.«
(G. A. Ritter/J. Kocka)[56]
Der Fortschrittsglaube war nach wie vor ungebrochen; vor allem das Bürgertum erwartete sich vom beschleunigten Übergang aus veralteten und überlebten Betriebssystemen zu höherstehenden Manufakturen und Fabriken ein Paradies auf Erden (ein anderes freilich,

als es *Karl Marx* durch die Expropriation der Expropriateure erhoffte). Eine Stimme vom Niederrhein (Remscheid) drückt die säkulare Heilserwartung 1879 mit entwaffnender Naivität wie folgt aus: »So zweifle ich denn nicht, daß, wenn ich nach Jahren wieder desselben Wegs kommen sollte, mir schon aus weiter Ferne die Leuchtthürme der Großindustrie, die Schlote, den Sieg der neuen Betriebsform verkünden werden. Auch die Arbeiter werden herankommen. Zwar nicht die selbständigen Meister, die sich noch stolz von den modernen Maschinenburgen fernhalten, wohl aber ihre Söhne, die Gesellen und Lehrlinge; für sie schlägt dann die Stunde der Erlösung von der langen Lehrzeit der veralteten Technik und den gedrückten Löhnen.«[57]
Wer entfesselte Prometheus? Eine Komplexität von sich gegenseitig bedingenden Ursachen bewirkte (um nochmals *Arno Holz* zu zitieren), daß die neue Zeit sich »Dampf ums Haupt als Schleier« schlang und als Schnellzug dahinsauste.

»Von nie geahnter Kraft geschwellt,
verwarf sie ihre alten Krücken,
sie mauert Tunnels, Zimmer, Brücken
und pfeift als Dampfschiff um die Welt.«[58]

werker an Eifer, Betriebsamkeit und Thätigkeit oder an Abnehmern fehle. Wie viele nützliche Erfindungen können unmöglich gedeihen, weils ihnen an Unterstützung mangelt. Muß nicht unter solchen Umständen das vorzüglichste Talent zurückgeschreckt und erstickt werden? Leider läßt sich dieser Fehler nicht einmal schnell im Allgemeinen verbessern, da Geldmangel und Hunger nach nothdürftigem Gewinn zu viele Menschen preßt, und auch so viele Abnehmer zu äußerster Sparsamkeit zwingt.«[61]
Aus der Schilderung der Misere ergeben sich aber auch spiegelbildlich die Tugenden, die dem Handwerker im Rahmen der Industrialisierung besondere Chancen des Aufstiegs eröffneten. Er hatte gelernt, seine Produkte anzupreisen; er war sehr darauf aus, Erfahrungen von anderen nutzbringend zu verwerten (von der obligatorischen Wanderschaft brachte er manche Kenntnisse mit nach Hause!); er mußte, um überleben zu können, seine Arbeit ständig, nicht zuletzt durch Erfindungen, verbessern; er verstand es, »seine Sach'« zusammenzuhalten. Dementsprechend ist die anfängliche Form der Fabrikunternehmung (wie im Handwerk) der Familienbetrieb, in dem höchstens einige Freunde oder Verwandte als stille Teilhaber das Betriebsvermögen verstärken. Die erste Unternehmergeneration bestimmt eiserne Sparsamkeit; denn um konkurrenzfähig zu bleiben, ist die Anschaffung teurer Maschinen neuester Konstruktion, die Unterhaltung immer größerer Vorräte an Rohstoffen, Brennstoffen, Halbfabrikaten und Ersatzteilen notwendig. Man konnte sich mit großer Zähigkeit »hinaufarbeiten«.
Johann Sigmund Schuckert zum Beispiel wurde als Sohn eines Büttnermeisters am 18. Oktober 1848 in Nürnberg geboren.[62] Beim Vorrücken in die Oberklasse der Lorenzer Volksschule für Knaben schrieb er mit Schönschrift in sein Heft: »Ich will mit allem Fleiße dafür sorgen, daß meine Schrift in jedem Monat besser wird. Fleiß und Ausdauer führen stets zum sicheren Ziel.« Das von den Eltern übernommene handwerkliche Tugendsystem verband sich bei *Schuckert* mit einem starken Innovationstrieb, wobei das »physikalische Kabinett« seines Lehrers *Bauer* (Elektrisiermaschine, große und kleine Leydener Flaschen, eine Luftpumpe mit Magdeburger Halbkugel) bei ihm ein frühes Interesse an Elektrotechnik förderte. Auf der Sonntagsschule konnte *Schuckert* sich im Maschinenzeichnen, in Arithmetik, Geometrie, Physik, Chemie weiterbilden. Auf Wanderschaft arbeitete er in Hamburg in einer optisch-astronomischen Werkstätte, dann bei der auf dem Gebiet der Telegraphie führenden Firma Siemens & Halske. *Schuckert* begann Englisch zu lernen; 1869 schloß er sich dem Auswandererstrom aus Deutschland an und ging in die USA. Dort arbeitete er unter anderem in der Telegraphenbauanstalt von *Thomas Edison*. Als 1873 in Wien eine große Weltausstellung

Werkstatt: Vorort, Beharrungsort und verlorener Posten

Die Werkstatt erweist sich als Vor-ort der Industrialisierung, da sich aus ihr – vor allem im mechanischen Bereich – Fabriken entwickeln. Der Handwerker bringt in den Prozeß der Industrialisierung innovatorische und ingeniöse Mentalität ein; die Fähigkeit des ›Tüftelns‹ macht den handwerklichen Erfinder zum Ahnherrn großer Industrieanlagen.
Der Aufstieg des alten Handwerks nach dem Dreißigjährigen Krieg hatte am Ende des 18. Jahrhunderts in einer Depression, einer Knappheits- und Umverteilungskrise, geendet (mit einer Riesenzahl von Eigentumslosen in Stadt und Land, die nichts als ihre Arbeitskraft zu verkaufen und deshalb wenig zu kaufen hatten). Das Gleichgewicht von Löhnen und Preisen, das lange Zeit gegolten hatte, ging seit 1775 verloren. »Zum sinkenden Reallohn kamen der Aufstieg der Manufaktur, Übersetzung der Handwerke, fehlende Massenkaufkraft, der traditionelle Verzicht der Landbevölkerung auf städtische Güter und, was Seidenkleider, aufwendige Möbel und Innenausstattung anlangte, die durch die klassizistische Zeitmode geförderten Leitvorstellungen von der edlen Einfachheit.«
(Michael Stürmer)[59]
Senator *Johann Adam Weiß* zu Speyer führte

in seiner ›Preisschrift über die Vortheile und Nachtheile der Zünfte und Gilden, und über Verbesserung oder gänzliche Aufhebung derselben‹ (Hamburg 1795) für den Absatzmangel und den Verfall des Handwerks folgende Punkte an:
– Sättigung des Bedarfs von handwerklichen Erzeugnissen;
– Mangel an flüssigen Mitteln;
– übergroße Steuerlast zumal auf dem Lande;
– Übersetzung des Landhandwerks;
– Stockung der Ausfuhr nach Übersee;
– Verlust von Arbeitsplätzen durch Rationalisierung in Fabriken und Manufakturen;
– geringerer Ersatzbedarf infolge der Humanisierung der Kriegführung;
– Vorliebe der Konsumenten für schlichte Gebrauchsgegenstände und für solche, die aus dem Ausland kamen.[60]
»Früher suchten die Käufer die Verkäufer, und nun ist es gerade umgekehrt. Einen einleuchtenden Beweis vom letztern gibt das rastlose Streben der Künstler und Professionisten nach Absatz, die unzähligen Ankündigungen, Empfehlungen und Erfindungen, wovon eine Menge gelehrter und politischer Blätter voll sind – ihr dringendes Anerbieten etc., und nun entscheide man, obs dem Hand-

Inneres einer Schmiedewerkstatt. Aus Kleinbetrieben entstanden oft große Fabriken.

stattfand, zog es ihn nach Europa zurück. Angesichts des schlechten Gesundheitszustandes seiner Eltern blieb er in Nürnberg und ließ sich als selbständiger Mechaniker nieder; 1873 eröffnete er seine Werkstätte in einem bescheidenen zwei-fenstrigen Raum in der Schwabenmühle. Mit Hilfe neuer Erfindungen und Demonstrationen auf dem Gebiet der Kraftübertragung wie der elektrischen Beleuchtung (neben Nähmaschinenreparaturen und dem Bau von optischen Geräten) setzte sich seine Firma immer mehr durch. 1875 gelang es *Schuckert*, das Kriegerdenkmal bei dessen Enthüllung elektrisch zu beleuchten; 1878 illuminierte er das königliche Schloß Linderhof in Bayern; 1882 installierte *Schuckert* die erste elektrische Straßenbeleuchtung in Nürnberg. Für seine »elektrodynamische Maschine« erhielt er 1876 den mit einer Subvention von 50 000 Mark verbundenen König-Ludwig-Preis; 1885 wurde ihm der Titel eines Kommerzienrates verliehen.

Mit der Aufhebung der alten Zunftprivilegien und der Verkündigung der Gewerbefreiheit, in Frankreich im Zug der Revolution von 1789, in Deutschland ab der Napoleonischen Zeit (hundert Jahre später als in England), erlebte der Handwerkerstand einen enormen quantitativen Aufschwung. Nun konnten sich viele Handwerksgesellen selbständig machen; früher hatten sie dazu, da sie keine Meistersöhne waren, keine Gelegenheit gehabt. Vor allem Werkstätten der Metallverarbeitung, des Maschinen-, Apparate- und Instrumentenbaus, Berufe wie Rotschmiede und Rotgießer, Zirkelschmiede, Drahtzieher, Feilenbauer, Flaschner, Schlosser, Goldschmiede, Heftlein-(Nadel-)Macher, Zinngießer, Nagelschmiede waren gefragt.

Da das Kapital meist fehlte, gelang dem Handwerker der Sprung in die größere Produktionskapazität nicht zu oft. Seine Werkstatt blieb dann klein und begrenzt; er versuchte, in ihr als einem ›Beharrungsort‹ auszuhalten und im Konkurrenzkampf mit den größeren Betrieben und Großunternehmern zu bestehen. Zu verschiedenen Zeiten, zum Beispiel begünstigt durch den Boom der Gründerjahre, erfolgte aus der Werkstatt dann immer wieder der Vorstoß zu lukrativeren Gefilden. Mit der Erfindung des Elektromotors konnte man zudem in der handwerklichen Werkstatt industrieähnlich arbeiten; eine solche Maschinenanwendung erforderte nicht zu großen Aufwand, weder was die Räumlichkeiten noch die Größe der Belegschaft betraf; reduziert wurden die Nachteile des Handwerks, erhalten blieben dessen Vorteile, zum Beispiel seine geringere Krisenanfälligkeit.

In einem kulturellen Sinne bedeutete die

Werkstatt als Beharrungsort zugleich ›Rückzugsort‹: Inmitten der Stürme der Zeit, die oft rasch aufgeblühte Unternehmungen in den Niedergang trieben, wie sie auch immer wieder für turbulente Neuentwicklungen sorgten, erwies sich die Werkstatt als Hort der Beständigkeit und Redlichkeit. Sie vermittelte inmitten entfremdeter Massenproduktion handwerkliche Solidität.

Da die Handwerker vom allgemeinen wirtschaftlichen Florieren ausgeschlossen waren oder nur sehr begrenzt daran teilhatten, versuchten sie mit Hilfe geistig-seelischer wie kultureller Werte das materielle Defizit zu kompensieren. In einem positiven Sinne hat so der Handwerkerstand viele Werte des Bürgertums tradiert, die nach dem Biedermeier unter der Sogkraft der Industrialisierung und des Großhandels verlorengingen. Er hielt an Werten fest, während andere oft genug nur noch an Preise dachten.

In seinem Roman ›Nachsommer‹ hat *Adalbert Stifter* in Angst vor der Maschinenwelt die dingliche Moral der Werkstatt (am Beispiel einer Schreinerwerkstatt) idealtypisch gezeichnet: »Von den Arbeitern hatte jeder einen Raum an den Fenstern für sich, der von dem Raume seines Nachbars durch gezogene Schranken abgesondert war. Er hatte seine Geräte und seine eben notwendigen Arbeitsstücke in diesem Raume bei sich, das Andere, was er gerade nicht brauchte, hatte er an der Hinterwand des Hauses hinter sich, so daß

eine übersichtliche Ordnung und Einheit bestand. Es waren vier Arbeiter. In einem großen Schreine, der einen Teil der einen Seitenwand einnahm, befanden sich vorrätige Werkzeuge, welche für den Fall dienten, daß irgend eines unversehens untauglich würde und zu seiner Herstellung zu viele Zeit in Anspruch nähme. In einem andern Schreine an der entgegengesetzten Seitenwand waren Fläschchen und Büchschen, in denen sich die Flüssigkeiten und andere Gegenstände befanden, die zur Erzeugung von Firnissen, Polituren oder dazu dienten, dem Holze eine bestimmte Farbe oder das Ansehen von Alter zu geben. Abgesondert von der Werkstube war ein Herd, auf welchem das zu Schreinerarbeiten unentbehrliche Feuer brannte. Seine Stätte war feuerfest, um die Werkstube und ihren Inhalt nicht zu gefährden.

›Hier werden Dinge‹, sagte mein Begleiter, ›welche lange vor uns, ja oft mehrere Jahrhunderte vor unserer Zeit verfertigt worden, und in Verfall geraten sind, wieder hergestellt, wenigstens so weit es die Zeit und die Umstände nur immer erlauben. Es wohnt in den alten Geräten beinahe wie in den alten Bildern ein Reiz des Vergangenen und Abgeblühten, der bei dem Menschen, wenn er in die höheren Jahre kömmt, immer stärker wird. Darum sucht er das zu erhalten, was der Vergangenheit angehört, wie er ja auch eine Vergangenheit hat, die nicht mehr recht zu der frischen Gegenwart der rings um ihn Aufwachsenden paßt. Darum haben wir hier eine Anstalt für Geräte des Altertums gegründet, die wir dem Untergange entreißen, zusammenstellen, reinigen, glätten und wieder in die Wohnlichkeit einzuführen suchen.‹«[63]

Das handwerkliche bürgerliche Tugendsystem schloß bei allem Bemühen um wirtschaftliche, kulturelle und politische Eigenständigkeit eine Anlehnung an die ›Spitzen und Stützen‹ der Gesellschaft, an die oberen Schichten, nicht aus; nach 1848 verstärkte sie sich zunehmend. Der Titel ›Hoflieferant‹ galt als eine ganz besondere Auszeichnung. Bei den Regional- und Landesmessen (beziehungsweise -ausstellungen) spielte die fürstliche oder königliche Auszeichnung eine ganz besondere Rolle. Wenn – wie etwa bei dem Nürnberger Metzgermeister *Robert Bauer* – die von seinem Vater erfundene »Wunderburger Knackwurst« eine besondere königliche Belobigung erhielt (ein Schreiben im »Allerhöchsten Auftrag«, die Knackwurst betreffend, die dem hohen Wittelsbacher Herrn, dem Prinzregenten *Ludwig* nebst Frau, bestens gemundet, beigefügt eine goldene Krawattennadel mit Krone), so bedeutete dies für den Betrieb eine wichtige Aufwertung. Im Handwerkerhaus rutschten freilich mit der Zeit die bürgerlichen Tugenden immer mehr ins sekundäre Tugendsystem ab: Ideelle Überzeugungskraft und Standfestigkeit verkehrte sich in machtorientierte Anpassung, in weltanschauliche Verkrampfung. Industrie und Großhandel bewirkten weltweite Öffnung, großzügige Urbanität; der Handwerkerstand regredierte auf Provinzialismus, Engstirnigkeit, Spießertum. Mittelstandsideologie war vielfach in Seldwyla beheimatet.

Peter von Matz hat darauf hingewiesen, daß *Gottfried Kellers* ›Leute von Seldwyla‹, insofern sie als ökonomischer Typus und als ein Kollektiv präsentiert werden, das große Denkmal, die literarische Abschiedssymphonie für den vorindustriellen und vorliberalen Begriff von Arbeit und Lebensführung darstellten. Die einzelnen Helden der Novellen

seien atypisch für die Gesamtheit des industriellen Zeitalters.[64] Die Seldwyler weigerten sich, die Lebensarbeit als Aufstiegsprozeß zu verstehen, den einzelnen Arbeitsgang dem Gesetz »Wert gleich abhängig von Geschwindigkeit« zu unterwerfen; darin läge der Grund für jene merkwürdige und scheinbar dunkle Äußerung Kellers, wonach die Seldwyler sich alle dadurch auszeichneten, »daß sie sehr geschickt Fische zu essen verstehen«; es gäbe nämlich keine Tätigkeit, in der ein größeres Mißverhältnis zwischen Produkt und Zeitaufwand bestehe als beim Fischessen. – Die Seldwyler nähmen den eigenen Konkurs, das wirtschaftliche Fallieren, bei Gelegenheit mit größter Gelassenheit zur Kenntnis, seien sie doch getragen von der begründeten Überzeugung, es könne ihnen im letzten nichts geschehen, und der ökonomische Kollaps sei keineswegs und niemals auch ein existentieller (der reale Grund ihrer Sicherheit läge in ihrem genossenschaftlichen Waldbesitz). Und über allem hätten sie die Fähigkeit, aus jeder Bagatelle ein kräftiges Vergnügen zu schlagen; sie verfügten noch voll über jenes altertümliche Genußsystem, das der totale Geschwindigkeitszwang außer Kraft gesetzt und durch die »sinnvolle Freizeitbeschäftigung« ersetzt habe.

In diesem Sinne war auch der Vater von *Robert Walser*, der in vielen seiner Werke, zum Beispiel im ›Gehülfen‹, den Niedergang des Handwerks angesichts der expandierenden Industrie beschrieb, ein Seldwyler. Dieser Vater ruinierte sich und die Seinen in einem kontinuierlichen, offensichtlich irreversiblen Niedergangsprozeß. Als gelernter, gut geschulter Handwerker und mit Hilfe eines ansehnlichen Erbes hatte er sich zu einem Zeitpunkt selbständig gemacht, als die Stadt Biel in die rasanteste Entwicklungsphase ihrer Geschichte gelangte. Industrialisierung und Bevölkerungszuwachs hatten dort um 1870 geradezu explosiven Charakter. *Adolf Walser* beginnt mit einer Buchbinderwerkstatt, macht sich aber mit der Eröffnung eines Papier- und

Spielwarengeschäfts schon bald zum Handelsmann; er hat wenig Energie, wenig Glück; sein handwerklicher Hintergrund ist den Usancen nicht gewachsen. In *Robert Walsers* Prosastück ›Bild des Vaters‹ heißt es: »Die Folgen seines Falles aus dem Ansehen trug er demütig oder, um es genauer zu sagen, mit freundlichem Lächeln; starb deswegen wahrhaftig noch lange nicht, lebte noch gern weiter, tat durchaus nicht, wie Bankdiktatoren und -direktoren, verfehlte, gewagte Herren Spekulanten, Börsianer und sonstige Finanzindianer allfällig tun, die sich, weil sie verschmähen, geduldig am Leben zu bleiben, sondern vorzuziehen scheinen, anmaßlich umzukommen, eine stolze, impertinente, hochvornehme, dumme, daneben freilich absolut nicht spaßhafte, vielmehr todverursachende, äußerst ernsthafte Kugel à la Trauerspiel von Kotzebue und Compagnie durch den hilflosen Kopf jagen, wofür ich merci beaucoup sage.«[65] Selbst im Scheitern zeigt sich hier noch ein Stück handwerklicher Solidität: die Fähigkeit des undramatischen Widerstehenkönnens, eben jene zentrale Differenz zwischen denen, »die den wirtschaftlichen Ruin als eine zugleich existentielle Katastrophe erfahren, und denen, die ihn als bloßes Ungemach ohne weitere Erschütterung zur Kenntnis nehmen«.[66]

Tischlermeister Anton in *Friedrich Hebbels* Trauerspiel ›Maria Magdalena‹ (groß, knochig, aufrecht, fast steif in der Haltung, von schroffer Redeweise, herrisch, selbstgerecht, aber auch selbstquälerisch, grüblerisch, jede weichere Anwandlung kratzbürstig verbergend) sagt am Ende, da alle ins Verderben gerissen wurden: »Ich verstehe die Welt nicht mehr.« Die handwerklich-bürgerlichen Tugenden, im besonderen der Ehrbegriff, sind – wenn man das Drama als historisches Gesellschaftsspiel begreift (neben der in durchschnittlicher Alltäglichkeit aufleuchtenden menschlichen Grundproblematik) – erstarrt. »Ein Schein- und Zerrbild der Persönlichkeit«, nennt *Kurt May* den Tischlermeister; seine Werturteile seien von verkümmerter bürgerlich-christlicher Moralität unablösbar bestimmt. Dieser Held im Kamisol stelle eine in der Enge des niederdeutschen Städtchens versteinerte Entwicklungsstufe protestantisch-christlicher Ethik dar – im kleinbürgerlichen Lebenskreis und in einem Zeitalter gelähmten sittlichen Empfindens und reduzierter Frömmigkeit, das abgelöst werden muß von einer neuen Epoche echterer, gesünderer, lebensvollerer, nämlich selbstverantwortlicher Sittlichkeit und Religiosität.[67] Durch ihren Selbstmord

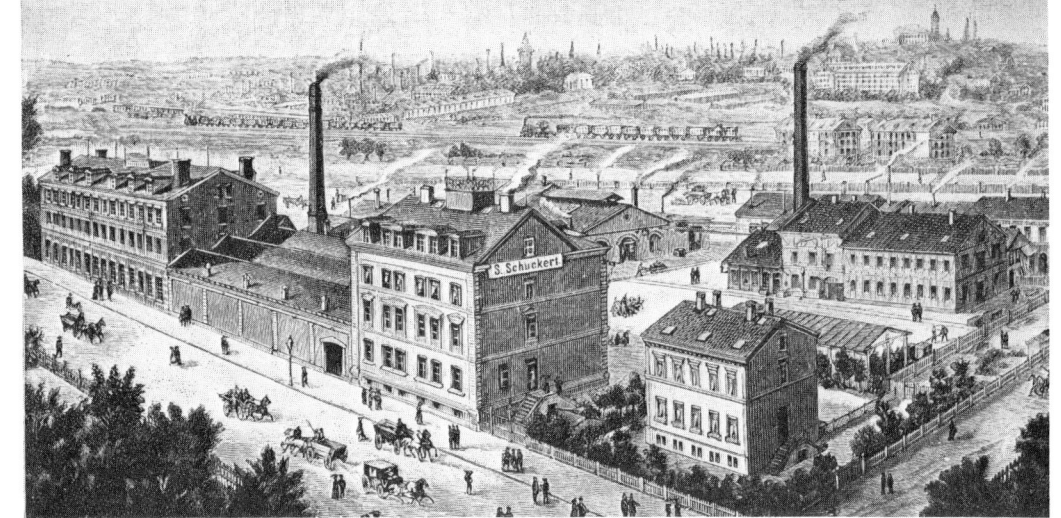

Aus einer kleinen Werkstatt entwickelte sich in Nürnberg die Firma Schuckert & Co., später Teil von Siemens-Schuckert. Die zweite Phase des Wachstums zeigt die Fabrikanlage an der Schloßäckerstraße.

entzieht sich die Tochter Klara der provinziellen Enge mit ihren Abhängigkeiten und Tabus. Die Gelassenheit im Ungemach ist der
Verzweiflung des Alleinseins gewichen.
Meister Timpe in dem 1888 erschienenen
gleichnamigen sozialen Roman von *Max Kret-
zer*, einem ehemaligen Arbeiter, scheitert, weil
die Großindustrie das Handwerk auffrißt. Als
Angehöriger des Handwerksstandes versteht
Timpe sich als Glied eines Gesellschaftsgefü-
ges, das den Bürger »als vornehmste Stütze
des Staates direkt hinter den Thron stellt und
die Privilegien des Handwerks gewahrt wissen wollte«. Damit aber begreift der königs-
treue Timpe die wirkliche Welt nicht mehr;
denn in dieser sind die Privilegien des Hand-
werkerstandes anachronistisch geworden; die
Maschinen dominieren; Timpe kämpft vergeblich: »Die Schornsteine müssen gestürzt
werden, denn sie verpesten die Luft... Schleift
die Fabriken... Zerbrecht Maschinen!« Nach
dem Zerwürfnis mit dem Sohn, der in der Fabrik des Konkurrenten Karriere macht und
dessen Tochter heiratet, geht es mit Timpe immer weiter bergab; er soll sein versteigertes
Haus verlassen; da verbarrikadiert er sich im
Keller und stirbt.[68]
Die Industrialisierung setzte beim Handwerk
einen Prozeß der Proletarisierung in Gang –
was nicht immer Folge einer direkten wirtschaftlichen Notlage war, sondern auch dem
Wunsch entsprang, durch Fabrikarbeit materiell besser voranzukommen und sich im größeren oder großen Betrieb freier entfalten zu
können.
Anhand von drei Photos aus der Maschinenfabrik Rüsselsheim (den späteren Opelwerken)
hat *Peter Schirmbeck* symptomatische Phasen
des Weges vom individualistischen zum nivel-
lierten Arbeiterbewußtsein aufgezeigt.[69] Beim
ersten Bild haben sich die Arbeiter, jeder für
sich, in Positur gestellt: Sie sind Einzelpersönlichkeiten, tragen eine unterschiedliche
Kleidung, Kopfbedeckung und Barttracht.
Aus ihrer Haltung spricht der traditionelle
Handwerker- bzw. Meisterstolz. Beim zweiten
Bild ist an die Stelle des kunstvollen Grup-
penaufbaus eine einfache Reihung getreten;
die Arbeiter nehmen keine individuelle Haltung ein; persönliche Dinge (Bierglas, Pfeife
etc.) sind verschwunden; die ›Uniformierung‹
der Kleidung spiegelt die arbeitsmäßige ›Dis-
ziplinierung‹ wider; einige Arbeiter halten
Teilprodukte in den Händen; darin drückt
sich die arbeitsteilige Produktionsweise aus.
Beim dritten Bild spricht die Monotonie des
Arbeitsprozesses besonders stark aus den Ge-
sichtern; die Arbeiter wirken völlig angepaßt,
die Zeit-Not des Produktionstaktes, durch die
Fabrikordnung oktroyiert, absorbiert ganz
ihre geistig-seelischen Kräfte.
Dem Handwerkerstand drohte nicht nur das
Herabsinken ins Proletariat, die Industrialisierung verstärkte auch die Proletarisierung
innerhalb des Handwerkertums: Die wirtschaftliche und soziale Situation der Lehrlin-

ge wie Gesellen, die sich sowieso seit eh und je
in einer besonderen Abhängigkeit vom Meister befanden, verschlechterte sich; der zunehmende Konkurrenzdruck wurde eben vielfach an den Schwächsten weitergegeben.
Auch hinderte den Handwerksmeister meist
seine mißliche wirtschaftliche Lage, Lehrlinge
und Gesellen partnerschaftlich zu behandeln.
Deren Ausbeutung war somit weniger Willkür,
denn Folge der Verhältnisse. Zudem erhielten
sich im Handwerkerstand patriarchalische
und autoritative Erziehungsvorstellun-
gen besonders gut (so wie das Kind mußte
auch der Lehrling geschunden werden!) –
während in der Industrie ein System der Gra-
tifikationen neben dem der Sanktionen (nach
dem Motto ›Zuckerbrot und Peitsche!‹) entwickelt wurde.
»Es gab keine Arbeit, die so gering war, daß
sie nicht auch der Lehrling hätte tun müssen«,
heißt es in den Lebenserinnerungen eines
Buchbinders. »Eine normierte Arbeitszeit gab
es nicht. Im Sommer nominell um fünf Uhr
aus dem Bette im Haus des Meisters. Eine Mit-
tagspause war eine unbekannte Sache, dagegen war um acht Uhr Feierabend, wenn nicht
›etwas dazwischen kam‹. Und doch war gerade diese Zeit, von der ich sagen kann, sie gefiel
mir nicht, eine der besten Schulungen für das
Leben. Nie in späterer Zeit ist mir etwas
zu schwer geworden oder zuviel gewesen. Ich
kannte alles und konnte alles, was in einer
Haushaltung erforderlich ist, von allen Dingen konnte ich beurteilen, was der Mensch
mit einigem guten Willen zu leisten imstande
ist. Das ist im Leben nicht hoch genug anzu-
schlagen, das ist wertvoll für einen Feldzug
und auch für eine Ehe, die immerhin etwas
anderes ist wie ein Feldzug.«[70]
Da die Situation oft von ernüchternder Bruta-
lität war, versuchte man, sie ideologisch zu
verbrämen. Hatte man es später einigermaßen
zu etwas gebracht, blickte man mit Stolz auf
die gemachten Erfahrungen zurück; man
fühlte sich durch sie vor den Widrigkeiten des
Lebens gefeit. Dazu kam die Romantisierung
beziehungsweise Idyllisierung des Lehrlings-
und Gesellentums, nicht zuletzt in den Lesebüchern der Schulen – Alibi fürs schlechte
Gewissen. Der Abschied eines Lehrjungen
vom Vaterhause, wie ihn zum Beispiel der
Kreisschulinspektor *Gr. Fischer* in seinem
›Kleinen Lesebuch für Sonntags- und Fortbildungsschulen‹ beschreibt, ist zwar schwer –
die Mutter weint, die Kameraden sind traurig,
auch der Vater ist bedrückt (er begleitet den
Sohn zum Lehrherrn und gibt ihm viele Lebensregeln mit auf den Weg) –, aber dann wird
doch alles gut: »Wir waren unter diesen Ge-
sprächen und Ermahnungen meines guten Vaters dem Städtchen B. nahe gekommen. Es lag
herrlich da im Glanze der Morgensonne.

Schuhmacherwerkstatt um 1900.

*Drei Belegschaftsphotos der Maschinenfabrik
Rüsselsheim, den späteren Opel-Werken.
Gefertigt wurden erst Nähmaschinen, dann
Fahrräder.*

Überall arbeiteten fleißige und fröhliche Menschen in den Weinbergen, Gärten und Feldern.
Wie Silber strömte der Fluß dahin, und in den
Bäumen, Hecken und Sträuchern sangen gar
lustig die Vögel. Mir war's leichter um das
Herz geworden. Endlich erreichten wir das
Thor und traten bald darauf in das Haus meines nunmehrigen Lehrherrn. Der Vater über-
gab mich meinem Vorgesetzten, blieb noch
einige Zeit bei mir und ging mir mit Rat und
That beim Aufheben meiner Kleider und sonstigen Habseligkeiten zur Hand. Dann nahm
auch der gute Vater Abschied; er drückte mir
die Hand, küßte mich und trat den Heimweg
an, um noch vor Einbruch der Nacht die Heimat zu erreichen. Zum ersten Male in der Welt
allein zu stehen, niemanden zu haben, an den
man sich hätte anschließen können – ringsum
von fremden Menschen umgeben, deren Ei-
gentümlichkeiten, gute oder böse Eigenschaften man noch gar nicht kennt, von allen denen, die man liebt, entfernt, – o, das ist ein
unaussprechlich banges Gefühl! Meine Seele
wanderte mit dem Vater heim, und als die
Dämmerstunde kam, brach mir schier das arme, wunde Herz. Doch nach einigen Tagen
verlor sich das Heimweh; ich lernte meine
neue Heimat liebgewinnen, richtete mich in
meine neuen Verhältnisse so gut wie möglich
ein, und blickte wieder mit Freudigkeit in die
Zukunft.«[71]
Der Lehrling war der »väterlichen Zucht des
Lehrherrn unterworfen« und entsprechend
»zur Folgsamkeit verpflichtet«. Der Lehrherr
wiederum war verpflichtet, den Lehrling »in
den bei seinem Betrieb vorkommenden Arbeiten des Gewerbes in der durch den Zweck der
Ausbildung gebotenen Reihenfolge und Ausdehnung zu unterweisen«. Er mußte den Lehrling zur Arbeitsamkeit und zu guten Sitten an-
halten und vor Ausschweifungen bewahren.[72]
Die aufgrund der Handwerkertradition bei-
behaltene obligatorische Wanderschaft des
Handwerksgesellen war vorwiegend ein Instrument zur Reduzierung von Konkurrenz.
Solange der Handwerker wanderte, konnte er
sich nicht niederlassen. Der in den Liedern
besungene heitere Handwerksgesell, der immer frisch und fröhlich sein Ränzlein schnürt
und von Ort zu Ort zieht, war gerade wegen
des aufgezwungenen Vagantentums besonders
gut ausbeutbar. Allerdings vermittelten diese
Wanderschaften auch wichtige Informationen
und Erfahrungen, gerade auf technischem
Gebiet. Die Schwäche des Informations- und
Kommunikationssystems, vor allem in der
Frühphase der Industrialisierung, konnte so
ausgeglichen werden. Mancher Geselle brachte von draußen Erkenntnisse mit zurück, die

es ihm ermöglichten, die Werkstatt, die er
dann einrichtete, so fortschrittlich zu gestalten, daß daraus eine Fabrik wurde.
Die Ausnutzung der Lehrlinge und Gesellen
führte dazu, daß der Handwerksbetrieb von
sozialistisch bzw. republikanisch gesonnenen
Kräften als Ort der Reaktion und Restaura-
tion empfunden wurde. Der sozialdemokratische Historiker und Journalist *Wilhelm Blos*
hat in seiner Geschichte der deutschen
Bewegung von 1848 und 1849, ›Die deutsche
Revolution‹ (1893 in Stuttgart erschienen),
in diesem Sinne eine harte Auseinandersetzung
mit dem Stand der Handwerksmeister vollzogen. Von allen Klassen hätten die »zopftra-
genden Handwerks- und Innungsmeister«
im Jahre 1848 die Zeitbewegung am wenigsten
verstanden. Wohl hätten sie sich in den
vormärzlichen Tagen häufig gegen Polizei und
Bürokratie aufgelehnt; »als aber die ersehnte
Freiheit kam, blieben sie mit der hergebrachten
Engherzigkeit in ihren Kirchthurminteressen
hängen. Sie glaubten sogar die Revolution dazu benützen zu können, um alte, längst abge-
storbene Einrichtungen neu zu beleben. ... Sie
behaupteten, mit der Aufhebung der Innung
werde Familie, Haus, Gemeinde und Staat
und die ganze Gesellschaft in Trümmer gehen.
Auch gegen das allgemeine Wahlrecht
wendeten sie sich, denn sie fürchteten, der
Meister könne von seinem Gesellen überstimmt
werden, so daß schließlich die Gesellen den
Meistern Gesetze vorschreiben würden.
Dieser lächerliche Dünkel der Meister war
verbunden mit einem bornierten Hasse gegen
die Juden. Die Meister fürchteten von der

Emanzipation der Juden eine gefährliche Konkurrenz, und darum hatten sie auch bei
verschiedenen Judenkrawallen des ›tollen
Jahres‹ die Hand im Spiel.«[73]
Als in Frankfurt am Main 1848 ein allgemeiner Handwerkerkongreß zusammentrat, sei
der Geist dieser Versammlung so reaktionär,
seien Anmaßung und Dünkel so groß gewesen,
daß die Zulassung von Gesellendelegierten
verweigert wurde. »In dem Spießbürgerthum
des Handwerkerkongresses war das klein-
bürgerlich-reaktionäre Element repräsentiert,
welches jedem entschiedenen Fortschritt mit
aller Macht widerstrebte und der großen Frei-
heitsbewegung wie eine Kugel am Bein hing.
Den Arbeitern versperrten diese beschränkten
Innungs-Zopfträger den Weg mit der ganzen
Angst und Wuth, deren solche schöne Seelen
fähig sind, wenn sie ihren Besitz und ihr
›Standesinteresse‹ bedroht glauben.«[74]
Selten gab es eben ein so braves Nettchen, das
– wie in *Gottfried Kellers* Novelle ›Kleider
machen Leute‹ –, obwohl aus betuchtem Hause, das arme Schneiderlein Wenzel akzeptiert,
da sie auf dessen Tüchtigkeit und nicht auf
Herkunft baut (der Schneider war wegen seiner guten Kleidung, von einem schalkhaften
Kutscher entsprechend avisiert, als ein Graf
Strapinski im Ort ehrfurchtsvoll aufgenommen und dann, als man seine wirkliche Identität erkannt hatte, schmachvoll davongejagt
worden): »Keine Romane mehr! Wie du bist,
ein armer Wandersmann, will ich mich zu dir
bekennen und in meiner Heimat allen diesen
Stolzen und Spöttern zum Trotze dein Weib
sein. Wir wollen nach Seldwyla gehen und

oft weniger nach vorne stürmen, als vielmehr die vorindustrielle Form des Handwerks wiederhergestellt sehen. Der erste Arbeiterverein, der sich nach der Zeit der Reaktion in Nürnberg konstituierte, war der im Dezember 1860 unter der Leitung des Stadtkaplans *Keck* gegründete ›Katholische Gesellenverein‹; er sah seinen Zweck in der »Fortbildung und Unterhaltung der katholischen Gesellen Nürnbergs zur Anregung und Pflege eines kräftigen religiösen und bürgerlichen Sinnes und Lebens, um dadurch den Grund zu einem tüchtigen, ehrenwerten Meisterstand zu legen«.[77] Solche Zielsetzungen fanden offiziell Billigung, weil sie letztlich das ständisch gegliederte Gesellschaftssystem stabilisierten. 1860 stellt der Stadtmagistrat von Bayreuth fest: »Hinsichtlich der Lehrlinge und Gesellen hat leider schon lange bei den Gewerben die frühere Zucht und Ordnung aufgehört. – Die jungen Burschen machen mehr Aufwand, vergeuden mehr Zeit, als sonst die Meister. Darum die Sucht junger Leute, ihr eigener Herr zu werden, weniger um das Erlernte und zu Erlernende mit allem Fleiße und aller Intelligenz zu betreiben, und zu vervollkommnen, als zu heirathen und ein gemächliches Leben zu führen, darum der wilde Appetit so Vieler, sich in den verschiedensten Geschäftszweigen zu versuchen, ohne auch nur Einen mit Eifer und Umsicht zu treiben, bis Verarmung, von solchen Leuten Unglück genannt, die Familie zwingt, Fabrik- und Lohnarbeiter zu werden oder der Gemeinde zur Last zu fallen.«[78]
Viele brachten es nie zum Meister; sie verblieben im erzwungenen Gesellenstand (die Bevölkerung wuchs, die Zahl der Gehilfen und Lehrlinge gleichermaßen; die Zahl der Meister aber ging zurück). Der Gesellenstau hatte schlimme soziale Auswirkungen; ein Geselle, der ein Leben lang nicht selbständig wurde, teilte hinsichtlich der Ansässigmachung und Verehelichung das Los ungelernter Fabrikarbeiter, Tagelöhner und sonstiger ›freier‹ Gewerbe. »Denn eine Verehelichung kam nur bei gleichzeitiger Ansässigmachung in Frage, diese war aber auf Lohnerwerb sehr schwer zu erhalten. Infolgedessen befanden sich die depravierten Gesellen praktisch jahrelang mehr oder weniger außerhalb der bürgerlichen Gesellschaft, lebten ohne geordnete Familienverhältnisse und unterhalb des erstrebten Sozialprestiges. Häufig hatten sie illegitime Kinder, waren demoralisiert und vergeudeten ihre Ersparnisse in unablässigen Konzessionsgesuchen.« (Gerhard Schwarz)[79]
Was diese Not, von der man sich rasch eigentlich nur durch die Heirat mit einer Meisterstochter oder Meisterswitwe befreien konnte, persönlich bedeutete, können zwei Kurzbiographien veranschaulichen:
»Ein geschickter Modellschreiner, der in mehreren Maschinenfabriken und in Eisenbahnwerkstätten gearbeitet hatte, sich wöchentlich 8 bis 9 Gulden verdiente, wollte, als er 34 Jah-

dort durch Tätigkeit und Klugheit die Menschen, die uns verhöhnt haben, von uns abhängig machen.«[75] Und weil die beiden bescheiden, sparsam und geschickt im Geschäfte sind, machen sie ihr Glück. »Dabei wurde er rund und stattlich und sah beinahe gar nicht mehr träumerisch aus; er wurde von Jahr zu Jahr geschäftserfahrener und gewandter und wußte in Verbindung mit seinem bald versöhnten Schwiegervater, dem Amtsrat, so gute Spekulationen zu machen, daß sich sein Vermögen verdoppelte und er nach zehn oder zwölf Jahren mit ebenso vielen Kindern, die inzwischen Nettchen, die Strapinska, geboren hatte, und mit letzterer nach Goldach übersiedelte und daselbst ein angesehener Mann ward. Aber in Seldwyla ließ er nicht

einen Stüber zurück; sei es aus Undank oder aus Rache.«[76]
Da die meisten Handwerksgesellen jedoch nicht reüssierten, bedeutete für sie der Übergang zur Fabrikarbeit keineswegs Abstieg. Der Fabrikarbeiter hatte nicht viele, aber doch gesicherte Rechte; zudem ermöglichte die Anonymität der Maschinenhalle mehr Freiheit als das direkte Unterordnungsverhältnis in der Werkstatt. Schließlich konnte der frühere Geselle teilhaben an der zunehmenden Solidarität der sich organisierenden Arbeiterschaft.
In den Arbeiterorganisationen waren die Gesellen dementsprechend ein besonderes Ferment der Unruhe, keineswegs immer zum Nutzen dieser Bewegungen – wollten sie doch

Ein Tischlermeister mit seinen Gesellen auf Herrenpartie (1895).

re alt war (also nicht zu früh), heirathen, bemühte sich aber 8 Jahre lang deshalb vergeblich in Nürnberg, in seinem heimathlichen Orte, wo noch kein Schreiner war und er sich sehr wohl hätte ernähren können, und in dem seiner Geliebten, opferte dabei nach und nach gegen 400 Gulden, machte ein Meisterstück, das ihm 36 Gulden kostete, und erhielt in Nürnberg 3, in den beiden andern Orten ebenfalls 3 Abschläge, Zorn, Aerger, Zeitversäumniß nicht gerechnet, in Folge welcher wohl seine Geliebte starb, worauf er, indem er eine Wittwe (Wäscherin) heirathete, endlich zu einem häuslichen Herd kam.«
»N. ist 35 Jahre alt, Schlosser, seit dem 13. Jahr vom Haus entfernt, 6 Jahre Soldat, 10 Jahr 10 Monate in der Fremde, hat sich 250 Gulden erspart, seine Geliebte 100 Gulden und überdies 200 Gulden Vermögen. Er ver-

dient wöchentlich in einer Maschinenfabrik 8–8,5 Gulden, sie 3–3,5 als Zuspringerin, dem ungeachtet wurde beiden das Heirathen nicht gestattet, und eben so wenig die Niederlassung als Schlosser in seiner Heimat, wo, so wie in 7 Gemeinden, die in der Entfernung von 1 bis 5/4 Stunden liegen, keiner ist. Die Gemeinde hätte ihn aufgenommen, wenn er ein Mädchen vom Ort geheirathet hätte...; die Regierung erklärte, daß sie die Gemeinde nicht zur Aufnahme zwingen könne. Er reiste 15mal hin und berechnet die vergeblich aufgewandten Kosten auf 160 Gulden; also sind ihm, wenn man mit diesen sein Erspartes auf 360 Gulden berechnet, 44 % desselben abgenommen – durch die Gesetzgebung.«[80]

Zum Beispiel Ruhrrevier

Die Teilung der Arbeit zwischen den verschiedenen Städten habe das Entstehen der Manufakturen (= Anstalten im Großen zur Anfertigung von Zeugwaren, Gewirken, Gewinden) als dem Zunftwesen entwachsene Produktionszweige zur Folge gehabt – so *Karl Marx.* »Diejenige Arbeit, die von vornherein

eine Maschine, wenn auch noch in der rohsten Gestalt, voraussetzte, zeigte sich sehr bald als die entwicklungsfähigste. Die Weberei, bisher auf dem Lande von den Bauern nebenbei betrieben, um sich ihre nötige Kleidung zu beschaffen, war die erste Arbeit, welche durch die Ausdehnung des Verkehrs einen Anstoß

Die ersten Fabriken waren auf Wasserkraft angewiesen; hier die Papierfabrik Weidenmühle bei Nürnberg.

und eine weitere Ausbildung erhielt. Die Weberei war die erste und blieb die hauptsächlichste Manufaktur. Die mit der steigenden Bevölkerung steigende Nachfrage nach Kleidungsstoffen, die beginnende Akkumulation und Mobilisation des naturwüchsigen Kapitals durch die beschleunigte Zirkulation, das hierdurch hervorgerufene und durch die allmähliche Ausdehnung des Verkehrs überhaupt begünstigte Luxusbedürfnis gaben der Weberei quantitativ und qualitativ einen Anstoß, der sie aus der bisherigen Produktionsform herausriß.« Mit der Manufaktur war auch ein verändertes Verhältnis des Arbeiters zum Arbeitgeber gegeben. In den Zünften existierte das patriarchalische Verhältnis zwischen Gesellen und Meister fort; in der Manufaktur trat an seine Stelle das Geldverhältnis zwischen Arbeiter und Kapitalist, »ein Verhältnis, das auf dem Lande und in Kleinstädten patriarchalisch fingiert blieb, in den größeren, eigentlichen Manufakturstätten jedoch schon früh fast alle patriarchalische Färbung verlor«.[81]

In der Tat verhalf der automatische Webstuhl, die ›Spinnmaschine‹, der Manufaktur zum Durchbruch – vor allem, als die Form des Antriebs geändert wurde: An die Stelle des Wasserrades (typisch für die vorindustriellen Manufakturen, wie etwa Papiermühlen,

Drahtzieh- und Eisenhämmer) trat die Dampfmaschine.

Ein immer rascher werdender Kreislauf setzte ein: Die Bedürfnisse der zunehmenden Bevölkerung führten zur Massenproduktion in Fabriken; deren Bau wurde meist von Kaufleuten finanziert; sie verfügten über mobiles Kapital, das, im Gegensatz zum naturwüchsig-ständischen Kapital, Kapital im modernen Sinne war.

So wie die Industrialisierung ohne Kapitalakkumulation nicht auskam, brauchten die Maschinenhallen, topographisch gesprochen, freies Gelände zur Expansion. Dafür kamen vor allem Gebiete außerhalb der Stadtmauern in Frage (Dörfer, Vororte, die im Laufe der Zeit meist eingemeindet wurden). Die Industrie erwies sich als Städtegründer (*Werner Sombart*); die Bürgerstadt entwickelte sich zur Regionalstadt. Ohne Industrie wäre die Stadt nicht Großstadt geworden: »Der Weg zur modernen Stadt, die Urbanisierung, war nur mit der Industrie als bedeutendem Arbeitgeber und Steuerzahler möglich.«[82]

Aber auch viele kleine Orte wurden wichtige Fabrikzentren (vor allem in Gegenden mit günstigen Verkehrsbedingungen, zum Beispiel mit schiffbaren Flüssen, und mit Bodenschätzen: Kohlen, Erzen). Oft entwickelten sich im Gefolge der Fabrikanlagen Siedlungen: Fabrikstädte im wahrsten Sinne des Wortes. Alle erwähnten Faktoren trafen zum Beispiel für das Ruhrgebiet zu; die Entwicklung dort wurde bestimmt von der Expansion alter Städte und der Gründung neuer, von der Expansion bestehender Handwerkerbetriebe und der Gründung neuer Produktionsstätten. Steinkohle, Stahl und Eisen bildeten die Grundlage für die Entwicklung der Großindustrie im Ruhrgebiet, eines Wirtschaftsraumes (begrenzt durch den Rhein im Westen, die

Übergang von der Werkstatt zur Fabrik: eine Manufaktur mittlerer Größe.

Ruhr im Süden, die Lippe im Norden),
der hauptsächlich durch die Entwicklung der
Schwerindustrie im 19. Jahrhundert seine
Identität gewann.[83]
Arbeitskräfte aus allen Teilen Deutschlands
und des Auslandes mit unterschiedlicher
kultureller, nationaler und religiöser Prä-
gung strömten ins Ruhrgebiet – häufig um
verelendeten ländlichen Verhältnissen
zu entkommen, oder mit der Hoffnung,
besser und rascher als zu Hause voranzukommen. Einzelschicksale illustrieren diese
Immigration in eine entstehende Industrielandschaft.
»Käthe Podgorskis Großvater kommt 1896 aus
Gerolstein ins Ruhrgebiet. Die Thyssenhütte
schickte um die Jahrhundertwende Werber in
die Eifel, um Arbeitskräfte ins Revier zu
locken. Die Arbeitsangebote wurden ›ausge-
schellt‹.
›Eifeler und Polen wurden damals geworben‹,
erzählt Frau Podgorski. Italiener gab es auch
in Duisburg. Sie fielen auf: ›In der Heinrich-
straße gab es besonders viele. Da traute sich
keiner durch.‹ Schon um die Jahrhundertwende kennt Hamborn Ausländeranteile an der
Bevölkerung von 22 %.
Elisabeth Ingenhofs Eltern sind Tschechen.
Als ihr Vater, damals noch Junggeselle, 1902
hört, daß es im Ruhrgebiet Arbeit gibt, wan-
dert er aus. Er kommt nach Duisburg auf
die Schachtanlage ›Neumühl‹. Seine Braut
kommt erst zwei Jahre später nach.

*Wasserstraßen (Kanäle und Flüsse) waren für
die Standortwahl bei Fabrikansiedlungen von
großer Bedeutung. Hier die Elbe bei Dresden
mit Kettendampfer, um 1853.*

Friederike Michalskis Eltern stammen aus
der Gegend von Sensburg. Alle ihre Vorfahren
bis zurück ins 16. Jahrhundert lebten dort in
Ostpreußen, sie waren u. a. Fischer, Böttcher
und Seiler.
Frau Schiller, 72: ›Meine Eltern kamen um
1900 herum aus Schlesien. Ich ging in die
katholische Volksschule. Mein Mann war auf
der Hütte Kranmaschinist. Er fuhr einen Kran
im Hafen. Das war Schichtarbeit, 10 Stunden
war der Arbeitstag.‹
Aenne Stabler, Bruckhausen: ›Es kamen viele
aus Schlesien, der Vater meiner Kusine 1910.
Sie haben sich mit den Einheimischen verbun-

den. Damals wurden dauernd neue Werke
gebaut. In Ruhrort gab es schon vor 1900 Industrie. Sie lag mitten in ländlichen Gebieten.
Die jungen Leute wohnten in sogenannten
‚Menagen‘.‹
Die damals gegründeten Schlesiervereine gibt
es noch heute, doch der Nachwuchs bleibt aus.
Die Jugendlichen haben keinen Sinn für
(schlesische) Traditionen.
Die Älteren halten daran fest: ›Wenn ein Mitglied stirbt, spielt eine schlesische Kapelle
‚Oh, du Heimat lieb und traut…‘, und die Fah-
ne des Vereins wird über das Grab gesenkt.‹
1910 kommt der Anwerber Blotenberg von der
Zeche ›Neumühl‹ auf seiner Werbetour
durch die Ostgebiete des Reiches auch nach
Mährisch-Ostrau, der Heimatstadt von
Wilhelmine Wolf und Ludmilla Stolpmann.
Der Vater der beiden Schwestern ist dort
Bergmann. Er läßt sich anwerben. Der
versprochene Zechenlohn auf ›Neumühl‹ ist
besser:
10 bis 12 Mark für 10 Tage. Ein schlesischer
Tischler verdient zu dieser Zeit nur höchstens
9 Mark.
Drei Tage sind Frau Stolpmanns Eltern mit
ihren sieben Kindern, das jüngste gerade
vier Monate, unterwegs, als sie 1912 von Mährisch-Ostrau nach Duisburg-Neumühl
kommen.«[84]
Bahnbrechend für den Bergbau waren
Dampfmaschinen und Dampfpumpen sowie
die Entwicklung des aus Eisendrähten ge-
flochtenen Förderseils, anstelle der bis dahin
üblichen schweren eisernen Ketten und
der schnell abgenutzten Hanfseile. 1838/39

Hans Baluschek: Zur Grube.

wurde der erste Tiefbauschacht an der Ruhr niedergebracht.

Das rheinische Großbürgertum und neue Banken nahmen reges Interesse an der Erschließung des Ruhrgebiets. 1912 entfielen von 175 Millionen Tonnen Kohlenförderung im Deutschen Reich 114 Millionen auf das Ruhrrevier. Die Entwicklung der größten Zeche, Neumühl, kann das rasante Wachstumstempo illustrieren:

1895 hatte sie 69, 1900 1872 und 1904 schon 4895 Mann Belegschaft. 1897 betrug die Fördermenge 19 894 Tonnen, 1904 1 641 470 Tonnen. »Auch die Belegschaft zeigte deutlich den Stempel der hypertrophischen Entwicklung. Als im Jahre 1904 an einem Tage die Zusammensetzung der Belegschaft festgestellt wurde, setzte sie sich aus 3108 Deutschen, von denen 1340 aus den östlichen Provinzen stammten und polnisch als Muttersprache redeten, ferner aus 1095 Österreichern aus Krain und Steiermark, Slovener oder Cuditsche genannt, aus 240 Holländern, 156 Italienern, 53 Russen, 33 Belgiern und 4 sonstigen Ausländern zusammen. Aber diese Zahlen sind noch nicht das Entscheidende für die Beurteilung des Geistes der Belegschaft. Wenn solche Menschenmengen in kurzer Zeit zusammenkommen, drängen sich auch alle jene nach dieser Stelle hin, die aus irgendeinem Grunde untertauchen wollen, und Neumühl gab jedem Arbeit. So beschäftigte die Zeche mehr ehemalige Zuchthäusler als in einem großen Zuchthause untergebracht sind.

Der Schnapsausschank in der an der Zeche gelegenen Wirtschaft Ostrop betrug monatlich zirka 300 hl. Neumühl war ›Wild-West‹. Allmonatlich wurde mindestens ein Mensch totgeschlagen. Die Steiger hatten jeder einen Waffenschein und trugen Revolver bei sich.«[85]

Eng verbunden mit dem Bergbau war die Entwicklung der Schwerindustrie; ohne ausreichende Steinkohlen- bzw. Koksversorgung wäre ihre Expansion nicht möglich gewesen. Einer der frühen Wegbereiter im Bereich der Eisen- und Stahlindustrie im Ruhrgebiet war *Friedrich Harkort* (1793–1880); er stammte von einem westfälischen Bauernhof, mit dem ein altes Hammerwerk verbunden war; Messer, Sicheln und Sensen wurden dort geschmiedet.[86] 1818 eröffnete er in der Burg Wetter an der Ruhr eine Maschinenbauanstalt. Da der Markt jedoch nicht groß war, stellte er alles an Eisenguß her, was verlangt wurde: Treppengeländer, Öfen, Grabkreuze,

Bügeleisen, Zahnräder, Textilmaschinen, Maschinenteile. 1820 begann er mit dem Bau von Dampfmaschinen; 1826 nahm er den ersten Puddelofen des Ruhrgebiets, den er samt einem Walzwerk im alten Wallgraben der Burg errichten ließ, in Betrieb.

Zu Anfang des 19. Jahrhunderts bestand die Eisenindustrie Westfalens noch aus handwerklichen Unternehmungen, die mit ein paar Hammerknechten betrieben wurden. 1811

baute *Friedrich Krupp* in Essen (damals eine Stadt von 3480 Einwohnern) seinen ersten Eisenschmelzofen. Er hatte ein neues Verfahren zur Herstellung von Gußstahl erfunden, den er in einer dem englischen Stahl gleichwertigen Qualität in kleinen Mengen fabrizierte. *Alfred Krupp*, der älteste Sohn, machte aus dem kleinen Unternehmen eine bedeutende Gußstahlfabrik.

»Die Zeitumstände begünstigten die beispiel-

Hans Baluschek: Zechenarbeiterinnen auf der Hängebrücke (1913).

Adolph von Menzel: Eisenwalzwerk (1875).

lose Entwicklung der Firma Krupp, mit
der Essen zur Großstadt heranwuchs: die
Gründung des Deutschen Zollvereins, der
1834 einen einheitlichen deutschen Markt geschaffen hatte, die Freihandelsära, in der die
Grenzen zum Ausland nahezu bedeutungslos
wurden, sowie schließlich der ungeheure Bedarf, der mit dem Bau der Eisenbahnen entstand. Alfred Krupp, der 1846 nur 122 Mann
beschäftigte, gelang die Herstellung nahtloser
Radreifen. Er lieferte das stählerne Material
für Lokomotiven und Waggons, Achsen, Fe-
dern, Kolbenstangen aus Tiegelstahl, später
Eisenbahnschienen und Schiffswellen aus
Bessemerstahl.
Durch den Erwerb von Kohlenzechen und
Eisenerzgruben, durch eigene Hochöfen si-
cherte er seinem Werk die Rohstoffgrundlage
und schuf damit ein vollendetes Beispiel einer
vertikalen Konzentration, die in der Lage war,
stets die modernsten Einrichtungen der Fabri-
kationstechnik zu übernehmen oder Maschinen selbst zu entwickeln.
Auf der Londoner Weltausstellung von 1851
zeigte die Firma Krupp, die damals erst etwa
700 Arbeiter beschäftigte, ein Gußstahlge-
schützrohr von bisher unerreichter Größe und
einen schweren Gußstahlblock, gegossen aus
98 Tiegeln, von einer Dimension, die in England Staunen erregte. Von da an waren die
sorgenreichen Jahre und letzten Krisen der

*›Das Geschäft blüht!‹ Karikatur in der so-
zialdemokratischen satirischen Zeitschrift
›Der wahre Jacob‹, 1912.*

Firma überwunden. 1857 waren bereits 1200
Mann bei Krupp beschäftigt. Nachdem Kano-
nen seit 1856 zuerst ins Ausland geliefert worden waren, kam 1859 die erste große Bestel-
lung der preußischen Regierung über 300
Feldgeschütze. In den nunmehr folgenden
Jahren hat der Kruppstahl Weltruf errungen.
Für die Verformung schwerer Schmiedestücke
wurde 1861 der Dampfhammer ›Fritz‹ mit einem Fallgewicht von tausend Zentnern
aufgestellt. 1862/63 baute Krupp das erste
Bessemer-Stahlwerk des Kontinents, für das
er die Konverter (Bessemerbirnen) von je 2
bzw. 5 t Fassungsvermögen aus Sheffield kommen ließ. Alfred Krupp war es auch, der das
Siemens-Martin-Verfahren in Deutschland
einführte. Als er 1887 starb, waren allein
in der Gußstahlfabrik 21000 Arbeiter beschäftigt. Die Pionierleistung dieses großen
Unternehmers war die rechtzeitige Erkenntnis
der Bedeutung des Qualitätsstahls für die
künftige industrielle Entwicklung. Als er begann, ahnte noch niemand, daß Stahl einmal
das wichtigste Material des Jahrhunderts
sein würde und daß Städte wie Essen, Sheffield
und Pittsburgh mit der Stahlproduktion zu
großen Industriezentren heranwachsen
würden. Die Stahlveredlungstechnik, Grund-

lage der Sicherheit aller Verkehrsmittel
und der Präzision aller Maschinen, verdankt
Alfred Krupp entscheidende Förderung. Kurz
vor dem Ausbruch des Ersten Weltkrieges
beschäftigte die Firma über 100 000 Arbeit-
nehmer.« *(Rudolf Rübberdt)*[87]
In seinem Gedichtband ›Die singende Stadt‹
(1913) hat der Arbeiterdichter *Karl Bröger* die
Atmosphäre eines Walzwerkes eingefangen.
Die Strophen muten an wie ein verbales Pendant zu *Adolf von Menzels* Gemälde
›Eisenwalzwerk‹. Werksgebäude und Schlak-
kenhalden. Qualmender Kühlturm. Nackte
Leiber. Glostende Öfen, brodelnde Eisenglut.

»Weithin gähnende Hallen, darinnen es dunstet
                                        und raucht,
und ein Brodem sich braut, aus Öl und Schweiß
                                        gemischt.
Rund um siedet es auf, quarrt es, knattert und
                                        faucht,
während kochendes Eisen in flammendem Zorne
                                        zischt.

Von den harten Kiefern der Walzenstrecke gepackt
plättet sich Eisen zu bläulich gleißendem Stahl.
Jetzt gehoben, wird es gedreht, geschweißt,
                                        gezwackt.
Kreischend winselt und heult es auf aus solcher
                                        Qual.«[88]

In der Fabrik

Die Menschen, die in Fabrikhallen (›Maschinenhallen‹) arbeiteten, sahen sich völlig neuen
Verhältnissen gegenüber. Zeittakt – Zeitnot
bestimmten die mechanisierte Produktion,
Disziplin war die wichtigste Tugend. Die Fa-

brik- bzw. Werkstattordnung kodifizierte
die erwartete Arbeitsmoral; es waren Regeln
der Repression.
Die 1844 erlassenen Vorschriften für die
Arbeiter in der Eisengießerei und Maschinen-

Saal einer Maschinenfabrik.

fabrik von Klett & Comp. seien als symptomatisches Beispiel angeführt. »... Die festgesetzten Arbeitsstunden sind von 6 bis 12 Uhr vormittags und von 1 bis 6 1/2 Uhr nachmittags. Von 8 bis 8 1/2 Uhr früh wird eine halbe Stunde zum Frühstück freigegeben, zu welchem Endzweck sämtliche Arbeiter die Werkstätten zu verlassen haben. Wer außer dieser Zeit Bier oder geistige Getränke sich verschafft, verfällt in eine Strafe von 1/2 Tag Abzug. Den Gießern ist gestattet, wenn dieselben über die Zeit mit Gießen beschäftigt sind, und die Fabrik nicht verlassen dürfen, von 6 1/2 bis 7 Uhr durch einen dazu bestimmten Handlanger sich bis 1 Maß Bier holen zu lassen. ... Sämtliche Arbeiter müssen sich pünktlich zur bestimmten Arbeitszeit in der Fabrik einfinden; 10 Minuten nach Glockenschlag 6 Uhr morgens wird die Tür geschlossen und kein Arbeiter mehr eingelassen. Wer öfter als 2mal fehlt, wird mit Abzug gestraft. Wer 1/4, 1/2 oder 1 Tag fehlt, verliert nicht nur den verhältnismäßigen Lohn, sondern wird auch noch um ebensoviel gestraft; besondere Ausgänge sind nur dann gestattet, wenn gültige Beweise für deren Notwendigkeit beigebracht werden, Täuschungen haben augenblickliche Entlassung zur Folge. Wer blauen Montag hält, wird der Polizei angezeigt.«

In insgesamt 19 Paragraphen wurden die Pflichten des Arbeiters festgelegt; von seinen Rechten war nicht die Rede.

In dem Maße, in dem der Arbeitsprozeß mechanisiert wurde, nahm auch die Bedeutung der Zeit zu. Ländliche Arbeit, Heimarbeit, die Arbeit in kleinen Werkstätten folgten einer individuellen Zeiteinteilung. Man richtete sein Leben nach natürlichen Bedürfnissen (und wie der einzelne Tag es forderte) ein. Die Arbeitsorganisation vor dem Aufkommen der ›Maschinenhallen‹ ist unregelmäßig, aber sinnvoll, danach regelmäßig, aber in Widerspruch zu den persönlichen Intentionen; sie kann nur durch Kontrolle bewirkt werden. Der Arbeiter wird in ein strenges, rationelles und geschlossenes Organisationssystem eingespannt.

»Zeit zum Aufstehen«: Das bedeutete, meist noch vor der Morgendämmerung sich zur Arbeit auf den Weg machen; nur in Ausnahmefällen befanden sich die Wohnungen unmittelbar bei den Fabriken. Die Arbeitskluft hatte man bereits an, oder man trug sie in Beuteln mit sich. Dort war auch das Vesper und, soweit man nicht – was am Anfang häufiger war – zum Essen nach Hause ging, die Mittagsmahlzeit verstaut (später im ›Henkelmann‹). Szenen aus dem Fabrikalltag schildert *Georg Weerth* um 1847:

»Jeden Morgen, Punkt sechs Uhr, tönt von dem kleinen Turm, der die Spinnerei des Herrn Preiss schmückt, das Läuten jener hellen Glocke, welche den Arbeitern weit und breit das Signal gibt, daß sie ihr Tagewerk zu beginnen haben. Das große Tor, welches nach der Straße führt, wird dann geöffnet, und Männer, Weiber und Kinder, die sich schon einige Augenblicke vorher gesammelt haben, verfügen sich an ihren Posten. Die meisten tragen in irdenen Töpfen ihr kleines Frühstück mit sich, zu dessen Genuß ihnen gegen neun Uhr einige Minuten freigegeben sind. Um 12 Uhr macht man Mittag. Die Arbeiter aus der Stadt können dann für eine Stunde nach Hause gehn, um sich zu Tisch zu setzen, die, welche vom Lande kommen und abends erst auf die Dörfer zurückkehren, setzen sich gewöhnlich in den Hof, um ihr Mahl zu verspeisen. Um 1 Uhr beginnt die Arbeit aufs neue und dauert fort bis acht. In gewöhnlichen Zeiten arbeitet man also 13 Stunden, wird indes viel zu fabrizieren sein, so müssen sich die Arbeiter auch dazu bequemen, noch länger auszuhalten. Wir treten zur Mittagszeit in das Innere des Hofraumes. Auf kleinen Bänken, die an den Seiten der Fabrik angebracht sind, bemerken wir eine Arbeitergruppe neben der andern. Manche haben sich gegenüber auf einige Leitern und Holzstöße gesetzt, einige sogar auf die bloße Erde. Alle Arbeiter, die wir hier sehen, sind am Morgen vom Lande herübergekommen; in Tüchern und Töpfen führten sie ihr Mittagsmahl mit sich, zu dessen Erwärmung ihnen die Seiten des siedenden Dampfkessels die beste Gele-

Arbeitssaal einer Drahtzieherei.

*›In Reih' und Glied‹ – Massenproduktion in der
alten Kleinmotorenfabrik der AEG
(um 1900).*

genheit gaben. Jeder hat sich dazu seine Stelle
ausgewählt – wenige Augenblicke sind hinrei-
chend, um diesen genügsamen Menschen ein
spärliches Mahl schmackhaft und erquicklich
zu machen, denn sie bringen ja den besten Appetit dazu mit. Wir sehen, wie einer nach dem
andern sein Töpfchen von dem Rande des Kes-
sels herunterlangt, wie er es in den Schoß oder
zwischen die Knie stellt und mit dem Löffel in
seine Suppe fährt, indem er zuerst das Dünne
oben abschöpft, um erst zu guter Letzt auf
den substantiellen Teil seines Mahles zu
kommen.«[89]
Was das Leben in den Fabriken wirklich bedeutete, kam weiten Teilen der Gesellschaft
überhaupt nicht zum Bewußtsein. Der vierte
Stand war lange Zeit stumm; da er sich nicht
artikulieren konnte, blieben die Arbeits- und
Lebensverhältnisse unbekannt. Die »praktische Studie« ›Drei Monate Fabrikarbeiter und
Handwerksbursche‹ von *Paul Göhre* (1891),
die *Theodor Heuss* »die erste deutsche Sozial-
reportage aus dem vierten Stand« genannt
hat, brachte da eine Wende; sie erschloß
kirchlichen und bürgerlichen Kreisen eine
gänzlich unbekannte Welt, an der man bisher
achtlos vorübergegangen war, obwohl sie
dicht neben der eigenen lag. *Göhre*, Student
der Theologie, wollte »die volle Wahrheit über
die Gesinnung der arbeitenden Klassen, ihre
materiellen Wünsche, ihren geistigen, sittlichen, religiösen Charakter« herausfinden. Er
begab sich deshalb als Arbeiter in eine Fabrik.
»Anfang Juni des folgenden Jahres hängte ich
meinen Kandidatenrock an den Nagel und
wurde Fabrikarbeiter. Ein abgelegter Rock,
ein ebensolches Beinkleid, Kommißstiefeln aus
der Militärzeit, ein alter Hut und ein derber
Stock bildeten meinen abenteuerlichen
Anzug. Eine vielgereiste Umhängetasche fand
sich dazu, die nötigste Wäsche aufzunehmen
und gab, ein paar Schuhe und die vorschrifts-
mäßige Bürste obenaufgeschnallt, einen
prächtigen ›Berliner‹ ab. So zog ich eines frühen Morgens in struppigem Haar und Bart als
richtiger Handwerksbursche mit klopfendem
Herzen von daheim aus und bald darauf zu
Fuß in das mir unbekannte Chemnitz ein. Hier
in Chemnitz, dem Mittelpunkt der ausgedehn-
ten sächsischen Großindustrie, habe ich fast
drei Monate unerkannt als einfacher Fabrikarbeiter und beinahe ohne jeden Verkehr mit
meinesgleichen gelebt, habe in einer großen
Maschinenfabrik mit den Leuten täglich
elf Stunden gearbeitet, mit ihnen gegessen und
getrunken, als einer der ihrigen unter
ihnen gewohnt, die Abende mit ihnen ver-
bracht, mich die Sonntage mit ihnen vergnügt
und so ein reiches Material zur Beurteilung
der Arbeiterverhältnisse gesammelt, das

mitzuteilen ich im Folgenden versuchen
will.«[90]
Das dritte Kapitel des Buches widmet sich der
Arbeit in der Fabrik (es handelt sich um eine
Eisenfabrik). »Wars nicht auch ein Gottes-
werk, ein Gottesdienst«, was die schwarzen
blaukitteligen Männer in der Maschinenhalle
da schafften? Gewaltige Töne durchbrausen
die Halle: »das Gehämmer und Gefeile der
Schlosser, das Ächzen und Dröhnen der Maschinen, das Quietschen und Schlagen der Räder«. *Göhre* befindet sich in der »Kirche des
industriellen Zeitalters«: »Platz war gleichwohl nicht viel in dem großen hohen Raume.
An den Fenstern der beiden Langseiten standen die Schraubstöcke der Schlosser; an den
Säulen, die die Emporen trugen, und wo sonst
immer ein geeigneter Platz und halbwegs ge-
nügendes Licht sich fand, waren die großen
und kleinen Arbeitsmaschinen aufgestellt; die
größte, eine gewaltige Bohrmaschine, legte
sich quer durch den ganzen Raum und war bei
der Passage und vor allen bei Transporten oft
sehr unbequem und hinderlich. Um die einzelnen Arbeitsplätze herum, auf ziegelsteinge-
pflasterten und häufig sehr holprigen und be-
schwerlichen Boden lagen Eisenteile, die in
Arbeit kommen sollten oder eben bearbeitet
waren, in der Nähe der Schlosser halb oder
ganz fertige Maschinen großen und kleinen
Kalibers. ... Unter den durch die Emporen gebildeten Decken liefen die langen Wellen hin,
die durch die Dampfmaschine in rasender
Drehung gehalten wurden und durch Riemen-
scheiben und die verbindenden Treibriemen
die allerhand kleinen und großen Arbeitsmaschinen mit der Kraft nie ruhender Bewegung
speisten.«[91]
Göhre spricht von der Poesie eines grandiosen
ineinander greifenden Getriebes, das ruhelos
und doch in gleichmäßiger Bewegung sich
auswirke; er spricht vom Adel menschlicher
Arbeit, die hier an einer einzigen Stelle von
mehr als hundert Menschen im Kampfe ums
Brot, ums Leben tagein, tagaus getan werde.
Die Zusammensetzung der Arbeiterschaft
spiegle den Charakter der großkapitalisti-
schen Produktionsweise; die verschiedensten
Berufe seien vertreten und in Tätigkeit, alte,
von den Vätern, aus der Zeit der Zünfte
her bewährte und berühmte, und junge, die
die großen Erfindungen und die veränderten
Bedürfnisse unserer Tage neu geschaffen
hätten.
Nach einer ausführlichen Schilderung der Ar-
beitsvorgänge und der Fabrikordnung kommt
Göhre zu dem Ergebnis, daß sich alle diese
großartigen Fabrikbetriebe ganz einseitig nur
als Institute zur Schaffung ausschließlich
materieller Werte repräsentierten. Was von sittlichen Kräften in ihnen wirke, sei die Folge rein
zufälliger günstiger Verhältnisse und nicht
eine bewußte Absicht dazu. Ihnen allen fehle
der sittliche Adel, der ihnen zukommen würde, sobald man sie zugleich auch als Stätten
einrichte und ausnutze, die als die modernsten

und großartigsten Bildungen menschlicher Lebens- und Arbeitsgemeinschaft dazu bestimmt wären, allen in ihnen Beschäftigten, hoch und niedrig, durch ihre Arbeitsteilung und Arbeitsleistung gleich günstige Gelegenheit zu einer freudigen Betätigung ihrer geistigen Fähigkeiten und einer harmonischen Ausgestaltung auch ihrer sittlichen Persönlichkeit zu bieten. »Nur erst, wenn diese Auffassung von dem Beruf eines Fabrikorganismus zur allgemeinen Anerkennung und Herrschaft willig oder widerwillig gebracht worden sein wird, hat das moderne Institut der Fabrik seine sittliche Daseinsberechtigung erlangt und wird das gepriesene Mittel werden, die Menschheit einen gewaltigen Schritt vorwärts zu bringen, ihrer unabsehbaren Bestimmung entgegen.«[92]

Was hier *Paul Göhre*, der Theologe, als sittliches Defizit der Fabrikarbeit konstatiert, hatte *Karl Marx* als den ausbeuterischen Charakter entfremdeter Arbeit beschrieben. In den Maschinenhallen vollzog sich die Einschmelzung des Individuums ins funktionierende Kollektiv. In einer Enquete aus den Jahren 1907 bis 1911 sagte ein 25jähriger Stanzer (9 Stunden tägliche Arbeitszeit, 31 Mark durchschnittlicher Wochenverdienst): »Ich gleiche der Maschine, die durch Kraft angetrieben wird.«[93] Die »Seele im technischen Zeitalter« zeigt einen sozialpsychologischen Befund, der durch Anpassung, Erfahrungsverlust bzw. Erfahrung aus zweiter Hand charakterisiert ist. Das »Prinzip der vorbereiteten Vollzüge«, an den Schienen der Eisenbahnen ablesbar, erweist sich als Grundsatz maschinenzeitlicher Rationalität.[94]

Im Maschinensaal wird der Mensch zum Rädchen einer mechanisierten und automatisierten Produktionsweise. Das bedeutete freilich keineswegs automatisch Bewußt-losigkeit. Sozialistisches Engagement bewirkte, daß man nicht nur im Takte der Maschinen fronte, sondern der Maschinenwelt ihre eigene Melodie vorzuspielen begann – um, wie es *Karl Marx* formulierte, die erstarrten Verhältnisse

zum Tanzen zu zwingen. Im Maschinensaal erfährt der junge *Anton Afritsch* (Arbeiter in der Holzindustrie, später Redakteur der sozialdemokratischen Zeitung ›Arbeiterwillen‹ in Graz) 1887 diese Lektion durch einen väterlichen Freund:
»›Solche Dinge, wie du sie heute erlebtest, sie werden verschwinden. Ein mächtiger Bildungsdrang durchzieht heute die Massen der Arbeiterschaft. Tausende und Tausende, Millionen und Millionen arbeiten an einem großen gemeinsamen Ziel, an der Bildung und Befreiung des arbeitenden Volkes. Lerne es verstehen, dieses Volk, das alle Werte schafft, vergiß keinen Moment, daß die Arbeiter, wenn auch der einzelne mit noch so vielen Mängeln und Schwächen behaftet sein mag, zusammen eine große Masse von Menschen sind, die unter dem gleichen Schicksal leidet, daß jeder einzelne von ihnen dazu beiträgt, seinen Mitmenschen, die so oft verächtlich auf sie herunterschauen, das Leben so angenehm als möglich zu machen, und daß jeder einzelne von ihnen notwendig ist, das große Weltengetriebe aufrechtzuerhalten, und daß auch wieder jeder einzelne von ihnen notwendig ist, die Armee der kämpfenden Arbeiterschaft zu verstärken.‹
Und nun nahm er mich bei der Hand und führte mich zu der großen Furniersäge, zu der großen komplizierten Maschine. Und wieder hub er an: ›Betrachte genau das komplizierte Räderwerk. Wie die einzelnen Räder ineinandergreifen, wie ein Zahn in den anderen greift. Nimm einen Zahn heraus, die ganze mächtige Maschine steht, die stolzen, großen Räder bleiben still und müssen warten, bis der fehlende kleine Zahn ersetzt ist. Ein solch kompliziertes Räderwerk ist die menschliche Gesellschaft. Unbeachtet bleibt der kleine Zahn, so lange er seinen Dienst tut; wenn er versagt, erkennt man erst seinen Wert. Verachte darum keinen Stand, halte dir vor Augen, daß jeder wichtig und notwendig ist, und du wirst die einzelnen Menschen besser zu werten wissen. Notwendig ist nur: Mitarbeiten, daß alles besser wird!‹«[95]

und Nachfrage, um für sich den Wert einer Sache festzusetzen. »Dies zum Charakter einer ganzen Kultur gemacht, bis ins Unbegrenzte und Feinste durchgedacht, und allem Wollen und Können aufgeformt: Das ist es, worauf ihr Menschen des nächsten Jahrhunderts stolz sein werdet: Wenn die Propheten der handeltreibenden Klasse recht haben, dieses in euren Besitz zu geben!«[96]

Für die Wirtschaft und den Handel im Zeitalter der Industrialisierung war das mobile Kapital, das Geld, der entscheidende Faktor. Das Geld, indem es die Eigenschaft besitze, alles zu kaufen und alle Gegenstände sich anzueignen, bedeutet – nach *Karl Marx* – eine besondere Form des »Genusses«. Die Universalität seiner Eigenschaft sei die Allmacht seines Wesens; es gelte daher als allmächtiges Wesen. Das Geld erweise sich als Kuppler zwischen dem Bedürfnis und dem Gegenstand, zwischen dem Leben und dem Lebensmittel des Menschen. »Was durch das Geld für mich ist, was ich zahlen, das heißt was das Geld kaufen kann, das bin ich, der Besitzer des Geldes selbst. So groß ist die Kraft des Geldes, so groß ist meine Kraft. Die Eigenschaften des Geldes sind meine – seines Besitzers – Eigenschaften und Wesenskräfte. Das, was ich bin und vermag, ist also keineswegs durch meine Individualität bestimmt. Ich bin häßlich, aber ich kann mir die schönste Frau kaufen. Also bin ich nicht häßlich, denn die Wirkung der Häßlichkeit, ihre abschreckende Kraft ist durch das Geld vernichtet. Ich – meiner Individualität nach – bin lahm, aber das Geld verschafft mir 24 Füße; ich bin also nicht lahm; ich bin ein schlechter, unehrlicher, gewissenloser, geistloser Mensch, aber das Geld ist geehrt, also auch sein Besitzer. Das Geld ist das höchste Gut, also ist sein Besitzer gut; das Geld überhebt mich überdem der Mühe, unehrlich zu sein; ich werde also als ehrlich präsumiert; ich bin geistlos, aber das Geld ist der wirkliche Geist aller Dinge, wie sollte sein Besitzer geistlos sein? Zudem kann er sich die geistreichen Leute kaufen, und wer die Macht über die Geistreichen hat, ist der nicht geistreicher als der Geistreiche! Ich, der durch das Geld alles, wonach ein menschliches Herz sich sehnt, vermag, besitze ich nicht alle menschlichen Vermögen! Verwandelt also mein Geld nicht alle meine Unvermögen in ihr Gegenteil?«[97]

Marx, der unerbittliche Kritiker des industriellen Kapitalismus, dekuvrierte das Geld als die »wahre Scheidemünze«, als das »wahre Bindungsmittel«, als die »galvanochemische Kraft der Gesellschaft«; es sei die sichtbare Gottheit, welche die Verwandlung aller menschlichen und natürlichen Eigenschaften in ihr Gegenteil, die allgemeine Verwechslung und Verkehrung der Dinge ermögliche. Geld sei die allgemeine Hure, der allgemeine Kuppler der Menschen und Völker.

War eines der großen Ereignisse, das die Neuzeit heraufführte, der Untergang der Natural-

Die Strahlkraft des Geldes

»Man sieht jetzt mehrfach die Kultur einer Gesellschaft im Entstehen, für welche das Handeltreiben ebensosehr die Seele ist, als der persönliche Wettkampf es für die ältern Griechen und als Krieg, Sieg und Recht es für die Römer waren«, schreibt *Friedrich Nietzsche* 1881 in ›Morgenröte, Gedanken über die moralischen Vorurteile‹. Der Handeltreibende verstehe, alles zu taxieren, ohne es zu machen, und zwar zu taxieren nach dem Bedürfnisse

der Konsumenten, nicht nach seinem eigenen persönlichsten Bedürfnisse. »Wer und wieviele konsumieren dies?« sei seine Frage der Fragen. Diesen Typus der Taxation wende er nun instinktiv und immerwährend an: auf alles, und so auch auf die Hervorbringung der Künste und Wissenschaften, der Denker, Gelehrten, Künstler, Staatsmänner, der Völker und Parteien, des ganzen Zeitalters; er frage bei allem, was geschaffen wird, nach Angebot

»...Ich bin der Herrscher dieser Welt! / Der Gott von Geldsacksgnaden!...«

wirtschaft gewesen, an deren Stelle die Geldwirtschaft trat – und zwar die Goldwirtschaft –, so wird im 19. Jahrhundert die Bedeutung des Goldstücks durch die des Bankzettels ersetzt. Das Papiergeld wird nun (so formuliert es *Egon Friedell* in seiner ›Kulturgeschichte der Neuzeit‹) zum Helden des Tages und der Zeit. Jetzt verhalte sich das Denken in Gütern zum Denken in Geld wie das Handwerk (als Werk der Hand) zur Fabrikerzeugung (als Arbeit der Maschine) – nämlich wie lebendige Ähnlichkeit zu toter Gleichheit. Das Geld entkleide alle Objekte ihrer Symbolik, da es sich ihnen als Generalnenner unterschiebe und damit ihre Einmaligkeit wie ihre Seele zerstöre. Das Geld erweise sich als das stärkste Vehikel des Plebejismus, da es für jedermann ohne Ansehung der Grade und Gaben erreichbar sei. »Und alsbald erheben sich in den Städten mächtige Haupttheiligtümer namens Börsen und Scharen kleiner Tempel, Banken genannt; in ihnen wird etwas Magisches, Allmächtiges, Allgegenwärtiges, aber Unsichtbares angebetet; vorgeblich eingeweihte Priester (meist freilich Ignoranten oder Betrüger) verkünden ihren Willen; zahllose Gläubige bringen opferfroh ihre Habe dar, in heiliger Scheu, unverständliche Beschwörungsformeln einer fremden Sprache murmelnd. Das Credo ist zum Credit geworden.«[98]

Übersetzt man solchen agrarstaatlich-konservativ eingefärbten Kulturpessimismus, der vom bäuerlichen Mißtrauen gegenüber dem ›Papierschwindel‹ getragen wird bzw. mit ihm sympathisiert – dabei viel Richtiges erkennt, freilich die nicht nur nivellierende, sondern demokratisierende, nicht nur plebejisierende, sondern sozialisierende Kraft des Geldes verkennt –, übersetzt man solche Geldkritik in die statistische Analyse, so ergeben sich für Deutschland folgende Fakten (hier zitiert nach *Werner Sombart,* ›Die deutsche Volkswirtschaft im 19. Jahrhundert‹):

Die Zahl der Erwerbstätigen in Geld- und Kredithandel nahm allein in der Zeit von 1882 bis 1895 von 22 673 auf 36 175, also um 13 502 Personen, zu, das waren annähernd 60 %, während die Bevölkerung sich unterdessen nur um 14 % vermehrte. Von 1895 bis 1907 stieg die Zahl der Erwerbstätigen in dieser Berufsart auf 67 282, was in 12 Jahren einer nochmaligen Steigerung um 86 % gleichkam. Hauptaufgabe der Banken war die Erteilung von Produktionskrediten, also von solchen, die es einem Unternehmer ermöglichten, den zur Verfügung stehenden Wertbetrag auszuweiten, also das Kapital zu vermehren. »Diesem Interesse der Banken und Bankiers für die produktive, wirtschaftliche Tätigkeit, so hinderlich es für die Entwicklung mancher Zweige des eigentlichen Bankgeschäfts auch gewesen sein mag, ist zweifellos ein guter Anteil an dem Aufschwung des deutschen Wirtschaftslebens zuzuschreiben. Die Banken sind in Deutschland geradezu Beförderer des Unternehmungsgeistes geworden, Schrittmacher für Industrie und Handel. Aber sie sind vielfach dabei noch nicht einmal stehengeblieben, sie sind mit einem beträchtlichen Teil ihres Vermögens selbst zu industriellen oder kommerziellen Unternehmern geworden. Es ist mit Recht öfters darauf hingewiesen worden, daß ein großer Teil der Vornahmen, die heute die wesentliche Tätigkeit unserer Banken und Bankiers ausmachen, überhaupt gar keine Kreditgeschäfte (geschweige denn Bankgeschäfte im engeren Sinne) mehr sind. In der Tat kann man es unter keiner Form als Kreditgewährung konstruieren, wenn eine Bank mit ihrem Stammkapital Eisenbahnen baut oder elektrische Anlagen einrichtet. Sie tritt

Die Börse Frankfurt am Main (1895).

dann vielmehr als eine Transport- oder gewerbliche Unternehmerin auf. Was sich heute gerade wiederum in Deutschland so häufig vollzieht, die ›Finanzierung‹ irgendwelcher produktiven Unternehmungen durch die Banken, ist nichts anderes als ein Symptom für die fortschreitende Kapitalkonzentration im Gebiete des Transports, der Industrie und des Handels, die nur zufällig von den Banken oder den Bankiers ausgeht, weil hier die stärkste Ansammlung von Geldvermögen erfolgt ist.«[99]

Der Materialismus des Maschinenzeitalters war freilich »gespalten«, widersprüchlich: Geld und Kapital faszinierten, waren vom Realitätsprinzip her gesehen das »Eigentliche«, das zählte; zugleich aber war solche Werktagsgesinnung vom kulturaffirmativen schlechten Gewissen (angesichts von soviel Nüchternheit und Wirklichkeitssinn) überschattet: dem Höheren war doch der Mensch geweiht; ihn zog es himmelan. Eine Aura vorgegebener Tragik überglänzt industriellen Fortschrittsglauben; ihm gab irisierender Pessimismus die entsprechenden Weihen. Die Kosmogonie solcher Weltjubel- und Weltendzeitstimmung hat *Richard Wagner* im ›Ring des Nibelungen‹ (Gesamtaufführung 1876), einem imposanten Kunstwerk hochkapitalistischer Mythenbildung, vorgelegt – sowohl fasziniert als auch bedrückt von der Strahlkraft des Goldes:

»Ein Tand ist's
in des Wassers Tiefe,
lachenden Kindern zur Lust:
doch, ward es zum runden
Reife geschmiedet,
hilft es zu höchster Macht,
gewinnt dem Manne die Welt. ...
Schätze zu schaffen
und Schätze zu bergen,
nützt mir Nibelheims Nacht;
doch mit dem Hort,
in der Höhle gehäuft,
denk ich dann Wunder zu wirken
die ganze Welt
gewinn ich mit ihm mir zu eigen.«[100]

Der Zweiteilung der Welt in pragmatisches Handeln und symbolische Überhöhung, in geldraffende Realität und kulturelles Transzendieren, in das Wirkliche und das »Wunderbare« entspricht die Deutung des Materialismus zu dieser Zeit. *Friedrich Albert Lange* hat in seinem Werk ›Geschichte des Materialismus und Kritik seiner Bedeutung in der Gegenwart‹ (erstmals erschienen 1866; in der zweiten verbesserten und endgültigen Fassung, 1873, bis zum Weltkrieg eine der meistgelesenen und entsprechend einflußreichen philosophischen Abhandlungen) davon gesprochen, daß zwar das Wissen ausschließlich durch die Sinne und die dem Verstand vermit-

telten Erfahrungen bestimmt werde, daß aber auch der Idealismus seine Berechtigung habe, da in ihm die von der Natur aus gegebenen Erfahrungstatsachen fiktiv zu größeren und höheren Einheiten zusammengefaßt würden, etwa in der Kunst oder in der Religion. Das Wirkliche wurde damit vom Wertvollen abgegrenzt. Realistisch sei die Handlungspraxis; die Kultur basiere auf der Spekulation. Der Realismus konzentriere sich vor allem auf die Kapitalbildung. »Das große Interesse dieser Periode ist aber nicht mehr, wie im Alterthum, der unmittelbare Genuß, sondern die Capitalbildung. ... Ja, vielfach ist das, was als lärmende oder sinnlose Freude an eitlen Vergnügungen erscheint, eben nur eine Folge der übermäßigen, aufreibenden und abstumpfenden Arbeit, indem der Geist durch das beständige Hetzen und Wühlen im Dienste des Erwerbs die Fähigkeit zu einem reineren, edleren und ruhig gestalteten Genusse einbüßt. ... Die Mittel zum Genuß zusammenraffen, und dann diese Mittel nicht auf den Genuß, sondern größtenteils wieder auf den Erwerb verwenden: das ist der vorherrschende Charakter unserer Zeit. ... Wenn all die riesige Kraft unserer Maschinen und die durch Theilung der Arbeit so unendlich vervollkommneten Leistungen der Menschenhand darauf verwandt würden, um jedem das zu geben, was erforderlich ist, um das Leben erträglich zu machen und dem Geist Muße und Mittel zu seiner höheren Entfaltung zu bieten, so wäre vielleicht schon jetzt die Möglichkeit vorhanden, ohne Beeinträchtigung der geistigen Aufgabe der Menschheit, die Segnungen der Cultur über

alle Stände zu verbreiten; allein dies ist bisher nicht die Richtung der Zeit. Es ist wahr, daß Kräfte über Kräfte erzeugt, stets neue Maschinen erdacht, neue Mittel des Verkehrs ersonnen werden; es ist wahr, daß die Capitalisten, welche über alle diese Mittel gebieten, unablässig weiter schaffen, statt die Früchte ihrer Arbeit in würdiger Muße zu genießen; allein trotzdem zielt die stets vermehrte Tätigkeit direkt auf nichts weniger ab, als auf die Förderung des Gemeinwohls. Wo die geistige Genußfähigkeit fehlt, da stellen sich Bedürfnisse ein, welche immer schneller wachsen, als die Mittel zu ihrer Befriedigung.«[101]

Kapital als Selbstzweck, als sich ständig selbst reproduzierende, letztlich irrational gesteuerte Sucht, Geld anzuhäufen, ist die Philosophie oder Manie der Zeit. *Max Weber* (›Die protestantische Ethik und der Geist des Kapitalismus‹, 1905) versuchte diesen Irrationalismus des ökonomischen Lebens aus einer religiösen Grundhaltung heraus zu deuten. Dem Kapitalismus werden hier puritanisch motivierte Gründe unterlegt. »Ein spezifisch bürgerliches Berufsethos war entstanden. Mit dem Bewußtsein, in Gottes voller Gnade zu stehen und von ihm sichtbar gesegnet zu werden, vermochte der bürgerliche Unternehmer, wenn er sich innerhalb der Schranken formaler Korrektheit hielt, sein sittlicher Wandel untadelig und der Gebrauch, den er von seinem Reichtum machte, kein anstößiger war, seinen Erwerbsinteressen zu folgen und sollte dies tun. Die Macht der religiösen Askese stellte ihm überdies nüchterne, gewissenhafte, ungemein arbeitsfähige und an der Arbeit als gottgewolltem Lebenszweck klebende Arbeiter zur Verfügung. Sie gab ihm dazu die beruhigende Versicherung, daß die ungleiche Verteilung der Güter dieser Welt ganz spezielles Werk von Gottes Vorsehung sei, der mit diesen Unterschieden ebenso wie mit der nur partikulären Gnade seine geheimen, uns unbekannten Ziele verfolge.«[102]

Die stetige, systematische Arbeit gilt dem Protestanten als ein von Gott vorgeschriebener Selbstzweck des Lebens; was vom Kulturpessimismus aus gesehen als Raffgier und Hektik (insgesamt Nervosität) denunziert wird, erscheint bei *Weber* als Folge eines asketischen Sparzwangs, der die Anhäufung von Reichtum als Nebenwirkung, aber auch als Bestätigung erfolgreicher religiöser Lebensführung bewirke. – Unabhängig von ihrer wissenschaftlichen Bedeutung hat *Webers* Abhandlung dem Geist der Zeit insofern voll entsprochen, als hier der Versuch unternommen wurde, der Oberflächenturbulenz der Gründerzeit einen stabilisierenden inneren Sinn zu geben und damit der Labilität und Reizbarkeit einer zwischen Boom und Depression, Optimismus und Pessimismus oszillierenden Zeit weltanschaulich dadurch zu steuern, daß man den Kompaß einer kapitalistischen Erlösungstheorie anbot. Dem tiefsten Grunde dieser soziologischen Ontologie des Kapitalismus liegt – so stellt *Herbert Lüthy* mit Recht fest – ein fast naiver, jedenfalls sehr deutscher Glaube an die bürgerliche Legende des 19. Jahrhunderts zugrunde, die in den erbaulichen Unternehmer- und Bankiersbiographien jener Zeit blühte: jene Legende, die den wirtschaftlichen und finanziellen Erfolg stets den asketischen Tugenden der Sparsamkeit, des Fleißes und der Gottesfurcht zuschrieb und die Laufbahn der großen Kapitalmagnaten meist bei der Stecknadel oder Brotkruste beginnen ließ, die der brave Sohn im Gedenken an die aufopfernde Mutter unter dem Tisch seines Brotherrn auflas, der ihn fortan mit Wohlgefallen betrachtete – und die sorgfältig verschwieg, daß die großen kapitalistischen Erfolge der Pionierzeit nie durch zusammengesparte Pfennige, sondern durch rücksichtsloses Erfassen von Gelegenheiten, von wirtschaftsstrategischen Positionen und oft sehr zwielichtigen Spekulationschancen zustande kamen; sowenig wie die Jungfrau zum Kind kam, sowenig der Geschäftsmann durch Askese zum Kapital.[103]

Bei *Georg Simmel* (›Philosophie des Geldes‹, 1907) ist das Geld bzw. die Ökonomie nicht nur Unterbau, sondern Ausdruck des Irrationalen, trotz seiner Materialität ein fundamental ideeller Faktor. »In methodischer Hinsicht kann man diese Grundabsicht so ausdrücken: dem historischen Materialismus ein Stockwerk unterzubauen, derart, daß der Einbeziehung des wirtschaftlichen Lebens in die Ursachen der geistigen Kultur ihr Erklärungswert gewahrt wird, aber eben jene wirtschaftlichen Formen selbst als das Ergebnis tieferer Wertungen und Strömungen psychologischer, ja metaphysischer Voraussetzungen erkannt werden. Für die Praxis des Erkennens muß sich dies in endloser Gegenseitigkeit entwickeln: an jede Deutung eines ideellen Gebildes durch ein ökonomisches muß sich die Forderung schließen, dieses seinerseits aus ideelleren Tiefen zu begreifen, während für diese wiederum der allgemeine ökonomische Unterbau zu finden ist, und so fort ins Unbegrenzte. In solcher Alternierung und Verschlingung der begrifflich entgegengesetzten Erkenntnisprinzipien wird die Einheit der Dinge, unserem Erkennen ungreifbar scheinend und doch dessen Zusammenhang begründend, für uns praktisch und lebendig.«[104]

Die philosophische Bedeutung des Geldes bestünde darin, daß es innerhalb der praktischen Welt die entschiedenste Sichtbarkeit, die deutlichste Wirklichkeit der Formel des allgemeinen Seins sei, nach der die Dinge ihren Sinn aneinander finden (die Gegenseitigkeit der Verhältnisse, in denen sie schweben, ihr Sein und Sosein). »Es gehört zu den Grundtatsachen der seelischen Welt, daß wir Verhältnisse zwischen mehreren Elementen des Daseins in besonderen Gebilden verkörpern; diese sind freilich auch substantielle Wesen für sich, aber ihre Bedeutung für uns haben sie nur als Sichtbarkeit eines Verhältnisses, das in loserer oder engerer Weise an sie gebunden ist. So ist der Ehering, aber auch jeder Brief, jedes Pfand, wie jede Beamtenuniform Symbol oder Träger einer sittlichen oder intellektuellen, einer juristischen oder politischen Beziehung zwischen Menschen, ja, jeder sakramentale Gegenstand das substantiierte Verhältnis zwischen dem Menschen und seinem Gott.« Auf der einen Seite habe das Geld als Substanz gewordene Relativität (den Relativismus sowohl spiegelnd wie befördernd) Qualität auf Quantität zurückgeführt, den Wertbegriff auf den Preisbegriff reduziert (man kenne von allem den Preis, aber von nichts mehr den Wert – meinte *Oscar Wilde*); auf der anderen Seite werde das Geld zum transzendierenden Symbol, den Sinn der Zeit inkorporierend und damit ihren Pragmatismus aufhebend. »Mit dem Gelde hat die Fähigkeit zu solchen Bildungen ihren höchsten Triumph gefeiert. Denn die reinste Wechselwirkung hat in ihm die reinste Darstellung gefunden, es ist die Greifbarkeit des Abstraktesten, das Einzelgebilde, das am meisten seinen Sinn in der Übereinzelheit hat; und so der adäquate Ausdruck für das Verhältnis des Menschen zur Welt, die dieser immer nur in einem Konkreten und Singulären ergreifen kann, die er aber doch nur wirklich ergreift, wenn dieses ihm zum Körper des lebendigen, geistigen Prozesses wird, der alles Einzelne ineinander

Blick in eine Sparkasse vor der Jahrhundertwende.

Geldschrank »in feiner Ausführung mit ver-
deckten eisernen Rollen«.

verwebt und so aus ihm die Wirklichkeit
schafft.«[105]

Das immer wirkungsvoller werdende Prinzip
der Ersparnis an Kräften und Substanzen
führe zu immer ausgedehnteren Verfahren mit
Vertretungen und Symbolen, welche mit demjenigen, was sie vertreten, gar keine inhalt-
liche Verwandtschaft mehr haben; so daß es
durchaus in derselben Richtung läge, wenn
die Operationen mit Werten sich an einem
Symbol vollzögen, das mehr und mehr die materielle Beziehung zu den definitiven Realitäten seines Gebietes einbüße und bloß Symbol
werde. Diese Lebensform setze nicht nur eine
außerordentliche Vermehrung der psychischen Prozesse voraus – welche komplizierte
psychologische Bedingungen fordere etwa nur
die Deckung von Banknoten durch Barreser-
ve! –, sondern bewirke auch eine Erhöhung
derselben, eine prinzipielle Wendung der Kultur zur Intellektualität. »Die Steigerung der
intellektuellen, abstrahierenden Fähigkeiten
charakterisiert die Zeit, in der das Geld immer
mehr zum reinen Symbol und gegen seinen
Eigenwert gleichgültig wird.«[106]

Das Geld, zunächst die Expansion von Stofflichkeit ermöglichend bzw. hervorrufend, die
Beziehungen der Menschen entpersönlichend
und in Form des Materialismus die Kultur in
ihrer Idealität lädierend, erweist sich – indem
es in seinem Symbolcharakter von der Haut-
nähe der Dinge entfernt, materielles Ausgelie-
fertsein abstrahiert, durch Distanzierung von
direkten subjektiven Bezügen (wie sie der
Tauschhandel impliziert) die Verbindung zur
›objektiven‹ Gattung Mensch verstärkt –, es
erweist sich als ein Medium, das der Kultur

auf eine ganz neue Weise ihre Idealität zu-
rückgibt. ›Geldkultur‹ ist nicht mehr ein von
der Wirklichkeit abgelöster Ideenhimmel,
sondern immanente Transzendenz (so wie das
Blut den Körper durchpulst); verdinglichter
Geist; vergeistigte Dinglichkeit. »Dieses for-
male Sich-selbst-Gehören, dieser innere
Zwang, der die Kulturinhalte zu einem Gegenbild des Naturzusammenhanges einigt,
wird erst durch das Geld wirklich: Das Geld
funktioniert einerseits als das Gelenksystem
dieses Organismus; es macht seine Elemente
gegeneinander verschiebbar, stellt ein Verhältnis gegenseitiger Abhängigkeit und Fort-
setzbarkeit aller Impulse zwischen ihnen her.
Es ist andererseits dem Blute zu vergleichen,
dessen kontinuierliche Strömung alle Ver-
ästelungen der Glieder durchdringt, und, alle
gleichmäßig ernährend, die Einheit ihrer
Funktionen trägt. Und was das zweite betrifft: So ermöglicht das Geld, indem es zwischen den Menschen und die Dinge tritt,
jenem eine sozusagen abstrakte Existenz, ein
Freisein von unmittelbaren Rücksichten auf
die Dinge und von unmittelbarer Beziehung
zu ihnen, ohne das es zu gewissen Entwick-
lungschancen unserer Innerlichkeit nicht
käme; wenn der moderne Mensch unter günstigen Umständen eine Reserve des Subjektiven, eine Heimlichkeit und Abgeschlossenheit
des persönlichen Seins – hier nicht im sozialen, sondern in einem tieferen, metaphysi-
schen Sinn – erringt, die etwas von dem religiösen Lebensstil früherer Zeiten ersetzt, so
wird das dadurch bedingt, daß das Geld uns in
immer steigendem Maße die unmittelbaren
Berührungen mit den Dingen erspart, während es uns doch zugleich ihre Beherrschung
und die Auswahl des Zusagenden unendlich
erleichtert.«[107]

Simmels »Geldphilosophie« markiert die

»...An den Bau von Geldschränken werden
immer höhere Anforderungen gestellt, da auch
die Einbrecher sich die Hilfsmittel der moder-
nen Technik zu Nutzen machen...«

Geldschrank mit Schubladen und Fächern für
Juwelier-, Gold- und Silberwaren.

»Bruchstelle«, an der sozial-darwinistische,
brutal-expansive Stofflichkeit mit geistig-in-
trospektiver Sinnhaftigkeit verkittet (versöhnt) werden sollte.[108] – Das Zeitklima war
durch eine »Naturalisierung« des politischen
Denkens und eine Enthumanisierung des politischen Stils charakterisiert. Dies drückt sich
in den Schriften sozialdarwinistischer Auto-
ren mit besonderer Schärfe aus. Was eben
noch als freie Konkurrenz der Individuen um
den Preis des Tüchtigsten und sittlich Besten
hatte verstanden werden können, wird nun im
wortwörtlichen Sinne als »Kampf ums Dasein« aufgefaßt – als Ringen um Selbstbe-
hauptung durch Machtsteigerung, und zwar
nicht mehr primär zwischen Individuen, sondern zwischen Kollektiven: sozialen Interes-
sentengruppen, Völkern und Rassen.[109] – Dort
freilich, wo die Reflexion oder Selbstreflexion
in die Mystik geldorientierter Innerlichkeit
bzw. verinnerlichter Profitmaximierung ein-
brach, also das philosophisch mühsam ›ge-
schiente‹ Gelenksystem des kapitalistischen
Organismus zerbrach (oder dieses zumindest
›angekratzt‹ war), zersetzte sich affirmatives
Kulturbewußtsein, trat die Identitätskrise, als
Neurose ›maskiert‹, individuell wie kollektiv
zutage. »Wir haben seit langem gemerkt, daß
jede Neurose die Folge, also wahrscheinlich
die Tendenz hat, den Kranken aus dem realen
Leben herauszudrängen, ihn der Wirklichkeit zu entfremden. ... Der Neurotiker wendet
sich von der Wirklichkeit ab, weil er sie – ihr
Ganzes oder Stücke derselben – unerträglich
findet«, schreibt Sigmund Freud 1911 in
›Formulierungen über die zwei Prinzipien des
psychischen Geschehens‹.[110]

»...Eine große Bank, welche Millionen aufbewahrt, muß natürlich andere Anforderungen stellen, wie ein Privatmann, der nur seine Couponsbogen bei sich aufhebt und die Titel seiner Wertpapiere bei einer Bank deponiert hat...«

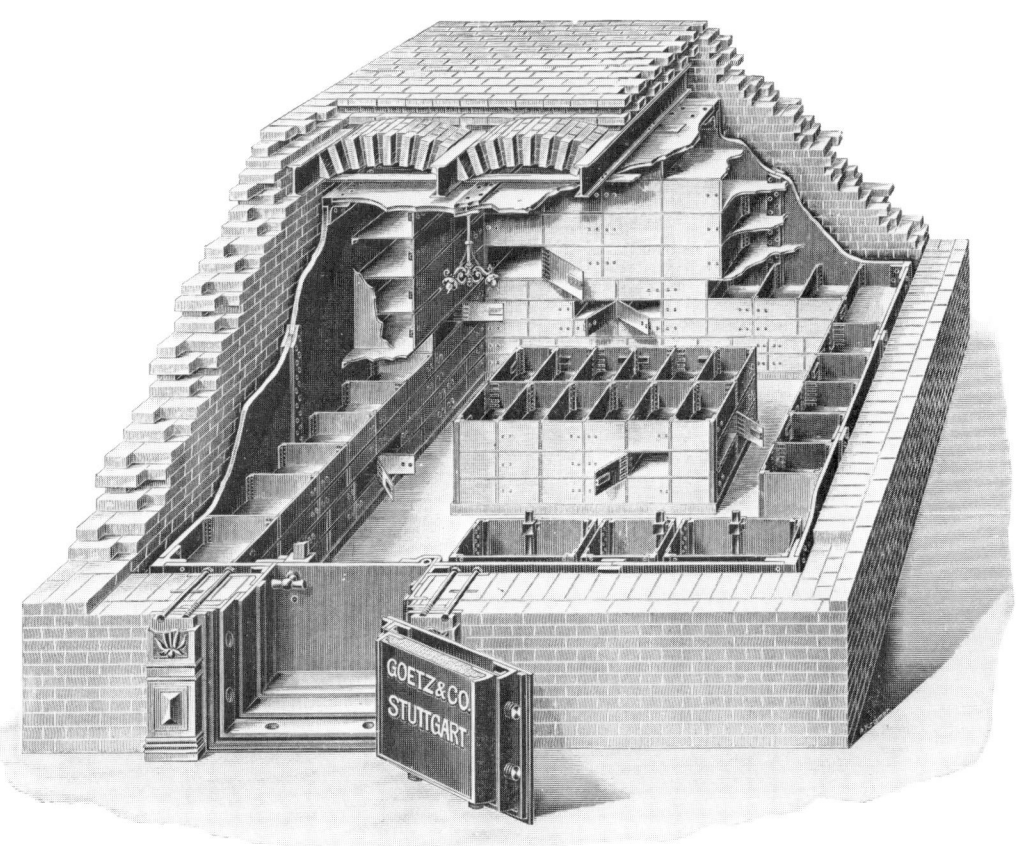

Unerträglichkeit (Unverträglichkeit) dieser Art führte freilich zu höchster Sensibilität, die, indem sie am Sosein scheiterte, vom Sein Wesentliches ›ergriff‹. *Thomas Manns* Roman ›Buddenbrooks‹ (1900) gibt die Diagnose solcher ›Décadence‹. Statt einer die Stofflichkeit zusammenhaltenden, ihr das Blut der Innerlichkeit spendenden »Philosophie des Geldes« finden wir hier die Anämie einer ästhetischen Welterfassung, die allerdings trotz oder gerade wegen ihrer reduzierten Lebenskraft zu erspüren vermag, was bourgeoise Flachlandaktivität nie zu erraffen vermochte: Sinn statt Zweck, Wert statt Preis! – Urgroßvater Johann Buddenbrook repräsentiert das ungebrochene Lebensgefühl eines selbstsicheren und tatkräftigen, ›gesunden‹ Bürgertums; die Nachfahren verfallen zunehmend, in Abkehr vom Willen zum Leben, der seelischen Kompliziertheit. Sie sind in der angestammten Wirklichkeit nicht mehr heimisch. Modernität bedeutet Fragwürdigkeit; doch entwickeln sich mit dem Zerfall der ›Standfestigkeit‹ auch künstlerische Phantasie und Intuition. Der letzte Sproß der Familie, Hanno – zart, sensibel, ganz der Musik anheimgegeben – stirbt an Typhus, aber noch mehr an dekadenter ästhetischer Empfindsamkeit; ›Künstlertum‹ bedeutet eben Lebensuntauglichkeit angesichts bourgeoiser Vitalität. Die Musik, der Hanno geradezu süchtig verfallen ist, erweist sich als Ausdruck solcher Erlebnisfähigkeit und Lebensuntauglichkeit. »Es lag etwas Brutales und Stumpfsinniges in dem fanatischen Kultus dieses Nichts, dieses Stücks Melodie, dieser kurzen, kindischen, harmonischen Erfindung von anderthalb Takten... etwas Lasterhaftes in der Maßlosigkeit und Unersättlichkeit, mit der sie genossen und ausgebeutet wurde, und etwas zynisch Verzweifeltes, etwas wie Wille zu Wonne und Untergang in der Gier, mit der die letzte Süßigkeit aus ihr gesogen wurde, bis zur Erschöpfung, bis zum Ekel und Überdruß, bis endlich, endlich in Ermattung nach allen Ausschweifungen, ein langes, leises Arpeggio in Moll hinrieselte, um einen Ton emporstieg, sich in Dur auflöste und mit einem wehmütigen Zögern erstarb.«[111] Der »Mammonismus« bewirkte individuelle wie kollektive Angstzustände. Die Sicherheit, die Land- und Goldbesitz (bzw. andere ›werthaltige‹ Anlagen) garantierten, war dahin – angesichts einer Wirtschaft, die sich ihre jeweiligen Booms mit Baissen erkaufen mußte, bei der Liquidität und Falliment eng beisammen lagen. Das Soll und Haben stimmte oft nicht; Spekulationen, Transaktionen, Prozes-

se, Prozente, Gewinne, Verluste – das Geld hatte nicht nur einen transzendierenden Glanz; es war vor allem ein transitorisches Element. Kein Wunder, daß in einem Zeitalter gewaltiger wirtschaftlicher Expansion, aber gleichzeitiger gewaltiger wirtschaftlicher Erschütterungen der Drang nach Sicherheit zur Obsession wurde. War das Geld als neuer Weltgeist auch trügerisch, man versuchte, sich seiner zu versichern, indem man es sicher anlegte. Eine der wichtigsten Sicherheiten bot die Versicherung. In seinen Erinnerungen ›Die Welt von gestern‹ schreibt *Stefan Zweig*: »Das Jahrhundert der Sicherheit wurde das goldene Zeitalter des Versicherungswesens. Man assekurierte sein Haus gegen Feuer und Einbruch,

sein Feld gegen Hagel und Wetterschaden, seinen Körper gegen Unfall und Krankheit, man kaufte sich Leibrenten für das Alter und legte Mädchen eine Police in die Wiege für die künftige Mitgift. Schließlich organisierten sich sogar die Arbeiter, eroberten sich einen normalisierten Lohn und Krankenkassen. Dienstboten sparten sich eine Altersversicherung und zahlten im voraus ein in die Sterbekasse für ihr eigenes Begräbnis. Nur wer sorglos in die Zukunft blicken konnte, genoß mit gutem Gefühl die Gegenwart... Heute, da das große Gewitter sie längst zerschmettert hat, wissen wir endgültig, daß jene Welt der Sicherheit ein Traumschloß gewesen.«[112]

Handel und Wandel

War der Kaufmannsstand in der ersten Hälfte des 18. Jahrhunderts in seiner kulturellen Identität noch ganz in das geschlossene religiöse Weltbild eingebettet – der Erfolg der geschäftlichen Unternehmungen wurde gerade in seinen Unwägbarkeiten und Gefährdungen als von göttlichem Segen bestimmt gesehen –, so dringen mit der verstärkten industriellen Entwicklung zunehmend vernünftige Erklärungsmuster, rationale, auf Ursachen und

Wirkung zurückgeführte Begründungen in alle Erfahrungsbereiche der Existenz vor und schieben die Gültigkeit religiöser Erklärungen zurück. »Je mehr Kaufleute sich ›nützliches‹ Wissen, Wissen mit Erklärungswert für ihre Erfahrungen, aneigneten, desto größer wurde die Chance richtiger Beurteilung, und daraus resultierend, erfolgreiches Handeln.«[113] Der Markt übte zweifellos eine ›rationalisie-

Vielfach waren die Tante-Emma-Läden in einem umgebauten Zimmer untergebracht (um 1900).

Milchwirtschaft in Berlin, 1908.

rende‹ Funktion aus, indem er die alten ständischen, religiösen und traditionellen Schranken durchbrach. Interessen wurden geweckt und auf eine geregelte Weise zur Geltung gebracht: durch sachliches Kalkül, methodische Organisation der Arbeit und Einschränkung irrationaler Elemente. »Der Mensch, der entweder über Eigentum verfügt oder hofft, es zu erlangen, ist an langfristige Kalkulationen und Verträge gewöhnt und weiß die Einhaltung fester Spielregeln zu schätzen. Der Markt, meint Sombart, tendiert zur Aufgabe von Zwangsmitteln und zur Verwendung von Argumenten: In den Vordergrund treten Mittel der Überzeugung, eine Art ›Ringkampf mit geistigen Waffen‹. Die ökonomische Rationalität ist aber nur eine Komponente der Zivilisationsmechanismen und verträgt keine Verabsolutierung. ›Obgleich die wirtschaftlichen Ambitionen gute Diener sind‹, meint Tawney, ›sind sie schlechte Herren.‹« *(Bedrich Loewenstein)*[114]

In seinen ›Humoristischen Skizzen aus dem deutschen Handelsleben‹ (entstanden ab 1845) hat *Georg Weerth*, nach *Heinrich Böll* der Erfinder des marxistischen Feuilletons, ein negatives Bild des Kaufmannsstandes gezeichnet. Nur das Geld bestimme dessen Bewußtsein; Heuchelei und Scheinheiligkeit, Lug und Trug dominierten; der Handel sei Religionsausübung, die Morgenandacht bestünde in der Lektüre des ›Amsterdamer Handels- und Börsenblatts‹. »Wir müssen bei dieser Gelegenheit ausdrücklich bemerken, daß es unter den Kaufleuten Sitte ist, stets über schlechte Zeiten zu klagen. Und wären die Zeiten noch so brillant, wie sie sich ein einigermaßen ehrlicher Mann nur denken kann, ja, wälzte sich die halbe Kaufmannschaft in Gold herum: die ehrenwerten Ritter von der Bank und Börse, wenn man sie nach ihrem Verdienste fragt, würden sie dennoch die Hände ringen und wie Nilpferde, die an Zahnweh leiden, jammernd erwidern, daß die Welt sich mit jedem Tag verschlechtere, daß man kaum das Salz verdiene, geschweige das liebe, tägliche Brot.«[115]

Da entsprach *Gustav Freytags* Roman in drei Bänden ›Soll und Haben‹ (1855 erschienen) viel mehr dem bürgerlichen Selbstverständnis. Der Roman solle das deutsche Volk da suchen, hieß es im vorangestellten Motto (einem Wort des zeitgenössischen Literaturkritikers *Julian Schmidt*), wo es in seiner Tüchtigkeit zu finden sei, nämlich bei seiner Arbeit. Versucht wird eine Typologie des Kaufmannsstandes, was sein Tugendsystem und dessen Gefährdungen betrifft; dabei stehen vor allem zwei Männer im Mittelpunkt: Anton Wohlfart, der Sohn eines kleinen Beamten, tritt in ein

Beim Krämer in Kyritz, 1904.

angesehenes Handelshaus ein, wo Tüchtigkeit, Fleiß und eherne Grundsätze ebenso florieren wie die weltweiten Geschäfte und wo der Lehrling bald erfährt, was das arbeitende Bürgertum zum ersten Stand im Staat prädestiniert, nämlich, »daß die freie Arbeit allein das Leben der Völker groß und sicher und dauerhaft macht«. Wohlfart gelangt zu bürgerlichem Glück und Ansehen. – Der arme Judensohn Veitel Itzig jedoch, ohne Moral und Ideale, besessen von Habgier und Ehrgeiz,

der bei einem reichen Makler und Spekulanten in die Lehre geht, richtet sich und seine Karriere zugrunde.[116] *Gustav Freytags* in Schwarzweißmanier gestaltete, mit antisemitischen Vorurteilen durchsetzte Schilderung der bürgerlichen Lebens- und Ideenwelt steht im Bezugssystem affirmativer Kultur: Solidität sucht sich mit Hilfe von Kulturgütern selbst zu ›bestätigen‹, die höheren Werte sind mit denen des Nützlichkeitsstrebens amalgamiert; das geliebte Geschäft und die idealistisch Geliebte gehen ineinander über.
»Sabine drückte seine Hand und sprach leise und bittend: ›Und der neue Kompagnon sollen Sie sein, mein Freund.‹

Anton stand regungslos, aber sein Herz pochte laut, und hell stieg die Röte auf seine Wangen. Noch immer hielt Sabine ihn an der Hand, er sah ihr Antlitz nahe an dem seinen, und wie einen Hauch fühlte er ihren leisen Kuß auf seinen Lippen. Da schlang er den Arm um die Geliebte, und lautlos hielten die Glücklichen einander umfaßt.
Die Tür öffnete sich, der Kaufmann stand auf der Schwelle. ›Halte ihn fest, den Flüchtling!‹ rief er. ›Ja, Anton, seit Jahren habe ich diese Stunde ersehnt. Seit du in der Fremde an meinem Lager knietest und meine Wunde verbandest, trug ich im Herzen den Wunsch, dich für immer mit unserm Leben zu vereinigen.

Als du von uns gingst, sah ich mit Zorn meine liebste Hoffnung zerstört. Jetzt halten wir dich, du Schwärmender, in den Blättern des Geheimbuchs und in unsern Armen.‹ Er zog die Liebenden an sich.

›Du hast dir einen armen Kompagnon gewählt‹, rief Anton am Herzen des neuen Bruders.

›Nein, mein Bruder, Sabine hat als kluger Kaufmann gehandelt. Besitz und Wohlstand haben keinen Wert, nicht für den einzelnen und nicht für den Staat, ohne die gesunde Kraft, welche das tote Metall in Leben schaffender Bewegung hält. Du bringst in das Haus die rüstige Jugendkraft und einen geprüften Sinn. Sei willkommen in diesem Hause und in unsern Herzen.‹«[117]

»Die Geschichte von Anton Wohlfarts Fahrt und glücklicher Heimkehr, ausstaffiert als erbaulicher Entwicklungsroman in der Welt soliden bürgerlichen Aufstiegsstrebens: in deren Kern ist sie aufgeladen mit der fast my-

thisch erbitterten Hell-Dunkel-Spannung von Gut und Böse, Aufstieg und Niedergang, Erlösung und Verfallensein. In dieser Anspannung, nicht in den zeitgenössischen Details, greifen die Mächte der Epoche nach dem Buch. Was es uns als Zeugnis jener halbdunklen Stelle des Urgroßväterjahrhunderts ausweist, an der sich aus der von politischen Wehen geschüttelten altfränkischen Welt Kommerz und Industrie als Götter des neuen Zeitalters herauslösen, sind nicht so sehr die zahlreichen Bekenntnisse ehrbarer Kaufmanns-Seelen. Es ist die ergriffene Weise, in der, etwa, vom Geld und den Realien des Handelsverkehrs gesprochen wird. Das Geld: die dynamisch-fatale Kraft, ›dessen Bewegung das Menschenleben erhält und verschönt, das Volk und den Staat groß macht und den einzelnen stark oder elend, je nach seinem Tun‹, die Realien, ›alles was wir am Leibe tragen und alles was uns umgibt‹. Fast romantisch ist der Verweis auf die ›merkwürdigsten Begebenheiten aller fremden Länder‹, und ›jede menschliche Tätigkeit‹, der Handel als das Mittel, ›daß jeder Mensch mit jedem Menschen in fortwährender

Verbindung gehalten wird‹: was floskelhaft die Götter des neuen Zeitalters heißt, wird in der Tat als Götter, als elementare Kräfte und Mächte erfahren, beschworen, verehrt.« (Hermann Rudolph)[118]

Die weltoffenen Kräfte des Handels, die im Sinne von Bedrich Loewenstein das aufklärerische, urbane Element des Kommerzes darstellen, erfuhren gerade im 19. Jahrhundert durch den Aufschwung der Wirtschaft eine besondere Verstärkung; sie wirkten nicht nur in den großen Handelshäusern und im Großhandel, sondern traten auch in den kleinen Ladengeschäften, die sich trotz aller Konkurrenz erhalten und ausbreiten konnten, zutage. »Eine besonders merkwürdige Erscheinung ist, daß wir heutzutage ein geradezu erstaunliches Aufblühen und Zunehmen von Zwergläden beobachten«, heißt es in einer zeitgenössischen Betrachtung; »in jedem Mietshaus, das um- oder neugebaut wird, entsteht ihrer mindestens einer. Und alle Arten von Waren bieten sie zum Verkauf. Auch sind sie eine Wirkung des modernen Kapitalismus, der vielen, die sonst nicht unter- oder vorwärtskommen können, die freilich meist trügerische

Gemischtwarenladen in Berlin, 1922.

Blick auf das Kaufhaus Wertheim am Leipziger Platz in Berlin.

Groß-Viegeln‹, sagt er, ›und die aus Hohen-Sprenz.‹
Anna probiert Würste und auch die Buttersorten. Auch vom Obst werden Proben genommen, obwohl man das Obst nicht von Krüger bezieht, sondern von ›landein‹.
Was sie sich aussucht, wird gebracht, und wenn es nur ein Viertelpfund Salami ist. (Meistens ist es mehr.) Vom bezahlen kann keine Rede sein, alles wird angeschrieben, und zu Neujahr kommt die Rechnung ins Haus, und auf der Rechnung steht: ›S.H.‹ oder ›I.H.‹, je nachdem: ›Seiner Hochwohlgeboren‹ oder ›Ihrer Hochwohlgeboren‹.« *(Walter Kempowski)*[120]
In dieser kleinen Welt der großen Sehnsucht, verdinglichter ›einverleibter‹ Exotik und landstämmiger Idylle gediehen die Tagträume einer ›großen Zeit‹ und einer Gesellschaft, die zwischen Extraversion und Intraversion hin- und hergerissen war und die in sich nostalgisches Heimatbewußtsein mit Fernweh, Seßhaftigkeit mit Aufbruchsstimmung vereinigte.
Die Einzelhandelsgeschäfte erblühten freilich nicht nur im Rahmen des allgemeinen wirtschaftlichen Aufschwungs und der damit ver-

Aussicht zu bieten scheint, mit diesem Mittel schneller ihre Lage zu verbessern. Vielfach sind sie auch eine Parallelerscheinung zu der modernen Form der Hausindustrie insofern, als hier wie dort es die Ehefrau und die halberwachsenen Kinder irgendeines Handwerkers, kleinen Beamten oder Arbeiters sind, die ein solches Zwergladengeschäft betreiben und so wenigstens einen Zuschuß zum Verdienst des Gatten und Vaters erzielen.«[119]
Der Kolonialwarenladen nahm dabei eine besondere Stellung ein. Das häufig unscheinbare Äußere dieser Gemischtwarengeschäfte widersprach ihrem etwas hochtrabenden Namen, der den Duft der großen weiten Welt ins Tante-Emma-Milieu hineinzunehmen suchte. Die Atmosphäre dieser kleinen Läden an der Ecke, über denen in steifer Schrift ›Colonialwarenhandlung‹ oder ›f.f. Delicatessengeschäft‹ stand, förderte die nachbarschaftliche Begegnung. Um die Tonnen mit Sauerkraut und eingelegten Heringen, Gläsern mit Soleiern, vor den mit vielerlei einheimischen und fremdländischen Waren vollgestopften Regalen trafen sich Hausfrauen, Dienstmädchen, Köchinnen und Kinder. »Ein ausgestopfter Wildschweinkopf hängt über der Tür. Ein langer, schmaler Laden ist es, in dem es nach Ananas riecht und auch nach Gänseschmalz. Wenn Anna den Laden betritt, dann schiebt

sich der alte Krüger mit seiner blutigen Schürze aus dem Hintergrund nach vorn. Man sieht ihm an, daß es ihm selbst gut schmeckt: den herrlichsten Käse hat er und die wunderbarsten Landmettwürste. ›Die ist aus

Bild aus den ›Fliegenden Blättern‹, 1893: »Der Herr Wamperl ist pfiffig! Um das Eintrittsgeld zu ersparen, hat er seine Verwandten vom Lande – als diese in die Stadt kamen, um die Kunstausstellung zu sehen – vor die nächstbeste – Plakattafel geführt.«

knüpften Steigerung der Konsumbedürf-
nisse; sie sahen sich auch – und zwar vor allem
dann, wenn sie nicht nur wie Bäckerei, Metz-
gerei, Milchgeschäft den täglichen Bedarf
bedienten – einer zunehmenden Konkurrenz
durch Warenhäuser gegenüber, der sie sich
unter anderem durch die Bildung von Ein-
kaufsgenossenschaften zur Wehr zu setzen
suchten.

In den zu Ende des 19. Jahrhunderts aufkommenden prunkhaften Warenhäusern fand die
industrielle Massenproduktion ihren adäqua-
ten Distributionsort. In einer der ersten größeren, zusammenhängenden Arbeiten über das
moderne Warenhaus (von *Paul Göhre*, 1907)
heißt es am Beispiel der Firma Wertheim/Ber-
lin: »Was für Waren verkauft nun Wertheim?
Sie hier aufzuzählen, wäre natürlich Wahnsinn, unmöglich und ist auch absolut unnötig.
Es genügt, die Anzahl der Verkaufsabteilun-
gen, Läger genannt, hier aufzuführen. Schon
diese bilden eine sehr stattliche Liste. Es gibt
fünfundsechzig solcher Läger. In der Reihenfolge einer gewissen sachlichen Zusammengehörigkeit sind es folgende: Damenkonfektion,
Trikotagen, Handschuhe, Weißwaren, Klei-
derstoffe, Pelzwaren, Damenhüte und Putz,
Herrenartikel, Leinenwaren, Futterstoffe,
Seidenstoffe, Schuhwaren, Tischzeug, Wäsche, Taschentücher, Hemdenblusen, Her-
renkonfektion, Korsetts, Jupons, Schirme,
Posamenterie, Liberty, Kissen, Gardinen,
Teppiche, Lederwaren, Möbelstoffe, Tapis-
seriewaren, Tapeten, Lampen, Japanwaren,
Korbwaren, Möbel, Kunstmöbel, Kunstge-
werbe, Bilder, Antiquitäten, Uhren, Silberwaren, versilberte Waren, Galanteriewaren,
Holzgalanterie, Bijouterie, Nippes, Kurzwa-
ren, Kämme, Parfümerie und Seifenartikel,
Drogerie, photographische Artikel, photogra-
phisches Atelier, Malerartikel, Schreibwaren,

Bücher, optische Instrumente, Nähmaschinen,
Musikwerke, Noten, Ansichtskarten, Sport-
waren, Spielwaren, Glas und Porzellan, Wirt-
schaftsartikel, Lebensmittel, Zigarren, zoolo-
gische Abteilung, Bankabteilung.«[121]

Da es im Wesen der kapitalistischen Produktion begründet sei, daß sie mit ihrem Angebot
an Waren der Nachfrage vorauseile, ergebe
sich die besondere Notwendigkeit von Werbung. »Wir wissen, daß die durch die Errun-
genschaft der modernen Technik ins Grenzenlose gesteigerte Produktivität in der eigen-
tümlichen Organisation unseres Wirtschaftslebens zunächst eine Verschlechterung der
Marktverhältnisse für den Produzenten und
dementsprechend bald auch den Händler, erst
den Großhändler, dann aber auch den Klein-
händler, bedeutet: es müssen mehr Waren an
den Mann gebracht werden.« *(Werner Sombart)*[122]

Die Werbung versuchte, im Zeichen eines sich
als »wissenschaftlich-positivistisch« be-
greifenden Zeitalters über das zu verkaufende
Produkt zu informieren (so wurden zum Beispiel nun Preise bekanntgemacht, während
früher das Feilschen zum Handel dazu-
gehörte). Die Werbung mußte freilich vor
allem, eben wegen des zunehmenden Konkur-
renzdrucks, das Produkt mystifizieren und
mythifizieren, um es so attraktiver zu machen.
Mit dem Aufschwung des Zeitungswesens
wurde die Anzeige (auch die Kleinanzeige)
zum wichtigsten Werbemittel. Sinnliches und
Sittliches, Zweckhaftes und Sinnträchtiges
gingen variantenreiche Verbindungen ein:
»Dr. C. Soldan's Körperform-Nährpulver für
Damen gegen Magerkeit. Cart. Mk. 3,50.
Schmächtige, hagere Körperformen, hervor-
getretene Schulterpartien etc. verschwinden.
Schöne, volle Büste nach dem Gebrauch dieses ausgezeichneten, erprobten Präparates.

*Solche Korsetts waren für die Modereformer
»undeutsch«.*

Hygien. Parfümerie und Drogerie Dr. C. Sol-
dan, Hefnersplatz 3. Verkauf in der Parfüme-
rie-Abteilung, Damenbedienung!«[123]
»Undeutsch und gefährlich ist das Pariser
Korsett. Es zerstört die Gesundheit und
vernichtet die Aussicht auf gesunde Nach-
kommenschaft, welche die wichtigste
Grundlage für den Fortbestand des deutschen
Volkes in seiner Größe und Kraft bildet.
Weg damit aus unserem Kulturkreis!
Echt deutsch und schönheitsbildend sind der
Thalysia-Büstenhalter und der Thalysia-
Edelformer; sie begünstigen alles, was das Pariser Korsett zerstört. An Schönheit und
Wirkung sind sie ihm überlegen, an hygie-
nischen Eigenschaften himmelweit voraus!
Eine echt deutsch fühlende Frau, ein echt
deutsch empfindendes Mädchen benützen
nur diese beiden deutschen Körper-
bildner!«[124]
»Nivea-Seife schäumt und duftet angenehm
und tut wegen ihrer wundervollen Reinheit und Milde auch der empfindlichsten Haut
wohl. Sie ist aus bestem frischen Rinderfett

*Amerikanische Riesenschnellpresse, bei der
zehn Einleger die Bogen den zehn Druckzylin-
dern zuführten. Eine Zeitungsauflage von
300 000 Exemplaren konnte in etwa 2 Stunden
ausgedruckt werden.*

nach allen Regeln der Kunst und den neuesten wissenschaftlichen Erfahrungen bereitet und enthält keine fremden Zusätze irgendwelcher Art. Ein Stück 50 Pfennig. P. Beiersdorf & Co, Hamburg (Kosmetische Abteilung), Hersteller der Zahnpasta ›Pebeco‹.«[125]

Plakatkunst war Straßenkunst: Sie war vor allem der Werbung dienlich. Mit Hilfe der Lithographie, dem Flachdruckverfahren, das für die Illustration ungefähr die gleiche Bedeutung wie die Schnellpresse für den Textteil der Zeitung hatte, eroberte sich die Werbung ein neues Terrain. Große Formate ermöglichten ›plakative‹ Wirkungen an Hauswänden, Anschlagwänden und Litfaßsäulen; es konnte sich im besonderen der durch die Werbung entwickelte industrie-ikonographische Formenreichtum entfalten, bei dem historische (historisierende), mythische und pragmatische Elemente Hand in Hand gingen. Nach einem Wort von *Karl Marx* überwindet, beherrscht und gestaltet alle Mythologie die Naturkräfte in der Einbildung und durch die Einbildung;

Straße in Frankfurt am Main, um 1900.

sie verschwände also mit der wirklichen Herrschaft über dieselbe. Dementsprechend prophezeit *Marx* die Vertreibung der Mythologie durch die Industrie. »Wo bleibt Vulkan gegen Roberts & Co., Jupiter gegen den Blitzableiter und Hermes gegen den Crédit mobilier?« Die moderne Warenästhetik nahm freilich eine andere Entwicklung, denn »auf nichts hat sich die industrielle Beherrschung der Natur mit ihren Firmen- und Warenzeichen, ihren Plakaten und Prospekten nachdrücklicher berufen als eben auf ihre mythologischen Vorläufer. Der naturbeherrschende Mythos von einst wird zum legitimierenden Bild- und Namensrepertoire einer naturbeherrschenden Industrie von heute.« *(Peter-Klaus Schuster)*[126]

Besonders gut aufzeigbar ist dies an den Werbeplakaten und Prospekten der Fahrrad- wie Elektroindustrie. Herkules, Diana, Apoll beförderten – wenn nicht mythisch, so doch trivialmythisch – den Geschwindigkeitsrausch, den das Fahrrad als neues demokratisches Beförderungsmittel ermöglichte. Auf einem ca. 1900 entstandenen Werbeplakat für die Stöber-Greif-Fahrräder schwebt eine leicht geschürzte, antikisch gewandete Rad-

fahrerin, die eine Sanduhr in der Hand hält, mit ihren gut federnden Pneus über knorriger Wegstrecke dahin – von Apollos Sonnenwagen begleitet, verfolgt, beflügelt. Motto: ›Nutze die Zeit, sie geht so schnell von hinnen!‹

Die bei der Elektroindustrie beliebte Frauengestalt, die vom Himmel zur Erde schreitet und pathetisch in der Hand das elektrische Produkt, z. B. die elektrische Lampe, hochhält und damit als Lichtbringerin sich erweist, bezog sich explizit auf frühere künstlerische Gestaltungen, etwa auf *Botticellis* ›Wahrheit‹ (in der ›Verleumdung des Apelles‹) bzw. *Philipp Otto Runges* Botticelli nachempfundene ›Morgenröte‹ (›Der kleine Morgen‹).

Während dort die Lichtgestalten auf himmlische Gefilde verweisen, wird auf den werbeikonischen Darstellungen, etwa bei *Ludwig Kandler*, der Himmel auf die Erde herabgebracht: Im technischen Kunstprodukt hat der menschliche Genius die zerstörerische Kraft der Natur gebändigt; das prometheische Empörerpathos wird in gesitteter Form der Verkaufsstrategie nutzbar gemacht. Die weiße, wallende Gewandung und die weiche Haarfülle der Lichtbringerin symbolisieren christlich-antike Humanität, die über dämonische

Ludwig Kandler: Das elektrische Licht, 1880.

Dunkelheit den Sieg davongetragen hat. Die Elektrizitäts-Iphigenie sucht nicht mehr das Land der Griechen mit der Seele, sie findet das zivilisatorische Dorado in der Industrielandschaft. Die verheerende Gewalt des Blitzes ist zur Erleuchtung geworden; man hat sich seiner ›ver-sichert‹.

In der Einleitung zu seinem weitverbreiteten Werk ›Das Liebesleben in der Natur‹ (1901) schreibt *Wilhelm Bölsche*: »Sieh dir das weiße Kirchlein da drüben zwischen den rabenschwarzen Zypressen an. Das ist die verklungene Zeit, noch hineinragend in unsere Tage. In dem gelblichen Türmchen mit der kleinen Kuppel hängt eine Glocke, grün vom Alter. Sie klingt von der Liebe, die nicht von dieser Welt. Aber sieh schärfer hin. Das Kreuz, das von der Kuppel ins uferlose Wunderblau sich

reckt, läuft oben in eine lange, verdächtige Spitze aus. Ein Blitzableiter! Die doppelte Versicherung der neuen Zeit: über dem Kreuz der Mystik der metallene Schaft, der den Himmelsstrahl bändigt mit der Erkenntnis der Physik, der Wissenschaft. … Mag die alte grüne Glocke rufen, wenn die schwarze Wetterwolke sich wie ein Raubvogel auf diese freie Höhe wirft und mit glühenden Fängen krallt –… der Blitzableiter ist stärker –, er ist das Kreuz unserer Zeit.«[127]

Die Werbung vollzog sich im besonderen durch Schaufenster, auf deren Gestaltung große Aufmerksamkeit verwandt wurde. Die Hauptfront des Kaufhauses Wertheim/Berlin bestand in ihrer schier »unendlichen Länge« aus Glasfenstern, die von »mächtig aufschießenden, in fein abgemessenen Abständen aufgestellten Sandsteinpfeilern eingefaßt« waren (*Paul Göhre* vergleicht sie in seiner Warenhausschrift mit den Pfeilerschäften gotischer Dome). »Ein Warenhaus braucht Licht, viel Licht; hier nun, durch diese Glasfenster, die schon fast Glaswände sind, strömt Licht in ungehaltener Fülle ein. Zugleich erfüllen diese Riesenfenster die höchsten Anforderungen wieder einer scheinbar ungewollten Reklame: sie gewähren überall Einblick in die Warenlager des Hauses. Nicht bloß durch die Schaufenster zu ebener Erde, von denen sich eins ans andere reiht, sondern ebenso sehr in den oberen Etagen, die wie geöffnet vor dem Beschauer auf der Straße sich aufeinander türmen: das ganze Innere des Hauses mit seinen Warenmassen, seinen Käufermassen, seinen Verkäuferscharen liegt ganz enthüllt vor jedem Passanten. Das Wesen des Schaufensters ist hierdurch ins Gigantische übersteigert, so daß es nun keiner Übersteigerung mehr fähig erscheint.«[128]

Aber auch die kleineren Läden und Geschäfte bemühten sich um eine geradezu liturgische Präsentation der Ware. Das Auge des Vorübergehenden sollte gewissermaßen ›entführt‹, durch eine opulente Zurschaustellung sowohl ästhetisch wie inhaltlich in Beschlag genommen werden. Die Schaufenster der Läden, häufig in Passagen gebündelt, waren Teil der visuellen Mikrostruktur der Stadt; der Gebrauchswert der Ware war in glänzenden Schein verpackt.

Schaufenster: das bedeutete Inszenierung des Materialismus, warenästhetische Dekorkunst, die »zwischen Straße und Interieur das verlockende magische Blendwerk aus Anpreisung und Einblick« setzt.[129] Es bildeten sich Dekorationsnormen und Dekorationsmuster heraus, die für verschiedene Branchen verbindlich wurden; viele Maler, Dekorateure, Vergolder, Buchstabenmaler, Blumenmaler, Figurenmaler waren für die Schaufenstergestaltung tätig. Stolz zeigten sich der Ladenbesitzer, seine Familie, die Verkäuferinnen vor dem schön gestalteten Geschäft.

Das größte ›Schaufenster‹ stellten die vielen Gewerbeausstellungen auf lokaler oder regio-

naler Ebene, in Landes- oder Weltmaßstab
dar: Der Fetisch ›Ware‹ wurde in säkularen
Kapellen auf festlich geschmückten Altären
zelebriert – so muten die Ausstellungsstände
jedenfalls an. Das Ringen um die Standorte
derartiger Ausstellungen glich häufig einem
Religionskrieg; von der Ersten Bayerischen
Landesausstellung in Nürnberg 1882 schreibt
der Chronist: »Verbitterter haben Nürnberg
und München nie gegeneinander gekämpft,
als vor drei Jahren um die Übernahme der
Ausstellung.«[130]
Im Vorwort des Katalogs für diese Ausstellung heißt es – und die Sätze können
insgesamt die Absicht solcher Messen charakterisieren: »Die Bayerische Landesausstellung
verdankt ihre Entstehung dem Gedanken, einmal gemeinsam zu zeigen, was bayerische Industrie und Gewerbetätigkeit in Zusammenhang mit auf sie einwirkenden Faktoren der
Kunst und Wissenschaft, des Verkehrs- und
fachgewerblichen Bildungswesens zu leisten
vermögen.«[131]
Die Leistungsschauen waren in der Tat einge-
bunden ins allgemeine kulturelle Bewußtsein;
der materielle Fortschritt wurde zugleich als
ideeller empfunden. Wer auf der Ausstellung
prämiiert wurde (bei der erwähnten Bayerischen Landesausstellung wurden von 160
Preisrichtern in 11 Sitzungen 1752 Medaillen
vergeben: 175 goldene, 374 silberne, 1091
bronzene sowie 112 Anerkennungsmedaillen
für Mitarbeiter) – wer derart ausgezeichnet
wurde, fühlte sich in Geschäft und Tätigkeit
auratisiert; die Medaillen und die Auszeich-
nungen wurden an hervorragender Stelle im
Haus oder Betrieb ausgestellt.
Am Beispiel der Geschichte des Messewesens
in Berlin kann man zeigen, wie die Industria-
lisierungsschübe sich jeweils in Ausstel-
lungsereignissen manifestierten.
1822 fand die erste Berliner Gewerbeausstellung statt; 182 Aussteller aus Preußen, davon
75 aus Berlin, zeigten 998 Erzeugnisse; 9514
Besucher kamen.
1844 bei der ›Allgemeinen Ausstellung Deutscher Gewerbeerzeugnisse‹ waren 3040
Aussteller, die aus den dem Deutschen Bund
angehörenden Staaten anreisten, beteiligt;
240 000 Besucher wurden gezählt.
Von 1864 ab gab es an der Spree regelmäßig
Mastviehausstellungen; 1874 wurde der ›Bäk-
kerkongreß‹ mit einer Fachausstellung, 1877
eine Internationale Ausstellung der Leder-
industrie veranstaltet. Es folgten Ausstellungen der Fischerei, des Hygiene- und Rettungs-
wesens, der Elektroindustrie, der Autoindu-
strie. Auch fanden Ausstellungen für Berufs-
bedarf, Reise- wie Fremdenverkehr und Luft-
fahrt statt.
Die Berliner Gewerbeausstellung 1879 zog
zwei Millionen Besucher an. Bei der ›Großen
Internationalen Gewerbeausstellung‹ 1896,
für die Kanäle und Seen angelegt und exotische Gebäude errichtet wurden, konnten 3835
Aussteller insgesamt 7,4 Millionen Besucher

*Die AEG gehörte zu den Firmen, die verhältnis-
mäßig früh einen Werbestil einführten, der die
Funktion des Produkts sachlich darstellte. Pla-
katentwürfe von Peter Behrens aus den Jahren
1907 und 1933.*

begrüßen. Diese Ausstellung hatte Weltaus-
stellungsniveau.
Anläßlich der ersten Weltausstellung (London
1851) sprach *Gottfried Semper* von dem die
Zeit charakterisierenden Geist einer Durch-
dringung von Wissenschaft, Industrie und
Kunst. Das Ausstellungsgebäude in London,
der Glaspalast im Hydepark, von 20 000
Arbeitern errichtet, wirkte stilprägend. Zwi-

schen Blattpflanzen und Blumenarrange-
ments waren die Schätze der industriellen
Welt ausgebreitet. Königin *Victoria* schrieb in
ihr Tagebuch: »Dieser Tag war der größte in
unserer Geschichte; er hat den schönsten, den
eindrucksvollsten und ergreifendsten Anblick
geboten, den man sich denken kann; er hat
den Triumph meines geliebten Albert bedeutet. Es war der glücklichste und stolzeste Tag
meines Lebens. Der Namen meines geliebten
Albert erlangt Unsterblichkeit durch diese
große Idee, die ihm allein gehört. Und mein
liebes Land hat sich seiner würdig erwiesen.«[132] 17 000 Aussteller waren vertreten;
die Besucherzahl belief sich auf rund 7 Millionen.
Weltausstellungen seien Wallfahrtsstätten
zum Fetisch ›Ware‹, meinte *Walter Benjamin*.
»Sie waren dies, aber sie waren noch weit
mehr. Sie waren ein aus Stahlträgern und
Fortschrittsglauben, Nationalhymnen und
elektrischem Draht gezeichnetes Nervensystem der sich formierenden modernen Welt.«
(Christian Beutler)[133]
Weltausstellungen nach der Londoner fanden
1855 in Paris, 1862 wieder in London, 1867 erneut in Paris, 1873 in Wien, 1876 in Philadel-
phia, 1878 und 1889 in Paris, 1893 in Chicago
und 1900 in Paris statt. Über die Pariser
Schau von 1867 schrieb *Théophile Gautier*:
»Die Kunst stand Seite an Seite mit der Industrie. Weiße Statuen erhoben sich zwischen
schwarzen Maschinen, die Malerei breitete
sich neben reichen Stoffen des Orients aus.«[134]
Die Vorliebe des 19. Jahrhunderts für die Oper
bestimmte auch die Inszenierung der Weltausstellungen.
Dementsprechend gigantisch waren die Anlagen. Hatte die Londoner Ausstellung 1851
noch 8,4 ha benötigt, so stellte man 1893 in
Chicago 81 ha zur Verfügung. Rekorde erbrachten Paris 1889 mit 32 250 000 und Paris
1900 mit 50 800 000 Besuchern. Bei den meisten Ausstellungen konnte man trotz umfang-
reichster Investitionen mit Gewinn abschließen. Die Weltausstellungen, meinte *Napoleon
III.* anläßlich der Preisverteilung an französische Teilnehmer der Londoner Weltausstellung 1862, »sind nicht einfache Basare, sondern leuchtende Manifestationen der Kraft
und der Genies der Völker. ... Es ist daher
nicht gleichgültig für die Rolle, die Frankreich
zukommt, ob die Produkte unserer Industrie
den Blicken Europas ausgesetzt werden: Sie
vor allem sind die Zeugnisse unseres geistigen
und moralischen Zustandes.«[135] In den Weltausstellungen trat verdinglicht in Erscheinung, was *Karl Marx* im ›Kommunistischen
Manifest‹ am internationalen Kapitalismus
kritisch bewunderte: die kosmopolitische Gestaltung von Produktion und Konsumtion.
»Die Bourgeoisie reißt durch die rasche Verbesserung aller Produktionsinstrumente,
durch die unendlich erleichterten Kommuni-
kationen alle, auch die barbarischsten Nationen in die Zivilisation. Die wohlfeilen Preise

Elektrotechnische Ausstellung in Frankfurt am
Main 1889 (Holzschnitt).

Gebäude der Bayerischen Industrieausstellung
1882 im Stadtpark zu Nürnberg.

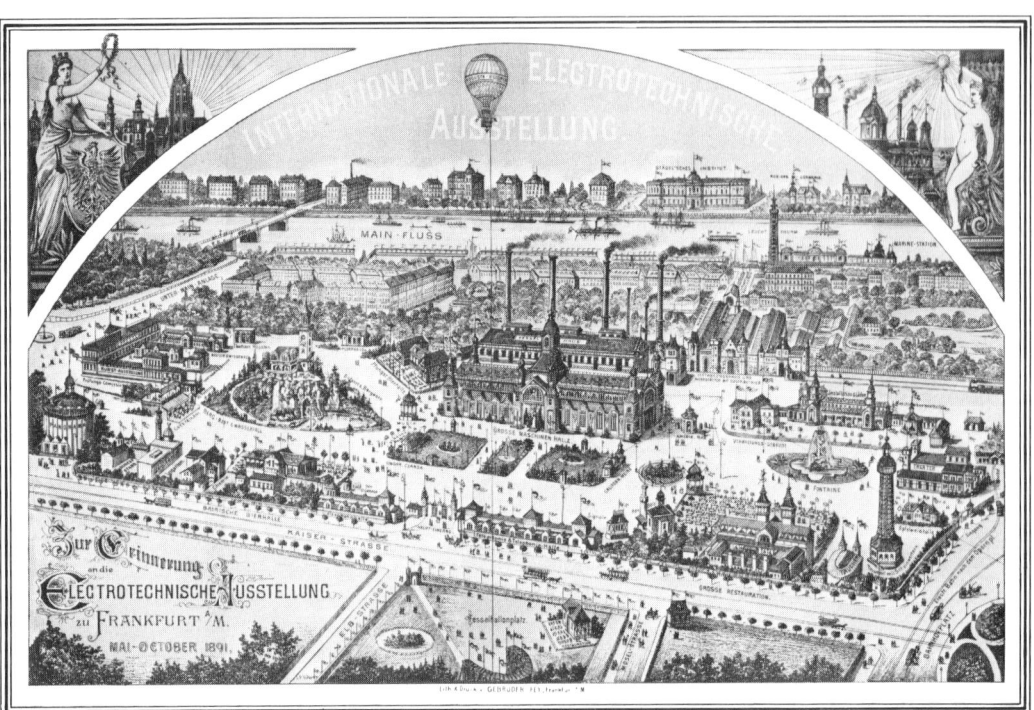

ihrer Ware sind die schwere Artillerie, mit der
sie alle chinesischen Mauern in den Grund
schießt, mit der sie den hartnäckigsten Frem-
denhaß der Barbaren zur Kapitulation zwingt.
Sie zwingt alle Nationen, die Produktionsweise der Bourgeoisie sich anzueignen, wenn sie
nicht zugrunde gehen wollen; sie zwingt sie,
die sogenannte Zivilisation bei sich selbst einzuführen, d. h. Bourgeoisie zu werden. Mit
einem Wort, sie schafft sich eine Welt nach
ihrem Bild.«[136]

Profitopolis – Das Wachstum der Städte

Rathaus und Lambertikirche zu Münster 1882: Die moderne Entwicklung hatte das Stadtleben noch nicht erfaßt.

Der 1887 in Schlesien geborene expressionistische Dichter *Georg Heym*, 13jährig nach Berlin gekommen und dort 1911 beim Eislaufen auf der Havel ertrunken, beschreibt in einem seiner Gedichte den »Gott der Stadt« als Moloch:

»Auf einem Häuserblocke sitzt er breit.
Die Winde lagern schwarz um seine Stirn.
Er schaut voll Wut, wo fern in Einsamkeit
Die letzten Häuser in das Land verirrn.

Vom Abend glänzt der rote Bauch dem Baal,
Die großen Städte knien um ihn her.
Der Kirchenglocken ungeheure Zahl
Wogt auf zu ihm aus schwarzer Türme Meer.

Wie Korybanten-Tanz dröhnt die Musik
Der Millionen durch die Straßen laut.
Der Schlote Rauch, die Wolken der Fabrik
Ziehn auf zu ihm, wie Duft von Weihrauch blaut.

Das Wetter schwält in seinen Augenbrauen.
Der dunkle Abend wird in Nacht betäubt.
Die Stürme flattern, die wie Geier schauen
Von seinem Haupthaar, das im Zorne sträubt.

Er streckt ins Dunkel seine Fleischerfaust.
Er schüttelt sie. Ein Meer von Feuer jagt
Durch eine Straße. Und der Glutqualm braust
Und frißt sie auf, bis spät der Morgen tagt.«[137]

Explosionsartig waren im 19. Jahrhundert die deutschen Städte gewachsen. Die Bevölkerungsvermehrung sprengte die bis dahin weitgehend in ihrer mittelalterlichen Struktur erhaltene Stadt (Kleinstadt) auf. Hatte bislang die Begrenzung durch den ›Burgfrieden‹ die Expansion verstellt – die Geschlossenheit der Stadt bedeutete Absage an Aufbruch und Ausbruch, wobei der äußeren Enge die innere gesellschaftliche bzw. soziale Beschränktheit, etwa als zünftische Organisation, entsprach –, so vollzog sich nun ein Entwicklungsschub, der mit seinem teilweise überstürzten Wachstum tiefgehende Veränderungen bewirkte. Der immer mehr anschwellende Zuzug von Menschen, die in die Stadt kamen – die Landflucht erfaßte nicht nur Gebiete, in denen der Großgrundbesitz vorherrschte, sondern auch Landschaften, in denen das mittlere Bauerntum die Regel war –, war im Stadtkern nicht unterzubringen. In den meisten Städten wurden die Stadtmauern geschleift. »Die ungehemmte Ausuferung der bald von einem Kranz neuer ausgedehnter Vororte umgebenen, nunmehr offenen Städte, und die Wucherung darüber hinaus in Formen der Bebauung, die weder städtisch noch ländlich genannt werden kann, verwandelte das Gesicht der wachsenden Städte und ihrer immer mehr verstädternden Umgebung und Einzugsgebiete. Das Wohnungselend der Arbeiterviertel bildete die düstre Begleitmelodie zu dem Anwachsen der Großstädte. Häßliche Zweckbauten, rauchende Schlote, Gasometer und Schuttabladeplätze waren die Nachbarschaft trostloser Mietskasernenvorstädte, die gleichzeitig mit dem Anwachsen der Fabriken aus dem Boden schossen und oft mit den Ausläufern anderer Stadtkerne ohne jede Abgrenzung zusammenwuchsen und die Landschaft zersiedelten.« *(Rudolf Rübberdt)*[138]

Nach *Horst Matzerath* bedeuteten die dabei vorgenommenen Eingemeindungen ein völlig neuartiges Phänomen gegenüber früheren Stadterweiterungen. Drei Phasen seien dabei zu unterscheiden: Die städtischen Gebietsveränderungen in der ersten Phase (zu Beginn des 19. Jahrhunderts) sind zunächst weniger in Wachstumsvorgängen begründet, vielmehr in den Bemühungen um die Auflösung mittelalterlicher Strukturprinzipien (etwa die Überwindung der Trennung der Stadt von ihren Vorstädten), was die Integration der Gesamtgemeinde und die Entwicklung zur Gebietskörperschaft ermöglichte. Das Allgemeine Landrecht von 1794 begrenzte die Stadt in der Regel auf das Stadtgebiet im engeren Sinne, unter Ausschluß der Vorstädte; die Städteordnung des *Freiherrn vom Stein* bezog die Vorstädte ein; die revidierte Städteordnung von 1831 erstreckte den städtischen Gemeindebezirk darüber hinaus auf die städtische Feldmark. In der zweiten Phase erweisen sich die Eingemeindungen als Konsequenz industriewirtschaftlicher und gesellschaftlicher Entwicklungen, auf die die Städte nur begrenzt Einfluß hatten: Sie vollzogen das, was bereits von anderer Seite her vorgegeben war. In der dritten Phase werden im Zeichen bewußter Wachstumspolitik die Eingemeindungen als Voraussetzung für die Entwicklung neuer Siedlungs-, Wirtschafts- und Erholungsformen angesehen – also in Form antizipatorischer Eingemeindung.[139]

»Die Bedeutung der Eingemeindungen für den Transformationsprozeß der Stadt im 19. Jahrhundert läßt sich quantitativ daran ablesen, daß sich zwischen 1850 und 1910 die Durchschnittsfläche der größeren Städte mehr als verdoppelte, und zwar von 20,9 km^2 auf 42,3 km^2, wobei dieses Wachstum im wesentlichen den flächenmäßig schwach ausgestatteten Städten zugute kam.«[140]

Was den Bevölkerungszuwachs betraf, so stammte er nur zu 19 % aus den Eingemeindungsvorgängen. Freilich ermöglichte die Erweiterung der Siedlungsflächen und des Wirtschaftsraums erst den Zuzug in die Stadt. Während 1830 in England bereits ein Drittel der Gesamtbevölkerung in Städten lebte und London schon die Millionengrenze überschritten hatte, gab es damals in Deutschland nur vier Städte, die über 100 000 Einwohner zählten. Von 1871 bis 1910 stieg die Zahl der Großstädte (1887 als neue statistische Kategorie für die Städte über 100 000 Einwohner eingeführt) von 8 auf 48 an; ihr Anteil an der Gesamtbevölkerung nahm im gleichen Zeitraum von 4,9 % auf 21,3 % zu. Während 1871 noch nicht einmal ein Viertel der Bevölkerung des gerade neu entstandenen Deutschen Reiches in Gemeinden mit mehr als 5000 Einwohnern saß (23,7 %), war es 1910 bereits fast die Hälfte (48,7 %).

Frankfurt am Main: Braubachstraße – Durchbruch am Steinernen Haus, 1904.

Besonders eklatant war die Bevölkerungsentwicklung Berlins: 1815 zählte sie 197 000, 1861 521 000, 1870 800 000, 1905 rund 3 Millionen Einwohner. Biedermeierliche Überschaubarkeit kennzeichnete die Stadt in der ersten Hälfte des 19. Jahrhunderts, zivilisatorisches Delirium in den ›wilden Zwanzigern‹.

Von ihrer fröhlichen Jugendzeit im Berlin der Jahre 1824 bis 1829 berichtet die Schauspielerin *Karoline Bauer* in ihren 1875 erschienenen ›Erinnerungen‹: »Das gesellschaftliche Leben des alten Berlins vor einem halben Jahrhundert war das animierteste und fröhlichste. Man suchte und fand in der Geselligkeit Ersatz für das fehlende öffentliche Leben einer politischen Residenz. Die damalige Kleinstadt Berlin – kaum ein Fünftel so groß wie die heutige kaiserliche Millionenstadt – gestaltete dies gesellige Leben zu einem intimen und familiären, wie in einem Provinzstädtchen. Man kannte alle Welt und kam mit aller Welt in allen Orten immer wieder zusammen. Und diese rege Geselligkeit wurde dadurch möglich, daß sie bescheidener auftrat als heute. Man machte gegenseitig keine kostspieligen Ansprüche auf üppige Bewirtung, luxuriös ausgestattete Salons, glänzende Toiletten. Man konnte unkritisiert immer wieder in denselben Gesellschaftskleidern erscheinen – und wir waren bei der Beleuchtung von einigen mageren Talglichtern, die die fortwährenden Ansprüche an die heute von jüngeren Lesern kaum noch dem Namen nach bekannten ›Lichtputzschere‹ machten, an birkenen oder ›kienenen‹ Tischen und bei einer Tasse Tee und berühm-

ten oder berüchtigten dünnen Berliner Butterbrodchen seelenvergnügt.«[141]

In Rückerinnerung an Berlin als das Profitopolis der Weimarer Republik schreibt *Klaus Mann* in ›Der Wendepunkt‹: »»Schaut mich nur an!‹ schmetterte die deutsche Kapitale, prahlerisch noch in der Verzweiflung. ›Ich bin Babel, die Sünderin, das Ungeheuer unter den Städten. Sodom und Gomorra zusammen waren nicht halb so verderbt, nicht halb so elend wie ich! Nur hereinspaziert, meine Herrschaften, bei mir geht es hoch her, oder vielmehr, es geht alles drunter und drüber. Das Berliner Nachtleben, Junge-Junge, so was hat die Welt noch nicht gesehen! Früher mal hatten wir eine prima Armee; jetzt haben wir prima Perversitäten! Laster noch und noch! Kolossale Auswahl! Es tut sich was, meine Herrschaften! Das muß man gesehen haben!‹«[142]

Im Rahmen des Dreiklassenwahlrechts kontrollierte eine kleine Minderheit von Bürgern die städtische Selbstverwaltung. (In Köln etwa waren 1846 von 90 246 Einwohnern nur 4000 Bürger wahlberechtigt, wobei lediglich 553 zur ersten Wählerklasse gehörten.) Die höchstbesteuerten Bürger, die zusammen ein Drittel der Steuer aufbrachten, bestimmten ein Drittel der Stadtverordneten; die zweite Wählerklasse, die das zweite Drittel der Steuern zahlte, stellte ein weiteres Drittel der Stadtverordneten; entsprechend die dritte Wählerklasse, die kleinen Einkommen, das letzte Drittel. Im Vergleich zu den viel früher reformierten Landtags- und Reichstagswahlen war das kommunale Aktivbürgerrecht besonders unterentwickelt. Bei aller ört-

lichen Verschiedenheit verteilten sich die Wähler etwa wie folgt auf die drei Klassen (wobei trotz aller regionalen Abweichungen und zeitlichen Schwankungen zwischen 1853 und 1913 die Anteile verhältnismäßig konstant blieben):
1. Klasse: 2 bis 6 %;
2. Klasse: 4 bis 20 %;
3. Klasse: 70 bis 94 %.
Besonders paradox war die Situation dort, wo Aktiengesellschaften stimmberechtigt bei den Kommunalwahlen waren. Wechselnde Ertragslage beeinflußte ständig die Struktur der Wählerschaft. »Das bekannteste Beispiel hierfür ist Krupp in Essen. Ging es der Firma schlecht, durften 25 Prozent in der ersten Klasse wählen, ging es Krupp gut, dann bestimmte der Firmeninhaber allein ein Drittel der Stadtverordneten.«[143]

Mit der Gewerbefreiheit, der Zunahme von Handel und Industrie sowie dem wachsenden Einfluß der Arbeiterschaft verschoben sich die Gewichte in Stadtparlament und Stadtregierung. Eine große Rolle spielten dabei die Vereine zur Erwerbung der Staatsangehörigkeit und des Heimat- und Bürgerrechts. In Nürnberg waren beispielsweise im Jahre 1896 von ca. 165 000 Einwohnern nur ungefähr 30 000 heimatberechtigt, und von diesen wiederum besaßen nur 8000 das Bürgerrecht.[144] Diese Rechte aber entschieden über die Teilnahme an den Landtags- bzw. Gemeindewahlen. Außerdem war mit dem Erwerb des Heimatrechts der Anspruch auf Unterstützung durch die Gemeinde im Falle der Hilfsbedürftigkeit verbunden. Wenn der Ernährer einer Familie, der am Ort nicht heimatberechtigt war, krank wurde oder starb, wurde diese, wenn die Frau nicht in der Lage war, sie zu ernähren, in der Regel in die Heimatgemeinde, das heißt in den Geburtsort des Mannes, ausgewiesen. Anspruch auf Verleihung des Heimatrechts hatte ein bayerischer Staatsangehöriger nur dann, wenn er im Alter der Volljährigkeit ununterbrochen während der fünf seiner Bewerbung unmittelbar vorausgehenden Jahre freiwillig und selbständig in der Gemeinde sich aufgehalten, während dieser Zeit direkte Steuern bezahlt, seine Verpflichtungen gegen die Gemeinde und Armenkasse erfüllt und Armenunterstützung weder beantragt noch in Anspruch genommen hatte; außerdem derjenige, der im Alter der Volljährigkeit ununterbrochen während der zehn seiner Bewerbung unmittelbar vorhergehenden Jahre freiwillig in der Gemeinde sich aufgehalten und während dieser Zeit Armenunterstützung weder beansprucht noch erhalten hatte. Der Erwerb des Heimatrechtes und Bürgerrechtes mußte teuer (in Relation zu dem Einkommen

Das Borsigsche Etablissement zu Moabit (Berlin). Stahlstich von J. M. Kolb nach einem Gemälde von J. M. Rabe (um 1860).

Die Entwicklung der Bürgerstadt zur Regionalstadt stellte die Stadtverwaltung vor große Planungsaufgaben; hier ein Vermessungstrupp um 1915.

der davon betroffenen Schicht!) bezahlt werden.

Die Heimat- und Bürgerrechtsvereine waren vor allem von den Sozialdemokraten initiiert – litt doch diese Partei besonders unter dem antiquierten Wahlsystem, was dazu führte, daß sie häufig, obwohl stärkste Partei in einer Stadt, keinen Vertreter ins Stadtparlament entsandte. Um beim Beispiel Nürnberg, das symptomatisch für die generelle Entwicklung ist, zu bleiben: Als dort am 23. November 1908 erstmals nach dem neuen Proporzsystem gewählt wurde – die Staatsregierung hatte dem Landtag einen Gesetzentwurf zur Einführung von Verhältniswahlen in Gemeinden mit über

*Ins freie Gelände vor den Mauern der Stadt
›fraßen‹ sich Industrie- und Wohnanlagen.
Eines der frühesten Luftbilder, aus einem
Ballon oder Zeppelin aufgenommen.*

4000 Einwohnern vorgelegt, der die Zustim-
mung beider Kammern fand –, errangen die
Sozialdemokraten, die bislang von der Kommunalpolitik ausgeschlossen gewesen waren,
einen großen Erfolg; von 20 Sitzen neu zu
wählender Gemeindebevollmächtigter ge-

wannen sie 10. Im Magistratskollegium konnten sie zwei Positionen einnehmen. Drei Jahre
später eroberte die SPD weitere zehn Mandate
bei den Gemeindebevollmächtigten und damit
noch drei Sitze im Magistrat hinzu.
Insgesamt dauerte es viele Jahrzehnte, bis aus
der flächig gewordenen Regionalstadt, die
sich aus der ständisch gegliederten Bürgerstadt entwickelt hatte, eine demokratisch
regierte Bürgerstadt geworden war – eine
Stadt, in der alle Bürger einigermaßen gleich-
berechtigt über ihr Schicksal mitbestimmen
konnten.

nung selten, da sie außer den Eheleuten auch
Schlafburschen und Mädchen aufnehmen
muß. Bessergestellte oder kinderlose Arbeiter-
paare vermieten ein Zimmer möbliert und beschränken sich auf die Küche; denn die weitaus meisten Wohnungen bestehen nur aus
zwei Räumen. ... Es ist daher kein Wunder,
wenn der Arbeiter seine Wohnung öfter wech-
selt; gewährt sie ihm doch außer der Kochge-
legenheit kaum mehr als nur kahle Wände, allenfalls noch das Wasser.«
Das Hauptbedürfnis des großstädtischen Arbeiters ziele auf die zweiräumige Wohnung,
Stube und Küche von je 15 bis 20 Quadratme-
tern. »Denn nicht der Maßstab der Gesund-
heitslehre, die so oder so viel Luftraum für
einen Bewohner fordert, bestimmt die Größe
der Räume, sondern die Möglichkeit, auf den
teuren Grund und Boden überhaupt noch billige und gesunde Wohnungen zu bauen.«[145]
Ein Berliner Stadtmissionar berichtet 1871
von einem Haus, in dem sich 250 Familien, auf
einem Korridor 36 Wohnparteien befänden.
Um die Mieten aufbringen zu können, seien
viele Familien gezwungen, Zimmer an Schlafburschen weiter zu vermieten, was die Über-
belegung der Wohnungen erhöhe. Nach Anga-

Drunten in der Tiefe

Berlin war um die Jahrhundertwende mit
einer Behausungsziffer von über 70 (Zahl der
Personen, die durchschnittlich auf ein Wohnhaus kamen) die dichtest bevölkerte Stadt der
zivilisierten Welt.

Wie wohnt da der Arbeiter? fragte *Theodor
Gödecke* in einer Untersuchung über das Berliner Arbeitermietshaus (Deutsche Bauzei-
tung, 1890). »Kurz gesagt, in Schlafstelle bei
der Arbeiterfrau. Mehr bietet ihm die Woh-

*»Jetzt seh' ich selber ein, daß 'ne Arbeitslosen-
versicherung nötig is; sonst kann mir ja die
Bande die Miete nicht mehr zahlen!« (›Der wahre
Jacob‹, 1913.)*

*Hinterhofszene in Berlin
(Am Krögel 19, 1897).*

ben des Vereins für Sozialpolitik, der sich um
die Verbesserung der sozialen Verhältnisse
bemühte, hatten 1880 von allen Haushaltungen Berlins 7,1 % Einmieter und 15,3 %
Schlafleute, denen der Aufenthalt also nur zur
Schlafenszeit eingeräumt wurde. In einem
Fall drängten sich 8 Schlafleute in einem
Raum, in einem anderen entfielen auf einen
Haushalt 34 Schlafburschen. 38 % der Haushaltungen, die Schlafburschen beherbergten,
hatten nur einen Raum zur Verfügung, in dem
auch die Familie mit den Kindern wohnen
mußte. Noch 1900 waren 43 % aller Haushaltungen in Berlin einräumig, 28 % zweiräumig;
ähnliche Tatbestände wurden um 1900 in Bar-
men, Königsberg, Magdeburg, Posen, Görlitz,
Halle und Breslau festgestellt.[146]
In einer Broschüre der Sittlichkeitsvereine
Deutschlands berichtet der Pastor W. Philipps
vom weltstädtisch-monströsen Wohnungselend in Berlin: »Äußerlich sah's aus wie eine
Räuberhöhle, und drinnen wurden gefunden
53 ungetaufte Kinder, 15 ungetraute Paare, 17
wilde Ehen, 22 Prostituierte mit einer großen
Zahl Zuhälter. Im Laufe von zwei Jahren
gingen durch dieses Haus hindurch nach amtlichen Angaben, ich betone dies, weil es
unglaublich klingt: 540 Schlafburschen, 230
Verbrecher, 80 Huren; außerdem fanden sich
95 Konkubinate, 130 uneheliche Kinder; 25
Frauenzimmer hatten Kinder von verschiedenen Männern, manchmal von vieren, und an

einem einzigen Tag wurden einmal zum Gau-
dium der übrigen Bewohner 15 Dirnen, welche sistiert werden sollten, teils unter den
Betten hervorgezogen, teils durch die Fenster
herausgeholt. Im Ganzen wohnten hier 250
Familien mit 2000 Personen, meist je in nur
einer Stube.«[147]
Aus dem Wien der Jahrhundertwende, einer
Stadt, die *Karl Kraus* »Versuchsstation für
Weltuntergänge« nannte, berichtet ein Zeitgenosse, der Redakteur *Friedrich Funder*:
»Nächtelang schritten wir durch Elendsquar-
tiere, in denen Menschen zusammengedrängt
waren wie Tiere, die zur Schlachtbank
bestimmt sind. In diesen Wohnhöhlen brüten
stumpfe Hoffnungslosigkeit, Verzweiflung,
Trotz gegen eine Gesellschaftsordnung, die

Menschen auf Erden zur Hölle verdammte. ...
Kinderreiche Familien der Arbeiter und
Stückmeister halfen sich durch die Aufnahme
sogenannter Bettgeher. Das waren Menschen,
die dazu verurteilt waren, nicht einmal ein
Kellerloch als eigene Wohnstatt zu besitzen.
Nur für die Nacht gehörte ein Unterschlupf
ihnen, in fremdem Wohnraum ein Bett, das sie
nicht selten mit einem Schicksalsgenossen zu
teilen hatten. In Wien gab es 80 000 bis 100 000
dieser Bettgeher. Diese überfüllten Wohnungen waren Brutstätten des Elends jeder
Art.«[148]
Die Armen und die Reichen, meinte der englische Politiker und Schriftsteller *Disraeli*,
seien so weit wie Erde und Mond voneinander
getrennt; die Wohnmilieus spiegelten einen

IN GROSS-BERLIN WOHNEN 600 000 MENSCHEN IN WOHNUNGEN, IN DENEN JEDES ZIMMER MIT 5 UND MEHR PERSONEN BESETZT IST.

Spielen auf den Treppenfluren und den Höfen ist verboten.

HUNDERTTAUSENDE VON KINDERN SIND OHNE SPIELPLATZ.

Spendenpostkarte zur Linderung der Wohnungsnot in Berlin; von Käthe Kollwitz, 1912.

Wohnmilieu im Hinterhof.

solchen Tatbestand in besonderer Weise: Den Elendsquartieren der Mietskasernen standen die gehobenen und guten Wohnviertel gegenüber, in denen die Häuser mit historischen Fassaden eindrucksvoll herausgeputzt waren. Hier lagen auch die Villen der Bankiers, Fabrikanten und Kaufleute.

In seinem Roman ›Jenny Treibel‹ beschreibt *Theodor Fontane* ein solches (kommerzienrätliches) Anwesen: »Die Treibelsche Villa lag auf einem großen Grundstücke, das, in bedeutender Tiefe, von der Köpenicker Straße bis an die Spree reichte. Früher hatten hier in unmittelbarer Nähe des Flusses nur Fabrikgebäude gestanden, in denen alljährlich ungezählte Zentner von Blutlaugensalz und später, als sich die Fabrik erweiterte, kaum geringere Quantitäten von Berlinerblau hergestellt worden waren. Als aber nach dem siebziger Kriege die Milliarden ins Land kamen und die Gründeranschauungen selbst die nüchternsten Köpfe zu beherrschen anfingen, fand auch Kommerzienrat Treibel sein bis dahin in der alten Jakobstraße gelegenes Wohnhaus, trotzdem es von Gontard, ja nach einigen sogar von Knobelsdorff herrühren sollte, nicht mehr zeit- und standesgemäß, und baute sich auf seinem Fabrikgrundstück eine modische Villa mit kleinem Vorder- und parkartigem Hintergarten. Diese Villa war ein Hochparterrebau mit aufgesetztem ersten Stock,

welcher letztere jedoch, seiner niedrigen Fenster willen, eher den Eindruck eines Mezzanin als einer Beletage machte. Hier wohnte Treibel seit sechzehn Jahren und begriff nicht, daß er es, einem noch dazu bloß gemutmaßten friedericianischen Baumeister zuliebe, so lange Zeit hindurch in der unvornehmen und aller frischen Luft entbehrenden Alten Jakobstraße ausgehalten habe; Gefühle, die von seiner Frau Jenny mindestens geteilt wurden. Die Nähe der Fabrik, wenn der Wind ungünstig stand, hatte freilich auch allerlei Mißliches im Geleite; Nordwind aber, der den Qualm herantrieb, war notorisch selten, und man brauchte ja die Gesellschaften nicht gerade bei Nordwind zu geben. Außerdem ließ Treibel die Fabrikschornsteine mit jedem Jahr

höher hinaufführen und beseitigte damit den anfänglichen Übelstand immer mehr.«[149]

In den bürgerlichen Mietshäusern war der erste Stock, die Beletage, das vornehmste Geschoß; meist wohnte der Hausherr dort. Dem ersten Eindruck boten sich dreidimensionale Bauteile dar, die als Erker oder Balkon die Beletage zur Außenwelt hin sichtbar machten. Die Verbindung nach innen wurde durch die Haustüre hergestellt. An besonders prachtvollen Wohnhäusern war sie als Portal reich ausgeschmückt. »Durch sie gelangte der Besitzer in das Treppenhaus, das häufig etwas erhöht lag und über einige steinerne Stufen zu erreichen war. Eine kleine, versteckt angebrachte Nebentüre wies den Dienstboten den Weg in das Haus. Mitunter gab es für diesen Zweck

Vornehmes Wohnviertel um die Jahrhundertwende.

sogar einen speziellen Aufgang, so daß Hausbewohner und Besucher nicht mit ihnen in Berührung kommen mußten. An einer Flankenseite des Hausgangs war der schmuckvoll verzierte Briefkasten angebracht. Das Treppenhaus vermittelte den zweiten Eindruck von der Wohlhabenheit des Hausherrn: Geflieste Wände, Stuckdecken, ein schmiedeeisernes oder holzgeschnitztes Treppengeländer und farbige, bleiverglaste Fenster zum Hof boten mitunter ein prächtiges, farbenfrohes Bild... Über das mit Läufern ausgelegte Treppenhaus gelangte der Besucher in das erste Obergeschoß. Nun stand er vor der hölzernen Wohnungstür mit geätzten Milchglasscheiben. Die Tür war nicht selten wie ein Möbelstück reich geschnitzt. Dahinter tat sich der Korridor auf, der im Idealfall Ausgangs- und Endpunkt der Zimmerflucht war. Tageslicht fiel aus den Oberlichtern der Zimmertüren. Stuck an Wänden und vor allem an den Decken gaben einen Vorgeschmack auf die Ausstattung der Wohnräume.« *(Claus Pese)*[150]

Die Wohnungsmisere der unterprivilegierten Schichten führte zu Gegenmaßnahmen. Von vielen Seiten aus unternahm man energische Bemühungen, sie zu mildern oder zu beseitigen. Politiker, Industrielle, vor allem die Betroffenen selbst (die sich in Wohnungsgenossenschaften organisierten) entwickelten alternative Siedlungsmodelle. Architekten und Städteplaner forderten ein neues Bauen, eine neue Baugesinnung, weil sie mit Recht im Bodenwucher die Quelle der Ausbeutung sahen. 1906 stellte der Architekt *Schumacher* in seinem Buch ›Moderne Bauformen‹ zu den »Mißständen der heutigen Großstadtanlagen« fest: »Die ganze Hoffnungslosigkeit besteht... darin, daß die Bodenspekulation eine der stärksten Säulen der heutigen Wirtschaftsverfassung ist und daher zum Teil auch Mitträger an dem kommunalen und staatlichen Haushalt. ... Es leuchtet ein, daß die Mehrzahl derjenigen, die infolge ihres Amtes, ihres wirtschaftlichen Einflusses und ihrer sozialen Stellung in der bürgerlichen Welt, sich bei den

Kongressen zur Reform der Wohnungsfrage einfinden und das große Wort führen, gar kein Interesse haben können, daß etwas ernstlich reformiert werde.«[151]

Dennoch entstanden in fast allen Großstädten und Industrieregionen Siedlungen neuer Art, die menschenwürdiges Wohnen ermöglichten; im Ruhrgebiet etwa Klappheckenhof-Gelsenkirchen (1873–1886); Hochlarmark-Recklinghausen (1901–1918); Dahlhauser Heide-Bochum-Hordel (1906–1915); Derne-Dortmund (1908–1913); Reitwinkelkolonie-Recklinghausen (1914–1928).[152]

Das Wohnungselend war übrigens keineswegs nur auf die Großstädte beschränkt; die Landarbeiter waren genauso schlecht gestellt, und auch in kleineren und in Kleinstädten bot sich das gleiche Bild. In Tübingen etwa lagen die Häuser der höheren Steuerklassen in der ›Oberen Stadt‹, die der niedrigen in der ›Unteren Stadt‹; die ständischen Handwerker siedelten um die Mittelachse beider Bereiche. »Die Untere Stadt war Wohnort der Weingärtner, Taglöhner, Kleinhandwerker, Kutscher und Aufwärter, die Dienstleistungen für Bürger und Akademiker erbrachten. Die Arbeit im Weinberg reichte im allgemeinen nicht zur Sicherung des Lebensunterhalts aus, Vieh- und besonders Kleintierhaltung waren nötig, um den Eigenbedarf an Milch und Eiern zu decken. Diese Form des Einkommenerwerbs und die herrschende Armut bestimmten das Straßenbild: vor den kleineren Häusern lagen Misthaufen, Hühner und Gänse liefen in den Straßen umher und der Fuhrwerksverkehr machte die engen, schlecht gepflasterten Gassen bei Regen fast unbegehbar. Mit Einbruch der Dunkelheit war es kaum möglich, sich in der Unteren Stadt zurechtzufinden, da es – auch nach der Einführung der Gasbeleuchtung ab 1862 – in den meisten Gassen keine Laternen gab.«[153]

Die Aborthäuschen hatten häufig keinen Abfluß; um die Versorgung mit Wasser war es schlecht bestellt; zum Waschen, Kochen, Putzen und zur Viehversorgung mußte es mühsam aus den öffentlichen Brunnen geholt werden. Bis 1846 gab es neben den Quellbrunnen nur wenige Ziehbrunnen, danach Pumpbrunnen; erst ab 1878 wurden Wasserleitungen verlegt. Die Kosten für einen Hausanschluß waren jedoch so hoch, daß sich anfangs nur wenige Unterstadtbewohner einen solchen leisten konnten.[154]

Stadt-Werke

Mit der Entwicklung der Stadt zur Großstadt (mit all den Vor- und Nachteilen von ›Profitopolis‹) ergaben sich in ihren Funktionsbereichen wesentliche Veränderungen:

– Die Selbstverwaltung der Bürgerschaft, die in den alten Rathäusern jahrhundertelang statisch geblieben war, nahm in ihrem Umfang erheblich zu. Während z. B. der Personalstand der städtischen Verwaltung in Nürnberg im Jahre 1870 noch 375 Personen betrug, waren dreißig Jahre später bereits knapp 1300 städtische Beamte, Angestellte und Arbeiter hauptberuflich tätig;

– der Vormarsch der Verwaltung war bedingt durch die Ausweitung in den anderen Funktionsbereichen, vor allem im Versorgungssektor (Wasserversorgung, Kanalisation, Marktwesen), und durch die mit der Industrialisierung einhergehenden neuen Aufgaben (Stadtplanung, Grundstückswesen etc.);

– schließlich mußten die Städte die Sicherheitsbemühungen verstärken. Bevölkerungsvermehrung bedeutete Zunahme der Kriminalität, was wiederum Ausbau des Polizeiwesens mit sich brachte.

Feuer, Wasser, Pestilenz waren schlimme Geißeln für die mittelalterliche Stadt gewesen. Sie hätten für die Großstadt verheerende Folgen gehabt, wenn man nicht zunehmend und erfolgreich ihre Bekämpfung in die Wege geleitet hätte. Ein solches städtisches Wirken zur Verbesserung der Lebensqualität schlug sich in ›Stadt-Werken‹, unter- und oberirdisch, nieder, nicht zuletzt auch in Stadtwerken, häufig aus privater Hand übernommenen Versorgungs- und Entsorgungseinrichtungen. Die Stadt stand dabei unter dem Gebot der Notwendigkeit; man wollte freilich auch dem ›Höheren‹ dienen. Geschaffen wurde das System der Wasserleitungen, der Abwasserkanäle, der Gas- und später der Elektrizitätszuleitungen; es entstanden Wasserwerke, Gaswerke, Elektrizitätswerke, Schlachthöfe, Schulen, Krankenhäuser, Desinfektionsanstalten, Gefängnisse; und es wurden Büchereien, Galerien, Künstlerhäuser, Museen, Theater gebaut.

Was der Nürnberger Oberbürgermeister *Georg von Schuh* in einem Rechenschaftsbericht 1906 (anläßlich der Jahrhundertfeier der Einverleibung Nürnbergs in das Königreich Bayern) über »die völlige Umwälzung auf allen öffentlichen Gebieten« und die Entwicklung der Stadt »innerlich und äußerlich zu einer großen neuzeitlichen Stadt« feststellte, hätte jeder Oberbürgermeister einer deutschen Großstadt feststellen können: »Unter Beseitigung alter, gesundheitsschädlicher Abwässerungskanäle wurden mächtige Gürtelsiele hergestellt, die

Straßen mit neuem, zum Teil geräuschlosem Pflaster versehen, zum Ersatz der vielen kleinen, meist bedenklichen Wasserleitungen zwei neue, große Wasserleitungen ausgeführt – eine dritte, welche die Stadt auf lange Zeit hinaus mit dem besten Wasser reichlich versehen wird, ist in der Ausführung begriffen; öffentliche Bäder, ein weit und breit als musterhaft anerkanntes neues Krankenhaus, ein neues Waisenhaus, neue Elektrizitäts- und Gaswerke, ein ausgedehnter neuer Vieh- und Schlachthof, zwei Rathaus-Ergänzungsbauten, neue Schulhäuser, ein neues, vornehm ausgestattetes Theater, gesunde Arbeiterwohnhäuser, eine Lungenheilstätte, neue Flußüberbrückungen, eine weitausgedehnte Straßenbahn, Erholungsstätten, wie das Maxfeld, die Rosenau, der Luitpoldhain, großartige Denkmäler und Kunstbrunnen wurden errichtet, die das Stadtgebiet einengenden vierzehn Vorortgemeinden einverleibt –, ein Künstlerheim mit Ausstellungsgelände... ein Luitpoldhaus zu Bildungs- und Museumszwecken stehen in der Ausführung: sind das nicht wichtige Marksteine der gewaltigen Entwicklung der Stadt in der kurzen Zeit?«[155]

Auf drei Bereiche des städtischen Wirkens sei näher eingegangen, und zwar auf

– die Schaffung des innerstädtischen Verkehrsnetzes;
– die städtischen Bemühungen um Verbesserung der hygienischen Verhältnisse und Maßnahmen zur Bekämpfung von Krankheiten;
– die Verbesserung der Situation armer und alter Menschen.

Die erste Eisenbahn zwischen Nürnberg und Fürth war zugleich die erste Pferdebahn Deutschlands: Während schwächerer Betriebszeiten wurde nämlich der Verkehr auf der Ludwigsbahn mittels von Pferden gezogenen Eisenbahnwagen durchgeführt. Bald darauf entstanden Pferdebahnen auch im Innern von Großstädten. In den Jahren 1865 bis 1868 erhielten Berlin, Hamburg und Stuttgart, nach 1870 noch weitere 25 Städte Pferdebahnen (neben vereinzelten Dampfstraßenbahnen). 1881 wurde in zusätzlich 11 deutschen Städten, darunter Nürnberg, eine Pferdebahn in Betrieb genommen. Der Wagenpark der Nürnberger Privat-, später Aktiengesellschaft bestand anfänglich aus ein- und zweispännigen geschlossenen und einigen offenen Wagen. Die einzelnen Linien wurden bei Tag durch farbige Signalscheiben, bei Nacht durch farbige Signallichter an den Stirnseiten der Wagendächer gekennzeichnet. Nachts führten die Wagen zudem vorne eine umsteckbare Petroleumlaterne als Scheinwerfer, und jeder Wagen einer Linie, der als letzter die Straße durchfuhr, bevor er einrückte, eine rote Schlußlaterne auf der Hinterplattform. Steckschilder zeigten das Fahrtziel und den Linienverlauf an. Das Innere der Sommerwagen war gegen Wind, Sonne und Regen durch seitliche

*Probealarm bei der Feuerwehr einer Groß-
stadt (um 1890).*

Stoffvorhänge geschützt. Die geschlossenen
Wagen hatten Längsbänke mit Durchgang in
der Mitte, die offenen dagegen durchgehende
Querbänke, zum Teil mit nach Fahrtrichtung
umlegbaren Lehnen. Das Ein- und Aussteigen
bei den Sommerwagen fand mit Hilfe von
längs des Wagens angeordneten durchlaufen-
den Trittbrettern statt, auf denen der Schaffner auch während der Fahrt hin- und herge-
hen mußte, um die Fahrscheine auszustellen
und das Fahrgeld einzukassieren. In Nürnberg
wurde 1893 ein geschlossener Wagen ver-
suchsweise mit Ofenheizung versehen; anschließend wurden alle geschlossenen Fahr-
zeuge während des Winters mit Glühstofföfen
ausgestattet.

Für die Unterbringung und Wartung der Wagen gab es Depots mit Stallungen für die Pferde und Räumen für die Futtervorräte sowie
Werkstätten für den Unterhalt der Wagen und
Pferdegeschirre, desgleichen fürs Beschlagen
der Pferde. Der Betrieb begann meistens um
7 Uhr morgens und endete um 9 Uhr abends;
es gab bereits besondere ›Theaterwagen‹,
›Schulwagen‹ und frühmorgens ›Arbeiterwa-
gen‹. Die Reisegeschwindigkeit lag bei über 10
km. Für die Signalgebung durch die Kutscher
dienten am Dachkreuz über der Plattform
hängende Glocken mit Handbedienung, später auch Pfeifen. Haltestellen gab es am Anfang noch nicht; Auf- und Abspringen waren
erlaubt; die Wagen hatten auf Wunsch der
Fahrgäste jederzeit und überall zum Aus- und
Einsteigen anzuhalten. Da dies jedoch die
Kräfte der Zugpferde zu sehr beanspruchte,
führte man allmählich Haltestellen ein.
Die Preise lagen zwischen 10 und 20 Pfennig

je nach Entfernung; es gab ›Knipskarten‹ und
›Abonnementsbücher‹, später auch Dauerkar-
ten. Die Belegschaft gliederte sich in Fahr-,
Stall- und Werkstättenpersonal. Neben den
›Controlleuren‹ versahen ›Conducteure‹, Kutscher und Vorspannjungen den Fahrdienst.
Die Wartung der Pferde und Stallungen oblag
den unter dem Stallmeister stehenden Futter-
meister und Stallwärtern. Notwendig waren
ferner Handwerker in den Werkstätten und
Gleisreiniger. Für das Fahrpersonal war bald
eine Uniform eingeführt worden.[156]
1879, zehn Jahre nach der Erfindung des Dyna-
mos, führte *Werner Siemens* auf der Berliner
Gewerbeausstellung eine kleine elektrische
Straßenbahn mit drei Wagen für je 6 Personen vor, angetrieben von einer winzigen Lokomotive mit einer Leistung von 3 PS; in vier
Monaten beförderte sie über 80 000 Ausstel-
lungsbesucher. Anfangs nur als Spielerei betrachtet, setzte sich die elektrische Straßen-

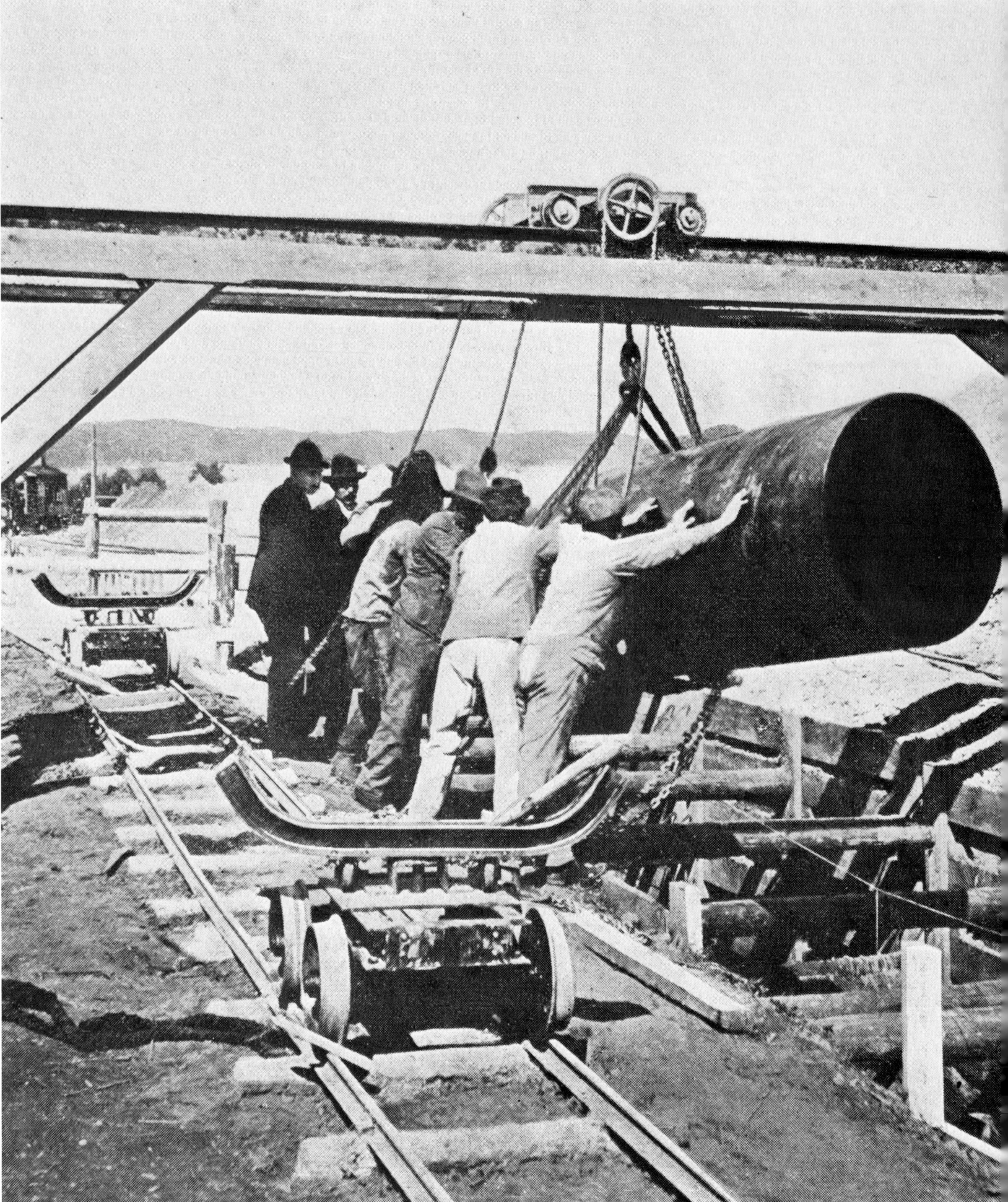

Rohrverlegung für eine städtische Wasserleitung (vor 1911).

bahn zunehmend durch. Am 1. Mai 1881 wurde die erste Berliner Straßenbahn dem Verkehr übergeben; mit 15 km Geschwindigkeit fuhr sie vom Bahnhof Lichterfelde zur Hauptkadettenanstalt. In einem Brief vom 12. Mai 1881 an Professor *Wiedemann* schreibt *Werner Siemens*: »Heute ist endlich die kleine elektrische Bahn in Lichterfelde offiziell probiert und abgenommen. Die einzige Schwierigkeit war und ist noch, die Geschwindigkeit der Wagen dem Reglement entsprechend zu mäßigen. Man wollte nur 20 km per Stunde gestatten, und der Wagen lief bei voller Belastung von 20 Personen auch bergan noch mit 30 bis 40 km! Ich denke aber, man wird sich an die größere Geschwindigkeit gewöhnen!«[157]

Gegenüber dem bisherigen Pferdebetrieb ergeben sich folgende Vorteile:
- höhere Geschwindigkeit;
- leichtere Bewältigung des Massenverkehrs durch die Möglichkeit, Beiwagen mitzuführen;
- rasches Anfahren und Halten;
- Schonung und Erhaltung der Straßendecke;
- Verbilligung beim Betrieb;
- Überwindung größerer Steigungen;
- weitgehende Unabhängigkeit vom schlechten Wetter;
- bessere Ausstattung und elektrische Beleuchtung der Wagen.

In einer 1902 erschienenen Schrift über die ›Verhältnisse der Bediensteten und Arbeiter im Straßengewerbe Berlins‹ werden die schwierigen Arbeitsbedingungen des Straßenbahnführers wie folgt beschrieben: »Bei dem regen Wagen- und Fußgängerverkehr in den Hauptstraßen Berlins, welcher zeit- resp. stellenweise eine solche Dichtigkeit erlangt, daß sie überhaupt nicht mehr gesteigert werden kann, gehört eine nervöse Aufmerksamkeit und Anspannung dazu, auf alle Hindernisse zu achten, zumal der Wagen wegen seiner Gebundenheit an die Schiene nicht ausweichen kann. Der Führer schwebt in steter Gefahr, mit anderen Fuhrwerken zusammenzustoßen oder gar Menschen zu überfahren. Andererseits darf er auch nicht ängstlich sein, denn sonst würde er in dem Wagengedränge überhaupt nicht vom Fleck kommen. Daß ein so anstrengender Dienst die Nerven ruiniert, ist jedem verständlich. ... Dem Wind und Wetter ist der Führer vollkommen preisgegeben. Selbst bei strömendem Gewitterregen darf er seinen Posten nicht verlassen. Trotzdem er oft bis auf die Haut durchnäßt ist, muß er, zitternd vor Kälte, bis in die tiefe Nacht hinein seinen Dienst versehen. Die Kontinentale Gesellschaft liefert wenigstens Ärmel aus Wachsleinwand zum Überziehen über die Unterarme, ebenso auch Gummi-Pelerinen; es

wäre zu wünschen, daß auch die anderen Unternehmer sich hierzu entschlössen. Bisher haben sich jedoch die Führer dieselben event. selbst kaufen müssen. Am schlimmsten ist der Dienst im Winter bei der strengen Kälte. Die gelieferten Pelze werden nicht gern benutzt, weil sie bei längerem Tragen durch ihr schweres Gewicht unerträglich werden. ... In dem letzten Winter, in dem wir mehrfach 14 bis 16°C Kälte hatten, bot der Anblick eines in Pelz, Handschuhe und Mütze eingehüllten Motorwagenführers, von dem äußerlich beinahe nur die blauen Schutzbrillen sichtbar waren, geradezu ein bemitleidenswertes Bild. Bei Schneetreiben müssen die Führer trotz ihrer entzündeten Augen die Brillen ablegen, weil dieselben undurchsichtig werden. All diese Momente bringen uns zu der Überzeugung, daß der Dienst der Motorwagenführer in seelischer, geistiger und körperlicher Hinsicht eine der aufreibendsten Tätigkeiten ist. Sie arbeiten mit Augen, Ohren und beiden Händen. Mit dem einen Fuße stehen sie auf der Signalglocke und mit dem anderen im Gefängnis oder halb im Grabe.«[158]

Die hygienischen Verhältnisse der mittelalterlichen Stadt erwiesen sich als katastrophal; die technischen Errungenschaften der Antike (etwa die Wasserleitungen und Abwässerkanäle der Römer) waren vergessen oder wurden ignoriert. Cholera, Pocken und andere Seuchen (Fleckfieber, Typhus, Tuberkulose) suchten immer wieder Stadt und Land heim. In der ersten Industrialisierungsphase, in der Biedermeierzeit, wanderten die großen Epidemien immer noch durch ganz Europa. An der Cholera starben 1831 von tausend Personen in Berlin fünf bis sechs.

»Über alle in die Stadt einpassierenden Fremden wurde die strengste Kontrolle geübt; an den Toren standen Wachen und Polizeibeamte, welche zu prüfen hatten, ob etwa die Fremden aus verdächtigen Gegenden kamen. Auch die Gasthöfe wurden zu diesem Zweck noch extrascharf überwacht. Der Unglückliche, dessen Heimat der Cholera verdächtig war, oder der auf seiner Reise einen verdächtigen Landstrich passiert hatte, wurde ohne weiteres in die Kontumaz gebracht, um dort 10 Tage Quarantäne zu halten. Darauf, ob ihm aus dieser Maßregel die schwersten Verluste erwuchsen, nahm man nicht die geringste Rücksicht. Zur Kontumazanstalt war das sogenannte Schlößchen vor dem Frankfurter Tore eingerichtet.

Wichtiger wäre es wohl gewesen, Fürsorge anderer Art zu treffen, z. B. Choleralazarette in genügender Zahl einzurichten, um für den Empfang des schauerlichen Gastes gerüstet zu sein. Dies aber geschah nur in höchst unzureichendem Maße, weil Stadt und Staat im Streite lagen, von welcher Seite die Kosten solcher Einrichtungen zu tragen seien. So wurde denn vorläufig nur das Pockenhaus in der Kirschallee vor dem Oranienburger Tor mit 13 Betten – sage 13 Betten!! – eingerichtet, und

Gaslaterne (vor Jahrhundertwende).

*Auf diesen Glasfenstern aus dem Direktions-
gebäude des ehemaligen Nürnberger Gaswer-
kes (ausgeführt durch Hermann Kellner nach
einem Entwurf von August von Kreling in
den Jahren 1864 bis 1867) sieht man links den
Abbau und Transport der Steinkohle als des
wichtigsten Ausgangsstoffes der Gasgewin-
nung, in der Mitte die Verkokung der Kohle
und die Herstellung des Leuchtgases, rechts
die Segnungen des neuen strahlend-hellen
Gaslichtes.*

*»Der Gasometer hängt an Ketten, welche
Gegengewichte tragen, deren Größe so gere-
gelt wird, daß der übrigbleibende Druck auf
das Gas von gewünschter Größe ist... In den
sogenannten Pauwelschen Gasometern erfolgt
der Ein- und Austritt des Gases durch die
rechts und links ersichtlichen kniefförmigen
Röhrenleitungen durch die obere Decke.«*

erst als die Krankheit wirklich ausgebrochen
war, kam man dahin, weitere Fürsorge für die
Aufnahme der Kranken zu treffen. Wenn man
saumselig mit wirklich praktischen Maßre-
geln beim Ausbruch der Krankheit war, so
zeigte man sich um so fleißiger mit dem Erlaß
von Verordnungen, mit Warnungen an
die Einwohner, mit Verbreitung von Schriften
über die Cholera und das bei der Krankheit
anzuwendende Heilverfahren, durch die man
nichts erzielte als eine Vergrößerung der allgemein herrschenden Unklarheit und Furcht.
... Ein Reisender, der unmittelbar vor dem
Ausbruch der Cholera das leichtfertige Berlin

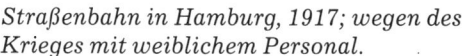

Straßenbahn in Hamburg, 1917; wegen des Krieges mit weiblichem Personal.

Die letzte Pferdebahn in Berlin, 1902.

›Überfahren‹. Radierung von Käthe Kollwitz, 1910.

besuchte, erzählt, daß er die preußische Residenz gar nicht wiedererkannt habe. Es sei nicht möglich gewesen, von einem Berliner ein vernünftiges Wort herauszubringen. ›Spricht man von Politik, so ist die Antwort: man soll schon in Charlottenburg einen Cholerafall beobachtet haben; fragt man nach dem Theater, so wird erwidert: einen Dampfapparat müsse doch jeder vorsichtige Mann im Hause haben!

Cholera! Cholera und nichts als Cholera! Wo man geht und steht, hört man von Cholera. Im Gasthofe an der Mittagstafel, im Theater während der Zwischenakte, im Familienkreise des Handwerkers wie auf den Hofbällen gibt es nur ein Gespräch: die Cholera! ja selbst in der Kirche hört man während der Predigt hier und da das leise geflüsterte Wort: Cholera!‹ Die Cholerafurcht nahm so überhand, daß sie

zum Wahnsinn ausartete. Eine alte Frau erhängte sich, um nicht die Cholera zu bekommen. In allen Familien wurden Vorbereitungen getroffen, um für den Ausbruch der Krankheit gerüstet zu sein. Man verproviantierte sich, um so wenig als möglich mit anderen Menschen in Berührung zu kommen. Cholera-Apotheken wurden angeschafft, Dampfapparate konstruiert, und alle Präservativmittel, welche die Staatszeitung in reicher Fülle anpries, hatten einen hohen Preis.«[159]

Als immer mehr Menschen in die Städte zogen und in unzureichenden Wohnungen zusammen leben mußten, nahm die gesundheitliche Gefährdung nochmals zu; zugleich aber gelang es, mit Hilfe hygienischer Verbesserungen die Ansteckungshäufigkeit zu reduzieren. Von ausschlaggebender Bedeutung waren der Bau von Wasserleitungen, Abwasserkanälen, vor allem auch die städtisch organisierte Abortgrubenräumung (war kein wasserreicher Strom vorhanden, wurden die Fäkalien auf die Felder der Umgebung gekippt, später in große Sammelgruben geleitet, auch mit der Bahn verfrachtet).

Angesichts der großstädtischen Bevölkerungsmassen war die stärkere Überwachung der Herstellung und des Verkaufs von

*Das unterirdische Berlin – ein Beispiel für
die »Durchaderung mit Gasleitungen, Wasser-
leitungsröhren, Telegraphendrähten etc.«*

*»Die ... vor Jahren amtlich ausgesprochene
Wahrnehmung, daß mit dem Fortschreiten der
Kanalisation die Sterblichkeit sich verringere,
fand durch eine in Farben ausgeführte graphi-
sche Darstellung in der Abteilung der von
der Stadt Berlin ausgestellten Gegenstände in
der Hygieneausstellung neue Bestätigung.
Aufgrund der durch die Volkszählung vom
1. Dezember 1880 ermittelten Einwohnerzah-
len für jedes der 18 473 bewohnten Grundstücke Berlins und sonstiger amtlicher Materialien, über die in 1880 und 1881 auf jedem
Grundstück eingetretenen Sterbefälle, das
Jahr des Anschlusses an die Kanalisation etc.,
sind die Prozentzahlen der Sterbefälle pro
Grundstück berechnet. So wird graphisch erwiesen, daß zwar die Sterblichkeit mit der
Dichtigkeit der Bevölkerung steigt, daß aber
in gut be- und übervölkerten Häusern die Prozentzahlen der Sterbefälle mit dem Anschluß
an die Kanalisation umso mehr abnehmen, je
länger der Anschluß bewirkt worden ist.«*

städtische Canalnetz. Der in einem System zu-
rückbleibende Schlamm wird mittels Vacu-
umapparate hochgehoben und in eisernen
Karren abgefahren.«[160]
Am wenigsten wurde die »Hygiene am Arbeitsplatz«, der Gesundheitsschutz in den Fabriken, beachtet. Die Möglichkeiten des kommunalen bzw. staatlichen Eingreifens waren
gering, auch wenn seit den 70er Jahren die
Gewerbeaufsicht eingeführt und laufend verstärkt wurde (in Bayern waren ›Fabrikinspek-
toren‹ in Dienstuniform mit Zweispitz seit
1879 tätig).
»In dieser Zeit des industriellen Aufbruchs,
verbunden mit einer gewissen Faszination
durch die neue Technik mit ihren Anwen-
dungsmöglichkeiten, konnte sich bei den
Unternehmern und Beschäftigten eine Unfall-
mentalität entwickeln, die den Zielen des Ar-
beitsschutzes zuwiderläuft: ›Unfälle seien
eben der Preis für den technischen Fortschritt
und zudem ursächlich meist auf menschliches
Versagen (z. B. Unachtsamkeit) zurückzuführen.‹
Unter diesen Umständen war vorauszusehen,
daß Erfolg oder Mißerfolg der Tätigkeit der
neu bestellten Fabriken-Inspectoren – wie bei
kaum einer anderen Berufsgruppe – ganz erheblich von deren persönlichem Auftreten
mitbestimmt werden würde. Neben fundier-
ten technischen, hygienischen und volkswirtschaftlichen Kenntnissen sowie der einschlä-
gigen arbeits- und verwaltungsrechtlichen
Bestimmungen müßten gerade persönliche
Eigenschaften wie Einfühlungsvermögen und
Überzeugungskraft für diese Beamten unver-
zichtbar sein.
Bekanntlich soll Bismarck erhebliche Zweifel

Nahrungsmitteln unumgänglich. Die obligatorische Fleischbeschau bekämpfte die Trichi-
nosen; in jeder größeren Stadt wurde ein zen-
traler Schlachthof angelegt. Vom Kölner
Schlachthof Ehrenfeld, der rund fünf Millionen Mark gekostet hatte, heißt es in einer zeitgenössischen Schrift (›Köln in hygienischer
Beziehung‹, 1898) – wobei das Zitat auch die
Verfeinerung des Entsorgungssystems illustrieren kann –: »Die Abwässer des Viehhofes
werden unmittelbar den Straßenkanälen
zugeführt, nachdem die größern Sinkstoffe

vorher in Gullies und Schlammfängern niedergeschlagen sind. Die Abwässer des
Schlachthofes werden einer unter dem Sperr-
stall für Großvieh angelegten mechanischen
Kläranlage mit zwei Systemen zugeführt, in
welcher durch Zwischenwände, Überfülle,
Sieben und Verlangsamung der Geschwindigkeit des Wassers sowohl die mitgeführten
Sinkstoffe zum Niederschlagen gebracht als
auch die schwimmenden Fett- und Faserteile
abgefangen werden. Die Abwässer fließen mit
leichtem Blutschein, sonst jedoch klar in das

Kanalarbeiten in Frankfurt am Main, 1884.

geäußert haben, daß Männer mit derartigen
Eigenschaften und der nötigen Selbstbeherr-
schung im rauhen Berufsalltag in größerer
Zahl überhaupt gefunden werden könnten. Die
tatsächlich eingetretene Entwicklung konnte
solche Bedenken zerstreuen.«[161]
Zu Beginn der Industrialisierung war der Zustand der öffentlichen Gesundheits- und
Wohlfahrtseinrichtungen (Pestspital, Sie-
chenkobel, Armenhaus) so schlecht wie
das Ansehen der Ärzte und des Pflegeperso-
nals, die oft genug als Kurpfuscher und ›Engelmacher‹ bezeichnet wurden. *Anton Tsche-
chows* Schilderung russischer Verhältnisse ist
auch auf die Zustände zu Beginn des 19. Jahrhunderts in Deutschland übertragbar: »Als er
in die Stadt kam, um sein Amt in der ›Gott ge-
fälligen Anstalt‹ anzutreten, befand sich diese
in einem greulichen Zustand. In den Krankenzimmern, in den Gängen und im Hof des
Krankenhauses konnte man vor Gestank
kaum atmen. Die Krankenwärter, die Pflege-
rinnen und deren Kinder schliefen gemeinsam
mit den Kranken in den Krankenzimmern.
Man hörte immerzu Klagen, daß man vor
Schaben, Wanzen und Mäusen sich nicht retten könne. In der Chirurgischen Abteilung
hörte die Wundrose überhaupt nicht mehr auf.
Im ganzen Krankenhaus gab es zwei Skalpelle
und ein einziges Thermometer, in den Bade-
wannen lagerten Kartoffeln.«[162]
Vom Fortschritt der Medizin und Pharmako-
logie profitierte auch die öffentliche Gesund-
heitspflege. Man erkannte die große Bedeutung der Mikroorganismen (so fand *Robert
Koch* den Tuberkelbazillus und den Erreger
der Cholera). Die Wundbehandlung wurde
verbessert – *Ignaz Philipp Semmelweis* hatte
als erster in unhygienischen Verhältnissen,
wie verunreinigten Händen, die Ursachen der
Wundinfektion, insbesondere des Kindbett-
fiebers, erkannt; die Entwicklung der Anäs-
thesie und neuer chirurgischer Techniken
ermöglichte früher unvorstellbare Operationen, unterstützt von dem im Jahre 1895
von dem Würzburger Physiker *Konrad Rönt-
gen* entwickelten und später nach ihm be-
nannten Durchleuchtungs- bzw. Photo-
graphierverfahren des menschlichen Körpers. *Paul Ehrlich* begründete die moderne
Chemotherapie.
Hand in Hand mit diesen die Medizinge-
schichte revolutionierenden Ereignissen entwickelte sich ein stärkeres ›Körperbewußt-
sein‹ in der Bevölkerung, das durch die weitverbreiteten Gesundheitsratgeber gefördert
wurde. Auch eine Hausapotheke war nun in
fast jeder Familie anzutreffen.
Die Stadtverwaltungen ersetzten die kleinen
und unzulänglichen Krankenhäuser durch
neue Großanlagen, die bis zu 1000 Betten um-
faßten. Mit hohen Investitionen baute man

Heilstätten, in denen – wie es der Erste Bür-
germeister von Nürnberg bei der Eröffnung
des für die damalige Zeit größten kommunalen Klinikums formulierte – »die immer mehr
fortschreitende ärztliche Wissenschaft und
Kunst ihre Erfolge feiern möge«.[163]
In der Bekämpfung mancher Krankheiten
kam man nur sehr langsam voran; zudem bewirkte die Industrialisierung neue Leiden
oder verstärkte vorhandene; die Tuberkulose
wurde zur Volksseuche; in der zweiten Hälfte
des 19. Jahrhunderts forderte sie jährlich im

Deutschen Reich 100 000 bis 120 000 Menschenleben; die Altersgruppen von 20 bis 40
Jahren waren besonders betroffen. Der Ver-
lauf der Krankheit war meist chronisch; als
›galoppierende Schwindsucht‹ konnte sie sehr
rasch zum Tod führen. Durch Absonderung
der an offener Tuberkulose Erkrankten wurde
versucht, die Weiterverbreitung zu unterbin-
den. Liegekuren, gute Kost und klimatische
Einflüsse sollten die körpereigenen Abwehr-
kräfte mobilisieren.
Die Tuberkulose ergriff arm und reich; die

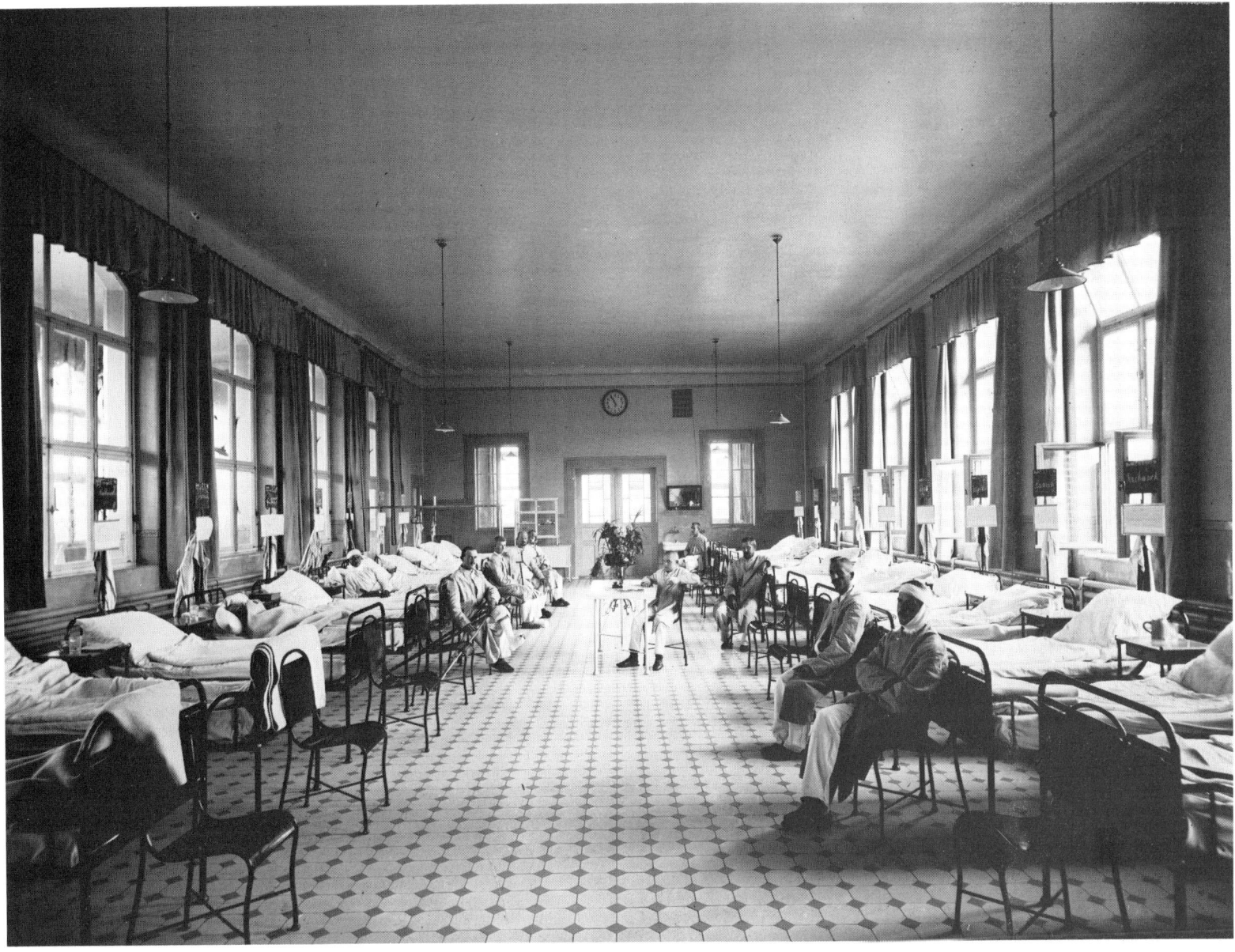

Die modernen Krankenanstalten, die um die Jahrhundertwende gebaut wurden, berücksichtigten die neuen Erkenntnisse der Hygiene. Sie bedeuteten medizingeschichtlich einen großen Fortschritt.

Aufnahme vom Bau der Kanalisation in Elberfeld, um 1880 (Arbeiter und Ingenieure in der Baugrube).

therapeutischen Erfolge bei den Besitzenden, die sich auf lange Zeit in ein Sanatorium begeben konnten, waren freilich nicht viel besser als die der amtlichen Fürsorgestellen, deren soziale und hygienische Bemühungen vor allem der Arbeiterschaft galten. Wer arm war, war oft krank, und war er dann noch alt dazu, ohne Familie, so blieb ihm gar keine Hoffnung mehr. In einem der ersten sozialen Gedichte des 19. Jahrhunderts (›Der Bettler und sein Hund‹, 1829) hat *Adelbert von*

Chamisso den weitverbreiteten »Pauperismus« beschrieben:

»Drei Taler erlegen für meinen Hund!
So schlage das Wetter mich gleich in den Grund!
Was denken die Herrn von der Polizei?
Was soll nun wieder die Schinderei?

Ich bin ein alter, ein kranker Mann,
der keinen Groschen verdienen kann;
ich habe nicht Geld, ich habe nicht Brot,
ich lebe ja nur von Hunger und Not.

Und wann ich erkrankt, und wann ich verarmt,
wer hat sich da noch meiner erbarmt?
Wer hat, wann ich auf Gottes Welt
allein mich fand, zu mir sich gesellt?

Wer hat mich geliebt, wann ich mich gehärmt?
Wer, wann ich fror, hat mich gewärmt?
Wer hat mit mir, wenn ich hungrig gemurrt,
getrost gehungert und nicht geknurrt?...«

Nur der Hund hat menschliche Regungen gezeigt. Der Bettler begeht Selbstmord; der

Hund folgt ihm nach: »Der hat, wo der Leib die Erde deckt, / sich hingestreckt und ist da verreckt.«[164]
Nur langsam begriffen die Stadtverwaltungen, daß sie, neben den karitativen Bemühungen der Kirchen und einzelner Philanthropen bzw. fürsorgerisch tätiger Vereine (die meistens berufsständisch organisiert waren), eine öffentliche Aufgabe zur Betreuung der Armen und Alten, der Waisen wie Invaliden zu erfüllen hatten. Landesgesetze verpflichteten die Gemeinden zur Armenpflege; es wurden Armendistrikte gebildet, die Armenpflegschaftsräte betreuten. War am Anfang des 19. Jahrhunderts die Armenpflege noch vorwiegend als sittlich-pädagogische Aufgabe empfunden worden (wer arm war, war auch schuld daran – es galt, die Armen zum ordentlichen Lebenswandel anzuhalten, zur Sparsamkeit zu ermahnen und bei ihren Kindern den Schulbesuch zu überwachen), so trat mit fortschreitender Industrialisierung die materielle Hilfe in den Vordergrund. Was dabei jeweils ›an-

Der Arbeitsmarkt: »Alltäglich ist's dasselbe Bild, – ich eile beklommen fast daran vor-über… In Massen wird ein Zeitungsblatt ver-theilt, das eng bedruckt. Ein Haufen Männer, Weiber, halbwüchs'ger Kinder mit gereckten Hälsen, starrt auf die Blätter, als ob eine neue Heilsbotschaft aus dem Buchstabengewirre zu ihnen spräche. Und dann stiehlt sich dieser und der hinweg – flog nicht ein Hoffnungs-schimmer ihm übers sorgenbleiche Antlitz? – Wird er glücklich finden, was er sucht? Wird er nicht morgen an der gleichen Ecke stehen?« (Beilage zum ›Wahren Jacob‹, 1901.)

fiel‹, kann das Sitzungsprotokoll des Armen-pflegschaftsrates einer Großstadt an einem beliebigen Tag (6. Juni 1900) illustrieren: »Übernahme der Krankenhauskosten für den Schuhmacherlehrling Erhard Sommer; Abgabe eines Strohsackes an die ledige Zu-springerin Johanna Bogner; Zahlung von 7 Mark und 64 Pfennigen an Beerdigungskosten für das Kind der Buchbin-derswitwe Louise Bogner; Aufnahme der Modistin Betty Priem in die Kreisirrenanstalt; Abgabe von ein Paar Schuhen und von Wolle an die Witwe Babette Seitz; Zahlen von 5 Mark Kostgeld für das Kind der ledigen Arbeiterin Dorothea Walter; Abgabe täglich 1 Liter Milch für die Dauer von vier Wochen an die Tochter der Dienst-mannswitwe Charlotte Schmidt; Zahlung von 18 Mark an den Arzt Dr. Bloch für Leistungen bei der Entbindung der Gürtlersehefrau Emilie Beck (der sofort ge-rufene Armenarzt hatte keine Hilfe geleistet, weil er glaubte, daß es sich hier um keine ›Arme‹ handle); Unterstützung von wöchentlich 1 Mark 50 und vier Laib Brot für die geschiedene Bild-hauersfrau Doris Brechtelsbauer; Lernmittelfreiheit für die Kinder des Holz-drechslers Friedrich Kugler.«[165] Der verschämte Arme galt oft als unver-schämt. Wer aufgrund seines Notstandes un-ter die Armengesetzgebung fiel (die damalige Sozialgesetzgebung umfaßte nur die Unfall-, Alters-, Invaliden- und Krankenversicherung)

und Almosenempfänger war oder wurde, galt im öffentlichen Bewußtsein als Ausgesto-ßener; Arbeitslosigkeit wurde vielfach als Schande empfunden. Wer längere Zeit Ar-menunterstützung bezog, hatte kaum Aus-sicht, jemals wieder als vollwertiger Bürger anerkannt zu werden. Erst die kollektive Selbsthilfe, die sich nach der Jahrhundert-wende organisierte, vermittelte da den Betrof-fenen ein anderes Bewußtsein; die Arbeiter-wohlfahrt wurde freilich erst 1919 ge-gründet.

Von Ständen und Schichten

»Wenn ich ein Vöglein wär'!« klagt die arme Frau, die mit ihren Kindern an der Villa der reichen Familie vorübergeht (Zeichnung in der ›Gartenlaube‹, 1892).

Zwischen Großbürgertum und Lumpenproletariat

»Eine Stadtballade« hat *Else Lasker-Schüler* ihr Stück ›Die Wupper‹ (geschrieben 1908) genannt. Es erweist sich als Pandämonium des Industriezeitalters: Stände und Schichten im Umbruch, im Aufstieg und im Niedergang. »Wenn hier Menschen zusammengeworfen sind, Fabrikherren, Arbeiter, Herumtreiber und Zuhälter, Kupplerinnen, Dirnen, dämliche Greise und sinnlich aufbrechende Kinder, so sind sie nicht da, um zusammen ein realistisches Milieu zu bilden und einzeln an diesem Milieu zugrunde zu gehen oder zu erstarken. Je enger ihre Existenz, je dichter die Atmosphäre ihrer Abgeschlossenheit, desto tiefer und dunkler werden die Farben für ein kosmisches Gemälde. ... Im Giftkessel des Wuppertales vollziehen sich zwischen beklemmend wirklichen Menschen des Alltags kosmische Geschehnisse.« *(Herbert Ihering)*[166]

Die Szenenanweisungen – »der erste und vierte Aufzug spielen im Arbeiterviertel, der zweite im Garten vor einer Villa, der dritte auf dem Jahrmarkt, der fünfte in einer Art Gartenzimmer derselben Villa, die Schlußverwandlung des fünften Aufzugs spielt im Arbeiterviertel« – markieren die Topoi des Dramas, das gewissermaßen »Industriearchäologie« betreibt: nämlich eindringt in die sozialen und seelischen Schichten der Gründerzeitjahre; frei- und bloßgelegt wird gleichermaßen die Innenwelt der Außenwelt wie die Außenwelt der Innenwelt dieser Gesellschaft.

Der dritte Stand, das Bürgertum, hatte die Industrialisierung ›gemacht‹, getragen, hatte von ihr profitiert. Das Stück schildert, wie dieser Stand, dessen Sozialbeziehungen patriarchalisch-familiärer Art sind, nun unter die Räder kommt – durch das Heraufziehen der imperialistischen, hoch-kapitalistischen Epoche, die durch die Macht der Großbetriebe, der Aktiengesellschaften und Konzerne geprägt ist. Der Niedergang der Fabrikantenfamilie Sonntag ist freilich nicht nur ein handfest ökonomischer, sondern auch ein mental-nervlicher. Das bürgerliche Haus: »ein blühender, gepflegter Garten mit Beeten und Rosensträuchern und im Hintergrund ein Springbrunnen auf einer kleinen, künstlich hergestellten Anhöhe; im Hintergrund ein Pavillon mit bunten Fenstern, die man kaum sehen kann; rechts ein weinumrankter Treppeneingang, der in die alte Villa Sonntag führt«;[167] das bürgerliche Gehäuse voller Solidität zerfällt: Ziel und Sinn fehlen, Trägheit und Standesdünkel zerfressen die Tradition. »Kräfte und Gier, Hochmut und starrer Kastengeist – eine Familie stürzt. Ein Höllensturz.«[168]

Mit Hilfe des vierten Standes war der dritte Stand aufgestiegen. Die Proletariermassen erwiesen sich als die Ameisen, die den kunstvollen Bau des Kapitalismus errichteten. »Arbeiterviertel einer Fabrikstadt im Wuppertale. Hintergrund bergiger Wald. Links im Tal fließt ein schmaler Wupperarm, nach hinten in einer Biegung auslaufend. Über den Fluß führt eine Brücke zu einem Weg, an dem Pius' zerfallenes, einstöckiges Häuschen liegt. Rechts hinten ein Gäßchen mit hohen, alten, schmutzigen Arbeitermietshäuschen. ... Links von der Wupper eine Wiese – in der Ferne sieht man dampfende Schornsteine von Fabriken und anderen Häusern usw.«[169]

Während der eine Sohn der Fabrikbesitzerin Sonntag, Heinrich, privat wie als Fabrikchef scheitert (er begeht Selbstmord), hängt sich der andere, Eduard, ein kränkelnder Literat mit Rentierbasis, an den aufstrebenden Proletensohn Carl Pius. Mit Marta, der Tochter, erheiratet Dr. jur. Bruno von Simon den Familienbetrieb, den er in die angemessenere, anonymere Rechtsform einer Aktiengesellschaft überführen wird.

»Pius ist zu gesund, um Geduld zu üben.« Eduard spürt, wie im vierten Stand aus dem Elend und dem Kampf ums Dasein neue Lebenskraft aufsteigt. »Aus Elberfelder Arbeitervierteln steigt ein neuer Mythos. Die Menschen haben ein zweites Gesicht, ohne daß es gesagt wird. Sie sind durch eine Nabelschnur mit allem, was sie umgibt, verbunden, ohne daß jemand es ausspricht.«[170]

In soziologischer Analyse erweist sich das Stände- und Schichtenmodell des Maschinenzeitalters differenzierter als in der dichterischen Vision. Neben dem Adel, der nach wie vor großes Sozialprestige besaß (ein adeliger Schwiegersohn gab der Fabrikantenfamilie die höheren Weihen!) und aufgrund seiner Latifundien für die Industrialisierung eine wichtige Rolle spielte, bestand die Elite der Gesellschaft aus besonders reichen und angesehenen Bürgern; sie rekrutierten sich aus Handel und Wirtschaft. Meist hatten sie besondere Verbindungen zum Hof und übten auch politische Macht aus – einmal, indem sie aufgrund ihres Besitzes eine dominante Rolle bei Wahlen spielten, zum anderen, indem sie selbst in den Parteien und Parlamenten mitarbeiteten. Zu dieser Schicht gehörten auch die Inhaber der führenden Positionen beim Militär und in der Beamtenschaft, deren gesellschaftliches Ansehen im Rahmen eines monarchistischen Herrschaftssystems den Mangel an Kapital ausglich.

Der Begriff »Bürgertum«, der zu Beginn des 19. Jahrhunderts noch das ganze Spektrum nicht-landwirtschaftlicher Bevölkerungsgruppen zwischen der adeligen Oberschicht und den handarbeitenden oder stellungslosen Unterschichten umfaßte, also die größeren Kapitalisten, Unternehmer und Kaufleute ebenso wie die Handwerker, Detaillisten und Beamten aller Art, bezeichnete in der zweiten Jahrhunderthälfte immer häufiger nur noch die bürgerliche Mittel- und mittlere Oberschicht; sie war dadurch weniger nach oben, zum Großbürgertum und Adel hin, als vielmehr nach unten zu, zur Arbeiterschaft und zum Proletariat, abgegrenzt. »In dieser begrifflichen Verschiebung spiegelten sich reale, durch die Industrialisierung bedingte Veränderungen, nämlich: einerseits der ökonomische und soziale Aufstieg eines Teiles des ehemals umfassenden Bürgertums, an dem breite Schichten der Kleingewerbetreibenden, Kleinkaufleute, kleineren Beamten, Handlungsgehilfen und Angestellten aller Art nicht oder kaum teilhatten; andererseits die Verdrängung des ehemals und noch in den 1860er Jahren ziemlich dominanten gesellschaftlichen Gegensatzes zwischen Bürgertum und Adel durch den immer stärker dominierenden Gegensatz zwischen Kapital und Arbeit, zwischen Wirtschaftsbürgertum (Bourgeoisie) und Proletariat.«[171] *(G. A. Ritter/ J. Kocka)*

Der Begriff »Mittelstand« faßte zusammen, was weder in den sich verengenden Bürgerbegriff hineinpaßte noch zum Proletariat gezählt werden konnte: Handwerker, Kleinkaufleute, kleinere Bauern, untere und mittlere Beamte, Handlungsgehilfen, ›Privatbeamte‹, und meist auch Vertreter aus freien Berufen, wie Advokaten, Journalisten, Künstler (soweit diese nicht den Sprung zum Bürgertum, ja Großbürgertum geschafft hatten), ferner Lehrer und Geistliche.

»Der vage, emotional aufgeladene, an eine angeblich bessere, ›ständische‹ Vergangenheit erinnernde und die These von der dichotomischen Klassengesellschaft implizite verneinende Begriff stand zunehmend in politischen Zusammenhängen: Im Wort ›Mittelstand‹ schwang einerseits die Vorstellung von der Bedrohung durch Industrialisierungsfolgen, vom Zerriebenwerden zwischen Kapital und

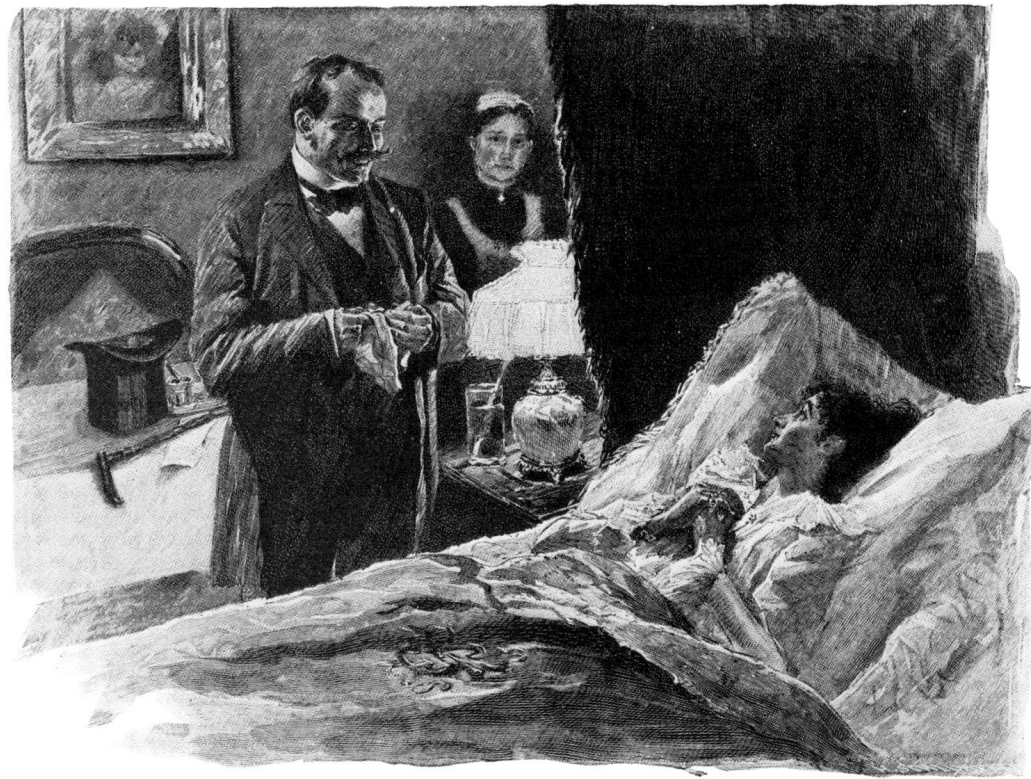

Der Hausarzt zu Besuch bei einer ›Kommer-cienräthin‹.

›Krank und arbeitslos‹. Radierung von Käthe Kollwitz, 1909.

Lagern priesen sich diese kleinbürgerlichen Gruppen an, begründeten sie ihre zunehmend organisierten Forderungen nach sozialem Protektionismus, nach Schutz vor Proletari-sierung, häufig auch einfach nach Privilegien. Als Bündnispartner gegen die proletarische Herausforderung wurden sie von den Regie-rungen, den agrarischen und industriellen Führungsschichten begrüßt und – innerhalb eng gezogener Grenzen – mit ›Mittelstands-politik‹ hofiert.«[172]

Innerhalb des Mittelstandes spielten im zu-nehmenden Maße die Angestellten eine große Rolle. Mit dem Wachsen der Betriebe nahmen auch die Tätigkeiten nicht-manueller Art er-heblich zu – Büroarbeit im weitesten Sinne des Wortes: in den Bereichen der Geschäfts-führung, der Verwaltung, des technischen Be-triebs, des Ein- und Verkaufs, der Kalkula-tion, der Finanzierung, der Disposition. Zu der Gruppe der Angestellten gehörten der In-genieur wie der Konstrukteur, der Zeichner wie der Werkmeister, der Karteiführer wie die Stenotypistin. Ab 1895 kam in Deutschland ein Angestellter auf dreizehn Arbeiter.

Die Angestellten waren eine osmotische Schicht: durchlässig für den Aufstieg ins Bür-gertum, aber auch für den Abstieg ins Proleta-riat (wobei sie dann mit großer ideologischer Anstrengung solchen Niedergang nach außen zu kaschieren suchten). In seinen ›Humoristi-schen Skizzen aus dem deutschen Handels-leben‹ hat *Georg Weerth* bereits um die Mitte des 19. Jahrhunderts die ökonomische und mentale Verelendung des Angestellten sowie seine Ausbeutung durch das Kapital aufge-zeigt. Da ist der untertänige Buchhalter Lenz, der sklavisch-treue Kontorist Sassafraß, der opportunistische Handelsvertreter Sommer: sie sind durch das System korrumpiert; die Regeln heißen: Arbeit für das Handelshaus, Gehorsam gegenüber dem Prinzipal, Glaube an das Geld. Die eigene Persönlichkeit muß unterdrückt werden. »Den raffinierten und skrupellosen Unternehmergestalten steht hilf-los und ängstlich der abhängige Angestellte, der kleinbürgerliche Untertan, gegenüber. Er ist nicht nur der absoluten Macht des Kapi-talisten ausgeliefert, er hat mit seinem ver-dinglichten Bewußtsein auch jene Ideologie verinnerlicht, die die Herrschenden zu ihrem Nutzen und Vorteil geschaffen haben: Obwohl der Lohnabhängige selbst den geringeren Nutzen von seiner Arbeit hat, ist er ein ›treffli-cher Arbeiter‹, er liebt seine Arbeit, ja, ihm ist ›feierlich ernst‹ dabei zumute. Seinem Herrn, den er göttergleich verehrt, opfert er gern sein ganzes Leben. ›Ach, indem ich begeistert für

Arbeit mit. Die Prognose des ›Kommunisti-schen Manifests‹ wurde von vielen Betroffe-nen und Beobachtern als Bedrohung oder als Hoffnung geteilt: ›Die bisherigen kleinen Mit-telstände, die kleinen Industriellen, Kaufleute und Rentiers, die Handwerker und Bauern‹ – 50 Jahre später hätten Marx und Engels wahr-scheinlich hinzugefügt: die Handlungsgehil-fen und meisten Angestellten – ›fallen ins

Proletariat hinab.‹ Andererseits galt der Mit-telstand aber nicht nur seinen Angehörigen, sondern auch vielen Beobachtern und Politi-kern als etwas Schützenswertes, als ›gesunde Mitte‹, als ein ›Glied, dessen Bestehen für das Staatsleben so notwendig ist, (daß) die gefor-derten Opfer nicht dagegen in Betracht kom-men.‹ (Bismarck) Als systemerhaltendes Pol-ster zwischen den sich bekämpfenden großen

ihn arbeitete, habe ich mich selbst vergessen.« *(J.-W. Goette)*[173]
Rund siebzig Jahre später, nach dem Ersten
Weltkrieg, in der Weimarer Republik, ist die
Angestelltenmisere nur noch größer geworden. »Kleiner Mann – was nun?« In einer Be-
sprechung von *Siegfried Kracauers* Analyse
›Die Angestellten‹ (›Künstliche Mitte‹) schrieb
Ernst Bloch 1929 – und er faßte damit zusammen, was diesen Stand seit seinem Entstehen
ökonomisch wie mental, politisch wie in seiner Identität gefährdete –:
»Anderswo ist der Tag nur lauter geworden,
nicht voller. Das Leben der großen Stadt
schäumt mehr, schwindelt dafür besser.
Täuscht den schlecht Bezahlten, der alles
bezahlen muß, was man ihm vormacht. Die
Arbeiter sind draußen in den Fabriken, die
Angestellten bewohnen die Läden, Büros der
großen Stadt selbst. Täglich graues, abends
zerstreutes Leben bestimmt ihr Bild, füllt sie.
… Merkwürdig nur, wie leicht sich der mittle-

Festliche Abendunterhaltung. Der berühmte Sänger neben dem Töchterchen des Haus- herrn.

Heinrich Zille (1858–1929) beim Wächter der Charlottenburger Kiesgruben, Berlin 1899.

Heimarbeiterin in Oberfranken.

re Mann darüber täuschen läßt, wo er lebt. Die
Angestellten haben sich in der gleichen Zeit
verfünffacht, in der sich die Arbeiter nur ver-
doppelt haben. Auch ist ihre Lage seit dem
Krieg eine durchaus andere geworden; doch
ihr Bewußtsein hat sich nicht verfünffacht,
das Bewußtsein ihrer Lage gar ist völlig ver-
altet. Trotz elender Entlohnung, Mechanisierung, äußerster Unsicherheit der Existenz,
Angst des Alters, Versperrung der ›höheren‹
Schichten, kurz, Proletarisierung de facto,

Abendpromenade in einer großstädtischen vornehmen Geschäftsstraße.

Auf dem Weg zur Arbeit. Photographie von Heinrich Zille.

fühlen sie sich noch als bürgerliche Mitte. Ihre öde Arbeit macht sie mehr stumpf als rebellisch. Berechtigungsnachweise nähren ein Standesbewußtsein, das keinerlei reales Klassenbewußtsein hinter sich hat; nur mehr die Äußerlichkeiten, kaum mehr die Gewalt eines verschollenen Bürgertums spuken nach. ... Dieses falsche Bewußtsein (noch in der Revolte falsch) reicht zwar auch unter Bauern, und Studenten geben ihm den Wichs hinzu; doch Angestellte sind ihm vor allem verfallen. Unsagbares Pack aus dem älteren Spießertum mischt seine Instinkte ein, gar keine völkischen, sondern hämische, fossile, erst recht gegenstandslose, die von Antikapitalismus nur soviel haben, daß sie den Juden als ›Wucherer‹ totschlagen. Aber die Ablenkung ist hier das Größere daran, die duldende Ablenkung aus dem wirklichen Leben. Sie staut das Leben auf nichts als Jugend zurück, auf übersteigerte Anfänge, damit die Frage nach dem Wohin gar nicht aufkomme. Sie fördert den Sport und den Abendglanz der Straße, den exotischen Film oder den sonstwie glitzernden, ja, noch die ›neusachliche‹ Fassade aus Nickel und Glas. Nichts ist dahinter als schmutzige Wäsche: doch gerade diese soll durch die gläserne Offenheit verdeckt werden (gleichwie das viele Licht nur der Vermehrung der Dunkelheiten dient). Cafés, Filme, Lunaparks weisen dem Angestellten die Richtung, die er zu gehen hat: – Zeichen, viel zu überbeleuchtet, als daß sie nicht verdächtig wären, der wahren Richtung auszuweichen, nämlich der zum Proletariat. Mit dem der Angestellte jetzt alles teilt: Not, Sorge und Unsicherheit,

nur nicht das klare Bewußtsein dieses seines Zustands.«[174]

Die Unterschicht war weitgehend gleichzusetzen mit den Lohnarbeitern, einschließlich der Landarbeiter, Heimarbeiter, Verkäufer, Dienstboten. Noch weiter drunten befanden sich Landstreicher, Bettler, Vagabunden, Asylbewohner, Prostituierte (das sogenannte ›Lumpenproletariat‹).

1882 stellten die Arbeiter mit 10,7 Millionen etwa 56 %, 1907 mit 17,8 Millionen etwa 63 % der erwerbstätigen Bevölkerung dar. Zählt man zu dieser Zahl noch die ca. 1,7 Millionen der in häuslichen Diensten beschäftigten Personen hinzu, die 1882 9 % und 1907 6 % der

Erwerbstätigen ausmachten, so ergibt sich, daß vor 1914 über zwei Drittel aller Erwerbstätigen sowie deren Angehörigen zu den sozialen Unterschichten zu rechnen sind. »Im ganzen ist der Lebensstandard dieser Schichten in der Zeit des Kaiserreiches, bedingt durch den wirtschaftlichen Aufschwung, verbessert worden. Reallohn und Fleischkonsum stiegen an. Der Pauperismus als ein für den Vormärz kennzeichnendes Massenphänomen, wurde mit dem Fortgang der Industrialisierung überwunden, die Hungersnöte, die bei Mißernten die einzelnen Gebiete bis zur Mitte des 19. Jahrhunderts immer wieder heimsuchten, gehörten der Vergangenheit an. Durch die staatliche Versicherungsgesetzgebung seit den 80er Jahren wurden die oft zur vollständigen Verelendung führenden schlimmsten Auswirkungen von Alter, Invalidität und Krankheit wenigstens für einen Teil der Arbeiterschaft gemildert. Welches Elend und welche Not dennoch in den großen Städten des Kaiserreichs – vor allem unter den Ungelernten, Gelegenheitsarbeitern, Arbeitslosen, Behinderten, Kinderreichen, Asozialen und sozial Schwachen überhaupt – existierten und in wie starkem Maße bestimmte Krankheiten sozial bedingt waren, sollte jedoch nicht übersehen werden.« (G. A. Ritter/J. Kocka)[175]

Kindheit

Eine Betrachtung der Lebensweisen der Stände und Schichten gleicht einem Wechselbad: üppigster Reichtum und düsterste Armut (dazwischen genügsame Frugalität), rauschhaftes Vergnügen und freudloses Dahinvegetieren, erfolgreich vorankommende Arbeit und aussichtslose Plackerei lagen dicht nebeneinander.

»Das Werk der Weckuhr schnappte ein und rasselte pflichttreu und grausam. Es war ein heiseres und geborstenes Geräusch, ein Klappern, mehr als ein Klingeln, denn sie war altgedient und abgenutzt; aber des dauerte lange, hoffnungslos lange, denn sie war gründlich aufgezogen. ... Wie jeden Morgen zogen sich bei dem jähen Einsetzen dieses zugleich boshaften und treuherzigen Lärmes, auf dem Nachttische, dicht neben seinem Ohre, vor Grimm, Klage und Verzweiflung seine Eingeweide zusammen. Äußerlich aber blieb er ganz ruhig, veränderte seine Lage im Bette nicht und riß nur rasch, aus irgendeinem verwischten Morgentraume gejagt, die Augen auf. Es war vollkommen finster in der winterkalten Stube; er unterschied keinen Gegenstand und konnte die Zeiger der Uhr nicht sehen. Aber er wußte, daß es 6 Uhr war, denn er hatte gestern abend den Wecker auf diese Stunde gestellt.«[176]

Montag morgen. Die Szene könnte sich in einem Arbeiterhaushalt abspielen. Handelt es sich um den Beginn einer neuen Arbeitswoche nach einem kargen Sonntag? »Es war Sonntag gewesen, und nachdem er sich mehrere Tage hintereinander von Herrn Brecht hatte malträtieren lassen müssen, hatte er zur Belohnung seine Mutter ins Stadttheater begleiten dürfen, um den ›Lohengrin‹ zu hören. Die Freude auf diesen Abend hatte seit einer Woche schon sein Leben ausgemacht. Beklagenswert war nur, daß stets vor solcherlei Festen so viel des Widerwärtigen lagerte und bis zum letzten Augenblick die freie und freudige Aussicht darauf verdarb.«[177]

Es handelt sich also um ein »bürgerliches Aufwachen« – von Hanno Buddenbrook in *Thomas Manns* Roman ›Die Buddenbrooks‹ ist die Rede. Das Gefühl der Verlassenheit, der Schwäche und des Niedergedrücktseins angesichts des pflichttreu-grausamen Rasselns der Weckuhr ist das eines wohlhabenden Bürgerssohnes, der jedoch in seiner künstlerischen Sensibilität den Pflichten des Alltags (hier der Schule) wenig gewachsen ist.

Ein Arbeiterkind konnte sich solche Sensibilität nicht leisten. »Es war ein kalter strenger Winter. In unsre Kammer konnte Wind und Schnee ungehindert hinein. Wenn wir morgens die Tür öffneten, so mußten wir erst das angefrorene Eis zerhacken, um hinaus zu können, denn der Eintritt in die Kammer war direkt vom Hof und wir hatten nur eine einfache Glastür. Die Mutter ging um halb 6 Uhr von Hause fort, da sie um 6 Uhr zu arbeiten begann. – Ich ging eine Stunde später Arbeit suchen. ›Bitt' schön um Arbeit‹ mußte wieder unzählige Male gesagt werden. Fast den ganzen Tag war ich auf der Straße. Heizen konnten wir daheim nicht, das wäre Verschwendung gewesen, so trieb ich mich auf der Straße, in den Kirchen und auf dem Friedhof herum. Ein Stück Brot und ein paar Kreutzer, um mir Mittag etwas kaufen zu können, bekam ich mit. Das Weinen mußte ich immer gewaltsam zurückdrängen, wenn meine Bitte um Arbeit abgewiesen wurde und ich aus dem warmen Raum wieder hinausmußte. Wie gerne hätte ich alle Arbeit getan, um nur nicht frieren zu müssen. Im Schnee wurden meine Kleider feucht und meine Glieder erstarrten, wenn ich stundenlang herumging. Dazu wurde meine Mutter immer unwilliger, der Bruder hatte Arbeit gefunden, Schnee war gefallen, da wurde er beschäftigt, freilich für so geringe Bezahlung, daß er sich kaum selbst ernähren konnte. Nur ich hatte noch keine Arbeit.«[178]

Wandgemälde im Schloß eines Industriellen.

›Not‹. *Lithographie von Käthe Kollwitz, 1897.*

Kinder im Krögelhof (Berlin vor 1900; Aufnahme von Heinrich Zille).

So schildert *Adelheid Popp*, als *Adelheid Dworschak* 1869 in Inzersdorf als fünfzehntes Kind einer Weberfamilie geboren, späteres Mitglied des österreichischen sozialdemokratischen Parteivorstandes, des österreichischen Parlaments und des Wiener Gemeinderates sowie Publizistin, ein ›Morgenerlebnis‹ ihrer Jugend. Zehn ihrer Geschwister starben im Säuglingsalter; ihr Vater, ein schwerer Trinker, tyrannisierte die Familie und überließ deren Ernährung meistens der Mutter. Er starb, als Adelheid Popp sechs Jahre alt war. »Kein Lichtstrahl, kein Sonnenstrahl, nichts vom behaglichen Heim, wo mütterliche Sorgfalt und Liebe meine Kindheit geleitet hätte, ist mir bewußt.« Nach dreijährigem Schulbesuch wird die Zehnjährige Dienstmädchen, Näherin und Fabrikarbeiterin, um die Mutter beim Unterhalt der Familie zu unterstützen. Mit dreizehn Jahren ist sie gesundheitlich am Ende; schwer krank wird sie in ein Spital eingeliefert, wo sie zum ersten Mal »zur Besinnung« kommt. »Die Kindheit Adelheid Popps umfaßt alles, was für eine proletarische Kindheit dieser Zeit typisch ist: miserable Schulbildung, früher Zwang zur Lohnarbeit und damit Verzicht auf die einfachsten kindlichen Vergnügungen und Freuden, die Unterdrükkung privater Neigungen und Interessen durch die Mutter, die gezwungen ist, das Kind immer wieder zur Arbeit zu treiben, und extrem dürftige Lebensverhältnisse.« *(Hans J. Schütz)*[179]

Das furchtbare Elend so vieler Kinder im 19. Jahrhundert ist uns nur selten – wie hier bei Adelheid Popp – in persönlichen Zeugnissen überliefert. Die »betrogenen Kinder« blieben meist stumm, die Misere war namenlos. In ihrer ›Sozialgeschichte der Kindheit‹ berichtet Erna M. Johansen von der Verelendung und der Not, welche die Industrialisierung mit sich brachte: vom ständigen Hunger, den unvorstellbaren Wohnverhältnissen, dem Massensterben, dem Betteln, der Kinderarbeit, dem Fehlen von Spielmöglichkeiten, der mangelnden Ausbildung und Bildung.[180] Die Zahl der Waisen- wie Findelkinder war sehr groß. Das allgemeine Elend bewirkte oft einen frühen Tod der Eltern; oder aber die Eltern konnten in ihrer Not die Kinder nicht versorgen. Auch der Brauch, Kleinkinder an Ammen und fremde Familien als Zieh- und Kostkinder wegzugeben, war weit verbreitet und trug zur hohen Säuglingssterblichkeit bei; denn die Pflegeeltern waren häufig ›Engelmacher‹: sie ließen die fremden Kinder bald sterben. Um die ›Engelmacherei‹ zu bekämpfen, wurde z. B. in Preußen im Jahre 1840 eine polizeiliche Erlaubniserteilung für die Aufnahme von

Kindern gegen Entgelt eingeführt. Auch die Einrichtung von Ziehkinderanstalten (1825 erstmals in Leipzig) sollte das Schicksal der weggegebenen Kinder verbessern helfen. Der Anteil der bettelnden Kinder ist ein anderes signifikantes Beispiel für die allgemein herrschende Not. Nach einer sächsischen Polizeistatistik im Leipziger Kreis ohne die Stadt war knapp die Hälfte unter den ständig Bettelnden, d. h. von 2181 Bettlern 1040, Kinderbettler. (»Doch bleibt eine offene Frage, ob die Elendslage der Bettelkinder nicht noch erträglicher war als die der ausgemergelten und eingepferchten Fabrikkinder.«[181])

Besonders negativ auf die Entwicklung der Kinder in den Arbeitervierteln wirkten sich die unhygienischen, erstickend beengenden, elenden Wohn- und Lebensbedingungen aus; dazu kam, daß meist beide Elternteile erwerbstätig waren und somit die Kinder sich selbst überlassen blieben. In den Arbeitervierteln Berlins war die Säuglingssterblichkeit rund achtmal höher als in den reichen Wohnvierteln: 42 % in Wedding gegenüber 5,2 % in Tiergarten. In Berlins armer Bevölkerung starben jährlich 345 von 1000 Kindern, also etwa jedes dritte Kind; im heißen Sommer

1905 sogar annähernd zwei Drittel der Kinder. Nach ärztlichen Ermittlungen starben im Jahr 1901 im Alter bis zu 6 Jahren 55,1 % der Kinder bei Arbeitern, 29,3 % beim Mittelstand und 13,4 % bei Reichen; von Kindern von 6 bis 14 Jahren 9,3 % bei Arbeitern, 4,9 % beim Mittelstand und 2,1 % bei Reichen; bis die Kinder das Alter von 6 Jahren erreicht hatten, war eben die Auslese bereits so furchtbar gewesen, daß nur die Widerstandsfähigsten überlebten, was die Todesrate für diese Altersgruppe in den einzelnen Schichten zur Annäherung brachte. (Im Vergleich zur heutigen Säuglings- und Kindersterblichkeit war sie in dem Jahrzehnt von 1881 bis 1890 zehnmal höher als 1968/70. Auch die Müttersterblichkeit war achtfach höher.)[182]

Kinderarbeit war weit verbreitet. Viele Familien hätten ohne das Mitverdienen der Kinder nicht existieren können. Schätzungen besagen, daß um die Jahrhundertwende im Deutschen Reich etwa eine Million Proletarierkinder, das waren ein Achtel aller Schulkinder, arbeiten mußten. Erst das Deutsche Kinderschutzgesetz von 1903 verbot für Kinder unter 12 Jahren jedes Arbeitsverhältnis; es wurde jedoch vielfach umgangen. Der wichtigste

Grund der Unternehmer, Kinder zu beschäftigen, betraf zweifellos die Lohnfrage. »Für Manufakturen allgemein galt die Auffassung, die Löhne der Arbeiter müßten möglichst niedriggehalten werden, sonst würden sie nicht genug arbeiten. Kinder aber behandelten sie grundsätzlich als die billigsten Arbeitskräfte. Sie waren dem Unternehmen somit als kostensparender Faktor in der Produktion ›unentbehrlich‹. An der Kinderarbeit waren also gleichermaßen interessiert die Eltern aus materieller Not heraus, die Unternehmer, die Staatssouveräne und die Volkserzieher – aus wirtschaftlichen, konkurrenz- und handelspolitischen wie aus sozialen, arbeitspädagogischen und -ethischen Zielsetzungen: als zeittypische Bemäntelung von Profitinteressen.« (Erna M. Johansen)[183] – Kinderarbeit bedeutete nicht nur eine unverantwortliche Belastung des physischen Leistungsvermögens; auch die weitere Entwicklung des Kindes in körperlicher, geistiger und seelischer Hinsicht wurde erschwert oder unterbunden. Der dreizehnjährige Nikolaus Osterroth berichtet von seiner ersten vollen Arbeit:
»Zwei Tage nach meiner Schulentlassung ging mein (erkrankter) Vater mit mir nach einer im nächsten Dorf gelegenen Ziegelfabrik, deren Besitzer, ein Schweizer, zwei Jahrzehnte vorher ein paar bescheidene Schuppen mit Handbetrieb errichtet und jetzt drei riesige miteinander verbundene Gebäude dastehen hatte, in denen neben 60 Erwachsenen 400 jugendliche Arbeiter und Mädchen beschäftigt waren. . . . Die Natur seines Betriebes machte ihm die erwachsenen Arbeiter ziemlich entbehrlich. Maschinen holten den Ziegelton heran, Maschinen kneteten ihn, Maschinen näßten ihn, preßten ihn und lieferten in je zwei Sekunden dem ›Presser‹ die Ziegel auf eine vorgehaltene Holzleiste. Der Presser saß auf einem Stuhl hinter der Presse und gab die Holzleiste mit Ziegeln an einen dreizehnjährigen Jungen weiter. Der Junge machte in einer Sekunde einen meterlangen Satz und legte die Holzleiste auf einen rotierenden Aufzug; dann machte er in der nächsten Sekunde den Satz zurück und nahm die neuen Ziegel in Empfang. Der Presser verdiente durchschnittlich 6 Mark, wenn keine Störungen in der Presse oder bei der Weiterbeförderung vorkamen. Und mit eiserner Strenge sorgte er dafür, daß alles glatt ablief. Am Abend meldeten er und die anderen acht Presser dem Oberaufseher. . . daß sie je 18 000 Ziegel abgenommen hätten. . .
Der Junge erhielt 85 Pfennig Tagelohn bei zehnstündiger Arbeitszeit. Er hatte in dieser Zeit zwischen dem Presser und dem rotierenden Aufzug 36 Kilometer zurückzulegen und hatte 1260 Zentner geformten Ziegelton zu transportieren. Da gabs kein Warten und kein Verschnaufen; er war das Zwischenglied zweier automatischer Maschinen, die das Tempo seiner Sätze regelten; und dann war zur Aufsicht der riesig große, rohe Presser da, der furchtbar schrie, wenn er die Ziegel eine viertel Sekunde länger in der Hand halten mußte. Wenn schließlich die Pause da war, hatte der Junge keinen Hunger und keinen Durst mehr; er war so müde.
Am Abend waren ihm die Knochen wie zerschlagen, und er wußte bald nicht mehr heimzukommen. . . von dem vielen roten Staub wurden seine Hände rot; und rot war, was er spuckte, und er glaubte, es sei Blut, und er müsse sterben. . . . Aber er starb nicht; die Augen wurden zwar wie Glas und lagen tief in den Höhlen, und lachen konnte er auch nicht mehr. Wenn er gewaschen war, war er nicht mehr rot, ganz gelbbleich und mager war er. Außer an Ruhe und Sterben dachte der Junge oft gar nichts mehr. Nur hie und da meinte er, wie schön es wäre, wenn er noch in die Schule gehen und singen und lachen könnte. Die Maschine hatte ihn um alles gebracht. In 5 Monaten hatten sie aus einem frohen, helläugigen Kind einen sich nach Tod und Grabesruhe sehnenden Greis gemacht. Der Junge war ich.«[184]
Die Eltern aller Schichten und Stände hofften, daß es ihre Kinder eines Tages besser haben würden. Als ›Delegierte‹ der Eltern sollten sie erreichen, was man selbst nicht erreicht hatte. Das Bessere war für viele jedoch nur ein etwas weniger Schlechtes. Die Kinderphotographien dieser Zeit zeigen, wie sehr man in allen Kreisen bemüht war, dem Kind ein ›Nest‹ zu bauen, in dem es sich wohl fühlen sollte. Spiel und Spielen (›Puppe, Fibel, Schießgewehr‹) waren freilich dabei vor allem durch Nützlichkeitserwägungen bestimmt: die spätere Rolle als Ehefrau, Mutter, Soldat, Ingenieur, Untertan. . . war einzuüben.
Zugleich wurden von sehr früh an die Lebensregeln eines ausgeprägten sekundären Tugendsystems vermittelt: Pflichtbewußt sollte man werden, pünktlich, ordentlich, reinlich. Das Ideal des ›artigen Kindes‹ ist etwa ablesbar an den »Sprüchen für Kinder«, wie sie in Jugend- und Lesebüchern gang und gäbe waren:
Wer einmal lügt, dem glaubt man nicht, und wenn er gleich die Wahrheit spricht.
Ein gutes Kind gehorcht geschwind.
Sei die Gabe noch so klein, dankbar mußt du immer sein.
Gott sieht dich, Kind, drum scheu' die Sünd!
Wo ich bin, und was ich tu, sieht mir Gott, mein Vater, zu.
Bedenke, daß, wo du auch bist, stets Gott in deiner Nähe ist!
Halte Ordnung, liebe sie; sie erspart dir Zeit und Müh'!
Frisch getan und nicht gesäumt! Was im Weg liegt, weggeräumt!
Was dir fehlet, such geschwind! Ordnung lerne früh, mein Kind!

Waisenhaus in der Findelgasse Nürnberg, vor 1909.

Heinrich Zille: Kinder aus Berlin-West (dem vornehmen Viertel) und aus Berlin-Nord (dem Arbeitergebiet).

Familienidyll aus der Biedermeierzeit; unerreichbar für Proletarierkinder.

Narrenhände beschmieren Tisch und Wände. Die Eltern, die dich herzlich lieben, darfst du durch Unart nicht betrüben.
Höflich und bescheiden sein, das kostet nichts und bringt viel ein.
Wer seine Mütz' trägt auf dem Kopf wie angewachsen auf dem Schopf, der heißt mit Recht ein grober Knecht.[185]
Mit dem Stock war man rasch bei der Hand: Wer sein Kind liebte, züchtigte es. Damit das Gute im Kind sich entfalten konnte, trieb man »das Böse« durch Schläge aus. Der Vater fungierte dabei als Strafrichter. Wie unterschiedlich die ökonomischen Verhältnisse auch waren, in der Familienstruktur ähnelten sich Adeliger, Bürger, Bauer und Arbeiter. Die Rolle des Mannes und Vaters war patriarchalisch-autoritär; die der Mutter, der männlichen Führung angepaßt, unselbständig; die Ziele der Kindererziehung waren auf Abhängigkeit, Gehorsam, gesellschaftliche Affirmation und Respektierung umfangreicher Tabubereiche ausgerichtet; die Repression war überall zu Hause.
»Der Vater schaute ihn eine Weile wutentbrannt an. Daß Johannes, ohne ein Wort zu sagen, verharrte, mochte ihm das Eingeständnis seiner Schuld sein. Er griff den Stock, schob einen Stuhl in die Mitte des Zimmers und bedeutete ihm durch einen Wink, sich darüber zu legen. Zögernd näherte sich Johannes dem Stuhl. Er zittert vom Kopf bis zu den Füßen. Dann blieb er stehen und schaute dem Vater voll ins Gesicht. ›Vater…‹ Weiter kam er nicht. Sinnlos vor Zorn faßte der Alte ihn und drückte ihn auf den Stuhl nieder. Gleich darauf ließ er einen Hagel von Hieben auf ihn niedersausen. Johannes schrie auf vor Schmerzen, aber unbarmherzig schlug der Vater weiter auf ihn ein. Krampfhaft umfaßte Johannes den Stuhl und war kaum fähig sich zu erheben, als der Vater das Schlagen einstellte. ›Ich werde dir helfen, anderen Leuten die Fenster einzuwerfen. Marsch, ins Bett!‹ Schweigend drehte Johannes sich um und ging langsam die Treppe hinauf. Mühsam entkleidete er sich, während die Mutter die Betten aufdeckte. ›Schadet dir gar nichts!‹ sagte sie. ›Was hast du bei diesen Rowdys zu suchen?«[186]
Neue freiheitliche Formen der Kindererziehung, solche, die das Kind nicht als kleinen Erwachsenen verstanden, sondern in seiner Eigenständigkeit berücksichtigen wollten, waren der Tenor pädagogischer Reformbewegungen um die Jahrhundertwende. Das 1900 erschienene, kurz darauf

ins Deutsche übersetzte und weitverbreitete Buch der Schwedin *Ellen Key* ›Das Jahrhundert des Kindes‹ war allen Eltern gewidmet, die hofften, »im neuen Jahrhundert den neuen Menschen zu bilden«.
Es hatte ein Nietzsche-Wort zum Motto: »Eurer Kinder Land sollt ihr lieben: diese Liebe sei euer neuer Adel – das unentdeckte ›im fernsten Meere‹! Nach ihm heiße ich eure Segel suchen und suchen! An euren Kindern sollt ihr gut machen, daß ihr eurer Väter Kinder seid: alles Vergangene sollt ihr so erlösen! Diese neue Tafel stelle ich über euch.«[187]
Das Buch erschien in einem Augenblick, da in

Familie der ›unteren Kreise‹. Der sonntägliche Matrosenanzug war in allen Schichten beliebt.

Hamburg um die Jahrhundertwende. Im Durchgang zum ›Judenhof‹ hat sich eine Gruppe von Kindern und Erwachsenen dem Photographen gestellt.

einer größeren Schulbefragung in Berlin festgestellt wurde, daß nur 33 % der Kinder ein eigenes Bett hatten; 63,5 % lagen zu zweien, 3,4 % zu dreien im Bett; von 200 befragten Kindern schliefen 40 % allein und 60 % mit ein bis vier Personen zusammen.

Das 19. Jahrhundert ist kein Jahrhundert des Kindes gewesen; und auch im 20. Jahrhundert fand die »Befreiung des Kindes« nicht statt. In ihrer Kulturgeschichte der Kindheit charakterisiert *Ingeborg Weber-Kellermann* die bürgerliche und proletarische Familienstruktur im 19. Jahrhundert wie folgt: »Mit der Ausgliederung der Berufsarbeit aus dem häuslichen Bereich verlor der Patriarchalismus seine sachlich-ökonomische Notwendigkeit, denn der Hausvater hatte nun nicht mehr die Hauswirtschaft als Produktionsstätte zu organisieren und zu leiten. Statt dessen hätte sich ein zunehmendes partnerschaftliches Verhältnis zwischen den Ehegatten ergeben können, die Gleichstellung von Mann und Frau als zweier selbständiger Personen, wie es das Naturrecht ermöglichte. Solche Tendenzen beschränkten sich jedoch auf Ausnahmen und es blieb, gewissermaßen als ein Bewußtseinsrückstand, die alte soziale

Machthierarchie auch in der Familie weitgehend bestehen – ja, sie wucherte im Laufe des Jahrhunderts allmählich aus zu einer väterlichen Autoritätsideologie.... Hatte die Biedermeier-Hausfrau die Wohnung zu einem familiären Refugium gestaltet, so diente sie der Gründerzeit-Familie vor allem zur Repräsentation, was sich in den Ausmaßen der Etage und den imitierten Möbelstilen symbolisierte. Der Blick nach oben kennzeichnete diese Lebenshaltung und wurde auch den Kindern eingeübt. Adel war wieder Trumpf. Dabei bildeten sich ganze Tugendkataloge heraus, die die Erziehung der heranwachsenden Kinder bestimmten und für die Mädchen in einer Fülle von Backfisch-Literatur ihren Niederschlag fanden. Familienglück, wie es das Mädchenbuch

pries, wurde zum Leitbild manchen Mädchenherzens. Die bürgerliche Gesellschaft hatte sich damit weit von den Freiheits- und Gleichheitsidealen des Jahrhundertbeginns entfernt....

Auch in der Arbeiterfamilie – das stellte August Bebel 1878 mit Empörung fest – wiederholten sich die Zwänge des bürgerlichen Familienmodells, und zwar nicht nur objektiv in der rechtlichen Situation der Frauen als ›abhängiges unterdrücktes Geschlecht‹, sondern auch subjektiv in ihrem Verhältnis zu Mann und Kindern. Die als selbstverständlich hingenommene Differenzierung in den Löhnen für Mann und Frau widerspiegeln ihre ebenso selbstverständlich hingenommene Unterstellung auch in der Ehe.«[188]

Schulen

Das patriarchalisch-autoritäre Erziehungsmodell kennzeichnete die Schule im Maschinenzeitalter. Besonders das humanistische Gymnasium, zu Beginn des 19. Jahrhunderts von *Wilhelm von Humboldt* als »Pflegestätte der Humaniora« konzipiert, erwies sich als Drill- und Exerzierstätte entleerter Wissensvermittlung. In einer großen Anzahl literarischer Werke aus dieser Zeit wird über das Gymnasium Gerichtstag gehalten (man denke an *Heinrich Manns* ›Professor Unrat‹, *Emil*

Strauß' ›Freund Hein‹, *Rainer Maria Rilkes* ›Die Turnstunde‹, *Robert Musils* ›Die Verwirrungen des Zöglings Törless‹). In *Frank Wedekinds* Drama ›Frühlings Erwachen‹ sind die Namen der Lehrer, ihre engstirnige Verbohrtheit charakterisierend: Affenschmalz, Knüppeldick, Knochenbruch, Fliegentod, Hungergurt und Sonnenstich.

»Ein-, zweimal in der Woche spazierengehen ist notwendig und tut Wunder. Bei schönem Wetter kann man ja auch ein Buch mit ins

Erster Schultag, (1900).

›Eine schwierige Frage‹; Zeichnung aus dem Mädchenalmanach ›Das Kränzchen‹.

Volksschulklasse auf dem Lande, 1872.

Freie nehmen – du wirst sehen, wie leicht und fröhlich es sich in der frischen Luft draußen lernen läßt. Überhaupt Kopf hoch!« Mit diesen Worten ermahnt in *Hermann Hesses* Erzählung ›Unterm Rad‹ (1906) der Klassenlehrer seinen Schüler Hans Giebenrath, sein Pensum zu bewältigen, damit ihm der Sprung aus der Kleinstadt übers Landexamen zu geistigen Würden gelinge. »Die Lehrer, der Rektor, die Nachbarn, der Stadtpfarrer, die Mitschüler und jedermann gab zu, der Bub sei ein feiner Kopf und überhaupt etwas Besonderes. Damit war seine Zukunft bestimmt und festgelegt. Denn in schwäbischen Landen gibt es für begabte Knaben, ihre Eltern müßten denn reich sein, nur einen einzigen schmalen Pfad: durchs Landexamen ins Seminar, von da ins Tübinger Stift und von dort entweder auf die Kanzel oder aufs Katheder. Jahr für Jahr betreten drei bis vier Dutzend Landessöhne diesen stillen, sicheren Weg, magere, überarbeitete Neukonfirmierte durchlaufen auf Staatskosten die verschiedensten Gebiete des humanistischen Wissens und treten acht oder neun Jahre später den zweiten, meist längeren Teil ihres Lebensweges an, auf welchem sie dem Staate die empfangenen Wohltaten heimzahlen sollen.« Die Lehrer, die einen »toten Schüler stets mit ganz anderen Augen anblikken als einen lebenden«, trimmen Hans auf Erfolg. Dieser bliebe zwar lieber in seinem Kleinstädtchen, würde lieber in den Ferien im weidenumrahmten Fluß baden, bei der Heumahd und beim Mosten dabeisein; doch der kleinbürgerliche Vater will es anders. Er ist Zwischenhändler und Agent, besitzt eine breite, gesunde Figur, eine leidlich kommerzielle Begabung, verbunden mit einer aufrichtigen und herzlichen Verehrung des Geldes; ein kleines Wohnhäuschen mit Garten, ein Familiengrab auf dem Friedhof, eine etwas faden-

Turnhalle kurz nach der Jahrhundertwende.
»*... ist die Aufgabe des Schulturnens vornehmlich eine erzieherische und besteht im wesentlichen darin, die körperlichen Anlagen und Kräfte der Jugend in einer ihrem Alter angemessenen Weise durch Übung zu entwickeln und sie der Einsicht und dem Willen möglichst dienstbar zu machen. So präzisiert, entspricht die Aufgabe des Schulturnens durchaus derjenigen, welche die Schule auch sonst zu erfüllen sucht. Denn auch für die übrigen Schuldisziplinen gilt als die höchste Aufgabe, die Kinder den Gebrauch ihrer Fähigkeiten zu lehren, ihren Willen zu entwickeln und sie dadurch in den eigentlichen Besitz, zur Herrschaft über ihre Kräfte zu bringen.*« *(Festzeitung für das 10. Deutsche Turnfest zu Nürnberg, 1903.)*

scheinig gewordene Kirchlichkeit mit angemessenem Respekt vor Gott und der Obrigkeit. Er zeigt blinde Unterwürfigkeit gegen die »ehernen Gebote der bürgerlichen Wohl-

anständigkeit«. Er trinkt manchen Schoppen, ist aber niemals betrunken; er beschimpft ärmere Leute als Hungerleider, reichere Leute als Protzen; er ist Mitglied des Bürgervereins, beteiligt sich jeden Freitag am Kegelschieben im ›Adler‹, an den Voressen und Metzelsuppen; raucht zur Arbeit billige Zigarren, nach Tisch und sonntags eine feinere Sorte. Mit anderen Worten: Sein Leben ist das eines Philisters. Seine Lektüre beschränkt sich auf die Zeitung; sein Bedarf an Kunstgenüssen auf die jährliche Liebhaberaufführung des Bürgervereins und den Besuch eines Zirkus. Als der Sohn im Seminar scheitert und Selbstmord begeht, begreift dies der Vater nicht: »›Man begreift's nicht‹, seufzte Gieben-rath. ›Er ist so begabt gewesen und alles ist auch gut gegangen, Schule, Examen – und dann auf einmal ein Unglück übers andere.‹ ... Über dem Städtchen war ein fröhlich blauer Himmel ausgespannt, im Tale glitzerte der Fluß, die Tannenberge blauten weich und sehnlich in die Weite. Der Schuhmacher lächelte traurig und nahm des Mannes Arm, der aus der Stille und seltsam schmerzlichen Gedankenfülle dieser Stunde zögernd und

verlegen den Niederungen seines gewohnten Daseins entgegenschritt.«[189]

In all diesen Dichtungen und in einer Vielzahl autobiographischer Werke vertritt das Schulthema ausschnitthaft die Lebensproblematik. Das Phänomen der Vereinsamung des Menschen, der autoritären Strukturen und zunehmender Kollektivierung unterworfen ist, wird am Beispiel des Schülers dargestellt. »Unter Schülern und Lehrern wird dabei eine Art Künstler-Bürger-Konflikt ausgetragen, eine differenzierte und sehr oft nur im seelischen Bereich sich abspielende Auseinandersetzung zwischen dem Zarten, Musischen, kurz: den Einzelgängern auf der einen Seite – und der rauhen Masse auf der anderen.« (*Martin Gregor-Dellin*)[190]

Auf eine Umfrage zum Thema »Schule« antwortete *Hans Bethge* 1912: »Gestatten sie mir die Versicherung, daß ich nicht an einen einzigen meiner Lehrer mit Gefühlen der Verehrung zurückdenke. Das ganze Verhältnis zwischen Schüler und Lehrer habe ich auf den zwei Gymnasien, die ich besuchte, immer nur als gespanntes, oft genug geradezu als ein

Volksschulklasse, 3. Schuljahr, 1918/19.

feindliches empfunden.« Zur gleichen Umfrage schrieb *Hermann Bahr*: »Ich könnte über meine ›Schülerjahre‹ nichts sagen, als daß sie die schlimmste Zeit meines ganzen Lebens gewesen sind, die einzige, die ich um gar keinen Preis noch einmal erleben möchte, und daß ich mich auch heute noch der heftigsten Erbitterung nicht erwehren kann, wenn ich an jene tückischen, von Neid gequälten, schadenfrohen Idioten denke, die man Lehrer nennt.« Und *Alfred Kerr* bemerkte: »Drei Dinge:
1. Das Verhältnis zu den Lehrern,
2. das Verhältnis zu den Mitschülern,
3. der Geruch in den Räumlichkeiten
lassen sich in das eine Wort zusammendrängen: Scheußlich.«[191]
Von der Trostlosigkeit des damaligen Schulbetriebs, besonders was die fatale Rolle der Lehrer betrifft, heißt es in *Stefan Zweigs* Erinnerungsbuch ›Die Welt von gestern‹: »Sie waren weder gut noch böse, keine Tyrannen

und andererseits keine hilfreichen Kameraden, sondern arme Teufel, die sklavisch an das Schema, an den behördlich vorgeschriebenen Lehrplan gebunden, ihr ›Pensum‹ zu erledigen hatten wie wir das unsere, und – das fühlten wir deutlich – ebenso glücklich waren wie wir selbst, wenn mittags die Schulglocke scholl, die ihnen und uns die Freiheit gab. Sie liebten uns nicht, sie haßten uns nicht, und warum auch, denn sie wußten von uns nichts; noch nach ein paar Jahren kannten sie die wenigsten von uns mit Namen, nichts anderes hatte im Sinn der damaligen Lehrmethode sie zu bekümmern als festzustellen, wieviele Fehler ›der Schüler‹ in der letzten Aufgabe gemacht hatte. Sie saßen oben auf dem Katheder und wir unten, sie fragten und wir mußten antworten, sonst gab es zwischen uns keinen Zusammenhang. Denn zwischen Lehrer und Schüler, zwischen Katheder und Schulbank, dem sichtbaren Oben und sichtbaren Unten stand die unsichtbare Barriere der Autorität, die jeden Kontakt verhinderte.«[192]
Die Wandervogelbewegung, die um 1900 als Protest gegen die Tyrannei der ›Oberlehrer‹

(d. h. der Gymnasiallehrer) und in Absage an die Dekadenz der Großstadt entstand, bekämpfte die Schule als ein Produkt der ›Maschinengesellschaft‹. Zivilisation wurde gleichgesetzt mit Technik, Fabrikation, eiskalter Berechnung, Massenherrschaft – und entsprechend verworfen. Das Nützlichkeitsdenken sah sich mit einem neuen Kulturbegriff konfrontiert, der Freiheit und Natürlichkeit miteinander verknüpfte. Dem verklemmten ›Bierbürgertum‹ wurde eine leidenschaftlich-bewegte Offenheit, die sich rhapsodisch und ekstatisch artikulierte, entgegengestellt.
Wilhelm Liebknecht formulierte 1872: »Es hat noch nie eine herrschende Kaste, einen herrschenden Stand, eine herrschende Klasse gegeben, die ihr Wissen und ihre Macht zur Aufklärung, Bildung und Erziehung der Beherrschten benutzt und, nicht im Gegenteil, systematisch ihnen die echte Bildung, die Bildung, welche frei macht, abgeschnitten hätte.«[193] Betrachtet man die soziale Herkunft z. B. der preußischen Abiturienten zwischen 1875 und 1899, so stammten sie fast aus-

schließlich aus dem mittleren, gehobenen und Großbürgertum. Die Karrieren der Söhne glichen denen der Väter; selten, daß dieser Kreislauf einmal zugunsten der unteren Schichten aufgebrochen werden konnte.[194]

Diese profitierten jedoch vom Ausbau des Volksschulwesens und von der Einrichtung der Industrie-, Gewerbe-, Handels- und Real- sowie der Berufs- und Fachschulen. Die Industrialisierung hatte, worüber die Kritik am Gymnasium nicht hinwegsehen lassen darf, einen Durchbruch des Bildungswesens in Richtung Volksbildung bewirkt. Zwei Grundzüge sah *Friedrich Paulsen* im 19. Jahrhundert am Werk: »Der eine die fortschreitende Verweltlichung und Verstaatlichung des Bildungswesens, der andere die beständige Ausbreitung schulmäßiger Bildung über immer weitere Kreise, wenn man so will: die Demokratisierung der Bildung.«[195] Die Mutter von *Adelheid Popp* war schon mit sechs Jahren in den Dienst gekommen; sie hatte nie eine Schule besucht und konnte weder lesen noch schreiben. Sie war eine Feindin der »neumodischen Gesetze«, wie sie die Schulpflicht nannte. Diese Schulpflicht aber ermöglichte es der Tochter später, trotz Herkunft aus verelendeten Verhältnissen, ›auszubrechen‹: Als sozialdemokratische Agitatorin und Publizistin machte sie ihren Weg.

Der Zweck der Volksschulen und Sonntagsschulen, »die religiös-sittliche Bildung und Unterweisung der Jugend in den für das bürgerliche Leben nöthigen allgemeinen Kenntnissen und Fertigkeiten«, die Einübung von Unterrichtsgegenständen, »die für das bürgerliche Leben vorzugsweise von Nutzen sind« (so der Text des Württembergischen Schulgesetzes von 1836), wurde zunehmend erreicht; nicht zuletzt auch deshalb, weil es viele Lehrkräfte, gerade auf dem Lande in den Zwerg- und Klippschulen, gab, die aufopferungsvoll ihren Kindern viel ›beibrachten‹ und ihnen zudem jene menschliche Wärme und Geborgenheit vermittelten, die das Elternhaus angesichts seiner schlechten wirtschaftlichen Lage nicht bieten konnte. Hatte, so berichtet *Friedrich Hebbel*, Sohn eines Maurers, über seine Jugendzeit in Holstein, »zunächst der Staat sich in die erste Erziehung gar nicht, in die spätere wenig gemischt« (die Eltern konnten ihre Kinder schicken, wohin sie wollten; die Klipp- und Winkelschulen waren reine Privatinstitute, um die sich selbst die Prediger kaum kümmerten und die oft auf die seltsamste Weise entstanden), so trat in den 20er Jahren des 19. Jahrhunderts eine große Veränderung, ja vollständige Umgestaltung des Schulwesens ein. Den »höchst mangelhaften und der Verbesserung bedürftigen Zuständen sollte nun ein für allemal ein Ende gemacht, das Volk sollte von der Wiege an erzogen und der Aberglaube bis auf die letzte Wurzel ausgerottet werden«. Hebbel steht zwar dem neuen System skeptisch gegenüber, doch empfindet

er tiefe Dankbarkeit seinem Lehrer gegenüber:

»Ob man gründlich erwog, was vorwiegend zu erwägen gewesen wäre, bleibe dahingestellt, denn der Begriff der Bildung ist äußerst relativ, und wie der ekelhafteste Rausch durchs Nippen aus allen Flaschen entsteht, so erzeugt das flache enzyklopädische Wissen, das sich allenfalls in die Breite mitteilen läßt, gerade jenen widerwärtigen Hochmut, der sich keiner Autorität mehr beugt und doch zu der Tiefe, in der sich die geil aufschießenden dialektischen Widersprüche und Gegensätze von selbst lösen, nie hinabdringt. Jedenfalls ergriff man das rechte Mittel, indem man auf der einen Seite Seminarien stiftete und auf der anderen Elementarschulen errichtete, so daß der Abklärict, der dort ausgekocht und als Rationalismus in die leeren Schulmeisterköpfe hineingetrichtert wurde, sich von hier aus gleich über das ganze Land ergießen konnte. Das Resultat war, daß auf eine etwas abergläubische Generation eine überaus superkluge folgte; denn es ist erstaunlich, wie der Enkel sich fühlt, wenn er weiß, daß ein nächtlicher Feuermeteor bloß aus brennenden Dünsten besteht, während der Großvater den Teufel darin erblickt, der in irgendeinen Schornstein mit seinen leuchtenden Geldsäcken hinein will. Doch wie es sich hiermit auch im allgemeinen verhalten mochte, ich wiederhole meine Überzeugung, daß der Durchschnittspunkt hier außerordentlich schwer zu treffen ist: Für mich knüpfte sich an die Reform ein großes Glück. Auch Wesselburen erhielt nämlich seine Elementarschule, und an diese wurde ein Mann als Lehrer gewählt, dessen Namen ich nicht ohne das Gefühl der tiefsten Dankbarkeit niederschreiben kann, weil er trotz seiner bescheidenen Stellung einen unermeßlichen Einfluß auf meine Entwicklung ausgeübt hat. Er hieß Franz Christian Dethlefsen und kam aus dem benachbarten Eiderstedt, wo er schon eine kleine Bedienstung gehabt hatte, zu uns herüber.«[196]

Bürgerliches Wohnen

Als Ende des 18. Jahrhunderts im Zeichen der Empfindsamkeit – und durch den ›Unterbau‹ sich verschlechternder ökonomischer wie politischer Verhältnisse bedingt – die Tendenz zur bürgerlichen Innerlichkeit einsetzte, die sich dann in den nächsten Jahrzehnten noch verstärkte und im Biedermeier eine besonders schöne und ergreifende Ausprägung erfuhr, riet *Jean Paul* dem Menschen, die kleinen sinnlichen Freuden höher zu achten als die großen, den Schlafrock höher als den Bratenrock. Dies war zwar aus der Beschränkung heraus gesprochen, aber nicht aus der Beschränktheit; solches Idyll lag nicht, wie es *Friedrich Schiller* am ›falschen Idyll‹ kritisierte, auf dem »Polster der Platitüde«. *Jean Pauls* Rat – »die nötigste Predigt, die man in unserem Jahrhundert halten kann, ist die, zu Hause zu bleiben!« – erfolgte aus der Sorge, daß der Mensch in der »äußeren Welt mit ihren Wolfsgruben, Beinhäusern und Gewitterableitern« zugrunde gehe, wenn er nicht inneren Halt, Geborgenheit im kleinen, fände.[197]

Auch wenn die Menschen des 19. Jahrhunderts dann im Zuge der Industrialisierung nicht zu Hause blieben, sondern, im Gegenteil, expansiv in die Welt hinauszogen, hat sie eine große Sehnsucht nach dem ›Zuhause‹, nach einer sich einbergenden, abgrenzenden, gemütvollen Existenzweise, bestimmt. Der Wohnbereich war allen Schichten hoch und heilig. Selbst unter dürftigsten Verhältnissen versuchte man, sich einen Winkel (etwa in der

Küche, die damit zur Wohnküche wurde) heimelig einzurichten.

Diese Wohnwelt war positiv beeinflußt von der genügsamen Heiterkeit des Biedermeier, dessen ›Kleinheit‹ phantasievoll ausstaffiert war. *Spitzwegs* Bilder etwa bekunden die Seligkeit solcher Weltabgeschiedenheit. Die Türme der Stadt, die Dächer, die Häuser sperren ein, verschließen den Blick; kaum daß noch ein Fetzen Himmel zu sehen ist oder daß der Postillion eine Ahnung von draußen hereinbringt. Aber in der Enge ist es nicht trübe: Ein Kind spielt, ein Sonnenstrahl fällt herein, vor dem Fenster hängt ein Vogelbauer, ein paar Geranien ranken an der Mauer empor. Der Mensch fühlt sich im Gärtchen wohl. Der Alte etwa, der friedlich seine Pfeife raucht und eben den Kaffee getrunken hat (das Geschirr steht noch auf dem Tisch), will gar nicht hinaus; sein Blick ist auf andere Dinge gerichtet: Dem Kaktus gilt seine ganze Leidenschaft; eben ist eine Blüte aufgegangen. Sie wird gründlich begutachtet. Der Nachmittag vergeht dabei; wenn es zu Abend läutet, wird der Alte seine schlürfenden Schritte zurück in die Geborgenheit des Hauses lenken.

Solche heiteren Bilder einer versponnenen Welt, in deren Mittelpunkt bei *Spitzweg* oft skurrile Sonderlinge und ›Hagestolze‹, bei *Ludwig Richter* meist die glücklichen Familien stehen, dürfen nicht darüber hinwegtäuschen, daß die in der »Zelle« ihrer Bescheidenheit eingesperrten Spießbürger auch vergrämt darunter leiden, daß sie den Schlafrock nie

Biedermeierliches Schlafzimmer (Moritz von Schwind, 1804–1871: ›Morgenstunde‹).

ausziehen können. Sie spüren die Ungunst der Verhältnisse, sind der Kleinheit als Schicksal überdrüssig.

Spitzwegs Meisterstück ›Der arme Poet‹ etwa, so *Hubert Schrade*, zeige einen entschiedenen Sinn für Realitäten wie Armut, Hunger und Kälte; man müsse nur die rechte Hälfte mit dem Poeten abdecken – da bleibe krasses »Milieu«.

Die »Vertikale« des biedermeierlichen Lebens- und Wohngefühls, die Innerlichkeit, schlägt mit zunehmendem technischen und industriellen Fortschritt in die »Horizontale« um. Die ›Gemütlichkeit‹ in Krähwinkel ist dann weniger von der Bereitschaft zur ›Einkehr‹ geprägt; sie hilft, sich vor unliebsamer Verantwortung zu drücken, Not und soziales Elend nicht wahrzuhaben, Weltverantwortung nicht tragen zu müssen; man zieht sich in seine vier Wände zurück. Der Spießbürger, der mit weißer Nachtmütze auf dem Kopfe und weißer Tonpfeife im Maule am langen Sommerabend vor seiner Haustüre sitze und recht behaglich meine, es wäre doch hübsch, wenn er nun so immerfort, ohne daß sein Pfeifchen und Lebensatem ausginge, in die liebe Ewigkeit hineinvegetieren könne – eine solche Vorstellung versetzte *Heine* in zornige Angst. »Denk ich an Deutschland in der Nacht, / dann bin ich um den Schlaf gebracht.«[198]

»Grüß Euch Gott, liebe Leute im Deutschen Lande! Zu den vielen Geschenken, die Euch der heilige Christ beschert hat, kommen auch wir mit einer Gabe – mit einem neuen Blättchen! Seht's Euch an in ruhiger Stunde! Was wir wollen und bringen – das Alles können wir euch freilich nicht im Voraus sagen; und aus der ersten Nummer werdet Ihr's auch nicht ganz ersehen können; wir hoffen indeß, es soll Euch gefallen. Wenn Ihr im Kreise Eurer Lieben die langen Winterabende am traulichen Ofen sitzt oder im Frühling, wenn vom Apfelbaume die weißen und roten Blüten fallen, mit einigen Freunden in der schattigen Laube, dann leset unsere Schrift. Ein Blatt soll's werden fürs Haus und für die Familie. ... Es soll Euch anheimeln in unserer Gartenlaube, in der Ihr gut-deutsche Gemütlichkeit findet, die zu Herzen spricht. So probiert's denn mit uns, und damit Gott befohlen.«[199]

Als *Ernst Keil* (ursprünglich ein Liberaler der 1848er-Bewegung, der auch im Gefängnis gesessen hatte) mit diesen Worten 1853 das Familienblatt ›Die Gartenlaube‹ aus der Taufe hob und zur Subskription einlud, traf er genau das sich immer stärker ausbildende kollektive Unterbewußtsein, das ins »falsche Idyll« flüchtete. Gemütlichkeit wurde zum Surrogat, das man zur Beruhigung des »schlechten Gewissens« brauchte. Für dieses schlechte Gewissen gab es viele Gründe.

Die häusliche Saturiertheit, das »Kuhglück« der mit Gott und Welt Zufriedenen (mag's »dahinten in der Türkei« und anderswo drunter und drüber gehen) hat *Wilhelm Busch* einfühlend, mehr verstehend denn verurteilend, karikiert.

»Schnell flieht der Morgen. – Unterdessen
Bereitet man das Mittagessen. –

Was dies betrifft, so muß man sagen,
Kann Knopp sich wirklich nicht beklagen.
Zum Beispiel könnt er lange suchen
Nach solchem guten Pfannekuchen.
Hierin ist Doris ohne Fehl.

Stets nimmt sie einen Löffel Mehl,
Die nötge Milch, dazu drei Eier,
Ja vier sogar, wenn sie nicht teuer,
Quirlt dies sodann und backt es braun
Mit Sorgfalt und mit Selbstvertraun;

Und jedesmal spricht Knopp vergnüglich:
›Der Pfannekuchen ist vorzüglich!‹

Oh wie behaglich kann er nun
An Doris' treuem Busen ruhn.
Gern hat er hierbei auf der Glatze
Ein loses, leises Kribbelkratze.
So schläft er mit den Worten ein:
›Wie schön ist's, Herr Gemahl zu sein!‹...«[200]

Die Wohnwelt war aber auch Wahnwelt: Die Außenwelt spiegelte die Innenwelt mit ihren Ängsten, wie sie der erbarmungslose Kampf ums Dasein, das sozialdarwinistisch begründete Leistungsprinzip, der manische Zwang zum Sozialprestige und die weitverbreiteten, »völkisch« angeheizten Neidgefühle hervorriefen. Diese Außenwelt kapitalistischer Entfremdung konnte in der Innenwelt des Wohnens nicht wirklich kompensiert, sondern lediglich kaschiert werden; vor allem die bürgerliche Wohnung erwies sich somit vielfach als eine Verdinglichung verlorener Identität. Das Idyll entpuppte sich als *horror vacui*.
»Unsere Villa gehörte zu jenen anmutigen Herrensitzen, die, an sanfte Abhänge gelehnt, den Blick über die Rheinlandschaft beherrschen. Der abfallende Garten war freigebig mit Zwergen, Pilzen und allerlei täuschend nachgeahmtem Getier aus Steingut geschmückt; auf einem Postament ruhte eine spiegelnde Glaskugel, welche die Gesichter überaus komisch verzerrte, und auch eine Äolsharfe, mehrere Grotten, sowie ein Springbrunnen waren da, der eine kunstreiche Figur von Wasserstrahlen in die Lüfte warf und in dessen Becken Silberfische schwammen. Um nun von der inneren Häuslichkeit zu reden, so war sie nach dem Geschmack meines Vaters sowohl lauschig wie heiter. Trauliche Erkerplätze luden zum Sitzen ein, und in einem davon stand ein wirkliches Spinnrad. Zahllose Kleinigkeiten: Nippes, Muscheln, Spiegelkästchen und Riechflakons waren auf Etageren und Plüschtischchen angeordnet. Daunenkissen in großer Anzahl, mit Seide oder vielfarbiger Handarbeit überzogen, waren überall auf Sofas und Ruhebetten verteilt, denn mein Vater liebte es, weich zu liegen; die Gardinenträger waren Hellebarden, und zwischen den Türen waren jene luftigen Vorhänge aus Rohr und bunten Perlenschnüren

Reich geschmücktes Herrenzimmer (Architektenentwurf).

Bürgerliches Wohnzimmer um 1900.

befestigt, die scheinbar eine feste Wand bilden und die man doch, ohne eine Hand zu heben, durchschreiten kann, wobei sie sich mit einem leisen Rauschen oder Klappern teilen und wieder zusammenschließen. Über dem Windfang war eine kleine, sinnreiche Vorrichtung angebracht, die, während die Tür, durch den Luftdruck aufgehalten, langsam ins Schloß zurücksank, mit feinem Klingen den Anfang des Liedes ›Freut euch des Lebens‹ spielte.«[201]

In dieser Beschreibung (*Thomas Manns* Roman ›Bekenntnisse des Hochstaplers Felix Krull‹ entnommen) werden die Utensilien bürgerlicher Geborgenheit vorgeführt. Es sind Produkte einer Gesellschaft, die ihre Sehnsucht nach dem ›Höheren‹ (neofeudaler Lebensführung) über den Leisten kleinbürgerlichen Empfindens schlägt. Idyllik und Exotik verbinden sich zu einem Konglomerat, wie wir es als Stilersatz seit dem Niedergang des Biedermeier antreffen. Geflügelte Worte verwandeln sich in Gegenstände, Kultur gerinnt zu Gipsbüsten – *Goethe* blickt von der Konsole, *Beethoven* schwebt als Titan über dem leicht verstimmten Flügel; Klassiker im Goldschnitt; *Uhland* in Leder; rechts und links vom Bücherschrank die Ikonen bildungsbe-

flissener Sterilität: *Feuerbachs* ›Iphigenie‹, das Land der Griechen sowohl mit dem malerischen Faltenwurf ihrer Gewandung wie mit der Seele suchend; *Böcklins* ›Toteninsel‹ – Schönheit und Tod verschwistert; vom Musikzimmer tristansche Klänge. Das ›Schöne‹ der bourgeoisen Umwelt ist nicht von dieser Welt; ein Glanz aus dem Jenseits umgibt es. »Wer die Schönheit angeschaut mit Augen«, heißt es in *Platens* Gedicht ›Tristan‹, einem Paradestück damaliger Anthologien, »ist dem Tode schon anheim gegeben, / wird für keinen Dienst auf Erden taugen, / und doch wird er vor dem Tode beben, / wer die Schönheit angeschaut mit Augen.«

Die Schönheit dient dazu, von der Wirklichkeit abzurücken. Kunst, die im Bereich absoluter Schönheit angesiedelt ist, verpflichtet zu nichts. »Der Zauber der Schönheit« bedeutet Entaktualisierung; zugleich bietet er dem

Menschen die Möglichkeit, an einem fiktiven Glück teilzuhaben. In der bürgerlichen Wohnung gaukelt Umwelt Schönheit vor, eine Schönheit, die in der häßlichen industriellen Welt vermißt wird. Kultur wird zum Alibi für den ausbeuterischen Charakter zivilisatorischen Fortschritts; überall sichtbare Armut und selbsterfahrene politische Ohnmacht werden mit Hilfe von Ästhetik verdrängt. Die Strukturmerkmale bourgeoiser Wohnkultur verweisen auf eine fatale Entfremdung von wahrer Intimität und echtem Heimischsein. Das altfränkische Hieronymus-Dasein ist inszeniert. Das fahle Dämmerlicht, das in den Interieurs herrscht, macht das Zimmer zur Gruft, in der das Wohnen zu Grabe getragen wird. Das kulinarische grenzt an Verwesung.

Dolf Sternberger hat in seinem Buch ›Panorama oder Ansichten vom 19. Jahrhundert‹ die Atmosphäre im Innern des bürgerlichen Hauses mit »Glut und Schimmer« umschrieben.[202] Diffuses Zwielicht will den Zustand des zeitweiligen Rückzuges aus der Helle des Tätigseins fördern; im Dämmerzustand, wie er etwa durch Butzenscheiben, Rouleaus, Portieren, schwere Gardinen hergestellt wird, leuchten Glanzlichter, wie sie das Sozialprestige erfordert, auf: Die auf Prunk hin orientierte irisierende Ausstattung entwickelt dabei ein besonderes Faible für den Orient türkischer, ägyptischer oder maurischer Provenienz. Das Fernweh wird verdinglicht in die Innerlichkeit hereingenommen; vor allem aber verhilft es zur Illusion der Üppigkeit und zu sinnlichen Träumen (zur ›Glut‹). Die Malerei, deren Sujets auch durch »Bilderfabriken« en masse vor allem für Wohn- und Schlafzimmer reproduziert werden, gefällt sich in Phantasien dunkeläugiger, glutäugiger Sklavinnen auf pittoresken Märkten. Der Harem wird Fixierungspunkt kleinbürgerlicher Verdrängung.[203] Im Orient schienen gewisse sexuelle Freizügigkeiten, welche die eigene Kultur mit ihrer Prüderie streng verpönte, selbstverständlich und als zur Kultur gehörend. Wer sich daran erfreute, fiel somit nicht aus der Kultur, sondern mußte sich nur in eine andere Kultur ›einleben‹. So wurde die Orientmode zum Ventil repressiver Kultur, der weiche Plüsch zum Pfühl legitimierter sensualistischer Empfindungsart.

In »Gut und Schimmer« getaucht erscheinen die Teppiche und Gobelins, die mächtigen Möbel, die Statuen und die in Goldrahmen gefaßten Bilder mit ihren häufig mythologischen Darstellungen. Die vollgestopften, überladenen, übermöblierten Wohnzimmer und

Wohnungen, gewissermaßen Ateliers (von Künstlern wie *Makart* und *Stuck* maßgebend beeinflußt) zeigen eine Vorliebe für alles Satinierte, für Seide, Atlas, Glanzleder, Goldstuck, Schildpatt, Elfenbein, Perlmutter. »Deutsche Renaissance«, der vorherrschende Repräsentationsstil, erweist sich als Lust am Unechten, als Mischmasch imitierter Stile: Altdeutsches Schmuckgeschirr steht neben dem Rokokospiegel, ein atavistisches Raubtierfell hängt hinter einer orientalischen Mohrenstatue, das Speisezimmer in Cinquecentostil befindet sich neben dem gotischen Schlafzimmer. Jeder verwendete Stoff, so *Egon Friedell*, will mehr vorstellen, als er ist. »Es ist die Ära des allgemeinen und prinzipiellen Materialschwindels. Getünchtes Blech maskiert sich als Marmor, Papiermaché als Rosenholz, Gips als schimmernder Alabaster, Glas als köstlicher Onyx. Die exotische Palme im Erker ist imprägniert oder aus Papier, das leckere Fruchtarrangement im Tafelaufsatz aus Wachs oder Seife. Die schwüle rosa Ampel über dem Bett ist ebenso Attrappe wie das trauliche Holzscheit im Kamin, denn beide werden niemals benützt; hingegen ist man gern bereit, die Illusion des lustigen Herdfeuers durch rotes Stanniol zu steigern. Auf der Servante stehen tiefe Kupferschüsseln, mit denen nie gekocht, und mächtige Zinnhumpen, aus denen nie getrunken wird; an der Wand hängen trotzige Schwerter, die nie gekreuzt, und stolze Jagdtrophäen, die nie erbeutet wurden. Dient aber ein Requisit einer bestimmten Funktion, so darf diese um keinen Preis in seiner Form zum Ausdruck kommen. Eine prächtige Gutenbergbibel entpuppt sich als Nähnecessaire, ein geschnitzter Wandschrank als Orchestrion; das Buttermesser ist ein türkischer Dolch, der Aschenbecher ein preußischer Helm, der Schirmständer eine Ritterrüstung, das Thermometer eine Pistole. Das Barometer stellt eine Baßgeige dar, der Stiefelknecht einen Hirschkäfer, der Spucknapf eine Schildkröte, der Zigarrenabschneider den Eiffelturm. Der Bierkrug ist ein aufklappbarer Mönch, der bei jedem Zug guillotiniert wird, die Stehuhr das lehrreiche Modell einer Schnellzugslokomotive, der Braten wird mittels eines gläsernen Dackels gewürzt, der Salz niest, und der Likör aus einem Miniaturfäßchen gezapft, das ein niedlicher Terrakottaesel trägt. Pappendeckelgeweihe und ausgestopfte Flügel gemahnen an ein Forsthaus, herabhängende kleine Segelschiffe an eine Matrosenschenke, Stilleben von Jockeykappen, Sätteln und Reitgerten an einen Stall. Diese angeblich so realistische Zeit hat nichts mehr geflohen als ihre eigene Gegenwart.«[204]

Das kleinbürgerliche Wohnen und das Wohnen der aufstrebenden Arbeiterschaft unter-

Wohnzimmer des unteren Mittelstandes;
(in einem ursprünglich großbürgerlichen
Haus, um 1900).

scheiden sich im Prinzip nicht von dem des
Bürger- und Großbürgertums. Freilich sind
die Entfaltungsmöglichkeiten wesentlich geringer; der ›rote Plüsch‹ ist schäbiger. Das
kleinbürgerliche Wohnzimmer ist ein typi-
sches Produkt der zwiespältigen Klassen-
situation: zum Großbürgertum emporgierend,
zum Proletariat materiell hinabgezogen, eine

Mischung aus großbürgerlichem Salon und
dem Allzweckgemach des Eigentumslosen.
Nichts geschieht deshalb im Wohnzimmer, bei
dem nicht durch das salonhafte Talmi die
nackte Not blickte, verschämt kaschiert. Verdrängt von politischer Mitwirkung und der
Möglichkeit einer Expansion ins Öffentliche,
eingespannt in den Trott des Berufes, der keine Berufung ist, flüchtet sich der Kleinbürger
in seine vier Wände, in die er nun die versäumte Öffentlichkeit hineinprojiziert. Wie
bei der Bourgeoisie, wenn auch aus anderen
Gründen – vorwiegend als Ersatz für die Tagträume, die zur Beute der Betrüger geworden

waren –, wird das, was Intimität vortäuscht,
zum Ort für Pseudorepräsentation. Im Wohnzimmer wohnt man nicht; Schonbezüge schützen vor Abnützung; im Wohnzimmer ißt man
nicht; die gute Stube wartet auf Gäste. Kommunikation, Sozialisation, Intimität werden
vom ›Aufwand‹ erstickt.
Man würde jedoch dem Wohnen im 19. Jahrhundert nicht gerecht, wenn man es nur unter
dem Aspekt vorgetäuschter Gemütlichkeit
sehen würde. Im Rückzug auf das Innere
erhielten und entwickelten sich Kräfte, die,
gewissermaßen ›festgemacht‹ an ›gediegener‹
Einrichtung, das Glück der Zusammengehö-

Umzug mit einem Leiterwagen. Die Unter-schichten hatten nicht viel Mobiliar (Auf-nahme von Heinrich Zille).

rigkeit und die Freude am Zusammenleben förderten. Wenn man die Bilder dieses längst entrückten Lebens betrachtet, empfindet man mit Recht auch ›Nostalgie‹, Sehnsucht nach Heimat: In diesen Wohnungen lebten Menschen, die ein viel ›vertrauensvolleres‹ Verhältnis zur Umwelt als in der späteren Wegwerfgesellschaft hatten. Bürgerliches Wohnen

– man kann geradezu von einem »uteralen« Wohngefühl sprechen! – ermöglichte bei aller Ambivalenz dinglich bewirkte bzw. geförderte Geborgenheitsgefühle (man denke an die Gestaltung des Erkers, ans Sofa, an den Nähkasten und an sein Umfeld). *Walter Benjamin* hat in ›Berliner Kindheit um Neunzehnhundert‹ (»O braungebackne Siegessäule mit Winterzucker aus Kindertagen«) das Faszinosum der »Schränke« als Momentaufnahme bürgerlicher Wohn-Eigenart festgehalten: »Der erste Schrank, der aufging, wann ich wollte, war die Kommode. Ich hatte nur am Knopf zu ziehen, so schnappte die Tür aus ihrem Schlosse

mir entgegen. Drinnen lag meine Wäsche aufbewahrt. Unter all meinen Hemden, Hosen, Leibchen, die dort gelegen haben müssen und von denen ich nichts mehr weiß, war aber etwas, das sich nicht verloren hat und mir den Zugang zu diesem Schranke stets von neuem lockend und abenteuerlich erscheinen ließ. Ich mußte mir Bahn bis in den hinteren Winkel machen; dann stieß ich auf meine Strümpfe, welche da gehäuft und in althergebrachter Art, gerollt und eingeschlagen, ruhten, so daß jedes Paar das Aussehen einer kleinen Tasche hatte. Nichts ging mir über das Vergnügen, meine Hand so tief wie möglich in ihr Inneres zu versenken. ... Vormittags konnte es sich treffen, daß ich von der Schule schon zurück war, ehe noch die Mutter aus der Stadt, mein Vater aus dem Geschäft nach Hause gekommen waren. An solchen Tagen ging ich ohne die geringste Zeitversäumnis an den Bücherschrank. Das war ein sonderbares Möbel; der Fassade konnte man es nicht ansehen, daß es Bücher beherbergte. Seine Türen trugen im Innern ihres Eichenrahmens Füllungen, die aus Glas bestanden. Und zwar setzten sie sich aus kleinen Butzenscheiben zusammen, welche, jede einzelne, mit einer bleiernen Umfassung von den benachbarten geschieden waren. Die Butzenscheiben aber waren rot und grün und gelb gefärbt und völlig undurchsichtig. So war das Glas an diesen Türen Unfug, und als wolle es Rache für sein Schicksal nehmen, das es so mißbraucht hatte, glänzte es in vielen verdrießlichen Reflexen, welche keinen in seine Nähe luden. Doch wenn mich damals die ungute Luft, die um dies Möbel witterte, betroffen hätte, so wäre sie mir nur ein Anreiz mehr für den Handstreich gewesen, den ich in dieser tauben, hellen und gefährlichen Vor-

mittagsstunde darauf plante. Ich riß die Flügel auf, ertastete den Band, den ich nicht in der Reihe, sondern im Dunkeln hinter ihr zu suchen hatte, erblätterte mir fieberhaft die Seite, auf der ich stehengeblieben war, und ohne mich vom Fleck zu rühren, fing ich an, die Blätter vor der offenen Schranktür überfliegend, die Zeit, bis meine Eltern kamen, auszunutzen. Von dem, was ich las, verstand ich nichts. Jedoch die Schrecken jeder Geisterstimme und jeder Mitternacht und jedes Fluchs steigerten und vollendeten sich durch die Ängste des Ohrs, das jeden Augenblick den Laut des Wohnungsschlüssels und den dumpfen Stoß erwartete, mit welchem der Spazierstock des Vaters draußen in den Ständer fiel. – Es war ein Zeichen der Sonderstellung, die die geistigen Güter im Haus behaupteten, daß dieser Schrank als einziger unter allen offenblieb. Denn zu den anderen gab es keinen Zugang als durch den Schlüsselkorb, der jede Hausfrau in jenen Jahren überall im Haus begleitete, um doch auf Schritt und Tritt von ihr vermißt zu werden.«[205]

und wehret den Knaben,
und reget ohn' Ende
die fleißigen Hände,
und mehrt den Gewinn
mit ordnendem Sinn,
und füllet mit Schätzen die duftenden Laden,
und dreht um die schnurrende Spindel den Faden,
und sammelt im reinlich geglätteten Schrein,
die schimmernde Wolle, den schneeigten Lein,
und füget zum Guten den Glanz und den Schimmer
und ruhet nimmer.«[206]

In ihren ›Lebensberichten‹, den Aufzeichnungen alltäglicher Schicksale, hat *Cornelia Julius* unter anderem die Biographien und das soziale Umfeld der Luise Juliana Margarete N. und der Marga S. beschrieben.[207] Beide Gestalten können für die Verschiedenartigkeit ›fraulicher Existenz‹ im Maschinenzeitalter stehen, wobei sich bei allen sozialen und ökonomischen Unterschieden als gemeinsamer Nenner die Tatsache ›verfehlten Lebens‹ ergibt.
Die Mutter der Luise Juliana Margarete N. war als einziges Kind aufgewachsen; sie erhielt von ihren Eltern eine erstklassige Ausbildung: Sie besuchte zunächst ein Lyzeum und später ein Internat; zusätzlich hatte sie Klavierstunden, dann Unterricht bei einer Tänzerin und einer Malerin. »Mutter war allem Schönen und Edlen aufgeschlossen.« Eine Berufsausbildung war nicht vorgesehen. Die Familie wohnte in einem um die Jahrhundertwende gebauten Haus, dessen Fassade mit Jugendstilornamenten verziert war. »Es war ein schönes Haus.« An der Tür war ein Messingschild mit der Aufschrift ›Betteln und Hausieren verboten‹ angebracht. Die Wohnung bestand aus Diele, Salon, Eßzimmer, Wohnzimmer, Elternschlafzimmer, Mädchenzimmer und zwei Dachkammern; außerdem gehörten ein großer Flur, Küche, Badezimmer, Toilette, Wintergarten und drei Veranden dazu. Im Keller befanden sich die Waschküche, der Kartoffel- und der Kohlenkeller. Der Dachboden wurde zum Aufhängen der Wäsche und zum Abstellen von nicht gebrauchten Möbeln und Koffern benützt.
Im Bücherschrank des Wohnzimmers standen die Werke von *Schiller, Lessing, Goethe,* ferner ›Meyers Konversationslexikon‹, christliche Hauspostillen, die gesammelten Werke von *Wilhelm Busch* und Velhagen/Klasings Monatshefte, welche die Eltern abonniert hatten. An den Wänden hingen Bilder, welche die Mutter selbst gemalt hatte.
Am Morgen, während die Mutter noch schlief – »sie war sehr zart und brauchte ›immer viel Schlaf‹ –, schürte das Dienstmädchen den Herd, im Winter die Öfen an, bereitete das Frühstück für alle, versorgte die Kinder für die Schule, kaufte ein und putzte. Dann stand die Hausfrau auf und wandte sich ihrer täglichen Aufgabe zu: dem Kochen. – Die Nachmittage wurden dazu benutzt, Besuche zu machen oder zu empfangen. Wenn Mutter ihr Kränzchen einmal in der Woche empfing,

Familienleben

Ambivalente Beurteilung muß auch das Familienleben im Zeitalter der Industrialisierung erfahren. Die »deutsche Familie« realisierte die Idee gemütvollen Zusammenlebens; zugleich bedeutete sie praktizierte Ideologie: der Anspruch war dann nur vorgetäuscht, nicht erfüllt.
Die familiäre ›Geschlossenheit‹, Zusammengehörigkeit spricht aus vielen Familienphotos der damaligen Zeit. Die innere Zuwendung zum anderen tritt in diesen Bildern oft in rührender Betulichkeit zutage; die Prozedur des Photographierens, die Feierlichkeit des Vorgangs, veranlaßte die Menschen geradezu, ihre ganze ›Essenz‹ nach außen zu projizieren. So wie die Wohnung als topographisches Refugium vor den Stürmen der Zeit dienen sollte, war die Familie dazu auserkoren, der Rücksichtslosigkeit des Lebens ›da draußen‹ mit einem großen Glanz von innen entgegenzutreten.
Mittelpunkt der Familie war die Mutter. Schon von Kind an wurden die Töchter auf die spätere sorgende, umhegende, Haus und Hof lenkende Rolle hin erzogen (während dem Vater patriarchalisch-autoritäre Strenge, Entscheidungs- und Befehlsgewalt zukam). Die bürgerliche Frau war weitgehend auf die vier Ks festgelegt: Kinder – Küche – Kirche – Kosmetik. Sie partizipierte kaum an den mit der Industrialisierung einhergehenden liberalen und emanzipatorischen Tendenzen, auch

wenn die anhebende feministische Bewegung (deren Vertreterinnen damals »Blaustrümpfe« genannt wurden) eine erste Verbesserung ihrer gesellschaftlichen Situation erreichte. Bei den Arbeiterfrauen, meist in untergeordneter (Fabrik-)Tätigkeit beschäftigt, war die ›Versklavung‹ noch stärker ausgeprägt, obwohl der Sozialismus sich sehr früh und intensiv um die Befreiung der Frau kümmerte und auch eine Reihe von Arbeiterfrauen führende Funktionen in der sozialistischen Bewegung übernahmen.
Der Mangel an Gleichberechtigung forderte der Frau ein hohes Maß an Opfermut, Genügsamkeit und Leidensfähigkeit ab. Die Bereitschaft vieler Frauen, ein Leben lang für Familie und Kinder »mühselig«, unermüdlich und mühevoll, tätig zu sein, hat das Bild der Mutter (und Großmutter) den Generationen dieser Epoche tief eingeprägt. Idealistisch überhöht, aber deshalb keineswegs unzutreffend, hat *Friedrich Schiller* diese gleichermaßen entbehrungsreiche wie »dankbare«, das heißt mit viel Dankbarkeit bedachte Rolle der Frau im 19. und 20. Jahrhundert im ›Lied von der Glocke‹ vorweggenommen:

»... Und drinnen waltet
die züchtige Hausfrau,
die Mutter der Kinder,
und herrschet weise
im häuslichen Kreise,
und lehret die Mädchen

Familie nach der Weihnachtsbescherung, 1883.

mußten sich die Kinder »ein bißchen hübsch machen«; dafür wurden sie von den Damen des Kränzchens bewundert und gelobt. »Was hast du wieder für ein entzückendes Kleid an, ist es neu?« – Einmal in der Woche traf sich die Mutter mit den Tanten zum Spaziergang; ansonsten verbrachte man die Nachmittage mit Handarbeiten, Malen, Lesen oder Musizieren. Kein Konzert, keine Oper, keine Operette wurden versäumt. Die Kinder erlebten schon frühzeitig in Kindervorstellungen ›die Welt des Theaters‹: Märchenspiele, Weihnachtsmärchen, Kinderopern. Die Geburtstage der Familienmitglieder und der Verwandtschaft wurden ausgiebig gefeiert. Höhepunkt des Familienjahres war das Weihnachtsfest. Luise Juliana Margarete N. hatte viel Spielzeug. Im Sommer ging sie mit ihren Eltern auf Sommerfrische; Mutter und Kinder blieben meist einige Zeit länger als der Vater, der sehr viel ›geschäftlich‹ zu tun hatte. Über bestimmte Themen wurde in der Familie nicht gesprochen; dazu gehörten Geld und Sexualität.

Konnte eine Frau wie Luise Juliana Margarete N. nicht rechtzeitig verheiratet, ›unter die

»...es soll Euch anheimeln in unserer Gartenlaube...«

Haube‹ gebracht werden, lebte sie mehr schlecht als recht als »alleinstehendes Fräulein« mit dem hinterlassenen Vermögensanteil ihrer Eltern, als Haushälterin bei Geschwistern oder als unverheiratete ›Tante‹ in der Großfamilie. Krieg und Inflation zerstörten häufig die Lebensgrundlage; die »höheren Töchter aus gutem Hause« verfielen in tragische und schweigsam ertragene Armut. Marga S. hatte sieben jüngere Geschwister; sie wohnte in einer Arbeiterkolonie mit zusammen fünfzehn anderen Mietparteien. Jede der ebenerdigen Wohnungen bestand aus ›Vorplatz‹, Stube und Kammer. Der Vorplatz hatte einen Steinboden und weißgekalkte Wände ohne Schmuck, keine Fenster. Eingerichtet war er mit einer Truhe, einem kleinen Tisch mit drei Stühlen, einem Herd und einem Buffet für Geschirr. In der Ecke waren Kartoffeln und Tannenzapfen gesammelt. Im Sommer hielt sich die Familie meist im Vorplatz auf; dort wurde gekocht, gegessen und gewaschen. Die Tür blieb den ganzen Tag über zum Hof hin offen. Im Winter diente die Stube als Aufenthaltsort; sie hatte einen Holzboden, weiß getünchte Wände mit Weihwasserbehälter und einem Kruzifix an der Wand. Die Einrichtung bestand aus einem Kachelofen, einem Tisch mit vier Stühlen, einem Frisiertisch und zwei Betten. Fensterbänke von Stube und Kammer waren im Sommer mit Geranien geschmückt. In der Kammer standen nochmals zwei Betten, von denen jedes mit einem Strohsack, vier Kopfkissen und einem Deckbett ausgestattet waren. In jedem schlie-

fen vier Kinder. Außer für die Mutter wurde nie Kleidung gekauft; alles, was die Kinder besaßen, hatte die Familie von anderen geschenkt erhalten. Am Waschtag hielten sich die Kinder, wenn sie keine Wechselkleidung hatten, so lange im Unterhemd in der Stube auf, bis die Wäsche wieder getrocknet und gebügelt war. Vom Frühjahr bis zum November lief man barfuß. Während die Mutter früh noch liegen blieb – »sie war immer etwas lebensunlustig und hatte kaputte Nerven« –, stand Marga um 6.30 Uhr als erste auf; nachdem der Ofen angeschürt war, putzte sie alle Schuhe. Danach wurden die jüngeren Geschwister gewaschen und angezogen. Um 7.30 Uhr ging sie jeden Morgen mit den älteren in die Kirche, anschließend ins Altersheim zum Frühstück und dann zur Schule. Die Schule dauerte vormittags bis 11 Uhr; währenddessen verrichtete die Mutter häusliche Arbeiten. Sie achtete streng auf Sauberkeit; täglich wurden alle Böden gewischt. Mittwochs und samstags scheuerte sie den Stubenboden mit Kernseife und Bürste. Wenn Marga mittags nach Hause kam, erwartete sie die Mutter bereits mit einem Milchhautbrot und dem Kinderwagen mit den zwei jüngsten Geschwistern zum Kinderhüten. Im Wagen steckte eine Milchflasche. Bis zum späten Nachmittag mußte sich Marga mit den Kindern im Freien aufhalten, wo sie die Kinder auch fütterte und trockenlegte. Den Nachmittagsunterricht in der Schule, täglich von 13 bis 16 Uhr, durfte sie deshalb meist nicht besuchen. Abends um 18.30 Uhr lieferte sie den Kinderwagen zu

Die Familie eines kaufmännischen Ange-
stellten; 8 Kinder, geboren 1888, 1889, 1890,
1892, 1893, 1894, 1896, 1897.

Bürgerliches Wohnzimmer um 1895.

Hause ab und ging dann mit den fünf übrigen
Geschwistern ins Kloster zu den Patern essen.
Gegen 20 Uhr mußten alle Kinder ins Bett.
Der Vater arbeitete in einer Fabrik, die aus
Knochen Leim und Seife herstellte; er verdiente 25 Mark in der Woche. Vorteile brachte
seine Arbeit dadurch, daß er manchmal Kno-
chenfett heimlich in eine Flasche abfüllten
und mit nach Hause nehmen konnte. Damit
briet die Mutter ›Backers‹ für alle. Vater ris-
kierte wegen des ›Diebstahls‹ seinen Arbeitsplatz. Zum Militärdienst wurde er wegen Ge-
sundheitsmängeln nicht eingezogen; mit 40
Jahren starb er. Das Geld, das die Familie
heimbrachte, mußte grundsätzlich bei der
Mutter abgeliefert werden.
Wenn die Nachbarn die Mutter aufforderten,

Küche in einem Proletarierhaushalt, um 1910.

Arbeiterwohnküche; 1925.

die Kinder nicht zum Essen wegzuschicken (»Käte, laß halt dei Kinder heut daham«), ging sie zum Bäcker und Metzger einkaufen; sie ließ anschreiben; abends mußte sie darüber weinen, weil sie keine Schulden haben mochte.

Die Stunden zwischen den Schichten verbrachte der Vater teilweise in einem Gartenschuppen, der seiner Mutter gehörte; dort fand er Ruhe zum Schlafen. Zu Hause war es zu laut. Wenn die Familie gemeinsam Winterabende in der Stube verbrachte, wurden die Kinder von der Großmutter mit Vorlesen beschäftigt, oder sie spielten. Der Heilige Abend war der fröhlichste Tag im Jahr; der Vater holte den Christbaum aus dem Wald; die Geschenke wurden unter dem Baum aufgestellt.

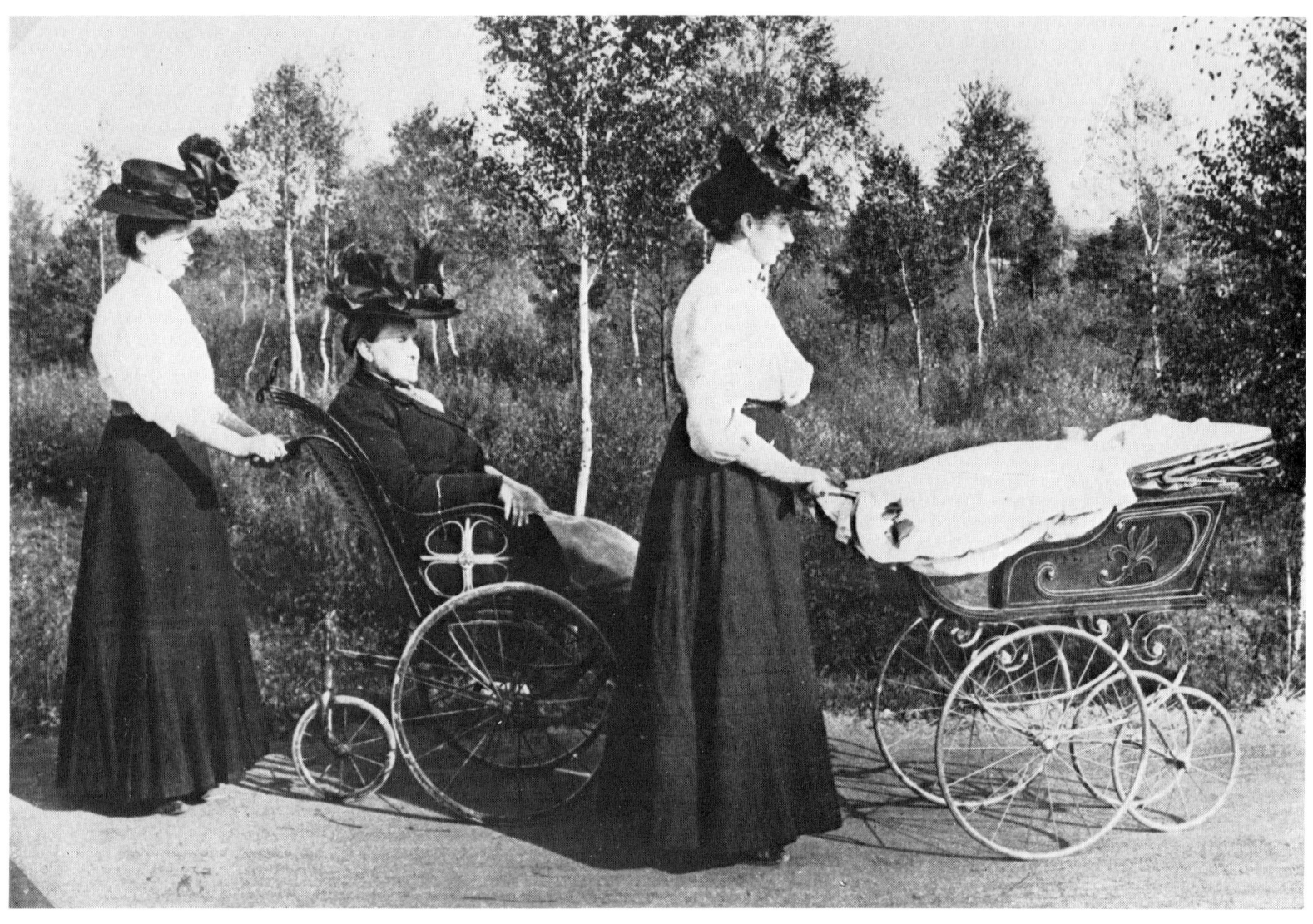

Urahne, Großmutter, Mutter und Kind; 1907.

Die Familie verbrachte den Abend in der mit Koks geheizten Stube. Für die Feiertage wurde ein halber Zentner gekauft. Als Festessen gab es Malzkaffee und Stollen. An Weihnachten schimpfte und schlug niemand. Frauen wie Marga S. gingen meist ›in Stellung‹, oder sie verbrachten ihr Leben als Fabrikarbeiterinnen. Häufig gelang es ihnen, wenn sie aus einer ›soliden Familie‹, welche die Armut nicht hatte verwahrlosen lassen, stammten, einen ›braven‹ Mann in einer etwas besseren Position zu heiraten.

Dame und Arbeiterin

Nora verläßt in *Ibsens* Drama ihre Familie, weil sie sich von ihrem Mann nicht mehr als willenloses Ausstattungsstück im ›Puppenheim‹ behandeln lassen will.
»Als ich zu Hause bei Papa war, sagte er mir alle seine Ansichten, und so hatte ich dieselben Ansichten; und wenn ich andere hatte, verheimlichte ich sie; denn das wäre ihm nicht angenehm gewesen. Er nannte mich sein Püppchen und spielte mit mir, wie ich mit meinen Puppen spielte. Dann kam ich zu dir ins Haus – ... Ich meine, dann ging ich aus Papas Händen in die deinen über. Du richtetest alles nach deinem Geschmack ein, und so bekam ich denselben Geschmack wie du; oder ich tat nur so; ich weiß nicht recht –; ich glaube, es war beides; bald das eine, bald das andere. Wenn ich es jetzt genau betrachte, so scheint es mir, als hätte ich hier wie ein armer Mensch gelebt – nur von der Hand in den Mund. Ich lebte davon, daß ich dir Kunststücke vormachte, Thorwald. Aber du wolltest es ja so haben. Du und Papa, ihr habt euch schwer an mir versündigt. ... Unser Heim war nichts anderes als eine Spielstube. Hier war ich deine große Puppe, zu Hause Papas kleine. Und die Kinder waren wiederum meine Puppen.«[208]
Als Thorwald Helmer seine Frau an ihre Pflichten als Gattin und Mutter erinnert, antwortet Nora: »Daran glaube ich nicht mehr. Ich glaube, daß ich zuvörderst ein Mensch bin, ebensogut wie du – oder jedenfalls, daß ich versuchen will, es zu werden ... Ich liebe dich nicht mehr.«[209]
Ibsens Schauspiel wurde in Deutschland als eine Sensation empfunden. Eine Frau emanzipierte sich, verließ ihre Familie, um ihren eigenen Weg zu gehen. – Die Frauenfrage wurde zu einem wichtigen Thema bürgerlicher Kreise. Man wollte Erziehung und Bildung reformieren; vor allem forderte man eine verbesserte theoretische und praktische Aus-

Vor dem Ausgang. Große Abendtoilette; 1909.

bildung der Mädchen, einschließlich des freien Zugangs zur Universität.
Bürgerliche Frauen, die vom Emanzipationsprozeß profitiert hatten, lenkten dann auch den Blick auf die Frauenprobleme der unteren Schichten. »Als eifrige Kämpferin für unser gutes Recht habe ich vielfach Gelegenheit gehabt zu sehen, daß fast alle deutschen Frauen unter den Kämpferinnen, auch die tüchtigsten, die Kirche am Turm anfangen zu bauen, d. h. sie berücksichtigten bei ihrem Streben immer nur das Frauenstudium und die Gleichberechtigung mit dem Mann, ohne in die unteren Kreise hinabzusteigen, um die Frauen dort kennenzulernen. Auch ich will Gleichberechtigung mit dem Manne; aber solange Tausend und aber Tausend von Frauen in Elend, Knechtschaft und Verrohung schmachten, muß erst diesen geholfen werden, ehe man die verhältnismäßig noch gut dastehenden Oberen unterstützt«, schrieb Dr. *Minna Wettstein-Adelt* in ihrer »practischen Studie« ›3 1/2 Monate Fabrik-Arbeiterin‹ (sie hatte sich dabei an *Paul Göhres* Schrift ›Drei Monate Fabrikarbeiter und Handwerksbursche‹ orientiert).[210]
Minna Wettstein-Adelt arbeitete in vier Fabriken verschiedener Branchen sowie in einer Fabrik auf dem Lande, um auch die Landarbeiterbevölkerung und die Hausindustrie kennenzulernen. Ihre Erkenntnisse aus diesen »schweren Monaten« faßte sie in ihrem Buch »zum Wohle ihrer leidenden Geschlechtsgenossinnen« zusammen: »Ersehnt aus dem, was ich anführe, wo Hilfe am dringendsten Not tut, laßt Euch diese Zeilen ein Wegweiser sein, um vorzudringen ins Dunkel des Elends, der teilweisen Verkommenheit jener Kreise. Ihr, die Ihr im Luxus und Reichtum schwelgt, helft jenen, die das gleiche Recht auf die Lebens-

genüsse haben, als Ihr, die aber oft ein Dasein führen, das eines Menschen unwürdig ist. Macht Euch auf und tut einmal wirklich Gutes, das mehr Segen bringen wird, denn Bazare und Wohltätigkeitskonzerte. Denn: ›Nur der erringt sich Freiheit wie das Leben, der täglich sie erobern muß.‹«[211]
Minna Wettstein-Adelt stellt fest, daß es sich bei den Arbeiterinnen keineswegs um eine uniformierte Gesellschaft mit gleichförmigen Verhaltensweisen handle. Je gröber und schwerer die Arbeit, je roher auch die Menschen. Die Mädchen etwa in Handschuh- und Strumpffabriken seien grundverschieden im Benehmen wie in der Kleidung gegenüber denjenigen, die Maschinenarbeit verrichteten. »Die Krone der Verkörperung aller sittlichen Roheit aber fand ich bei den Arbeiterinnen in Spinnereien; solch unglaubliche Dinge, wie ich sie dort erlebt und gehört habe, hatte ich bis jetzt nicht für möglich gehalten.«

Frauen, die in der Strumpffabrik arbeiteten, verdienten am schlechtesten; der beste Akkordsatz erbringe wöchentlich 5 bis 6 Mark; manchmal kämen Arbeiterinnen nur auf 2,50 bis 3 Mark. Eine ewige Borgerei herrsche unter den Mädchen; mehr als 15 Pfennige verleihe aber keine. In vielen Fällen verkauften sie auch ihr Mittags- und Vesperbrot, d. h. wer zu viel habe, gäbe einer anderen Brot oder Kartoffeln, die dafür am nächsten Zahltag 3 bis 7 Pfennige entrichte.
Der materiellen Ausbeutung der Frauen könne man nur geschlossen entgegentreten. »Und das eben mache ich den arbeitenden und erwerbenden Frauen Deutschlands zum schweren Vorwurf, daß sie sich alles bieten lassen, daß sie wohl einzeln, nicht aber alle vereint offen gegen unhaltbare Zustände auftreten. Und doch macht nur die Einigkeit stark.«
Im Hinblick auf die Biographien stellt *Minna Wettstein-Adelt* fest, daß die Arbeiterinnen in allen Fabriken, in denen sie war, entweder vom 14. Jahre an in der Fabrik gearbeitet hätten (»das waren die tüchtigen, ordentlichen Mädchen«) oder entlassene Dienstmädchen gewesen seien. »Diejenigen, die früher gedient hatten, waren meist durch unsittlichen Lebenswandel, Faulheit oder durch andere schlechte Eigenschaften zur Fabrikarbeit gelangt, die ihnen, wenn auch ein elenderes, so doch ein freieres Leben gestattete; sie lieferten das Heer der verkommenen, rohen Arbeiterinnen. Diejenigen, die, ich möchte sagen aus traditionellen Arbeiterfamilien stammten, arbeiteten sich oftmals auf, so daß sie eine Art Carriere machten; sie fingen in der niedrig-

»Materiell können wir Sie nicht unterstützen, dazu haben wir keine Mittel. Aber gehen Sie nur fleißig in die Kirche und in unsere Betstunde, dann werden Sie lernen, auch Hunger und Elend mit Geduld zu tragen.«
(Karikatur im ›Süddeutschen Postillon‹, einer satirischen Zeitschrift der Arbeiterbewegung, 1910.)

sten Stellung an und endeten schließlich als Direktrice mit Monatsbesoldung von 100 bis 120 Mark. Dann spielen sie die Damen, behandeln ihre früheren Kolleginnen herablassend und hochmütig, und scheinen durch nichts an ihre frühere ›Niedrigkeit‹ erinnert werden zu können.« Im allgemeinen herrsche zwischen den beiden Parteien offene Feindschaft; die echte Arbeiterin sehe das frühere Dienstmädchen größtenteils als eine verkommene Existenz an, über die sie sich erhaben fühle. Das Dienstmädchen wiederum habe ständig die feinen Leute im Munde, bei denen sie gedient. Es käme deshalb öfters zu Streitigkeiten, ja selbst zu Tätlichkeiten. Überhaupt gäbe es unter den Arbeiterinnen starke Spannungen. Die Maschinenarbeiterinnen sähen auf die Strumpf- und Handarbeiterinnen herab, weil sie meinen, daß diese mehr Näherinnen und Stopferinnen denn richtige Arbeiterinnen wären. Diese wiederum redeten verächtlich von den Maschinenarbeiterinnen, weil sie schwere und schmutzige Arbeit verrichten müßten. Die Arbeit in den Fabriken sei schwer, eintönig und gesundheitsschädigend. Man wundere sich, daß manche der Mädchen noch so blühend und frisch aussähen und sogar noch Lust hätten, während der Arbeit zu singen, »und zwar innige Volkslieder«.

Mit besonderem Zorn prangert die Autorin den schmachvollen Zustand an, daß Männer Frauen beaufsichtigten, leiteten, auszahlten und unterdrückten. Wenn Mädchen mit guter Bildung, aus guter Familie und mit disziplinarischem Ordnungssinn eine passende Ausbildung fänden, könnten sie die Stellung einer Fabrikdirektrice oder Inspektorin annehmen. »Es würde nicht allein einer Menge stickender und häkelnder Mädchen, elend verkümmerter Gesellschafterinnen und Erzieherinnen geholfen, sondern die Fabrikanten selbst hätten in jenen Damen wirkliche Stützen. ... Das ist es eben, was meine Genossinnen im Kampf um Gleichberechtigung von Mann und Frau vergessen, daß die Frau der oberen Stände nicht frei werden kann, solange die Frau der unteren Kreise durch Männer geleitet, befehligt und ›beaufsichtigt‹ wird.«
Ausführlich geht *Minna Wettstein-Adelt* auf die sittlichen Zustände unter den Arbeiterinnen ein. Die Frauen brächten häufig ein uneheliches Kind mit in die Ehe ein, oft auch zwei; fast immer aber seien es die Kinder desjenigen, den sie heirateten. »Die Mädchen erzählen in der Fabrik ganz harmlos von ihrem

Kinde, wenn es ein Zähnchen bekommen hat oder krank ist; teilnehmend hören die anderen zu, es fiele keiner ein, darin eine Unsittlichkeit zu sehen. Man verkehrt zwar nicht mehr gern mit jenen männerlosen Müttern, aber lediglich deswegen, weil die Mütter unehelicher Kinder, und seien sie noch so jung, ernster, weniger vergnügungs- und putzsüchtig sind und einen Hang zum solideren Leben zeigen. Sonntags gehen sie vielfach mit dem nett geputzten Kinde und dem Schatze spazieren, stolz sieht ihnen von der Haustüre aus die Mutter nach.«
Ebenso frei und derb, wie die Arbeiterinnen in der Liebe seien, zeigten sie tiefe und ernste Empörung für jede gewerbsmäßig betriebene Unzucht, und ganz speziell für solche Mädchen, die sich an ›feine Herren‹ vergäben. Der Schatz schenke ihnen Garderobe, Schmuck, Wäsche, bezahlen aber ließen sich die Arbeiterinnen ihre Liebe nicht, es muß bei freiwilligen Geschenken bleiben. »Hierin liegt ein Zeichen, daß diese Leute den geschlechtlichen freien Verkehr aus Liebe nicht für unsittlich, sondern für natürlich halten, zur Befriedigung eines Naturtriebes, der nie zum Erwerb herabsinken darf.«
Aus diesem Grunde herrsche eine Abneigung gegen das Militär, ganz speziell gegen gemeine Soldaten und Leutnants. Geradezu fanatisch sei der Haß gegen ›Tintenwischer‹, wie die Schreiber und die im Büro arbeitenden Kaufleute genannt würden. »Ich konnte die Abneigung jener Mädchen gegenüber den jungen Kaufleuten recht wohl begreifen, ja, so lange ich Arbeiterin war, teilte ich sie voll und ganz. Ich mache jenen Leuten hier den Vorwurf, daß sie größtenteils schuld an der Demoralisierung der Arbeiterin sind, und daß sie, wenn die Arbeiterin ihnen nicht zu Willen sein will, diese durch Intrige, heimtückische Verleumdung beim Direktor, boshafte Unterdrückung und Chikanen der Sozialdemokratie in die Arme treiben, umso mehr, als das gesamte so-

zialdemokratische männliche Fabrikpersonal die Mädchen besser, höflicher und menschenwürdiger behandeln, als es die anderen tun.«
Entsetzt ist die Autorin über die offene und obszöne Art, mit der Fragen der Sexualität behandelt werden. Die Ehe, allgemein als ein Lotteriespiel betrachtet, müsse man in Kreisen der Fabrikbevölkerung ein Hasardspiel nennen. Die Männer, die, des Alleinseins müde, ihren Schatz heirateten, wagten viel: Entweder sie fänden das, was sie erhofften, oder sie kämen ins Elend, aus dem es kein Entrinnen mehr gäbe. Die Ehen seien größtenteils Gegensätze: Entweder werde die Frau geachtet und gut behandelt, oder als Lasttier, Arbeitssklavin, als Mittel zur Befriedigung geschlechtlicher Genüsse angesehen. In kinderlosen und mit einem oder zwei Kindern gesegneten Ehen herrschten gewöhnlich geregelte Verhältnisse, eheliche Einigkeit. Wo viele Kinder seien, dominierten meist Unfriede, Elend, Schmutz und Not; Untreue von seiten des Mannes komme hier viel häufiger vor.
»Man kann dreist behaupten, daß mehr als drei Kinder in einer Familie, Schuld zum Ruin derselben sind. Leider aber, und ich werde es immer wieder tief beklagen, herrscht keinerlei Verständnis für eine geregelte, beschränkte Kindererzeugung; hier würde der Segen ein unberechenbarer sein, wenn man die Leute darauf hinführen könnte, daß nicht die Quantität, sondern die Qualität der Nachkommen für die Menschheit von Bedeutung ist, daß ein oder zwei Kinder in geistiger und körperlicher Beziehung gesund, mehr Wert haben, denn zehn elende Geschöpfe und Krüppel.«
Die Ärzte treffe der Vorwurf, daß sie es sind, die der vernünftigen Beschränkung von Kindererzeugung im Wege stünden. – Übrigens würden viele Mädchen in der Fabrik nicht heiraten mögen aus Angst, viele Kinder zu bekommen. Die Sozialdemokratinnen unter den Arbeiterinnen seien die einzigen, die eine ver-

Geschickte Frauenhände waren bei der industriellen Massenproduktion beliebt. Bau von Kleinkommutatoren (Stromwendern) im Nürnberger Werk der Siemens-Schuckert AG, 1913.

nünftigere ›Kinderproduktion‹ kennten; in deren Haushaltungen herrsche auch durchwegs bessere Wohlhabenheit, Ordnung, Reinlichkeit, und vor allem innigere eheliche Gemeinschaft. Am Abend stünden die Frauen mit den Männern vor den Haustüren und unterhielten sich über politische und andere Tagesereignisse, während die nicht-sozialdemokratischen Männer vielfach die Kneipen aufsuchten und die Frauen zu Hause bleiben müßten. Auch seien die Kinder der Sozialdemokraten besser erzogen, folgsamer und gesitteter. In diesen Schichten, das heißt in den guten Ehen, sei eheliche Untreue unbekannt; die höheren Kreise könnten sich daran ein Beispiel nehmen. Die Mädchen, die sich als Arbeiterinnen ihr Brot seit dem 14. Jahre selbst verdienten, würden ihren Eltern ein regelmäßiges Kostgeld, meist für diese mit einem kleinen Gewinn verbunden, zahlen. Die Autorin findet, daß sich die Mädchen weniger unselbständig und blasiert gäben, als dies bei ›besseren Mädchen‹, die bei der Mutter säßen und ihren ›Erlöser‹ stündlich erwarteten, der Fall sei: »Gott sei Dank, daß man unter jenen Arbeiterinnen nicht auch noch ein Heer von Dornröschen findet, die von Rosenduft und Morgentau zu leben glauben, deren einzige Arbeit spinnwebenartige Stickereien sind, und die da von dem Bedauernswerten, der sie in Hymens Tempel einführt, erwarten, daß er ihren Fuß auf Blumen setze und sie über alle irdischen Dinge hinwegtrage auf seinen starken ›Ritterarmen‹. Von solcher ›Poesie‹ des zu erwartenden Freiers wissen jene Mädchen nichts; im Gegenteil, sie fassen die Ehe keineswegs als einen glücklichen Tausch mit ihrer Mädchenzeit auf, sie haben zu viel traurige Beispiele vor Augen.«
Mit der Religion stünden die Arbeiterinnen auf sehr gespanntem Fuße. Fasten und Beten seien ihnen ein Greuel; sie meinten, wer viel bete und in die Kirche laufe, müsse ein schlechtes Gewissen haben. »Sie glauben wohl an Gott, aber als ein notwendiges Übel. Es ist dasselbe Verhältnis, wie zu ihrem Schullehrer, sie fürchten Gott, aber sie glauben sich ihm entzogen, wenn sie einmal konfirmiert sind.« Das Benehmen der Geistlichen selber sei größtenteils schuld an diesen Zuständen. Wenn der Prediger die Familie besuche, was eigentlich sehr selten vorkomme, so verkehre er freundlich und väterlich mit den jüngeren, salbungsvoll predigend mit den größeren Mädchen. Er tadle, wenn sie auch noch so anständig seien, alles an ihnen: ihre Kleidung, ihre Sprache, ihr Benehmen, ja selbst ihr Gesicht. »So hörte ich einmal in einer Familie, wo die 16jährige

Tochter einen durchaus tadellosen Lebenswandel führte, zu derselben sagen: ›Ja, mein Kind, Du bist hübsch und blühend nach außen, aber häßlich und trocken nach innen; der Herr aber sieht nur ins Herz, ihm wäre es wohlgefälliger, wenn Du, statt Dir Stirnlocken zu drehen, Deine Seele vom Erdenschmutze rein hieltest.‹«
Durch die bestehenden Verhältnisse würden die Mädchen zur Sozialdemokratie getrieben. Eines Tages werde Arbeiterin gleichbedeutend mit Sozialdemokratin sein. Manche Mutter, die während ihrer Ehe Muße gefunden habe, über sozialdemokratische Ideen nachzudenken, kleide ihre Töchter mit Vorliebe in Rot oder lasse sie, größer werdend, rote Hutgarnituren, rote Schleifen tragen; hier arte die Liebe zur Sozialdemokratie in Fanatismus aus. Insgesamt zeigten die Arbeiterinnen jedoch wenig Interesse an öffentlichen Vorgängen; ihre Kenntnisse über Politik und Gesellschaft seien entsprechend gering. Von der Agitation der Kämpferinnen für Frauenrechte hätten sie kaum eine Ahnung. Von schlimmstem Übel sei die Prostitution: das Werk der Männer, der Gesetzgeber; es seien männliche Prinzipien, die sich hier verkörpert fänden. Da die Arbeiterinnen eine große Vorliebe für Theater, Zirkus, Tingeltangel und Schützenplatz hätten, seien sie sittlich mehr als andere Mädchen gefährdet. Die primitiven Tanzsäle täten ihr übriges. Es gäbe aber auch Tanzetablissements anständiger Art. Besonders das Elend der Stellenlosigkeit treibe die Arbeiterinnen der Prostitution in die Arme.
Minna Wettstein-Adelt wendet sich leidenschaftlich an alle edel denkenden und handelnden Frauen, an alle Mütter und Töchter geliebter Eltern, an all die Glücklichen, die in Sitte und Wohlhabenheit leben könnten; »vor allem aber an alle die tausend und tausend Frauen, die ihr Leben auf der Chaiselongue, in den Hauptstraßen, in Theaterlogen, Gesellschaften, Bällen und Konzerten verbringen, an jene weiblichen ›Blumen‹, die Treibhaus- und Giftpflanzen unseres Geschlechtes, an sie wende ich mich mit dem Aufruf: ›Wacht auf aus Eurem jammervollen Dasein, reißt Euch los von den vergiftenden Abenteuern der Boudoirs, aus der ekelhaften, entnervenden Parfumatmosphäre, die Euch umgibt, steigt hinab in die Sphäre der Armut und der Arbeit, und seht Euch um, wie es dort steht. Dann werdet Ihr vielleicht doch noch erkennen, daß Euere jetzige Existenz schmachvoll ist, daß Ihr nicht über den Haremsfrauen steht und daß die Gesetze Eueres Vaterlandes daran arbeiten, Euch festzuhalten im geistigen Elend und in geistiger Knechtschaft. Vielleicht, daß das Ehrgefühl, daß der göttliche Funke in Euch erwacht und Ihr zusammentretet, um mit vereinten Kräften Euer Joch zu brechen! Dann kommt sicherlich der Tag, wo die deutsche Frau zu anderen Frauen nicht mehr hinauf-, sondern herabsehen kann!‹«

Dienstmädchen, gezeichnet von Heinrich Zille.

Dienstmädchen

Die Lage der Dienstmädchen bzw. Dienstboten war noch viel unfreier und unselbständiger als die der Arbeitrinnen. Es gab Dienstbotenordnungen, die der ›Herrschaft‹ das Recht einräumten, den Dienstboten ›auszuleihen‹, seine Arbeitszeit beliebig festzusetzen, bei Verstößen gegen die Hauszucht ihm die Kost zu entziehen oder ihn zu prügeln, ferner die Eheschließung zu verweigern.

Mit dem bürgerlichen Wohlstand wuchs auch die Zahl der Dienstboten. 1890 war in Wien jede achte Frau ein Dienstbote; 1907 betrug im Deutschen Reich der Anteil der Dienstboten 2 % der Gesamtbevölkerung. Ein Drittel von ihnen befand sich im Alter zwischen elf und zwanzig Jahren; deren Abhängigkeit war besonders groß.[212]

Während die Pflichten der Herrschaft meist nur darin bestanden, den versprochenen Lohn pünktlich zu zahlen und ›gute, sättigende Speisen zur Kost zu geben, hieß es z. B. von den Aufgaben des Gesindes: »Arbeitspflicht nach dem Willen und den Anordnungen der Herrschaft; die gesamte Zeit hat sich der Dienstbote dem Dienst zu widmen, und zwar nicht nur für die Herrschaft selbst, sondern auch für sämtliche Familienangehörige und Gäste; der Dienstbote untersteht der Aufsicht der Herrschaft, darf ohne Erlaubnis nicht ausgehen. ... Der Dienstbote hat treu, fleißig, aufmerksam, gesittet und anständig, reinlich, ehrerbietig, gottesfürchtig und sittlich und verträglich zu sein; er soll keinen Aufwand treiben und die Treuepflicht erfüllen, d. h. nicht klatschen, naschen, stehlen.«[213]

Bei Stellungswechsel konnte mit dem Zeugnis über das Schicksal des Dienstmädchens entschieden werden; fehlte zum Beispiel das Wort ›ehrlich‹, bestand für dieses kaum eine Chance, je wieder unterzukommen. Das Klagerecht der Dienstboten war sehr beschränkt; im übrigen wurde das Recht des häuslichen Gesindes als Sonderrecht gehandhabt, »weil es in der Aufnahme in die Hausgemeinschaft der Herrschaft eine Grundlage hat, die es von den Verhältnissen der übrigen arbeitenden Klasse unterscheidet«.[214]

Die Aufnahme in die »Hausgemeinschaft der Herrschaft« führte zwar oft dazu, daß eine sehr enge familiäre Bindung entstand, die sich besonders auf die Kinder übertrug (die dann auch als Erwachsene noch ihre ›Minna‹, ihre ›Perle‹ hochschätzten); dies änderte jedoch nichts daran, daß, objektiv gesehen, der Stand der Dienstmädchen sehr stark unterprivilegiert war. Dies zeigte sich vor allem bei der Unterbringung. In *Theodor Fontanes* Roman ›Der Stechlin‹ (1897) klagt das Dienstmädchen Hedwig, daß meist nicht einmal eine ordentliche Schlafgelegenheit vorhanden sei; die Hängeböden würden häufig dafür herangezogen: »Immer sind sie in der Küche, mitunter dicht am Herd oder auch gerade gegenüber. Und nun steigt man auf eine Leiter, und wenn man müde is, kann man auch runterfallen. Aber meistens geht es. Und nun macht man die Tür auf und schiebt sich in das Loch hinein, ganz so wie in einen Backofen. Das is, was sie ne Schlafgelegenheit nennen. Und ich kann Ihnen bloß sagen: Auf einem Heuboden is es

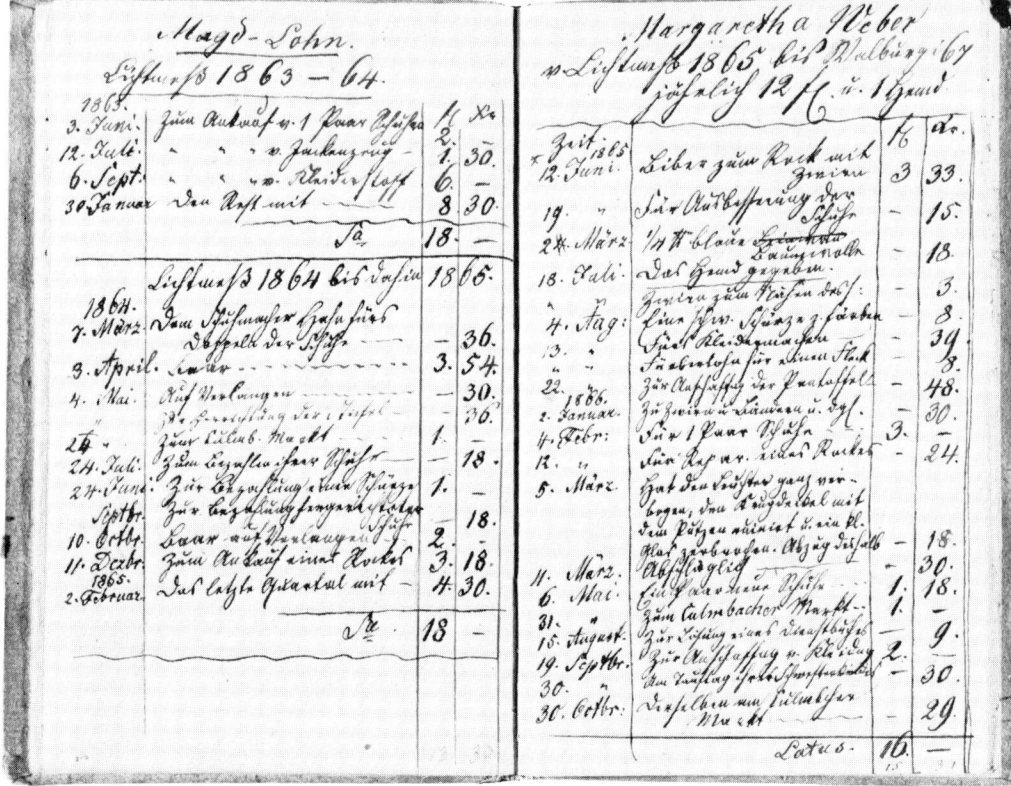

Auszug aus einem bürgerlichen Haushaltsbuch. Einer Dienstmagd werden am 5. März 1865 18 Kreuzer abgezogen: »Hat den Leuchter ganz verbogen, den Krugdeckel mit dem Putzen ruiniert und ein kleines Glas zerbrochen, Abzug deshalb.«

Wahlplakat 1913.

Hausmädchen bei einem Warenhausbesitzer, 1918.

18 in einer Abteilung des Badezimmers, 15 in der Küche und 128 (27 %), also die meisten, auf Hängeböden. Auch eine süddeutsche Darstellung beschrieb 1894 die Wohnstätten der Dienstmädchen als »Hundeställe und Löcher«. Durch den Bau größerer Wohnungen wurde ihre Lage eher verschlechtert als verbessert. »Früher hatte man für die Mädchen ein Stübchen mieten müssen. Jetzt wies man ihnen in den großen Wohnungen oft Schlafräume an, die nicht den Namen Stube verdienten. In München wohnten nach einer statistischen Erhebung, die zu Anfang des 20. Jahrhunderts durchgeführt wurde, über 2000 Dienstboten in Räumen, die kein Fenster nach außen hatten und nur mittelbar Licht und Luft bekamen. Übler oder muffiger Geruch, Hitze oder Feuchtigkeit und geringe Höhe der Schlafräume wurden allgemein beanstandet. Es gab die Regel, daß ein Dienstherr dem Dienstboten für den gesundheitlichen Schaden haftete, wenn er ihm eine ungesunde oder feuchte Kammer anwies. Mag auch fraglich sein, ob dieser Schadensersatz praktisch durchsetzbar war, so ist wohl sicher, daß die Regelung vorgeschlagen wurde, weil der Mißstand häufig genug vorkam.«[216]

Hatte früher das Dienstmädchen immerhin am gemeinsamen Essen der Herrschaft teilgenommen, so bürgert sich zunehmend der Brauch ein, ihm einen separaten Eßplatz in

besser, auch wenn Mäuse da sind. Und am schlimmsten is es im Sommer. Draußen sind dreißig Grad, und auf dem Herd war den ganzen Tag Feuer; da is es denn, als ob man auf den Rost gelegt würde. So war es, als ich nach Berlin kam. Aber ich glaube, sie dürfen jetzt so was nich mehr bauen. Polizeiverbot. Ach, Frau Imme, die Polizei is doch ein rechter Segen. Wenn wir die Polizei nich hätten (und sie sind auch immer so artig gegen einen), so hätten wir gar nichts. Mein Onkel Hartwig, wenn

ich ihm so erzähle, daß man nicht schlafen kann, der sagt auch immer: ›Kenn ich, kenn ich; der Bourgeois tut nichts für die Menschheit. Und wer nichts für die Menschheit tut, der muß abgeschafft werden.‹«[215]

Um die Jahrhundertwende wurde von einem Privatdozenten in Berlin eine Erhebung über die Beherbergung der Dienstmädchen durchgeführt. Er stellte fest, daß bei 466 erfaßten Fällen 56 % der Mädchen eigene Zimmer hatten. Von den restlichen 205 Mädchen schliefen

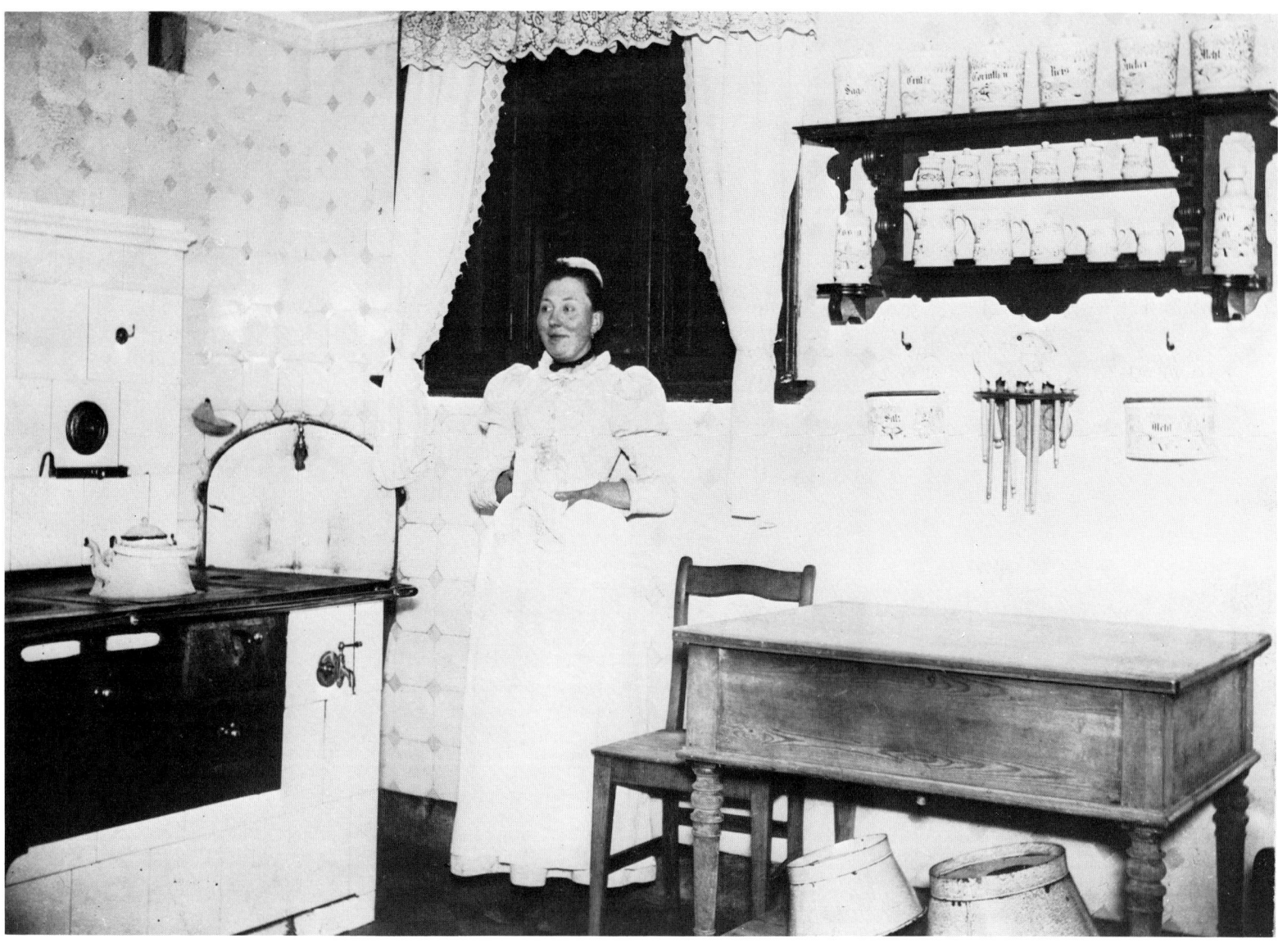

Die ›gute Emma‹ in der Küche, 1900.

der Küche, die sich häufig im Kellergeschoß befand, oder in einem Nebenraum zuzuweisen. Erst der Weltkrieg brachte da eine Änderung. Der Mangel an Heizungsmaterial (besonders im Kriegswinter 1917) bewirkte, daß die Menschen zusammenrückten. Man sammelte sich jetzt in der kalten Jahreszeit an einer gemeinsamen Wärmestelle. So brachte die Not eine soziale Scheidung zu Fall, die danach nie wieder recht aufgerichtet wurde.[217] Autobiographische Zeugnisse von Dienstmädchen sind selten. Anna W. stellt da eine Ausnahme dar. In korrekter alter deutscher Schrift hat sie ihr Leben beschrieben. Sie wurde 1878 als älteste von vier Schwestern geboren; der Vater war blind und knüpfte mit Hilfe eines durchlochten Holzgriffes Waschseile im Lohn. Die Mutter war die eigentliche Ernährerin der Familie; sie arbeitete die ganze Woche im Waschhaus; es war eine ständig bodennasse Waschküche, in welcher fünf

Frauen, in Dampf gehüllt, Wäsche im Holzzuber zu bürsten hatten.

Annas ganzes Leben war Mühe und Arbeit für andere. Nicht einmal zu einem bescheidenen Wohlstand kam sie, denn ihre Ersparnisse wurden in beiden Kriegen entwertet. 1976, achtundneunzigjährig, meinte sie: »Mir ist es immer gut gegangen und jetzt bin ich dankbar, daß ich in einem so schönen Altersheim wohnen kann, wo für alles gesorgt ist.«

Die Erinnerungen setzen um 1892 ein. Der nachfolgende Auszug schildert die Erlebnisse in den ersten drei Familien, bei denen Anna W. in Stellung war: einem Baumeister, einem Kaufmann, einem Professor. (Nach mehrfachem Wechsel kam sie schließlich in ihre letzte Stellung, zu einer ›guten Herrschaft‹, bei der sie dann 17 Jahre blieb.)[218]

»*Ulm, 1892:* Mit 14 Jahren verdingte ich mich zuerst in eine Familie. Dann kam eine Schwatzfraubas (Schwatzbase) und es wurde rückgängig gemacht, und ich in Maysers Hutfabrik gesteckt. Ich bekam pro Tag 50 Pfennig und durfte auf einer Maschine in die Schweißleder einen Ausschlag machen, damit man zur

Verzierung mit der Zugnadel ein seidenes Bändchen durchziehen konnte. Und als Nachtarbeit bekam ich ein Stückchen seidene Litze, das 200 Schleifchen gab. 10 Stück = 1 Pfennig oder 200 Stück 20 Pfennig Lohn. 2 1/2 Jahre hielt ich es aus.

Dann ging ich als Aushilfe für das erkrankte Kindermädchen zur Familie des Herrn Reg. Baumeisters Fröhner, dem Erbauer des Justizgebäudes in Ulm.

Sie waren sparsam und hatten 4 Kinder und das fünfte kam. Der Herr hatte auf die Erdöllampe ein Drahtgestell gemacht, damit man die Kinder-Milchflasche darauf wärmen konnte. Eines Tags kam ein Tropfen Wasser an den Zylinder und es zerriß ihn. Die Lampen stellte man heiß auf den Flur zum Putzen. Es war Winter und vis-à-vis der Haustüre. Da hörte ich eines Tages ein feines Klingen und nun wußte ich, woher immer die Zylinder zersprangen. Dann mußte ich jedesmal den Zylinder bezahlen mit 30 Pfennig, bei 5 Mark Lohn im Monat. Es war so 2 bis 3 mal in der Woche. Da blieb mir wenig vom Lohn.

Eines Tages sagte die Köchin, ob ich immer

Dienstmädchen beim Servieren, 1912.

hehlinge (heimlich) ein Butterbrot streiche. Die Frau hätte schon öfters in der Speiskammer ein Buttermesser gesehen. Das war mir so arg, daß man mich auch noch des Naschens verdächtigte, das kränkte mich sehr.
Die Kinderlein hatte ich so gerne und jedes hatte goldene Härlein, wie ihre Eltern.
Nur wenn ich abends heimging, war ich so müde, daß ich am liebsten auf den Trottoirrand hingesessen wäre und kaum heimlaufen konnte. Da eines Tages gings morgens schon nicht mehr. – Meine liebe Mutter brachte mich ins Krankenhaus, wo ich dann 6 Wochen ausruhen durfte von Unterernährung und Bleichsucht.
1. Febr. 1895: Dann kam ich zu Frau Kaufmann Nicklas. Dort hatte man 3 Kinder und das vierte kam.
Als die Frau im Wochenbett lag, fing der Herr Nicklas mit der Pflegerin am andern Tag Händel an und sie lief davon. Meine Schwester

Emilie ging noch in die Schule und kam mit tags nach der Schule zum mit den Kindern spazieren gehen. Dann bekam Frau Nicklas Venenentzündung. Und noch dazu die 2 Buben Scharlach. Diese legte man zu der Wöchnerin hinein. Das war ein Theater für sich! Der ältere Bub war bitterbös – Du Lumpenbub, du bringst mich noch unter den Boden. Als der Herr Doktor kam, sagte die Mutter zu ihm: ›Bitte verprügeln Sie mir mal den Julius ordentlich‹, was der Herr Doktor mit einem Hochgenuß tat. Denn er hatte nur 3 Mädelchen und die waren brav.
Als sich die zwei Buben nach 3 Wochen schälten, mußte ich sie baden, jeden Tag. Dazu war es Winter und ich mußte das Wasser dazu im Waschkessel machen, der im Hof stand. Dann mußte ich das Wasser zwei Stock in einem Waschzuber ins warme Wohnzimmer hinauftragen. Dann setzte ich meine Büblein hinein, ging in meine Küche und fing an, das Essen zu richten. Wenn ich dann nach meinen 2 Büblein sah, da hatten sie kein Wasser mehr, es lief in der Stube herum und das Wasser ausschöpfen war mir erspart. Doch mußte ich das

Wasser alles aufwischen. Dann mußte ich das Kindlein baden, Windeln waschen. Wir hatten 5 Zimmer und noch zwei, die Herr Samuel Molfenter bewohnte, bis sein Haus gebaut war, und im 3. Stock noch 2 Zimmer für 2 Fräulein. Die Zimmer wollten alle gepflegt sein und Laden und Kontor. Für 2 Fräulein, 1 Lehrling, Herr, Frau und drei Kinder mußte um 1/2 1 Uhr das Essen fertig sein. Da kam man in die Schuhe hinein! Aber ich freute mich über alles und war fröhlich in meiner Arbeit.
Als es dann Mai wurde, dann wäre ich doch auch gerne ins Freie spaziert. Da fragte ich s'Dorle bei Strickwanners und im Haus, ob sie Lust hätten, eine Maientour zu machen, was sie bejahten. Wir hatten nämlich ein Seil mit Rädle zum Wäscheaufhängen über den Hof gespannt zu Wanners Haus, das stieß an Dorles Schlafstube. Daran band sie ein paar Topfdeckel und um 3 Uhr am Maisonntag zog ich an dem Seil und die Deckel schätterten und weckten das Dorle zur Maientour, um 4 Uhr war Abmarsch auf den Alber und herunter auf den Exerzierplatz, durch die Friedrichsau mit

Gesang und um 6 Uhr war man wieder am Herd zum Feuer anzünden. O schöne Jugendzeit!

Dann kam der Herbst und die Fräulein Ladnerinnen meinten, ob ich nicht Zeit herausbringen und mal Laden und Kontor gründlich nach dem Essen auf den Knien putzen würde, solange der Herr im Kaffeehaus sitze. Ich ließ alles oben stehen, ging hinab zum Putzen. Scheints war im Kaffeehaus nichts los und der Herr kam gleich wieder. Ich war am ersten Stück zum Putzen, dann kam auch gleich eine Kundin zum Einkaufen. Das ärgerte den Herrn Nicklas, er nahm meinen Putzeimer, stellte ihn vors Haus, nahm mich hinten beim Kragen und schob mich hinaus mit der Bemerkung: ›Du Hund, Du verfluchter, mach, daß Du hinauskommst.‹ Da ging ich zu meiner Frau hinauf und kündigte. Das war natürlich ein arger Jammer.

1898: Dann kam ich in eine Professors Familie.

2 Kinder waren da und das dritte kam. Die Wohnung war im 3. Stock, Olgastraße, sieben Zimmer. Der Herr Professor war sehr gebildet und herzensgut, das habe ich gleich gemerkt. Denn er sagte: ›Anna, wenn Ihnen das Kohle herauf tragen schwer fällt, dann stellen Sie den Füller hinter die Kellertreppe. Wenn ich von der Schule komme, sehe ich nach und nimm ihn mit herauf.‹ Doch im Hause wohnten schwer Reiche, die hatten 3 Dienstmädchen, denen wars zu wohl und ich dachte, die täten den Herrn Professor noch auslachen und das wär mir leid. Und wenn Post oder Zeitung läutet, brauchen die nicht hinunter. Wenn dann schön Wetter war, mußte ich die Betten

und Matratzen vom 3. Stock in den Hof hinuntertragen. Da bekam ich Blasen an den Füßen und die Haut ging weg. Das war schmerzhaft. Da setzte ich mich hin zum Kartoffelschälen. Da kam Frau Professors Schwester, die hatte einen Schlüssel in die Glastüre. Sie sah mich sitzen und ging zu Frau Professor ins Schlafzimmer und schrie: ›Geh hinaus zu Deiner Anna, die setzt sich hin zum Kartoffelschälen, so ein junges Ding. Das können wir uns erlauben und nicht sie!‹ Da kam Frau Professor heraus und schalt mich. Nun da weinte ich so still vor mich hin beim Kochen. Als der Herr Professor heimkam, rief er immer in die Küche: ›Grüß Gott, Anna‹, und wenn er zur Schule ging: ›Ade!‹ Da sah er, daß ich geweint hatte und sagte: ›Anna, Sie haben geweint, warum?‹ Ich sagte: ›S'isch scho vorbei.‹ ›Ich will wissen, warum Sie geweint haben, umsonst weinen Sie nicht!‹ Nun so mußte ichs erzählen. Da ging der Herr Professor hinaus an den Garderobeständer, langte seinen Hut und ging wieder fort. Dann kam Frau Professor, ging ins Studierzimmer, kam dann in die Küche: ›War nicht mein Mann da?‹ Ich sagte, Herr Professor ist wieder fort. Bald darauf kam er, ging ins Wohnzimmer zur Frau und ich hörte in meiner Küche rufen: ›Mina, ich habe Dir schon oft gesagt, quäl Deine Mädchen nicht so mit dem Betten hinuntertragen. Du hast eine Veranda vorm Schlafzimmer und die Küche mit Latten vorm Fenster zum Betten sonnen. Jetzt gehst du hinaus und verbindst der Anna ihre Füß'.‹ Dann kam Frau Professor mit rotem Kopf und salbte und verband mir die Füße, ohne ein Wort.«

Enteignete Körperlichkeit

In *Minna Wettstein-Adelts* Bericht über die Situation der Fabrikarbeiterin spielt die sexuelle Frage eine große Rolle. Die Autorin ist gleichermaßen fasziniert von der offenen Ansprache des Geschlechtlichen in den ›unteren Ständen‹ wie abgestoßen von der dabei zutage tretenden Derbheit.

Die Emanzipationsbewegung, die für die Rechte der Frau kämpfte, wandte sich gegen deren Stilisierung zum idealistischen Wesen; die Natürlichkeit ginge verloren. Die Erziehungsziele der ›Höheren-Tochter-Ideologie‹, die auch bei ›Blaustrümpfen‹ ihre Spuren hinterließ, waren ausgerichtet auf Liebesidyll und Ehe; Sexualität war tabuisiert; sie paßte nicht zum Jungmädchendasein, wie es vor allem Literatur und Kunst süßlich verklärten.

Die Stimmungslage romantischer Liebessehnsucht und mystifizierter Keuschheitsgelübde,

die oft in der Hochzeitsnacht zerbrach (zumal die Männerwelt mit ihren sexuellen Obsessionen in der Unberührtheit der Frau ein Aphrodisiakum sah), spiegelt sich in besonderer Weise in *Adelbert von Chamissos* Gedicht ›Frauen-Liebe und Leben‹; aus dem Biedermeier in die zweite Phase der Industrialisierung hinüber›transportiert‹, wird sie nun zum wesentlichen Teil des erotischen Sozialisationsmusters.

»Seit ich ihn gesehen,
glaub ich blind zu sein
wo ich hin nur blicke
seh' ich ihn allein.«

Mit verinnerlicht war der Überheblichkeitsanspruch der patriarchalischen Gesellschaft; die Frau hatte dem Männlichkeitswahn entsprechenden Tribut zu leisten:

»Er, der Herrlichste von allen,
wie so milde, wie so gut!
Holde Lippen, klares Auge,
heller Sinn und fester Mut.

So wie dort in blauer Tiefe,
hell und herrlich jener Stern,
also er an meinem Himmel,
hell und herrlich, hoch und fern.«[219]

Bürgerliche Normen, Tabus und Tugendvorstellungen – »ein anständiges Mädchen hat einen Kopf und zwei Hände und sonst nichts!« – bestimmten das individuelle wie kollektive Verhalten. Die triebdynamische Energie wurde durch Zensur des gesellschaftlichen Über-Ichs, das aufgrund der allgemeinen Disziplinierungstendenzen des Industrialisierungsprozesses besondere Bedeutung erhielt, in den seelischen Untergrund verbannt; von dort drängte sie in Form von Neurosen nach oben.

Hysterische und nervöse Charaktere, deren sich die Kunst des *Fin de siècle* in besonderem Maße annahm, waren ein charakteristisches Merkmal der bürgerlichen Gesellschaft. Die Neurasthenie diagnostizierte *Sigmund Freud* als Folge unbewältigter Triebkonflikte. In der 1908 erschienenen Abhandlung ›Die ›kulturelle‹ Sexualmoral und die moderne Nervosität‹ heißt es – wobei deutlich wird, daß *Freud* das bürgerliche Unterbewußtsein als Bürger deutet (als Teil der Gesellschaft, die er dekuvriert): »›Die Erfahrung lehrt, daß es für die meisten Menschen eine Grenze gibt, über die hinaus ihre Konstitution der Kulturanforderung nicht folgen kann. Alle, die edler sein wollen, als ihre Konstitution es ihnen gestattet, verfallen der Neurose; sie hätten sich wohler befunden, wenn es ihnen möglich geblieben wäre, schlechter zu sein. Die Einsicht, daß Perversion und Neurose sich wie positiv und negativ zueinander verhalten, findet oft eine unzweideutige Bekräftigung durch Beobachtung der nämlichen Generation. Recht häufig ist von Geschwistern der Bruder ein sexuell Perverser; die Schwester, die mit dem schwächeren Sexualtrieb als Weib ausgestattet ist, eine Neurotika, deren Symptome aber dieselben Neigungen ausdrücken wie die Perversionen des sexuell aktiveren Bruders und dementsprechend sind überhaupt in vielen Familien die Männer gesund, aber in sozial unerwünschtem Maße unmoralisch, die Frauen edel und überverfeinert, aber – schwer nervös.«[220] Die Bewältigung des Sexualtriebs durch Sublimierung, durch Ablenkung der sexuellen Triebkräfte vom sexuellen Ziel auf höhere kulturelle Ziele, gelinge nur einer Minderheit, und wohl auch dieser nur zeitweilig. Die Industriegesellschaft mit ihrer Reizfülle erschwere noch zusätzlich die ›Veredelung‹. Das Leben in den großen Städten werde immer raffinierter und unruhiger. *Freud* zitiert zustimmend eine Bemerkung von *W. Erb* aus dem Jahre 1893: »Die erschlafften Nerven suchen ihre Erholung in gesteigerten Reizen, in

Errötend folgt er ihren Spuren... Bild aus dem ›Deutschen Mädchenbuch‹, einem ›Jahrbuch der Unterhaltung, Belehrung und Beschäftigung für junge Mädchen‹.

stark gewürzten Genüssen, um dadurch noch mehr zu ermüden; die moderne Literatur beschäftigt sich vorwiegend mit den bedenklichsten Problemen, die alle Leidenschaften aufwühlen, die Sinnlichkeit und Genußsucht, die Verachtung aller ethischen Grundsätze und aller Ideale fördern; sie bringt pathologische Gestalten, psychopathisch-sexuelle, revolutionäre und andere Probleme vor den Geist des Lesers; unser Ohr wird von einer in großen Dosen verabreichten aufdringlichen und lärmenden Musik erregt und überreizt, die Theater nehmen alle Sinne mit ihren aufregenden Darstellungen gefangen; auch die Bildenden Künste wenden sich mit Vorliebe dem Abstoßenden, Häßlichen und Aufregenden zu und scheuen sich nicht, auch das Gräßlichste, was die Wirklichkeit bietet, in abstoßender Realität vor unser Auge zu stellen.«[221]

In einer Gesellschaft, die auf der einen Seite Sexualität verpönte und auf der anderen die Triebkräfte anreizte, wobei besonders die Verhüllungs- und Verdrängungsmanier sexuelle Neugierde aktivierte, in einer Gesellschaft, die der offenen Behandlung geschlechtlicher Fragen aus dem Weg ging und das Zwielichtige bevorzugte, blühten die Ventilsitten: von der Pornographie bis zur Prostitution.

Während die streng erzogene Frau sich ernst-

»Habe nur immer Geduld mit mir, Hermann...«

haft der Kulturforderung auf voreheliche Keuschheit und nacheheliche Treue unterwarf und – wie *Freud* feststellt – im Konflikt zwischen Begierde und Pflichtgefühl ihre Zuflucht häufig in der Neurose fand (zu deren Heilung sich die Psychoanalyse etablierte), wurde die gesellschaftlich depravierte Frau, etwa die Arbeiterin, das Dienstmädchen, das Ladenmädel, zum sexuellen Freiwild; während also die bürgerliche Gesellschaft der ›edlen Frau‹ Keuschheit abverlangte, waren das Verhältnis, die Liebelei, der Seitensprung, die Prostitution mit dem männlichen Tugendsystem durchaus vereinbar.

In seiner Autobiographie ›Jugend in Wien‹ schreibt *Arthur Schnitzler*, Prototyp des Lebemanns und Dandys, vom Urbild des ›süßen Mädels‹ (um das dann viele seiner Dramen kreisen), daß es verdorben gewesen sei ohne Sündhaftigkeit, unschuldsvoll ohne Jungfräulichkeit, ziemlich aufrichtig und ein bißchen verlogen, meistens sehr gut gelaunt und doch manchmal mit flüchtigen Sorgenschatten über der hellen Stirn. »Und war sie eben noch in dem behaglichen, wohlgeheizten Kämmerchen, in das sie mir immer erst nach einigem Zögern folgte, im Zauber der Stunde selig verloren, die ausgelassen-zärtliche Geliebte gewesen, so mußte sie nur über die schwachbeleuchtete Treppe, durch den halbdunklen Hausflur, aus der verschwiegen-dämmrigen Nebengasse in den nüchtern-grellen Laternenschein der Hauptstraße treten, um sich, ein unauffälliges, kleines Bürgerfräulein unter vielen anderen, mit unbefangen hellem Auge,

in das Gewimmel der abendlichen Geschäfts-, Spazier- und Heimwärtsgänger zu schicken; und eine Viertelstunde darauf erschien sie gewiß, zwar etwas verspätet, aber harmlos lustig und Lustigkeit um sich verbreitend, als das brave, schlimme Töchterchen am Familientisch und brachte, ob man's nun glauben wollte oder nicht, eine schöne Empfehlung von dem Kaufmann, wo sie irgend was besorgt, oder einen Gruß von der Freundin, mit der sie sich wie gewöhnlich ein bißchen verplaudert hatte. Und merkte die Mutter vielleicht, während das anmutige Kind mit Appetit ihr aufgewärmtes Nachtmahl verzehrte, daß die Zöpfe nicht genauso gesteckt waren wie am Nachmittag, da man sich nach dem Kaffee so eilig davon gemacht hatte, so unterließ sie lieber naheliegende Bemerkungen und Fragen, warf einen Seitenblick auf den seit jeher so vertrauensvollen Vater, der eben die Zigarre in den weißen Papierspitz steckte, und dachte, möglicherweise nicht ohne Wehmut, aber kaum besonders reuevoll, an eine Zeit zurück, da sie selbst noch ein junges und möglicherweise sogar ein süßes Mädel gewesen war.«[222]

Was hier als Libertinage des Mittelstandshaushalts graziös geschildert wird, verlief in den Schichten darunter direkter und derber. Während die sozialdemokratisch orientierten Familien – wie auch *Minna Wettstein-Adelt* feststellt – moralisch ›einwandfrei‹ sich verhielten, offensichtlich das politische Engagement der Sublimierung förderlich war, ging ansonsten Hand in Hand mit der weitverbrei-

Junge Ehe.

teten Trunksucht die Promiskuität einher. »Ich sah das Mannsvolk damals schon gern, verkehrte aber noch nicht mit ihnen«, heißt es in einem typischen Bericht aus diesem Milieu; »ich hörte eben viel von meinem Vater und dachte manchmal, ich möchte auch wissen, wie das wäre, sah auch, daß der Vater meine Freundinnen, die ich am Sonntag heimbrachte, herumziehen wollte, und wüst mit ihnen redete, aber nur, wenn es die Mutter nicht sah. Diese Mädchen sagten oft zu mir, mein Vater sei ein Schlimmer. Er wollte es auch mit mir probieren, aber ich hatte kein Gefühl für ihn, denn es ekelte mich, warum weiß ich nicht.«[223]

In seinen Lebenserinnerungen ›Die Welt von gestern‹ bemerkt *Stefan Zweig* zur Ventilsitte der Prostitution (»… von der ungeheuren Ausdehnung der Prostitution in Europa bis zum Weltkrieg hat die gegenwärtige Generation kaum mehr eine Vorstellung«), daß die Armee der Dirnen ebenso wie die wirkliche Armee in einzelne Heeresteile, in einzelne Gattungen aufgeteilt gewesen sei. Der Festungsartillerie entsprach in der Prostitution am ehesten jene Gruppe, die bestimmte Straßen der Stadt als ihr Quartier völlig besetzt hielt. Es handelte sich meistens um jene Gegenden, welche die Bürgerschaft schon seit Jahrhunderten als Wohnsitz lieber mied. Dort wurden von den Behörden einige Gassen als Liebesmarkt freigegeben. Tür an Tür saßen Hunderte von Frauen, eine neben der andern, an den Fen-

stern ihrer ebenerdigen Wohnungen zur Schau, billige Ware, die in zwei Schichten, Tagschicht und Nachtschicht, arbeiteten. Der Kavallerie oder Infanterie entsprach die ambulante Prostitution, die zahllosen käuflichen Mädchen, die sich Kunden auf der Straße suchten. In Wien wurden sie allgemein Strichmädchen genannt, weil ihnen von der Polizei mit einem unsichtbaren Strich das Trottoir abgegrenzt war, das sie für ihre Werbezwecke benutzen durften; bei Tag und Nacht bis tief ins Morgengrauen schleppten sie eine mühsam erkaufte, falsche Eleganz auch bei Eis und Regen über die Straßen, immer wieder für jeden Vorübergehenden das schon müde gewordene, schlecht geschminkte Gesicht zu einem verlockenden Lächeln zwingend.

Aber auch diese Massen genügten noch nicht für den ständigen Konsum. Manche wollten es noch bequemer und diskreter haben, »als auf der Straße diesen flatternden Fledermäusen oder traurigen Paradiesvögeln nachzujagen. Sie wollten die Liebe behaglicher: mit Licht und Wärme, mit Musik und Tanz und einem Schein von Luxus. Für diese Klienten gab es die ›geschlossenen Häuser‹, die Bordelle. Dort versammelten sich in einem sogenannten, mit falschem Luxus eingerichteten ›Salon‹ die Mädchen in teils damenhaften Toiletten, teils schon unzweideutigen Negligés. Ein Klavierspieler sorgte für musikalische Unterhaltung, es wurde getrunken und getanzt und geplaudert, ehe sich die Paare diskret in ein Schlaf-

zimmer zurückzogen; in manchen der vornehmeren Häuser, besonders in Paris und in Mailand, die eine gewisse internationale Berühmtheit hatten, konnte ein naives Gemüt der Illusion anheimfallen, in ein Privathaus mit etwas übermütigen Gesellschaftsdamen eingeladen zu sein. Äußerlich hatten es die Mädchen in diesen Häusern besser im Vergleich zu den ambulanten Straßenmädchen. Sie mußten nicht in Wind und Regen durch Kot und Gassen wandern, sie saßen im warmen Raum, bekamen gute Kleider, reichlich zu essen und insbesondere reichlich zu trinken. Dafür waren sie in Wahrheit Gefangene ihrer Wirtinnen, welche die Kleider, die sie trugen, ihnen zu Wucherpreisen aufzwangen und mit dem Pensionspreis solche rechnerischen Kunststücke trieben, daß auch das fleißigste und ausdauerndste Mädchen in einer Art Schuldhaft blieb und nie nach seinem freien Willen das Haus verlassen konnte. Die geheime Geschichte mancher dieser Häuser zu schreiben, wäre spannend und auch dokumentarisch wesentlich für die Kultur jener Zeit, denn sie bargen die sonderbarsten, den sonst so strengen Behörden selbstverständlich wohlbekannten Heimlichkeiten. Da waren Geheimtüren und eine besondere Treppe, durch die Mitglieder der allerhöchsten Gesellschaft – und wie man munkelte, selbst des Hofes – Besuch machen konnten, ohne von den anderen Sterblichen gesehen zu werden. Da waren Spiegelzimmer und solche, die geheimen Zublick in nachbarliche Zimmer boten, in denen sich Paare ahnungslos vergnügten. Da waren die sonderbarsten Kostümverkleidungen, vom Nonnengewand bis zum Ballerinenkleid, in Laden und Truhen für besondere Fetischisten verschlossen. Und es war dieselbe Stadt, dieselbe Gesellschaft, dieselbe Moral, die sich entrüstete, wenn junge Mädchen Zweirad fuhren, die es als eine Schändung der Würde der Wissenschaft erklärten, wenn Freud in seiner ruhigen, klaren und durchdringenden Weise Wahrheiten feststellte, die sie nicht wahrhaben wollten. Dieselbe Welt, die so pathetisch die Reinheit der Frau verteidigte, duldete diesen grauenhaften Selbstverkauf, organisierte ihn und profitierte sogar daran.«[224]

Die innerweltliche Askese, die Unterdrückung vor allem der weiblichen Sexualität bei entsprechender autoritärer Erziehung, führte dazu, daß die bürgerlichen Mädchen völlig unvorbereitet in die Ehe gingen. In seiner Schrift ›Die Grenzen der Geschlechtsmoral‹, 1911, stellte *Robert Michels* fest: »Die heutige Ehe gewährleistet keine graduelle Entwicklung von der Jungfrau zur jungen Frau und von der jungen Frau zur Mutter, sondern überspringt sozusagen das Mittelglied und macht die junge Frau, die gestern noch völlig unberührt war, sofort zur beginnenden Mutter. Es ist eine Erfahrungstatsache, daß bei einer ungemein großen Anzahl der Ehen die Schwangerschaft, wenn nicht gleich in der ersten Liebesnacht, so doch in der ersten Woche, im ersten Monat, im ersten Trimester beginnt. Die Rückkehr der Neuvermählten von der Hochzeitsreise als Schwangere ist ein nicht ungewöhnliches Bild. Schwangerschaft aber heißt steigende Verminderung der Fähigkeit zum Lebensgenuß, heißt, besonders das erstemal, neunmonatliche Rücksicht und Vorsicht, Verzicht auf geistige und teils auch körperliche Arbeit, auf Ball und Tanz, vielfach auf Theater und Geselligkeit und, neben vermehrter nervöser Reizbarkeit, steigende Unfähigkeit oder Unwilligkeit zur Erotik, kurz eine Periode der Suspension, die zu überwinden der Mann, besonders wenn seine Tätigkeit ihn vorzugsweise ans Haus fesselt (Schriftsteller, Universitätsdozent usw.), eine außerordentliche große Dosis treuer innerlicher Liebe zur auserwählten Gattin, Entsagungsfähigkeit, sexueller Enthaltsamkeit und kräftiger Nerven besitzen muß. Fünfzig Prozent unglücklicher Ehen haben in dem mit der Schwangerschaft zusammenhängenden, langdauernden pathologischen Zustand der jungen Frau, der Unfähigkeit, dem Mann Spielkameradin, Festeskameradin und Reisebegleiterin zu sein, sowie ihrer Sprödigkeit in eroticis ihren Ausgangspunkt. Denn alle diese unangenehmen Begleiterscheinungen der Schwangerschaft, die der Mann später vielleicht leichter zu ertragen lernen würde, bereiten ihm, dem Unerfahrenen, am Eingang des Ehelebens eine wesentliche Enttäuschung und wirken dahin, ihm das Bild der Ehe von vornherein zu verzerren.«[225]

Viele junge Menschen litten unter dem Mangel an Aufklärung; ihre Charaktere wurden deformiert oder zerbrachen an den Repressionen, die besonders das pubertäre Stadium, etwa als Dämonisierung und Ächtung der Onanie, bestimmten. *Frank Wedekinds* Kindertragödie ›Frühlings Erwachen‹, 1891 geschrieben, bei der ersten Buchausgabe 1899 als »unerhörte Unflätigkeit« diffamiert, 1906 erstmals aufgeführt, dann verboten, 1912 durch Entscheid des Berliner Oberverwaltungsgerichts endgültig zur öffentlichen Aufführung freigegeben, beschreibt die Situation einer Jugend, die in verklemmten Elternhäusern erzogen und verbogen, von verknöcherten Pädagogen unterrichtet und unterdrückt wird; und bei dem Versuch, sich von den Fesseln falscher Scham zu befreien, scheitert. Moritz Stiefel nimmt sich in pubertärer Verwirrung, im schulischen Fortkommen gefährdet, das Leben. (»Ich habe den ›Kleinen Meier‹ von A–Z durchgenommen, Worte – nichts als Worte und Worte! Nicht eine einzige schlichte Erklärung. O dieses Schamgefühl! – Was soll mir ein Konversationslexikon, das auf die nächstliegende Lebensfrage nicht antwortet.«[226])

Melchior Gabor wird wegen einer selbstverfaßten Aufklärungsschrift von seinen gleichermaßen bigotten wie hilflosen Eltern in eine Erziehungsanstalt gesteckt; Wendla Bergmann, die in familiärer Prüderie aufwächst und Melchior in kindlicher Unwissenheit sich hingibt, stirbt an einer von der Mutter veranlaßten Abtreibung.

Die Sexualaufklärung in den unteren Schichten war gleichermaßen ungenügend – es sei denn, daß die elenden Wohnverhältnisse für brutale Information sorgten (um eine systematische Sexualaufklärung bemühten sich lediglich die Sozialisten).

Käthe F., Jahrgang 1889, aus einer Arbeiterfamilie stammend, hat als Kind von ihren Eltern über das Sexuelle nie etwas erfahren. Sie erinnert sich nicht, daß die Eltern jemals zärtlich zueinander gewesen wären, sich geküßt oder umarmt hätten. Die körperlichen Unterschiede zwischen Jungen und Mädchen blieben ihr lange unklar; sie war das älteste von dreizehn Kindern. Beim Baden im Waschtrog wurden die Geschwister getrennt, und obwohl sie mit drei anderen Geschwistern in einem Bett schlafen mußte, sah sie nie etwas ›Unzüchtiges‹, denn niemand durfte ohne Hose ins Bett. Die Geburt ihrer 12 Geschwister bewirkte keine Aufklärung bei Käthe; da die Mutter bis unmittelbar vor der Geburt arbeitete und am nächsten Tag wieder auf den Beinen stand, merkte sie auch wenig von der Schwangerschaft. Ihre erste Regel hatte sie mit 12; sie traute sich nicht, mit der Mutter, die sehr fromm war und fleißig in die Kirche ging, darüber zu sprechen. Bis zu ihrem 18. Lebensjahr war sie davon überzeugt, daß man ein Kind durch Küssen bekäme und daß es durch den Nabel zur Welt gebracht werde. Auch in der Schule hat Käthe nie etwas Sexuelles gehört oder gesehen. Die Schulhäuser hatten gesonderte Eingänge für Jungen und Mädchen; die Klassen waren streng nach Geschlechtern getrennt. Mit 19 lernte sie ihren späteren Mann kennen; auch er war ohne ›Erfahrung‹. Nach eineinhalb Jahren kam es zu den ersten sexuellen Kontakten; bis dahin hatte Käthe keinerlei »körperliche Bedürfnisse« gespürt. Ihre eigenen Kinder klärte sie später mit sechs Jahren auf.

Ein solcher Lebenslauf (hier berichtet nach einer Aufzeichnung von *Thilo Castner*[227]) war durchaus typisch für das Phänomen »enteigneter Körperlichkeit«, das alle Schichten und Stände gleichermaßen prägte.

Freizeit

Freie, durch keinen äußeren Zweck gebundene und bestimmte Geselligkeit werde von allen gebildeten Menschen als eines ihrer ersten und edelsten Bedürfnisse laut gefordert, schrieb *Friedrich Schleiermacher* und formulierte damit den neuen Freiheitsbegriff der Freizeit; unter dem Einfluß der Aufklärung fühlte sich das Bürgertum nicht mehr nur dem christlichen Ethos der Arbeit verbunden; die Arbeit sollte auch materielle Voraussetzungen dafür schaffen, sich in der »verhaltensbeliebigen« privaten Zeit sinnvoll betätigen zu können.[228] Eine besondere Bedeutung gewann ›Freizeit‹ im Rahmen des Industrialisierungsprozesses. Die Zunahme entfremdeter Arbeit ließ die Sehnsucht nach arbeitsfreier Zeit, nach Entspannung und Kompensation, immer stärker werden; doch erst mit der Einführung der 48-Stunden-Woche für Industriearbeiter und Angestellte durch den Rat der Volksbeauftragten 1918 wurde Freizeit eine echte Lebensmöglichkeit auch für die unteren Schichten. Der Erholung dienten vorher meist nur die wenigen Stunden nach Feierabend, soweit diese nicht für den Existenzkampf, für die Versorgung mit dem Allernotwendigsten, mit herangezogen werden mußten. »Vom Druck und Elend, Noth und Plag, / erlöst uns der 8-Stunden-Tag!« 1891 wurde dieses Spruch-

band dem Festzug von über 20 000 Arbeitern zur 1.-Mai-Feier in der Hafen- und Handelsstadt Hamburg vorangetragen. Damals waren in Deutschland – wie in den anderen Industrieländern – Arbeitszeiten zwischen zehn und sechzehn Stunden täglich üblich. Für Arbeiter gab es noch kein freies Wochenende und keinen Urlaub. An den Samstagen wurde wie an anderen Werktagen voll gearbeitet; auch die Sonntage, vor 1800 als heilige Zeiten für Gebet und Gottesdienst geschützt, waren im 19. Jahrhundert vielfach zu Arbeitstagen geworden.

Für die Verkürzung der Arbeitszeit und die Schaffung freier Zeit kämpften seit der zweiten Hälfte des 19. Jahrhunderts Arbeiterparteien und Gewerkschaften. Der 1889 auf der Pariser Arbeiterkonferenz beschlossene Feiertag zum 1. Mai, der dann schrittweise durchgesetzt wurde, war ein entscheidender Sieg auf diesem Weg.[229] Der damals vierzehnjährige Schriftsetzerlehrling *Paul Löbe*, späterer Reichstagspräsident und 1948/49 Mitglied des Parlamentarischen Rates, erlebte 1890 in Liegnitz/Schlesien seine erste Maifeier: »Versammlungen unter freiem Himmel waren verboten. Versammlungslokale von irgendwelcher Bedeutung standen der jungen und verfemten Bewegung nicht zur Verfügung. Wie

Demonstration. Maifestzeitung der SPD, 1900.

1891 wurde in Nürnberg zum zweiten Mal der Arbeiterfeiertag begangen.

An die
Arbeiterschaft Nürnbergs!

Programm zur Maifeier
am **Sonntag**, den 3. Mai 1891. Vormittags 10 Uhr:
Oeffentliche Versammlungen
im
Beckengarten, Bürgersaal, Contumazgarten, Café Merk.
Tages-Ordnung in allen Versammlungen:
Die Bedeutung des achtstündigen Arbeitstages.

Im **Beckengarten** versammeln sich: Schlosser und Maschinenbauer, Dreher, Schmiede, Former, Flaschner, Metalldrücker, Reißzeugbranche, Mechaniker, Installateure, Kupferschmiede, Metallschläger, Goldschläger, Roth- und Glockengießer, Zinngießer, Heizer, ebenso die Steindrucker und Lithographen.

Im **Bürgersaal**: Maurer und Steinhauer, Maurerarbeitsleute und Taglöhner, Zimmerer, Dachdecker, Maler, Tüncher, Stuklaturer und Hafner.

Im **Contumazgarten**: Schreiner, Bildhauer, Drechsler, Glaser, sowie die Arbeiter der Bürsten- und Pinselindustrie.

Im **Café Merk**: Buchbinder und Cartonnagearbeiter, Cigarren- und Tabakarbeiter, Schneider, Schuhmacher, Weißgerber, Gerber und Lederzurichter, Müller, Posamentirer, Conditor und Lebküchner.

Allen hier nicht genannten Branchen ist es freigestellt, welches Lokal sie besuchen wollen.

☞ Wir ersuchen dringend, unseren Anordnungen Rechnung zu tragen.

* * *

Nachmittags 3 Uhr:
CONCERTE

im Gartenlokal des **Beckengarten** und im **Löwenbräukeller.**
Ausgeführt von dem Nürnberger „Concert-Orchester" unter Leitung des Herrn Paudler und von der vollständigen Kapelle Brenner.

Bei ungünstiger Witterung: CONCERTE
in den Sälen des:
Beckengarten, Bürgersaal, Contumazgarten, Café Merk.
Anfang 3 Uhr.
Bei sämmtlichen Concerten und bei jeder Witterung ist die gefällige Mitwirkung verehrlicher Gesangvereine gesichert.

☞ Zu den Versammlungen haben nur männliche Personen Zutritt.
Einer zahlreichen Betheiligung sieht entgegen

Das Comité:
Im Auftrage: Andreas Sauer.

---

also konnte man die Ideengemeinschaft mit den Maifeiern vor der Welt bekunden? Es blieb nur der gemeinschaftliche Ausflug in benachbarte Gartenlokale übrig. Das Mitführen von Fahnen war selbstverständlich auch nicht gestattet, darum wählte man die rote Nelke im Knopfloch als Abzeichen der Gleichgesinnten. … Die Straßen bis zum Stadtrand waren mit Polizeibeamten besät, die aufpaßten. Ja, worauf paßten sie eigentlich auf? Sie wußten es selbst nicht genau, denn die Leute, die da hinauspilgerten, sahen so friedlich aus. Beim Betreten des Landkreises nahmen uns die grünen Gendarmen in Empfang und paßten auf. Auf dasselbe. Im Garten des Ausflugszieles standen die Posten. … Für alle Fälle war aber auch das Königs-Grenadier-Regiment, das in Liegnitz garnisonierte, in Alarmzustand versetzt worden. … Aber all das konnte doch nicht verhindern, daß an jedem Tisch des großen Gartens eine kleine Sonderversammlung mit politischem Thema tagte und die Dinge besprochen wurden, die sonst ein Redner für alle gesagt hätte.«[230]

Für den Proletarier war die billige Kneipe um die Ecke lange Zeit der einzige Ort der Entspannung, des Abschaltens gewesen – vor allem am Freitagabend, nach Lohnempfang; Trunksucht war weit verbreitet. Der Branntwein (Alkohol) übernahm inmitten des sozialen Elends die Rolle eines eskapistischen ›Sorgenbrechers‹. »Der Arbeiter kommt müde und erschlafft von seiner Arbeit heim; er findet eine Wohnung ohne alle Wohnlichkeit, feucht, unfreundlich und schmutzig; er bedarf drin-

gend einer Aufheiterung, er muß etwas haben, das ihm die Arbeit der Mühe wert, die Aussicht auf den nächsten Tag erträglich macht; seine abgespannte, unbehagliche, hypochondrische Stimmung, die schon aus seinem ungesunden Zustande, namentlich aus der Indigestion entsteht, wird durch seine übrige Lebenslage, durch die Unsicherheit seiner

Existenz, durch seine Abhängigkeit von allen möglichen Zufällen und sein Unvermögen, selbst etwas zur Sicherstellung seiner Lage zu tun, bis zur Unerträglichkeit gesteigert; sein geschwächter Körper, geschwächt durch schlechte Luft und schlechte Nahrung, verlangt mit Gewalt nach einem Stimulus von Außen her; sein geselliges Bedürfnis kann nur

Die ›Pfadfinder‹ wirkten mit beim Aufbruch der Jugendbewegung (Werbemarke vor dem Ersten Weltkrieg).

Der Besitzer (›Onkel Brosch‹) rechts im Bild; um 1905.

Mit dem Rad am Sonntag ins Grüne, 1904.

in einem Wirtshaus befriedigt werden, er hat durchaus keinen anderen Ort, wo er seine Freunde treffen könnte – und bei alledem sollte der Arbeiter nicht die stärkste Versuchung zur Trunksucht haben, sollte im Stande sein, den Lockungen des Trunks zu widerstehen? Im Gegenteil, es ist die moralische und physische Notwendigkeit vorhanden, daß unter diesen Umständen eine sehr große Menge der Arbeiter dem Trunk verfallen muß.« *(Friedrich Engels)*[231]

Die sich organisierende Arbeiterschaft entwickelte als Gegensteuerung zur Trunksucht gezielte Freizeitaktivitäten, vor allem auch für die Jugend. Die Natur, die erwandert und ›erfahren‹ wurde, erwies sich als großer ›Rekreationsraum‹. Das Fahrrad als »demokratisches Vehikel« half, neben der Eisenbahn, die Großstadt zu verlassen. Hinaus ins Grüne: Das bedeutete Flucht »aus grauer Städte Mauern«; die räumliche Enge, etwa die Trostlosigkeit der Mietskasernen, wollte man genauso hinter sich lassen wie den Drill der Arbeit und die Beschränktheit von Schule, Kirche, Militär.

Während die bürgerliche Jugendbewegung des ›Wandervogels‹ seit Ende der 90er Jahre als Folge des Generationenkonflikts an den Gymnasien und bald darauf an den Universitäten entstand, ihre Anhänger gegen die spießigen Lebensformen von Lehrern und Eltern rebellierten, fanden sich die jugendlichen

Ein bevorzugter Ausflugsort war der Städtische Tiergarten. Hier das Elefantenhaus im Zoologischen Garten in Berlin.

Die Vergnügungen des Eislaufes.

Arbeiter und Lehrlinge aus Anlaß konkreter ökonomischer und physischer Unterdrückung in Bünden zusammen. In Norddeutschland zum Beispiel löste der Selbstmord eines vom Lehrherrn geschundenen Berliner Schlosserlehrlings eine Versammlung junger Arbeiter und Lehrlinge aus, auf der eine Vereinsgründung beschlossen wurde. Der Generationenkonflikt spielte dabei kaum eine Rolle. Die Solidarität umschloß jung und alt. Von größerer Bedeutung wurde die Arbeiterjugendbewegung[232] nach dem Ersten Weltkrieg.

Zu den Vergnügungen der proletarischen Familie gehörte der Spaziergang zum Ausflugslokal am Rande oder in der Nähe der Stadt; das Herumwerkeln im Schrebergarten – wobei das letztere zugleich als wirtschaftliche Notwendigkeit sich erwies; in der Werbeschrift eines ›Gemeinnützigen Vereins zur Gründung von Gartenkolonien‹ (1908) heißt es: »Ich glaube, daß bei jeder Arbeiterfamilie die positive Einsparung von niedrig berechnet 30 bis 50 Mark im Jahr, abgesehen von den vielen anderen Annehmlichkeiten bei den derzeitigen verteuerten Lebensbedingungen, wesentlich ins Gewicht fallen dürfte. Namentlich für kinderreiche Familien, für invalide Arbeiter, die auf eine magere Rente angewiesen sind, ist hier die Möglichkeit geboten, ohne großen Kostenaufwand einen wesentlichen Teil der nötigen Nahrung zu schaffen.«[233]

Neben den Vergnügungen am Rande des Alltags wie Leierkastenmann, Puppenspiel, Wanderzirkus, Volksfest, Tanzen, vor allem aber auch Familienfeier und Festtag (etwa Weihnachten), stand im Zentrum der proletarischen Geselligkeit der Arbeiterverein; Vergnügen und Nützlichkeitsstreben gingen auch hier ineinander über. Der Arbeiter(bildungs-)verein diente vorrangig dem Fortkommen, worunter man nicht nur die Verbesserung materieller Verhältnisse, sondern im besonderen den Erwerb von Bildung und das Erreichen eines besseren kulturellen Niveaus verstand. Schon 1866 hatte *Karl Marx* einen »dreifachen Begriff der Bildung« formuliert:

»Erstens: geistige Bildung.

Zweitens: körperliche Ausbildung, solche, wie sie in den gymnastischen Schulen und durch militärische Übungen gegeben wird.

Drittens: Polytechnische Erziehung, welche die allgemeinen wissenschaftlichen Grundsätze aller Produktionsprozesse mitteilt, und die gleichzeitig das Kind und die junge Person einweiht in den praktischen Gebrauch und in die Handhabung der elementarischen Instrumente aller Geschäfte.«[234]

Für *Ferdinand Lassalle* schloß die »sittliche Idee des Arbeiterstandes« den Zugang zu Bildung und Kultur ebenso ein wie für *Wilhelm Liebknecht*, der in der Festrede zum Stif-

Mens sana in corpore sano. Männerturnverein um 1900 (in den Posen antiker Statuen).

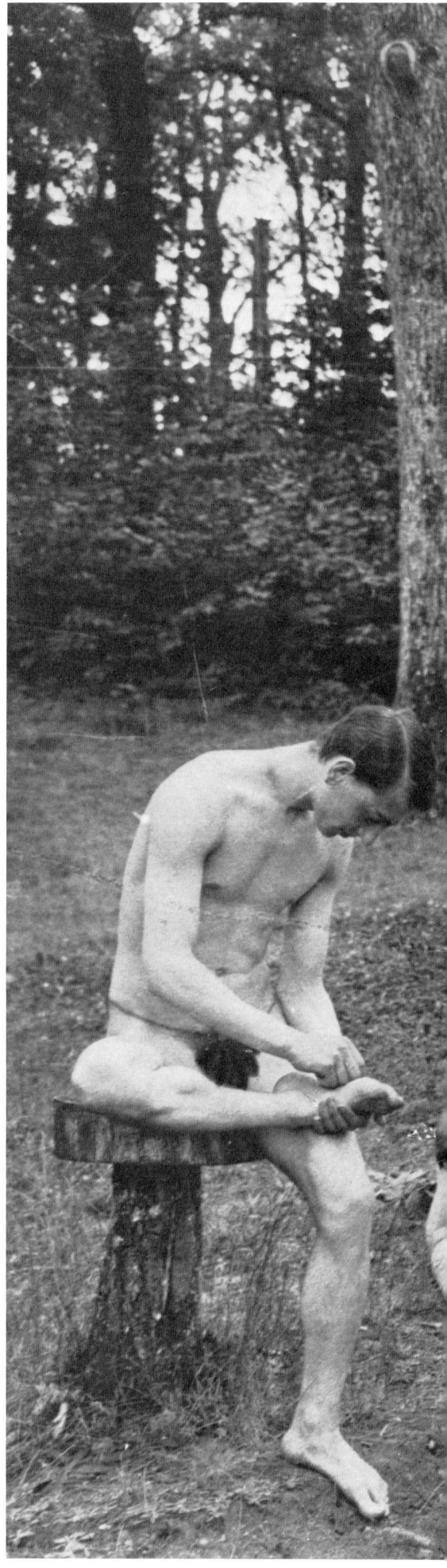

Honoratiorenstübchen, 1904.

Im Münchner Hofgarten, 1882.

tungsfest des Dresdner Arbeiterbildungsver-
eins 1872 die Forderung auf Bildung für den
vierten Stand wie folgt formulierte: »Durch
Freiheit zur Bildung! Nur im freien Volks-
staat kann das Volk Bildung erlangen. Nur
wenn das Volk sich politische Macht er-
kämpft, öffnen sich ihm die Pforten des Wissens. Ohne Macht für das Volk kein Wissen!
Wissen ist Macht – Macht ist Wissen!«[235]
Wilhelm Liebknechts Rede von 1872 markier-
te wohl am deutlichsten, daß Bildung in zunehmendem Maße als ein wichtiges Mittel im
Emanzipationskampf der Arbeiter verstanden
wurde; folgerichtig warnte *Liebknecht* »auf
dem 6. Parteitag der Sozialdemokratischen
Arbeiterpartei in Coburg 1874 davor, sich nur
auf die politische Arbeit zu beschränken,

›Salontiroler‹ (im Atelier eines Füssener Photographen).

Am Ostseestrand, 1911.

und forderte verstärkte Anstrengungen für kulturelle Aktivitäten: *Liebknecht* sagte: ›Überhaupt brauchen wir eine sozialistische Literatur. Der Anfang ist gemacht, wie zu einer sozialistischen Presse. Aber nur der Anfang. Die Partei muß rastlos arbeiten auf geistigem Gebiet; ihre Ideen dem Gegner aufzuzwingen.‹ Im Zusammenhang mit dieser Bildungsstrategie verändern sich auch die Programme, die die Arbeitervereine für die Gestaltung der Freizeit ihrer Mitglieder anbieten. Etwa ab 1868 wird versucht, die sogenannte Abendunterhaltung in die Schulung der Mitglieder und die Agitation der Arbeiterbewegung mit einzubeziehen … Bildung, Presse, Literatur, Theater und Feste der Parteivereine sollten nicht zweckfrei sein, sondern sollten zur Politisierung bestimmter Zielgruppen beitragen.« *(Peter von Rüden)*[236]
Bei den Sportvergnügungen der unteren Schichten – analog zu den Arbeiterbildungs-

und Arbeiterkulturvereinen entstanden Arbeitersport- und Arbeiterturnvereine – spielte der Fußball eine große Rolle. Er kam aus England, wo er seit dem 10. Jahrhundert ein Volks- und Massensport gewesen war, ehe er in der ersten Phase der industriellen Revolution, als den arbeitenden Klassen weder Kraft noch Zeit blieb, Fußball zu spielen, »aristokratisiert« wurde.
Gegen Ende der 80er Jahre bildeten sich in Deutschland die ersten Vereine, vor allem in Handels- und Universitätsstädten, dort, wo englische Kaufleute und Ingenieure sowie Schüler und Studenten ansässig waren. Nach einer Phase bürgerlicher Vereinsgründungen entstanden nach der Jahrhundertwende zunehmend Arbeiterfußballvereine, vom bürgerlichen Standpunkt aus als ›wilde‹ etikettiert, – etwa ›Schalke 04‹, ein Verein, dessen Sozialstruktur durch Bergleute, Fabrikarbeiter und Handwerker geprägt war.[237]
Das Vereinsleben von ›Schalke 04‹ spiegelte auf symptomatische Weise das Wesen organisierter proletarischer Freizeitgestaltung, die vorwiegend das Zusammengehörigkeitsgefühl festigen und das Solidaritätsbewußtsein stärken sollte. »Was das erstere betrifft, pflegte man vor allem bis etwa zur Mitte der 20er Jah-

Sonntagsspaziergang. Die meisterhafte Aufnahme eines Amateurphotographen 1907.

re, als Schalke 04 noch kaum über die engeren Grenzen des Ruhrgebiets hinaus bekannt war, intime Formen der Geselligkeit. Spiele gegen einen auswärtigen Gegner, so berichtet z. B. die Witwe eines früheren Schalkers, waren häufig der Anlaß zu regelrechten Familienausflügen. Soweit es das Wetter erlaubte, brachen die Spieler bereits um 7.00 Uhr in der Frühe zusammen mit ihren Frauen oder Freundinnen und versehen mit Thermosflasche und Butterbrotpaketen auf und wanderten zu Fuß zu dem jeweiligen Spielort. Dieser lag meistens nicht weit von Schalke entfernt wie Katernberg, Gladbeck, Hochlamark, Herten oder Bottrop. Auf diese Weise erwanderte man das gesamte Gelsenkirchener Gebiet und seine Umgebung. Nach dem Spiel war es allgemein üblich, daß man bis in den späten Abend noch in geselliger Runde zusammenblieb. Einige Spieler bildeten dann oft eine kleine Kapelle, die zum Tanz aufspielte oder sonst für musikalische Unterhaltung sorgte. Von solchen Formen der Geselligkeit unterschieden sich die offiziellen Vereinsfeste wie Stiftungsfest, Sommerball, Karnevalsfest und Weihnachtsfest. Auch an derartigen Veranstaltungen, ebenso wie an Feiern anläßlich von Ereignissen im persönlichen Bereich eines Vereinskameraden wie Geburtstag, Verlobung, Hochzeit und Kindtaufe nahm man häufig mit familiärem Anhang teil.« *(Siegfried Gehrmann)*[238]

Was den bürgerlichen Freizeitbereich betrifft, so unterschieden sich die Vergnügungen der Art nach häufig nicht von den proletarischen; freilich war der ökonomische ›Unterbau‹ ein ganz anderer: Die geselligen und gesellschaftlichen Ereignisse waren nicht frugal, sondern opulent ›ausgestattet‹. Zudem konnte sich der Bürger im Gegensatz zum Arbeiter eine ›Sommerfrische‹ leisten. Urlaubsreise: Wer sich dafür Zeit zu nehmen vermochte, genoß ein besonderes Prestige. Zumindest Frau und Kinder waren mehrere Wochen weg. Die Familie erfreute sich der »Heiterkeit auf dem Lande«, zumal man sich die biedermeierliche Kunst, auch auf eine einfache Weise genießen zu können, erhalten hatte. Fernweh spielte in der Phantasie eine große Rolle. Man träumte von Afrika, der dunklen, lockenden Welt, war fasziniert von den Berichten aus den Kolonien, von wagemutigen Expeditionen in ferne Erdreiche (*Sven Hedin* war ein Volksautor); man träumte von Schiffsreisen über weite Ozeane – Genüsse, die nur den obersten Schichten offenstanden. (Immerhin trugen die Kinder Matrosenanzüge!) In Wirklichkeit fuhr man dann meist nur in die unmittelbare Umgebung oder in ein nahe gelegenes Erholungsgebiet: in den Harz, in die Sächsische Schweiz, in die Fränkische Schweiz. Mit zunehmendem Eisen-

bahn- und Autoverkehr konnten auch fernere Gegenden touristisch erschlossen werden; aus Süddeutschland begab man sich an die See, die bislang für die Norddeutschen eine bevorzugte Sommerfrische war; für die Norddeutschen und Mitteldeutschen wurden die Alpen zum Urlaubsdorado. Die Berge grüßten.

»Sei willkommen, Bergeswandrer!
Dich empfängt der Berge Gruß!
Wie vor eines Tempels Schwelle
streif die Sohle dir vom Fuß!

Komm, des Waldes Wipfel rauschen
und die Wasser brausen drein –
nahst du in der Weihestimmung,
wirst du ein Geweihter sein.«[239]

Der Tourist aus dem Flachland strebte gipfelwärts und versäumte es auch meist nicht, sich von einem Photographen in entsprechender Kulisse (im Atelier) aufnehmen zu lassen. Der ›Salontiroler‹ bestimmte das ›städtische Landleben‹.

»Wenn der Poststellwagen ausgeladen ist, sieht man allerhand schöne Bilder, die das Herz erbauen. Zum Beispiel die Konsternation derjenigen, die kein Quartier mehr finden, die Genugthuung derer, die eines haben, und die Umarmungen der Familienväter, die über Sonntag zu den Ihrigen gekommen sind. Das brillante Schlußtableau aber bildet der Sturm auf das Postlokal, wo unterdessen die Briefe sortirt wurden. Das ist eine Ungeduld, ein Scharren und Schelten vor dem grün verschleierten Fenster, bis endlich der Expeditor mit echauffirtem Kopfe den Schalter öffnet. ›Die Modenzeitung für die Frau Baronin‹, ›den Einlauf für den Herrn Landrichter‹, ›den Volksboten für den Herrn Pfarrvikar‹, so hört man rufen und fordern ohne Ende. Schüchternen Ganges tritt Sie heran und holt den Brief von Ihm; alles Mögliche wird herausspedirt, ein Pack Zeitungen für den Politikus, ein Pack Amtsgeheimnisse für die Excellenz und andere Dinge mehr, die der Menschheit zu Nutz und Frommen sind. Wenn man vor Tisch sich so verdient gemacht, dann ist eine treffliche

Mahlzeit wohl erworben. An der Table d'hôte des neugegründeten Hotels finden wir die Sommergäste in erneutem Glanze; denn wer Morgens gelb gekleidet war, ist jetzt in Blau und umgekehrt. ... Von Menschen, die essen, läßt sich natürlich nicht viel erzählen, wollte man nicht etwa vorbringen, was sie sich selber erzählen. Dazu geben aber die Abenteuer des Vormittags ein reichliches Material. – Sie bestehen jedoch von Seite der Herren meist nur aus solchen Ereignissen, davon man mit zerrissenen Stiefeln und Pantalons scheidet; Verirrungen aller Art werden berichtet; doch ist das natürlich nur im geographischen, nicht im moralischen Sinne zu verstehen. Die Damen ihrerseits erzählen von den Gemüthseindrükken, die sie beim Trinken des Kräutersaftes oder beim Anblick des großen Wasserfalles empfunden haben, und produziren das Skizzenbuch, in dem man wenigstens aus der Unterschrift entnehmen kann, daß dies und jenes geschwärzte Blatt den großen Wasserfall bedeutet. Auch die Damen haben ihre Abenteuer. Denn während des Zeichnens stellte sich plötzlich eine Kuh, wenn es nicht gar ein Ochs war, vor den Feldstuhl und hätte die junge Muse rettungslos – gefressen, wäre nicht ein ritterlicher Kohlenbrenner auf ihr Geschrei herbeigeeilt, der sie mit obligater ›eigener Lebensgefahr‹ dem Tod entriß. Der alte Professor, der nebenan sitzt, drückt sein Bedauern aus und erhascht die Gelegenheit, um eine Unbill zu berichten, die ihm die Büffel der Prairie einst angethan und für die er sich dadurch revanchirt, daß keiner seiner Bekannten ihrer Mittheilung entgeht. ›Sehen Sie nur‹, flüsterte die Mama der Geretteten, ›jetzt trägt die Fräulein Marie da drüben schon wieder die Nelke am Busen, die ihr der Doktor jeden Morgen mitbringt. Wissen Sie, was eine Nelke bedeutet? Ich bin überzeugt, der Doktor ist verliebt.‹ Das Verlieben ist eine Hauptbeschäftigung während des Landaufenthalts; die Jahreszeit ist so milde, die Gelegenheit so günstig, um seinem Schicksal zu verfallen. Darum spielen auch die Mädchen immer die Hauptrolle der Saison.«[240]

Überbau

Im Modell des historischen Materialismus betrachtet, erscheint Arbeiterbildung in einer Zwitterstellung, gewissermaßen als »Überbau des Unterbaus des Überbaus«. »Einfacher ausgedrückt: Arbeiterbildung dient weder dem Staate noch der herrschenden Ideologie, sondern den organisierten Produktivkräften in einer durch den allgemeinen Überbau legalisierten oder zumindest informell eingeräumten Existenzweise.« *(Gerhard Beier)*[241]

In diesem Freiraum entwickelten sich die sozialistischen Bewegungen – im besonderen die Sozialdemokratie und die Gewerkschaften. Wenn auch zögernd und immer wieder repressiv zurückschlagend, wich der Staat, weitgehend bestimmt von kapitalistischen Interessen, schrittweise vor dem Druck der sich formierenden Kräfte der Arbeiterschaft zurück, diesen Entwicklungsmöglichkeiten, Handlungs- und auch Agitationsräume überlassend

Die soziale Not im 19. Jahrhundert bewegte viele zur Auswanderung. Schiff der Packet-Gesellschaft im Hamburger Hafen (›Illustrirte Leipziger Zeitung‹, 1874).

oder (aufgrund religiös-kirchlicher Bemühungen) einräumend, oder (wie durch *Bismarcks* Sozialgesetzgebung) von oben zuordnend. Was den »Unterbau« der sozialen Frage, die ökonomisch-gesellschaftlichen Verhältnisse, zu Beginn des 19. Jahrhunderts betrifft, so war hier die Industrialisierung zunächst nicht ausschlaggebend. Faktoren, wie die *Stein-Hardenberg*sche Agrarreform, die sehr starke Bevölkerungszunahme (bewirkt durch hygienischen und medizinischen Fortschritt, der die Sterblichkeit sinken und die Geburtenraten ansteigen ließ – zwischen 1800 und 1900 stieg die Einwohnerzahl Deutschlands von 24 auf 56 Millionen!), die Lockerung bei der Beschränkung von Eheschließungen, die Einführung der Gewerbefreiheit führten zum Proletariat der ersten Stunde: Es entstand eine ländliche Unterschicht, die zwar nicht mehr leibeigen war, aber in große soziale Abhängigkeit, z. B. durch Taglöhnerarbeit, Saisonarbeit, Heimarbeit, geriet.[242] Die Zahl der Deklassierten wurde durch die Industrialisierung zunächst sogar vermindert; in den 30er und 40er Jahren des 19. Jahrhunderts galten die Fabrikarbeiter gegenüber den vorindustriellen Unterschichten als begünstigter Stand, denn die Fabrikarbeit schien Sicherheit des Existenzminimums und persönliche Unabhängigkeit zu versprechen. Mit zunehmender Mechanisierung, vor allem aufgrund des Überbaus einer kapitalistischen, liberalistischen und sozialdarwinistischen Weltanschauung, welche ausschließlich nach Nützlichkeitsgesichtspunkten ausgerichtete Verhaltensweisen abstützte, entstand das Proletariat der zweiten Stunde: die Industriearbeiterschaft. Es zählte allein die volle Ausnutzung der Leistungskapazität. Der Arbeiter wurde nur als Kostenfaktor betrachtet. Unmenschliche Arbeitsbedingungen waren die Folge: überlange Arbeitszeiten, unzureichende Arbeitsräume, überschwere Arbeit, Frauen- und Kinderarbeit. – Der Protest des Industrieproletariats war Folge des Elends der arbeitenden Klassen; mit ›Pauperismus‹ wurde »ein neues Wort, ein energischer Ausdruck« geschaffen, »um von einer bisher unbekannten Situation ein vollständiges, wahres Bild zu geben«. *(Alexander von Bülow)*[243] Der Proletarier war persönlich frei, aber besitzlos, daher unselbständig und stets zur Arbeit in fremden Diensten gezwungen, ohne eine gesicherte Arbeitsstelle zu erlangen. Der Lohn deckte im wesentlichen nur den Lebensunterhalt, daher bestand keine Aussicht, aus dieser Lage herauszukommen; vielmehr vererbte sie sich auf die Nachkommen.[244] Weggefallen waren auch die feudale, patriar-

chalische oder paternistische (›seigneurale‹) Fürsorge; der Arbeiter war ganz auf sich gestellt. Vereinzelt entstanden Selbsthilfeorganisationen; so unterstützte der Liberale *Franz Hermann Schulze-Delitzsch* viele bedrängte Handwerker wirksam durch seine Kredit-Genossenschaften. Sein weitergehender Plan, Arbeiterproduktionsgenossenschaften zu gründen, die er 1863 vor dem Berliner Arbeiterverein als »Schlußstein des genossenschaftlichen Systems« bezeichnete, scheiterte schon aus Mangel an Kapital.

Die Minderung der sozialen Not gehörte zu den traditionellen Aufgaben der Kirchen. Diese waren im 19. Jahrhundert aber durch das Ausmaß der Armut überfordert, zumal kirchliche Kreise noch lange im bürgerlichen Standesdenken befangen blieben. Der Katholizismus, der durch die Säkularisation alte Machtpositionen eingebüßt hatte, trat den neuen Problemen etwas aufgeschlossener gegenüber als die evangelische Kirche. »Die geistesgeschichtlichen Wurzeln der im 19. Jahrhundert allmählich aufkommenden katholisch-sozialen Bewegung waren unterschiedlicher Art. Die nach Revolution und Säkularisation einsetzende kirchlich-religiöse Erneuerung, die Romantik und auch der in Deutschland beeinflussende französische Traditionalismus stießen von verschiedenen Ausgangspunkten her auf die soziale Frage. Im Ringen um die Bewältigung dieses neuartigen Problems, das immer dringender und von wachen Beobachtern immer klarer als die große Aufgabe der Zeit erkannt wurde, kam es zur Herausbildung einer katholisch-sozialen Bewegung. Die einen sahen die soziale Frage vor allem als religiös-karitative Angelegenheit und erwarteten die Lösung in erster Linie von den

seelsorgerischen Bemühungen der Kirche. Die anderen erkannten in der religiösen auch ihre wirtschaftlich-gesellschaftliche Seite und verlangten daher neben der Gesinnungs- auch eine Zuständereform. Wie intensiv, aber auch wie teilweise unbeholfen dieses Suchen nach einer Heilung der sozialen Krankheit war, zeigte die Idee der ›christlichen Fabrik‹. Eine besondere Rolle spielte in den Auseinandersetzungen um die soziale Frage die Ständeidee. In ihr wurde das romantische Erbe und die Vorliebe der werdenden katholisch-sozialen Bewegung für eine gesellschaftliche Ordnungsvorstellung sichtbar, deren Ausbildung und Blüte weit in der Vergangenheit zurücklagen.« *(Franz Josef Stegmann)*[245] Von besonderer Bedeutung für den sozialen Katholizismus Deutschlands erwies sich der spätere Bischof von Mainz *Wilhelm Emmanuel Freiherr von Ketteler* (1811–1877). Auf dem ersten Katholikentag, 1848 zu Mainz, erklärte er (damals noch Pfarrer von Hopsten): »Man kann, meine christlichen Brüder, von der jetzigen Zeit nicht reden und noch weniger ihre Lage in Wahrheit erkennen, ohne immer wieder auf unsere sozialen Verhältnisse und insbesondere auf die Spaltung zwischen Besitzenden und Nichtbesitzenden, auf den Zustand unserer armen Mitbrüder, auf die Mittel, hier zu helfen, zurückzukommen. Mag man auch auf die politischen Fragen, auf die Gestaltung des Staatslebens, ein noch so großes Gewicht legen, so liegt dennoch nicht in ihnen die eigentliche Schwierigkeit unserer Lage. Mit der besten Staatsform haben wir noch keine Arbeit, noch kein Kleid, noch kein Brot, noch kein Obdach für unsere Armen. Im Gegenteile, je mehr die politischen Fragen ihrer Lösung entgegengehen, desto offenbarer

Sturm. Radierung von Käthe Kollwitz, 1897.

wird es werden, was so viele noch nicht erkennen wollen, daß dies nur der kleine Teil unserer Aufgabe gewesen, desto gebieterischer wird die soziale Frage in den Vordergrund treten und eine Lösung verlangen… Wollen wir also die Zeit erkennen, so müssen wir die soziale Frage zu ergründen suchen. Wer sie begreift, der erkennt die Gegenwart; wer sie nicht begreift, dem ist Gegenwart und Zukunft ein Rätsel.«[246]

In der ersten Phase sah der soziale Katholizismus den Grund für eine Verelendung der Massen vor allem in dem praktischen Mangel an wahrer Religiosität. So stand im Mittelpunkt der Arbeit des ›Gesellenvaters‹ *Adolf Kolping* (1813–1865) weniger das Streben nach einer Zuständereform, sondern viel mehr das geistige und ethische Moment, das ›pastorale‹ Motiv. Unser soziales Leid, schrieb er 1860, »liegt im praktischen Mangel an wahrer Religiosität, und da wir nur eine wahre Religion kennen, das Christentum, so reduziert sich die ganze gewaltige und schneidende Klage über unser großes soziales Elend auf die leidige Tatsache, daß das öffentliche Leben… von seinem wahren Grund gewichen, das Christentum verlassen hat«.[247] *Kolping* wollte dem Handwerker kräftigen moralischen Halt geben und ihn dergestalt befähigen, seine Not zu überwinden. Die Auseinandersetzung vorwiegend mit *Schulze-Delitzsch* und später mit *Ferdinand Lassalle* brachte eine Verschiebung des Standpunktes zur Gesellschaftskritik. Diese implizierte einen gewissen Gegensatz zum Bürgertum und zum Staat, der mit der bürgerlichen Gesellschaft identisch war. Die Tatsache, daß weite Teile des Bürgertums liberale Anwandlungen zeigten, kam solcher Konfrontation entgegen: Aus katholischer Moral heraus konnte man sowohl der sozialen Ausbeutung als auch der religiösen Indifferenz entgegentreten. Da aber der bürgerliche Staat letztlich doch der beste Garant gegenüber den atheistischen, antikirchlich eingestellten sozialistischen Kreisen war, die mit ihren egalitären Tendenzen auch das katholische Schichten- und Ständemodell unterminierten, blieb der soziale Katholizismus »halbherzig«, ambivalent.

Die Verklärung der hierarchischen Sozialordnung des Mittelalters oder der Versuch, die Rechte alter Stände weiterhin zu erhalten, bedeuteten im katholischen Ordnungsbild den Versuch, Stützen für eine Reorganisation der sich auflösenden Gesellschaft zu finden. Mit der Bejahung des freien Arbeitsplatzes, der Anerkennung des Rechtes des Individuums in Staat und Gesellschaft sowie der Forderung nach Selbsthilfe und Zusammenschluß aufgrund gleicher wirtschaftlicher Interessen verlor freilich das Ständemodell seinen ›ständischen‹ Charakter. Es war nun genossen-

schaftlich orientiert. In ihren hervorragendsten Vertretern kann man somit die sozialen Ideen im Katholizismus des 19. Jahrhunderts als eine Position orten, die zwischen Kapitalismus und Sozialismus lag. Aber während man sich vom Sozialismus eindeutig, pauschal und besonders scharf abgrenzte, vollzog sich die Auseinandersetzung mit der Ständeidee, dem Kapitalismus, dem Wirtschaftsliberalismus und dem Staatssozialismus auf eine gemäßigtere und vielschichtigere Weise. Am Ende forderte man keinen ständischen Neubau der Gesellschaft mehr, »sondern bejahte das bestehende Wirtschaftssystem oder fand sich zumindest mit ihm ab. Innerhalb des Systems bemühte man sich aber intensiv um die Beseitigung der schlimmsten Auswüchse und übertrug dabei dem Staat eine entscheidende Rolle. Den anderen Teil der Antwort des Katholizismus auf die soziale Frage faßt das Stichwort ›Gesinnungsreform‹ zusammen. Diese Aufgabe war in erster Linie Sache der Kirche und der einzelnen Gläubigen. Seitdem die durch die Industrialisierung hervorgerufenen neuen Probleme nicht mehr ausschließlich als religiöse Frage gesehen wurden, rückte die ›Gesinnungsreform‹ deshalb an den Rand der Diskussion. Die Auseinandersetzung drehte sich um andere Dinge. Gleichwohl wurden die Mithilfe der Kirche und die Bedeutung der sittlichen Erneuerung für die Überwindung der Mißstände im sozialen Katholizismus nicht vergessen. So verlangte der Münsteraner Programmentwurf des Zentrums von 1870 insbesondere für die sozialen Bestrebungen der Kirche freie Entfaltungsmöglichkeiten.«

(F. J. Stegmann)[248] Reichskanzler *Georg Freiherr von Hertling* gab in seiner ›Fabrikrede‹ von 1882 dem Reichstag zu bedenken: »… auch die beste Fabrikgesetzgebung wird unzureichend sein in ihrer Bemühung, die sozialen Schäden zu heilen, wenn nicht gleichzeitig auch der großen sittlichen Macht der Kirche die Freiheit bleibt, in ihrer Weise auf die einzelnen zu wirken. … Darum muß ich auch in diesem Zusammenhang wieder die laute Forderung erheben, daß man der Kirche die volle Freiheit wiedergebe, die nötig ist, damit sie auf dem sozialen Gebiete ihrem hohen Berufe nachkommen könne.«[249]

Im deutschen Protestantismus des 19. Jahrhunderts unternahm *Johann Hinrich Wichern* (1808–1881) den ersten wichtigen Versuch, Recht und Grenzen der liberalen Wirtschaftsordnung wie Recht und Unrecht der sozialistisch-kommunistischen Bewegung von der Grundlage des evangelischen Glaubens her zu deuten. Wicherns Sozialismus war weitgehend paternalistisch; der Fabrikherr sei eine Art von Familienvorstand der Arbeiter. Mit der Schaffung der Inneren Mission, 1848 auf dem ersten Kirchentag in Wittenberg als feste Einrichtung anerkannt, sollte Nächstenliebe gewissermaßen institutionalisiert werden. Sein »Liebeswerk« hatte er, erschüttert von den Zuständen in Hamburgs Elendsvierteln, zunächst ohne Unterstützung der Kirchenleitung in Gang gesetzt. *Wicherns* Kernforderung lautete: »Den Armen muß das Evangelium gepredigt werden!« Und zwar auf tätige Weise, was pflegerische Fürsorge, erzieherische und soziale Maßnahmen einschloß. Wenn

Ferdinand Lassalle zu seinem 30. Todestage.
»Und ob die Fahne selbst entfiel / ihm, der vor-
an uns allen schritt, / der bis zum letzten
Athemzug / für unsre Sache focht und stritt; /
was er uns gab sein flammend Wort, / kein
Erdenhügel ja begräbt, / und sank zu Staub
der müde Leib, / sein Geist doch ewig wirkt
und lebt.« (›Der Wahre Jacob‹, 1895.)

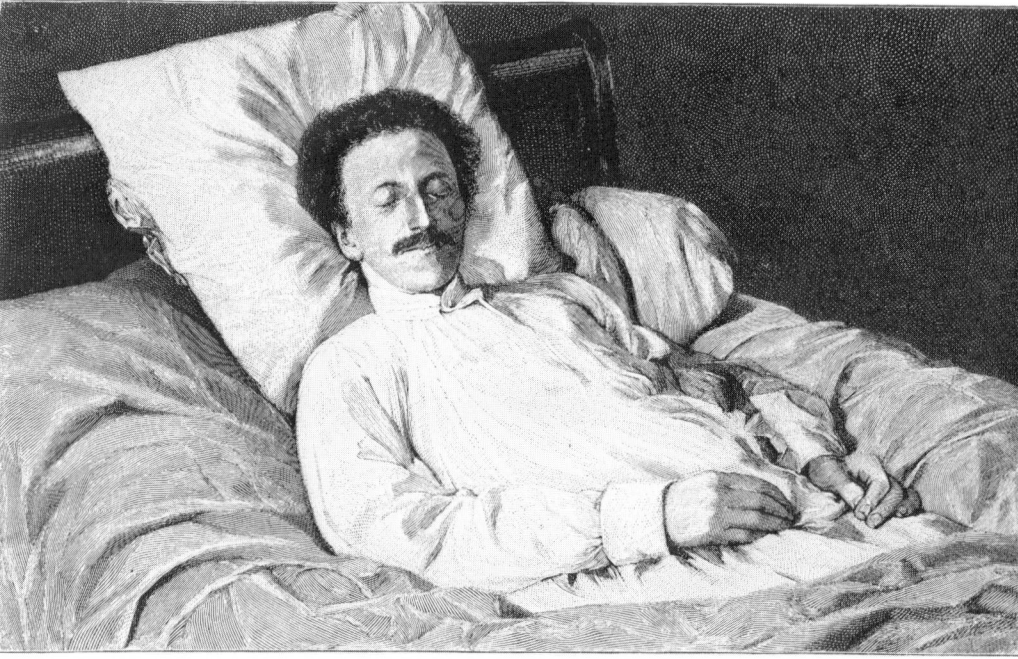

man den Feind des atheistischen Sozialismus
wirksam bekämpfen wolle, müsse man selbst
konkrete Hilfe leisten: »Wir setzen als zuge-
standen voraus, daß das, was der Sozialismus
und Communismus im tiefsten Grunde seines
Strebens und Bewegens verbirgt, die entstell-
ten, aber doch wahrheittragenden Züge des
Angesichts einer tiefgebeugten, schmerzer-
füllten Menschheit sind, die sich in sozialer
Beziehung nach Erlösung und Wiedergeburt
sehnt; sie weiß und versteht es aber noch
nicht, soll es jedoch noch erfahren, daß ihre
Hoffnung nur durch das Evangelium Erfüllung zu erwarten hat.«[250] Der christliche
Sozialismus wurde dementsprechend
unpolitisch, als ideale Einheit zwischen
christlichem Staat und christlicher Kirche,
verstanden.

Da der deutsche Protestantismus auf eine besondere Weise mit der Staatsidee verbunden
war, Vaterland–Volk–Kirche stellten eine
Trias dar, fiel es diesem noch viel schwerer
als dem Katholizismus, sich vom (kapitalistischen) Staat abzugrenzen: »Es gilt die Rettung
der bürgerlichen Welt, um deswillen wir uns
treu zu unserem Vaterlande halten; es gilt die

»He, mein Lieber, mir scheint, Sie machen da
ja eine Faust im Sack.«

Gewinnung des besten, ewigen Vaterlandes,
um deswillen wir uns treu und mutig wie bisher der Kirche anschließen; denn die Innere
Mission ist ebenso wahrhaft patriotisch, als
sie das Schwert führt gegen die, welche sich
gegen die Kirche erheben.« *(J. H. Wi-*
chern)[251]

Adolf Stoecker (1835–1909), Hof- und Dom-
prediger in Berlin, von 1877 an Leiter der
Berliner Stadtmission, gründete 1878 eine
christlich-soziale Arbeiterpartei (später Christlich-Soziale Partei), die aber stärker im Mittelstand Eingang fand als im Proletariat. Er war
ultrakonservativ, national, ja nationalistisch
und auch antisemitisch eingestellt, somit in
akzentuierter Frontstellung zu Liberalismus
und Sozialismus. »Der Liberalismus ver-
spricht sich von einer möglichst ungehemmten
Entfaltung des einzelnen die gesellschaftliche
Harmonie, der Sozialismus erwartet umgekehrt die Disharmonie, die Unterdrückung
der von Natur oder durch ihre gesellschaftliche Stellung Schwächeren. Mitten zwischen
beiden Lehrmeinungen steht der Kampf
Stoeckers. In der ›Armseligkeit dieser Philosophie‹ sah Stoecker die Folgen, die sich aus
dem Verlassen der christlichen Wege ergeben
mußten. Er war der Meinung: Der Grundsatz
vom Kampf ums Dasein ist kein menschlicher
Grundsatz. Er ist aus der Tierwelt entnommen, ›für uns Menschen und Christen‹ gilt er
nicht. Die ganze Geschichte der Menschheit
protestiert dagegen, daß der Kampf ums Dasein ihr oberstes Lebensgesetz sein solle. Dinge unter diesem Gesichtspunkt sich selbst
überlassen, das hieße mit geradezu heidni-
scher Gleichgültigkeit die Armen ihrem
Schicksal zu überlassen.

Das alles waren damals weithin neue Gedanken; heute sagt das beinahe jeder. Stoecker
sah auch, ein wie fruchtbarer Boden die Lage
der unteren Bevölkerungsschichten für eine

auf den Umsturz der gesellschaftlichen Ordnung gerichtete revolutionäre Propaganda
war. Und er war ein Gegner des Umsturzes.
Auch für ihn stand der Gedanke eines christlichen Staates auf monarchischer Grundlage
fest, trotz der Hindernisse, die ihm von seiten
der Staatsführung immer wieder und in wenig
vornehmer Weise bereitet wurden, und trotz
der Kritik, die er an der staatlichen und gesellschaftlichen Ordnung zu üben hatte. Gegen die Sozialdemokratie erhob er nicht nur
den Vorwurf der Unchristlichkeit, des bewußten Atheismus, des Kirchenhasses. Genauso
schlimm war für ihn, daß die sozialistische
Bewegung demokratisch war. Sie erschüttert
damit nach Ansicht Stoeckers und seiner
Freunde nicht nur die Fundamente des Staates, sondern beseitigt damit auch den Lebens-
raum, in dem sich christlicher Geist und
christliche Gesittung am trefflichsten entfalten können. Unter einer sozialen Monarchie
werde das Christentum in seinen Wirkungen
niemals dauernd gehemmt werden können.
Das ist ein Gesichtspunkt, der Stoecker be-
wog, dem Sozialistengesetz zuzustimmen, mit
dem Bismarck die sozialistische Bewegung
zu zerschlagen suchte.« *(Friedrich Karren-*
berg)[252]

Im schroffen Gegensatz zum patriarchalisch-
karitativen bzw. evolutionär-reformerischen
Denken der katholisch-sozialen und prote-
stantisch-sozialen Bewegungen war der proletarische Sozialismus zunächst auf den Umsturz der Verhältnisse ausgerichtet. Das im
Dezember 1847 verfaßte und Februar 1848 in
London erschienene ›Kommunistische Manifest‹ von *Karl Marx* und *Friedrich Engels* wies
auf eindeutige und eindrucksvolle Weise der
sozialistischen Bewegung den Weg der Revolution: »Die Kommunisten verschmähen es,
ihre Einsichten und Absichten zu verheimli-
chen. Sie erklären es offen, daß ihre Zwecke

Robert Koehler: Der Ausbruch des Streiks (1871).

nur erreicht werden können durch den gewaltsamen Umsturz aller bisherigen Gesellschaftsordnungen. Mögen die herrschenden Klassen vor einer kommunistischen Revolution zittern. Die Proletarier haben nichts in ihr zu verlieren als ihre Ketten. Sie haben eine Welt zu gewinnen. Proletarier aller Länder vereinigt euch!«[253]

Auf Deutschland richteten die Kommunisten ihre Hauptaufmerksamkeit, weil es am Vorabend seiner bürgerlichen Revolution stehe und weil es diese Umwälzung unter fortgeschritteneren Bedingungen der europäischen Zivilisation überhaupt, und mit einem viel weiter entwickelten Proletariat, vollbringe als England im 17. und Frankreich im 18. Jahrhundert. Die deutsche bürgerliche Revolution sei nur das »unmittelbare Vorspiel einer proletarischen Revolution«.

Die Entwicklung in Deutschland nahm dann aber einen anderen als den von *Marx* prognostizierten Gang. Der Emanzipationskampf der Arbeiterschaft wurde hier vornehmlich nicht auf den Barrikaden, sondern in den Parlamenten gewonnen. Entscheidende Stationen auf diesem Weg waren die Gründung des ›Allgemeinen Deutschen Arbeitervereins‹ durch *Ferdinand Lassalle* (1863), der ›Sozialdemokratischen Arbeiterpartei‹ durch *Wilhelm Liebknecht* und *August Bebel* (1869 in Eisenach) sowie die Vereinigung der Lassalleaner und marxistisch orientierten Eisenacher zur ›Sozialistischen Arbeiterpartei Deutschlands‹ (1875), die 1893 die stärkste Partei wurde. Nach dem verlorenen Krieg und der Abdankung *Wilhelms II.* wurde schließlich der Sozialdemokrat *Friedrich Ebert* von der verfassunggebenden Nationalversammlung zum Reichspräsidenten gewählt.

Die Zeugnisse und Ereignisse der Deutschen Arbeiterbewegung von 1848 bis 1919 lassen sich mit Ursula Schulz[254] in neun Entwicklungsphasen gliedern:
Geburt des Proletariats,
Erstes Auftreten der Arbeiterschaft,
Jahre der Stille,
Der Komet Lassalle,
Einzug ins Parlament,
Zusammenschluß,
Bewährung,
Staat im Staate,
Jahre der Entscheidung.

Sensibilisierte Bürgerliche (zu ihnen gehörten später auch *Karl Marx* und *Friedrich Engels*) formulierten, was in der Arbeiterschaft anfänglich kaum artikuliert, sondern nur stumpf hingenommen wurde. »Friede den Hütten! Krieg den Palästen!« war die Botschaft, mit der 1834 *Georg Büchner* in seinem Flugblatt ›Der Hessische Landbote‹ Partei für die Unterdrückten ergriff; er hatte dabei vorwiegend

die Handwerker und Bauern im Auge. »Das Leben der Vornehmen ist ein langer Sonntag: sie wohnen in schönen Häusern, sie tragen zierliche Kleider, sie haben feiste Gesichter und reden eine eigne Sprache. Das Volk aber liegt vor ihnen wie Dünger auf dem Acker. Der Bauer geht hinter dem Pflug, der Vornehme aber geht hinter ihm und dem Pflug und treibt ihn mit den Ochsen am Pflug, er nimmt das Korn und läßt ihm die Stoppeln. Das Leben des Bauern ist ein langer Werktag; Fremde verzehren seine Äcker vor seinen Augen, sein Leib ist eine Schwiele, sein Schweiß ist das Salz auf dem Tische des Vornehmen.«[255]

1843 verfaßte *Bettina von Arnim* ihre Schrift ›Dies Buch gehört dem König‹; neben *Rahel Varnhagen* die herausragendste Frauengestalt der Romantik, Schwester von *Clemens Brentano*, zeichnete sie sich durch einen klaren Blick für die soziale Wirklichkeit aus. Im Anhang ihres Buches veröffentlichte sie erste Dokumente über die Armut. Da heißt es etwa: »Der Weber Naumann ist schon sieben Tage für 3 Tlr. 15 Sgr. im Schuldarrest. Der Exekutor ging persönlich mit ihm zum Armendirektor und stellte diesem vor, daß der Armendirektion, wenn sie jene Schuld nicht tilge, eine Frau mit sechs kleinen Kindern auf den Hals falle. Doch umsonst: Man läßt den armen Mann im Gefängnis sitzen und reicht der brotlosen Familie 4 Tlr. Unterstützung. Es zeigt sich an diesem Beispiele deutlich, wie ungeschickt die Armenfonds benützt werden. Anstatt den rechten Augenblick der Unterstützung kennenzulernen und zu benutzen, verwendet man die Gelder auf Almosen, die noch keinem Armen aufgeholfen haben. Aus diesem wird das Mietgeld bestritten und das übrige genügt nicht, die Familie vor großem Hunger zu sichern. Die junge Frau des Hausbesitzers erzählte mir, daß die Kinder tagelang

hungern und sie das kleinste schon oft an ihrer Brust genährt habe.«[256]

Das Elend der Weber in Schlesien führte denn auch zum ersten Arbeiteraufstand (1844). *Heine* dichtete in Paris:

»Im düstern Auge keine Träne,
sie sitzen am Webstuhl und fletschen die Zähne:
Deutschland, wir weben dein Leichentuch,
wir weben hinein den dreifachen Fluch –
wir weben, wir weben! …«[257]

Das Aufbegehren der Arbeiterschaft wurde brutal niedergeschlagen. Ein Zeitgenosse berichtete: »Infolge dreier Gewehrsalven blieben sofort elf Menschen tot. Blut und Gehirn spritzte weit hin. Einem Manne trat das Gehirn über dem Auge heraus. Eine Frau, die zweihundert Schritte entfernt an der Tür ihres Hauses stand, sank regungslos nieder. Einem Mann war die eine Seite des Kopfes hinweggerissen. Die blutige Hirnschale lag entfernt von ihm. Eine Mutter von sechs Kindern starb denselben Abend an mehreren Schußwunden. Ein Mädchen, das in die Strickstunde ging, sank, von Kugeln getroffen, zu Boden.«[258]

Ferdinand Lassalle begnügte sich nicht wie *Heine* mit dem Fluch aufs falsche Vaterland; er forderte, beeinflußt von *Karl Marx* und unter dem Eindruck der Ereignisse der Märzrevolution von 1848, die Entwicklung eines solidarischen sozialen Bewußtseins. In der langen Rede, die er am 12. April 1862 im Handwerkerverein der Oranienburger Vorstadt in Berlin vor Maschinenbauarbeitern hielt, als ›Arbeiterprogramm‹ in die Geschichte eingegangen, führte er unter anderem aus, daß der bourgeoise Staat durch eine tiefe Unsittlichkeit geprägt sei, da er dazu geführt habe, daß der Stärkere, Gescheitere, Reichere den Schwächeren ausbeute und in seine Tasche stecke. Die sittliche Idee des Arbeiterstandes

Bekenntnis.

Immer schon haben wir eine Liebe zu dir gekannt,
bloß wir haben sie nie mit einem Namen genannt.
Als man uns rief, da zogen wir schweigend fort,
auf den Lippen nicht, aber im Herzen das Wort
     Deutschland.

Unsre Liebe war schweigsam, sie brütete tiefeingekehrt.
Nun ihr Zeit gekommen hat sie sich hochgereckt.
Schon längst Monden schreit sie in Ost und West dein Feind
und sie schweigt gelassen durch Sturm und Wettergraus,
     Deutschland

Daß kein fremder Fuß betrete den heimischen Grund,
stirbt ein Bruder in Polen, liegt einer in Flandern wund.
Alle hüten wir deiner Grenze heiligen Raum,
Unser blühendstes Leben für deinen dürrsten Baum,
     Deutschland

Immer schon haben wir eine Liebe zu dir gekannt,
bloß wir haben sie nie mit einem Namen genannt.
Herrlich offenbarte es aber dein größtes Gesetz,
daß dein ärmster Sohn auch dein getreuster war.
     Denk es, o Deutschland!

Karl Bröger

›Bekenntnis‹, von dem Arbeiterdichter Karl Bröger zum Ausbruch des Ersten Weltkriegs niedergeschrieben: »Immer schon haben wir eine Liebe zu dir gekannt, / bloß wir haben sie nie mit einem Namen genannt. / Als man uns rief, da zogen wir schweigend fort, / auf den Lippen nicht, aber im Herzen das Wort / Deutschland...«

›Nein‹, antwortete ich, ›aber ich will mich der publizistischen Sache widmen. Jetzt‹, sagte ich, ›jetzt ist die Zeit, in der man um die heiligsten Zwecke der Menschheit kämpft. Bis zum Ende des vorherigen Jahrhunderts war die Welt in Ketten dumpfen Aberglaubens gehalten. Da erhob sich, durch die Macht der Geister angeregt, eine materielle Gewalt, die blutig das Bestehende in Trümmer stürzt.‹« Der Vater warnt den Sohn vor dem Märtyrertum: »Die Freiheit muß errungen werden, aber sie wird's auch ohne Dich. Bleib bei uns!« Doch der Sohn ist zum Aufbruch und Ausbruch entschlossen: »Warum? Weil Gott mir die Stimme in die Brust gelegt, die mich aufruft zum Kampfe, weil Gott mir die Kraft gegeben, ich fühle es, die mich befähigt zum Kampfe! Weil ich für einen edlen Zweck kämpfen und leiden kann! Weil ich Gott um die Kräfte, die er mir zu bestimmtem Zwecke gegeben, nicht betrügen will! Weil ich, mit einem Wort, nicht anders kann.«[260] Die Selbstinszenierung ist hier bereits perfekt. In vielen Rollen, als Publizist, Dichter, Philosoph, Jurist, schließlich als Arbeiterführer, hat *Lassalle* den »Kampf für die edelsten Zwecke auf edelste Weise« geführt. Affären und Liebesabenteuer gaben dem Klatsch der Biedermeierzeit immer neue Nahrung – und seiner Person die Aura des »Menschlich-Allzumenschlichen«. Immer blieb er, der in Salons, Gefängnissen und auf (vorwiegend geistigen) Barrikaden ›zu Hause‹ war, im Gespräch: von der Reifeprüfung in Breslau, die man den aufsässigen Schüler zunächst nicht bestehen ließ, über das Studium in Breslau und Berlin bis hin zum Pariser Aufenthalt, von Prozessen und Verhaftungen in Düsseldorf, der Übersiedlung nach Berlin (dem Höhepunkt der schriftstellerischen Tätigkeit), der Gründung und Leitung des Allgemeinen Deutschen Arbeitervereins bis hin zum Duell im Gehölz von Carronge (Schweiz), wo er tödlich verwundet wurde (1864). Vom Ende her werden die Paradoxien dieses Lebens besonders deutlich: ein antibürgerlicher, undogmatischer Sozialist, der selbst einen Bismarck zu beeindrucken vermochte, entflammt für ein launisches, verwöhntes und extravagantes Mädchen (*Helene von Dönniges*); er will, obwohl von ihrer ›Flatterhaftigkeit‹ enttäuscht (»verworfene Dirne« nennt er sie sogar), ritterlich um sie werben. Für die Familie ist *Lassalle* als Roter und Jude untragbar; er will solche Schmach rächen; der Vater des Mädchens

sei hingegen die, daß die ungehinderte und freie Betätigung der individuellen Kräfte durch das Individuum nicht ausreiche, sondern daß zu ihr in einem sittlich geordneten Gemeinwesen noch die Solidarität der Interessen, die Gemeinsamkeit und die Gegenseitigkeit der Entwicklung hinzutreten müsse. Der Nachtwächterstaat der Bourgeoisie (»... eine Nachtwächteridee deshalb, weil sie sich den Staat selbst nur unter dem Bilde eines Nachtwächters denken kann, dessen ganze Funktion darin besteht, Raub und Einbruch zu verhüten...«) müsse durch einen Staat ersetzt werden, der das menschliche Wesen zur positiven Entfaltung bringe. »Der Zweck des Staates ist somit der, das menschliche Wesen zur positiven Entfaltung und fortschreitenden Entwicklung zu bringen, mit anderen Worten, die menschliche Bestimmung, d. h. die Kultur, deren das Menschengeschlecht fähig ist, zum wirklichen Dasein zu gestalten; er ist die Erziehung und Entwicklung des Menschengeschlechts zur Freiheit.«[259]

Wie kaum eine andere Persönlichkeit des 19. Jahrhunderts hat *Lassalle*, der Sohn eines kleinen galizischen Juden, der sich nach dem preußischen Toleranzedikt von 1812 mit festem Familiennamen (nämlich als *Heyman Lassal*, nach seinem Geburtsort Loslau) in Breslau niederließ –, wie kaum eine andere Persönlichkeit seiner Epoche hat dieser romantisch-schwärmerische, forensisch brillante, sozial revolutionäre, in seiner Lebensweise ›ausschweifende Jüngling‹ die Phantasie seiner Zeitgenossen wie der Nachgeborenen okkupiert. In einem Tagebucheintrag (1. April 1841) des damals sechzehnjährigen *Lassall* (die französische Schreibweise des Namens nahm er erst nach seinem Pariser Aufenthalt 1846 an!) wird von einem Gespräch zwischen Sohn und Vater berichtet: »Mein Vater fragte mich, warum ich nicht Medizin oder Jura studieren wollte. ›Der Arzt wie der Advokat‹, entgegnete ich, ›sind Kaufleute, die mit ihrem Wissen Handel treiben!‹ ... Ich wollte studieren der Sache, des Wirkens wegen. Mein Vater fragte, ob ich glaubte, daß ich ein Dichter sei.

fühlt sich fürs Duell zu alt; der blutjunge schwindsüchtige Student *Janko von Racowitza*, für die Ehe mit Helene vorgesehen, übernimmt die Verteidigung der Familienehre und schießt ihm in den Unterleib. Zu dieser Zeit war *Lassalle* bereits ›verbraucht‹: zermürbt vom Bemühen, die Solidarität der Arbeiterschaft herzustellen, enttäuscht über manches publizistische Fehlschlagen; entfremdet von *Sophie von Hatzfeld*, der Freundin über zwei Jahrzehnte (als deren wirtschaftlicher und juristischer Berater hatte er ihre Scheidungs- und Abfindungsprozesse geführt; sein ›Anteil‹ daran ermöglichte ihm wirtschaftliche Unabhängigkeit). Vor allem war seine Gesundheit zerrüttet, nicht zuletzt durch die Syphilis, die er sich 1848 zugezogen hatte. In einem Brief an *Karl August Varnhagen von Ense* schrieb *Heinrich Heine* am 3. Januar 1846: »Mein Freund, Herr Lassalle, der Ihnen diesen Brief bringt, ist ein junger Mann von ausgezeichneten Geistesgaben, mit der gründlichsten Gelehrsamkeit, mit dem weitesten Wissen, mit dem größten Scharfsinn, der mir je vorgekommen; mit der reichsten Begabnis der Darstellung verbindet er eine Energie des Wissens und eine Habileté im Handeln, die mich in Erstaunen setzen, und wenn seine Sympathie für mich nicht erlöscht, so erwarte ich von ihm den tätigsten Vorschub. Jedenfalls war diese Vereinigung von Wissen und Können, Talent und Charakter für mich eine freudige Erscheinung. … Herr Lassalle ist nun einmal so ein ausgeprägter Sohn der neuen Zeit, der nichts von jener Entsagung und Bescheidenheit wissen will, womit wir uns mehr oder minder heuchlerisch in unserer Zeit hindurchgelungert und hindurchgefaselt. – Dieses neue Geschlecht will genießen und sich geltend machen im Sichtbaren; wir, die Alten, beugten uns demütig vor dem Unsichtbaren, haschten nach Schattenküssen und blauen Blumengerüchen, entsagten und flennten und waren doch vielleicht glücklicher als jene harte Gladiatoren, die so stolz dem Kampftode entgegengehen. Das tausendjährige Reich der Romantik hat ein Ende, und ich selbst war sein letzter und abgedankter Fabelkönig.«[261]
Im selben Jahr, da der »Komet Lassalle« unterging, wurde auf dem 2. Deutschen Arbeitervereinstag *August Bebel* in den ›Ausschuß für die laufenden Geschäfte‹ berufen. Drei Männer bereiteten von 1864–1870 den Weg des Aufstiegs von Deutschlands Sozialdemokratie: *Jean Baptist Schweitzer, Wilhelm Liebknecht* und *August Bebel*.
Schweitzer, ein süddeutscher Rechtsanwalt, der *Lassalles* Erbe antrat, versuchte mit Hilfe geschickter Taktik und kompromißbereiten Verhaltens die sozialistischen Strömungen zu vereinen, der öffentlichen Meinung und der Regierung gegenüber Konzessionen zu machen, praktische Fragen aufzugreifen und sie im Reichstag des Norddeutschen Bundes zu vertreten.
Wilhelm Liebknechts Ziel war die Schaffung einer sozialistischen Partei im Sinne von *Marx*; er vertrat die Lehren des Klassenkampfes und hielt an diesen, ungeachtet der öffentlichen Meinung, starr fest.
»Der dritte im Bunde, August Bebel, wird mit siebenundzwanzig Jahren Abgeordneter des Reichstags. Er erkennt seine große Chance schnell – festhalten an den Grundsätzen der von Liebknecht verkündeten marxistischen Lehre, aber dabei Schweitzers Art begreifend, taktisch zu verfahren. Als Sohn eines preußischen Unteroffiziers ist er nicht belastet von der grundsätzlichen Abneigung gegen Preußen und sein Heer, als Drechsler steht er den Arbeitern näher als Liebknecht und Schweitzer. Durch seine Rednergabe und Überzeugungstreue, sein ungewöhnlich starkes Bildungsstreben erringt er schon in jungen Jahren die Achtung seiner Gegner, die ihn bald als den gefährlichsten Feind bekämpfen und gerade dadurch sein Ansehen im Proletariat stärken.«[262]
Nach zwei Attentaten auf *Kaiser Wilhelm I.* (1878) bekämpfte *Bismarck* mit Hilfe des ›Gesetzes gegen die gemeingefährlichen Bestrebungen der Sozialdemokratie‹ die Arbeiterbewegung; der polizeiliche Druck ließ jedoch die Sozialdemokraten nur noch mehr erstarken; der Versuch, durch eine Sozialreform von oben die Arbeiterschaft von ihren Führern zu lösen, mißlang. Die Arbeiterschaft bildete zunehmend einen Staat im Staate. Auch die Gewerkschaften, die seit 1868 entstanden, waren von zunehmendem Einfluß; der Streik wurde zum wichtigen Instrument im Kampf um die Verbesserung der materiellen und politischen Verhältnisse. Es bewahrheitete sich, was *Georg Herwegh* im ›Bundeslied für den Allgemeinen Deutschen Arbeiterverein‹ 1864 ausgesprochen hatte:

»… Mann der Arbeit, aufgewacht!
Und erkenne deine Macht!
Alle Räder stehen still,
wenn dein starker Arm es will…«[263]

Als *August Bebel* am 13. August 1913 starb, ging eine Epoche zu Ende, die weiten Teilen des Volkes einen entscheidenden sozialen Fortschritt gebracht hatte. *Bebels* herrliches Leben, hieß es im ›Vorwärts‹, sei überreich am Wirken und Schaffen im Dienste einer großen Idee gewesen. »Und wenn er im Kampfe für diese hohen Kulturideen des Sozialismus auch manches Schwere hat ertragen müssen, so hat er andererseits doch im Wirken für sie als Bahnbrecher einer besseren Zukunft seine höchste Befriedigung, das Glück seines Lebens gefunden. Für immer gehört sein Name der Geschichte an, und die, für die er gekämpft und gelitten, sie werden ihn nicht vergessen. Er lebt in ihren treuen Herzen fort, denn für sie, die Leidenden und Enterbten, setzte er sein Leben ein.«[264]

Machtgeschützte Festlichkeit

Wolle man, hieß es in einer anonymen sozialdemokratischen Flugschrift anfangs 1913, das Zeitalter *Wilhelms II.*, der demnächst fünfundzwanzig Jahre Deutscher Kaiser und König von Preußen sein werde, nach einem äußeren Kennzeichen benennen, so könne man es als das »Zeitalter der Feste« bezeichnen. Schier zahllos sei die Menge der offiziellen Feiern, die in diesen 25 Jahren das Deutsche Reich über sich habe ergehen lassen müssen. So ununterbrochen folgten sie einander wie die Filmmeter im Kinematographen-Theater. »Allmählich hat sich das deutsche Volk und hat sich vor allem die Arbeiterklasse daran gewöhnt, alle diese Feste gänzlich unbeachtet zu lassen. Mögen die Toten ihre Toten feiern!«[265] Die Arbeiterklasse habe sich aus ihrem Geist, ihren Idealen, ihrer Kulturmission heraus andere Feste geschaffen: den 18. März, Tag des Gedenkens an die großen Freiheitskämpfe der Vergangenheit, den 1. Mai, Tag des zukunftsfrohen Hoffens auf den endgültigen Sieg. »Daneben unsere Feste des Kampfes – die Gewerkschaftsfeste, an denen der Gedanke der Organisation im Mittelpunkt unseres Denkens und Fühlens steht; unsere Sängerfeste, in denen Werden und Wachsen einer vom proletarischen Geiste getragenen Kunst kraftvoll sich ankündigt!«[266]
Deutlich wird aus einem solchen Zitat, wie sehr sich proletarischer und bürgerlicher Überbau in die Quere kamen. Die bürgerliche Festlichkeit ist geprägt von der »sonntäglichen Sehnsucht«, über alle gesellschaftlichen Klüfte und Abgründe hinweg ›Gemeinschaft‹ (statt dissonanter ›Gesellschaft‹) zu demonstrieren; sie erweist sich damit als wesentlicher Teil »affirmativer Kultur«. Diese ist in ihren Grundzügen idealistisch. »Auf die Not des isolierten Individuums antwortet sie mit der allgemeinen Menschlichkeit, auf das leibliche Elend mit der Schönheit der Seele, auf die äußere Knechtschaft mit der inneren Freiheit, auf den brutalen Egoismus mit dem Tugendreich der Pflicht. Hatten zur Zeit des kämpferischen Aufstiegs der neuen Gesellschaft alle diese Ideen einen fortschrittlichen, über die erreichte Organisation des Daseins hinausweisenden Charakter, so treten sie im steigenden Maße mit der sich stabilisierenden

Das dritte Deutsche Sängerbundfest in Hamburg (1892): Das Bundesbanner im Festzuge.

Tradiertes, Gewohntes, Bewährtes, Festgefügtes zum Wanken gebracht, die Agrargesellschaft in ihrer Statik und steten Wiederkehr des Gleichen dem unsicheren Neuen ausgeliefert hatte, sehnte man sich nach Schutz und Geborgenheit. Feierlichkeit und Festlichkeit waren in einem übertragenen Sinne »Versicherung« und »Blitzableiter«: ideeller Rückhalt und geistig-psychische »Ablenkung« angesichts sozialer, wirtschaftlicher und politischer Spannungen. Die das Industriezeitalter prägenden Generationen der »Gründer« und »Macher« mit ihrem ausgeprägten Pragmatismus hatten immer auch eine große Sehnsucht nach dem, was aus der Welt des Zweckes herausführte und die Sinnfrage beantworten half. Die Werktagswelt transzendieren: das war der Versuch, das Nützliche aufs Schöne hin, das »nicht von dieser Welt«, zu überschreiten. Die Kunst enthob von der Alltäglichkeit und deren Widersprüchen; in ihr war die Entfremdung aufgehoben; sie vermittelte das Gefühl, daß nicht der Preis einer Sache, sondern ihr Wert das Wichtigste war. Die Festlichkeiten der Epoche sind dabei von ambivalenter Struktur: großartig, weil man sich eben nicht mit dem begnügte, was als Materialismus und Positivismus Zeichen der Zeit war; fragwürdig, weil Kunst im zunehmenden Maße nur dann noch akzeptiert wurde, wenn sie die bestehenden Verhältnisse bejahte. In der »Versicherung« des Festes und der Feier verbarg sich eine tiefe Verunsicherung dem Heute gegenüber. Im Blick zurück versuchte man, Terrain zu erschließen, das einen tragfähigen Weg in die Zukunft ermöglichte. Dies hatte wohl *Friedrich Nietzsche* mit im Sinn, wenn er bei einer Analyse des ›Meistersinger‹-Vorspiels in ›Jenseits von Gut und Böse‹ feststellt: »Diese Art Musik drückt am besten aus, was ich von den Deutschen halte: Sie sind von vorgestern und von übermorgen –, sie haben noch kein Heute.«[268]

Die Feiergemeinschaft des 19. Jahrhunderts zeigt im wesentlichen zwei Phasen: In der ersten sehnt man sich nach Macht, Kraft und Sicherheit; eine solche Trias stellte die ›Nation‹ dar. Aus Festen, die ›handfeste‹ traditionelle Ursprünge hatten (z. B. Volksfeste, Brauchtumsfeste), wurden Feiern, die betont das Verlangen nach nationaler Einheit zum Ausdruck brachten. Hinweise auf das Mittelalter, auf große Herrscher und Heerführer der Vergangenheit, zeigten Politisierung an. Die demokratischen Ideale, die das Volk als fortschrittliche Kraft priesen (und etwa das Hambacher Fest 1832 gekennzeichnet hatten), traten zurück.

Die zweite Phase der Feiergemeinschaft des 19. Jahrhunderts nach 1871 war nicht mehr durch patriotische Sehnsucht geprägt. »Es

Herrschaft des Bürgertums in den Dienst der Niederhaltung unzufriedener Massen und der bloßen rechtfertigenden Selbsterhebung: sie verdecken die leibliche und psychische Verkümmerung des Individuums.« *(Herbert Marcuse)*[267]

Die bürgerliche Festlichkeit orientierte sich inmitten technischer Umwelt am Vergangenen; zugleich transportierte solche Regression ein Zukünftiges; zumindest außerhalb der Werktäglichkeit erahnte man die Defizite der Zeit; in der Fiktion des Festes sollte das ›Fehlende‹ ersetzt und das zum Leuchten (zum Vor-Schein) gebracht werden, was in der Wirklichkeit verdunkelt war: der Kosmos einer organisch gewachsenen und einsichtig gegliederten Sozietät, in der jeder und jedes seinen richtigen Platz hatte und die damit Sicherheit verbürgte. Weil die Industrialisierung als Umbruch und Aufbruch soviel

Hans-Sachs-Festzug vor dem Färbertor in Nürnberg, 1894.

war erreicht.« Die staatliche Einheit wurde als nationale Identität gepriesen; die nach Macht strebende Feierlichkeit war zur machtgeschützten Feierlichkeit geworden. Nun bestätigte (affirmierte) das Fest, was früher nur ein festliches ›Wähnen‹ gewesen war. In Abänderung eines Ausspruchs *Richard Wagners* über sein Domizil in Bayreuth könnte man sagen: »Wahnfried sei nun das Fest genannt.«

Aus den verschiedensten Anlässen gab es in den Städten und ›Gauen‹ große, häufig sich wiederholende Feste: Sängerfeste, Turnfeste, Feste, die mit einer Herrscherpersönlichkeit oder einem ›Geistesheroen‹ verknüpft waren. Im Kern solcher Feste stand der Festzug. »Der

historische Festzug ist, zumindest während der Zeit seiner vollen Entfaltung, kollektive Selbstdarstellung des Bürgertums und seine repräsentative Form öffentlichen Auftritts. Als bürgerliche Festform spiegelt er den Emanzipationsprozeß des Bürgertums und sein Verhältnis zum Staat sowie die Bildung und Konsolidierung nationaler Gesellschaften und Bünde wider. Am historischen Festzug ist der Anteil des Bürgertums an der nationalen Bewegung ebenso wie an der Entstehung und Entwicklung des Nationalismus abzulesen. ... Das Bürgertum, das als Träger der Nation die ständische Ordnung ablöst, wird sich im Laufe des 19. Jahrhunderts vor allem durch die Geschichte seiner selbst bewußt. ... Erinnerungen an die Reichsvergangenheit, die bürgerlichen Sozialideen, die kulturellen und wirtschaftlichen Blütezeiten der bürgerlichen Epochen und die heroischen Vorbilder der nationalen Freiheitsbewegungen haben dabei

entscheidenden Anteil. ... Für die historischen Festzüge kommt als bestimmender Faktor noch das pragmatische Geschichtsverständnis im Sinne eines optimistischen Fortschrittsglaubens hinzu. ... Fortschrittsglaube offenbart sich hier als Glaube an die Geschichte. Die Identifikation mit den geschichtlichen Vorbildern und mit dem exemplarischen Ablauf der Geschichte setzt die Einstellung voraus, daß die bürgerliche Gesellschaft des 19. Jahrhunderts legitimer Erbe und Vollender der politischen, wirtschaftlichen und kulturellen Prozesse der Vergangenheit sei. Gegenwart gilt ihr als ›der geschichtliche Schlußstein eines mehrhundertjährigen Neubaues der aufblühenden deutschen Nation‹.« (W. Hartmann)[269]

In seinem Roman ›Der grüne Heinrich‹ (1854) beschreibt *Gottfried Keller* ausführlich den Festzug, den die Münchner Künstlerschaft im Karneval 1840 unter dem Thema ›Kaiser Ma-

*Ein Künstleratelier um die Jahrhundert-
wende.*

ximilian und Albrecht Dürer in Nürnberg‹
veranstaltete; im besonderen feierte man dabei das Handwerk mit seinen Zünften – in bewußter Gegenposition zur industriellen Massenproduktion: »… Die Schäffler und Brauer,
die Metzger in rot und schwarzem mit Fuchs-
pelz verbrämtem Zunftgewande, die hecht-
grauen und weißen Bäcker, die Wachszieher
lieblich in grün, weiß und rot, und die be-
rühmten Lebküchler hellbraun und dunkelrot
gekleidet; die unsterblichen Schuster schwarz
und grün, mit Pech und Hoffnung, buntflickig
die Schneider. Mit den Damast- und Teppich-
wirkern erschienen schon namhafte Meister
des höheren Gewerbes; denn sie brachten die
fürstlichen Teppiche und Tücher hervor, mit
denen die Häuser der Kaufherrn und Patrizier
geschmückt waren. Alle jetzt erscheinenden
Zünfte waren ausgefüllt von einer wahren Re-

publik kraftvoller, erfindungsreicher Hand-
werks- und Kunstmänner. Die Tüchtigkeit
teilte sich unter die Gesellen, welche manchen
berufenen Burschen aufzuweisen hatte, wie
unter die Meister.«[270]
Feste und Festzüge waren ein besonderer Ausdruck des vorherrschenden historischen Stils.
Die Außen- und Innenarchitektur von Wohnhäusern und öffentlichen Gebäuden, im besonderen Schulen, Bahnhöfen, Ausstellungs-
gebäuden, auch von Fabriken, die bildende
Kunst und die Literatur waren geprägt durch
ein geschichtliches Denken, das quasi in jeder
historischen Ausdrucksform Vorbildhaftig-
keit zu erkennen glaubte. Der Rückgriff auf
vergangene Zeiten diente dazu, der zeitgenössischen diffusen Wirklichkeit Profil zu geben.
»Historistische Kunst ist der Versuch, die Le-
benswirklichkeit im Ganzen normativ auszu-
legen, in eine Gegenwart, in der Politik, Öko-
nomik und Ethik desintegriert sind zu wider-
streitenden Teilsystemen, einen reintegrieren-
den Weltentwurf hineinzutragen. Solche
Ganzheit war gegenüber einer Epoche, die

nach Rankes Wort die ›Physiognomie der Ent-
zweiungen‹ zeigte, im Rückgriff auf die vorrevolutionäre, alteuropäische Ordnung, durch
ihre Mimesis im Kunstwerk hindurch, möglich. Historismus erscheint als der Versuch,
aus der Krisenerfahrung des Revolutionszeit-
alters heraus das vorrevolutionäre, alteuropäische Modell von Weltauslegung bewußt in
die Gegenwart zu bringen.« *(Wolfgang
Hardtwig)*[271]
In einem Zeitalter, in dem Wechsel und Wandel immer rascher vor sich gingen, versuchte
bürgerliches Bewußtsein Bleibendes zu schaffen. Neben der Feiergemeinschaft zielte der
Denkmalskult darauf ab, gefährdete Identität
zu stabilisieren. Der Anblick von Standbil-
dern großer Persönlichkeiten vermittelte ein
kontinuierliches Gefühl der Erhebung und
Erhabenheit, das über die transitorische
Werktagswelt, über die sozialen und wirtschaftlichen Gefährdungen insgesamt hin-
weghelfen sollte.
Denkmäler und Denkmalskomplexe (wie die
Regensburger Walhalla 1842, die Bavaria

Historistischer Zweckbau: Zollhalle des Kölner Rheinauhafens (1898).

in München 1850, die Befreiungshalle in Kelheim 1863, die Siegessäule in Berlin 1873, das Hermannsdenkmal im Teutoburger Wald 1875, das Niederwalddenkmal bei Bingen 1883) waren Ausdruck gleichermaßen des nationalen Pathos wie des Stolzes auf eine technisch-monumentale Leistung. In einer 1894 erschienenen Broschüre über die Bavaria heißt es: »Die Gußteile haben an den Rändern sich begegnende Falzen, die im Innern verschraubt, verkeilt und verniethet worden, während man die feinen Gränzlinien der Baustücke nach außen so kunstreich verhämmerte, daß sie gänzlich unsichtbar sind. So wird sich die Bavaria durch innere Festigkeit und eigene Wucht selbst halten und tragen, gleichsam als symbolisches Zeugniß, daß Bayern keiner fremden Stütze bedarf, wenn es im

Innern einig und muthvoll auf eigenes Kraftgefühl sich stützet.«[272]

Bei der Eröffnung des Niederwalddenkmals beschrieb der Berichterstatter der ›Gartenlaube‹ die Germania wie folgt: »Ihr kleiner Finger kann gerade von zwei Händen eines Erwachsenen umspannt werden; ihr Daumennagel ist neun Centimeter breit und elf Centimeter hoch. Durch ihr Armgelenk kann ein Mann bequem schlüpfen und im Innern ihres Unterkörpers bis zur Brusthöhe können zehn Paare tanzen. Das gewaltige Schwert wiegt fünf bis acht Zentner und ist acht Meter lang.«[273]

Das Denkmal auf hohem Podest wirkte ›von oben‹ herab; der Betrachter sollte sich seiner eigenen Kleinheit bewußt werden. Die Monumentalität beeindruckte, war aber, obwohl an hervorragender Stelle plaziert, nicht wirklich ›einsehbar‹. Die Denkmäler und der damit verknüpfte Kult waren Teil einer weltanschaulichen Mythisierung, die der Hand in Hand mit der Industrialisierung einhergehenden modernen Nervosität, meist Neurasthenie genannt, entgegenzuwirken trachtete.

Der Versuch, in und mit dem Denkmal zur Identitätsgewißheit zu gelangen, läßt sich besonders gut am Genre des Schillerdenkmals – der Verdinglichung der das ganze 19. Jahrhundert durchziehenden Schillerverehrung – illustrieren. Wenn man, meinte *Jakob Grimm* 1859, dem Jahr des 100. Geburtstages des Dichters, »seinen Weg durch Deutschland nehme, so sehe man fast in allen Städten festliche Züge heiterer und geschmückter Menschen, denen unter vorangetragenen Fahnen auch ein prächtiges Lied von der Glocke erscholl, selbst dramatisch dargestellt«. *Grimm* fährt fort, wobei seine Klage zeigt, wie sehr die Schillerfeste dieses Jahres getragen waren von der Sehnsucht nach nationaler Kraft und Stärke: »Ach, könnte doch auch ... an höheren Festen alles fortgeläutet werden, was der Einheit unseres Volkes sich entgegenstemmt, deren es bedarf und die es begehrt.« In einer Festrede über *Schiller*, »den auf seiner Höhe Thronenden«, unterstützte *Grimm* den Plan, überall Schillerdenkmäler zu bauen, wobei er sich dafür aussprach, daß man das Geld, das

Rathaus in München.

seit der Mitte des 19. Jahrhunderts aus der politischen und ökonomischen Misere hatte hinwegprojizieren wollen, endete vollends auf dem Polster der Platitüde. Man brauchte die klassizistische, idealisierende Aura; denn sie gab Kraft, die Widersprüche der Gesellschaft zu verdrängen. Vom Podest einer erhabenen Gesinnung aus gelang es – zumindest für einige Zeit –, das Realitätsprinzip zu über-sehen. Das hatte *Friedrich Nietzsche* mit im Auge, als er von der Exstirpation des deutschen Geistes zugunsten des Deutschen Reiches sprach und 1889 in der ›Götzendämmerung‹. Streifzüge eines Unzeitgemäßen‹ den Satz niederschrieb: »Meine Unmöglichen… Schiller: oder der Moraltrompeter von Säckingen…«[275]
Die Ansprache bei der Enthüllung des Nürnberger Schillerdenkmals, das durch die »hochherzige Spende« des Kommerzienrats *Grasser* (des Besitzers der Lyra-Bleistiftfabrik) ermöglicht worden war, hielt Oberstudienrat Dr. *Vogt*. Seine »von Begeisterung getragene, schwungvoll gesprochene Festrede« – der Festakt war durch *Mozarts* Hymne ›O Schutzgeist alles Schönen‹, vorgetragen vom Nürnberger Lehrergesangverein, eingeleitet worden – reproduzierte in Inhalt und Stil die gängige Schillerverehrung: Das Triviale fand auf erhabenem Niveau statt. Eine solche Rede gibt auch Einblick in die Spracherziehung der höheren Lehranstalten, deren Pflege des Guten, Schönen und Wahren auf einen Wortrausch hinauslief und die »Anstrengung des Begriffs« suspendierte. (Daneben gab es in den Schulen allerdings auch einen ausgeprägten, an Fakten orientierten Positivismus, welcher der ›anderen Seite‹ des Bewußtseins, der nüchternen ›Werktagsgesinnung‹, entsprach.)
Oberstudienrat *Vogt*, der in seiner Rede mit jedem Absatz sich selbst noch einmal zu über-

man den hungernden Dichtern und Dichterwitwen zuteil werden lassen wolle (›Schillerstiftung des deutschen Volkes‹), besser für solche Bauten verwende. »An mehr als einem Platz, zu Marbach und anderswo, würden von Künstlers Hand geschaffene Bildsäulen Schillers aufzurichten sein und dann einem dauernden Freudenfeuer gleich leuchten im Lande; laßt uns den Kostenaufwand dafür und für die Salbe der Weihe nicht abgefordert werden

zur Niederlage in den allverschlingenden, immer hungrigen Armensäckel.«[274]
In Nürnberg wurde die »von Künstlers Hand geschaffene Bildsäule« fünfzig Jahre später im Rahmen einer nationalen Hochstimmung errichtet. Die Gründung des Zweiten Deutschen Reiches vermittelte die Sicherheit, daß auch die Dichter und Denker unverlierbarer Besitz der Besitzenden geworden waren. Der pathetische Aufschwung, mit dem man sich

»In Deutschland geben eine nicht geringe Anzahl künstlerisch und technisch gelungener Kunstwerke, denen sich immer noch neue anschließen, ein schönes Zeugnis von der Vorzüglichkeit seiner Modelleure, Ziseleure und Gießer. Als gelungener Kolossalguß ist die Bavaria in München zu nennen… Das Bild zeigt das Gießhaus, im Vordergrunde den Kopf der Bavaria mit seinen edlen Zügen, der zugleich eine Vorstellung von der Großartigkeit des Ganzen gibt, wenn man bedenkt, daß in seinem Inneren sechs Personen Raum haben.« (F. Reuleaux: ›Das Buch der Erfindungen, Gewerbe und Industrie‹, 1886.)

Der Erzgießer Ferdinand von Miller vor dem Kopf der Bavaria (photographiert von Alois Löcherer).

steigern suchte, sprach davon, daß *Schiller* der Hohepriester des deutschen Idealismus sei und »wir uns als seine Erben erwiesen«. Nicht bloß in allen deutschen Landen, sondern überall auf der Welt, wo deutsche Art sich rege und fühle, gedenke man des großen Genius und der goldenen Geistesschätze, mit denen er die deutsche Schatzkammer ausgestattet habe. Auch Nürnberg, das Herz Deutschlands, nehme teil an der gemeinsamen Feier und tue etwas Eigenes hinzu. Indem die Stadt ihren öffentlichen Garten, ihren Park, mit den Zeugen der Vergangenheit zu schmücken wünsche, wolle sie ihn zu einer allgemeinen Erholungsstätte ausgestalten, »wo die Natur mit Geschichte und Kunst sich liebevoll vermählt, wo der Augenweide der Lustwandelnden sich eine höhere Anregung zugesellt, wo unter die Lebenden sich die unsterblichen Toten mischen und von Angesicht zu Angesicht schauen lassen«. Unter dem lauten Bravo der Festversammlung schloß Dr. *Vogt* seine Rede mit Worten, die besonders deutlich machen, wie sehr die Aura affirmativer Kultur dazu herhalten mußte, die Klassengegensätze der Industriegesellschaft zu überspielen: »Vor 150 Jahren wurden Schiller geboren und vor 100 Jahren war er schon wieder aus dem Lande der Lebendigen verschwunden. Aber Schiller stirbt nicht, darf nicht sterben, zumal im deutschen Volk nicht. Er gehört zu den weisesten Priestern des deutschen Geisteslebens. Er hat jedem Alter und jeder Generation etwas zu sagen, der Jugend, was edle Begeisterung ist, dem reifen Alter, was manneswürdig, allen, was echt deutsche Art und ideale Kunst ist. So hoch steht kein Zeitalter, das dieses Rufers im Streit entraten könnte. Immer wieder müssen wir uns von ihm daran mahnen lassen: ›Das Leben ist der Güter höchstes nicht.‹ Dem Haß der Parteien tönt seine programmatische Forderung entgegen: ›Wir wollen sein ein einig' Volk von Brüdern‹, gegenüber den Sonderinteressen hören wir seine Mahnung, des Ganzen nicht zu vergessen und sich ans Vaterland, ans teure, anzuschließen. Und wenn eine Macht unser deutsches Geistesleben und unsere Geistesfreiheit mit ihrer Herrschaft bedroht, dann sammle dich, deutsches Volk, unter dem Freiheitsbanner deines Schiller, der die wahre Freiheit im schweren Seelenkampf errungen hat! Laß dir deine deutschen Geisteshelden, die Heroen deiner Geschichte, nicht nehmen, nicht heruntersetzen und anfechten. Laß dir von deinem weisen Lehrer das Wesen der vielumstrittenen Freiheit klarmachen. ›Freiheit ruft die Vernunft, Freiheit die wilde Begierde‹, damit dich kein Feind weder von rechts noch links um dies kostbare Kleinod berücke. Heute, verklärter Genius des deutschen Geistes, bekennen auch wir, die Festgemeinde Nürnbergs, uns wieder zu deinem Wort und Werk. Laß dein mildes, verklärtes Auge auf uns ruhen! Lehre uns die wahren Güter des Lebens über alles schätzen! Der Gedanke an Vaterland und Freiheit er-

greife alle, die hier lustwandeln vor deinem Angesicht, bis in die fernsten Zeiten! Dein Idealismus gehe niemals unter in deutschen Landen!

So möge nun die Hülle fallen von dem Schillerdenkmal, das Gunst und Kunst der Stadt und ihrem Volke heute geschenkt hat.«[276]

Im selben Jahr (1909) wandte sich der Wiener Kritiker *Karl Kraus* in seiner Zeitschrift ›Die Fackel‹ an alle »Obmänner«, die die

Menschheit an ihr Herz drückten, die da sagten, was alle sagten und die nur eine Frage frei hätten an das Schicksal, nämlich die »Wie sagt doch Schiller?«: »Hätte er sie geahnt, hätte er sie heraufkommen sehen, wie sie die Kultur umwimmeln, wie sie mit ihren Plattköpfen an seinen Himmel stoßen und mit ihren Plattfüßen seine Erde zerstampfen, so daß kein Entrinnen ist vor der Allgewalt ihrer Liebe – er hätte sich die Unsterblichkeit genommen! «[277]

Salonkunst

Schiller hatte in seinen ›Briefen über die ästhetische Erziehung des Menschen‹ den »ästhetischen Staat« gefordert: Schönheit als der spielerische Ausgleich zwischen Stofflichkeit und Formalität sollte die Herrschaft des Nützlichkeitsdenkens brechen. Pessimistisch hatte Schiller freilich festgestellt – und damit die Entwicklung des 19. Jahrhunderts antizipiert: »Jetzt aber herrscht das Bedürfnis und beugt die gesunkene Menschheit unter sein tyrannisches Joch. Der Nutzen ist das große Idol der Zeit, dem alle Kräfte fronen und alle Talente huldigen sollen. Auf dieser groben Waage hat das geistige Verdienst der Kunst kein Gewicht, und, aller Aufmunterung beraubt, verschwindet sie von dem lärmenden Markt des Jahrhunderts.«[278]

Bürgerliches Überbaubewußtsein bemühte sich geradezu verzweifelt, eine solche Entwicklung rückgängig zu machen. In gigantomanischer, eklektischer Formenfülle sollte Kunst jeglicher Art und Provenienz ›herbeizitiert‹ werden – während ›nichtoffizielle‹ Strömungen bürgerlicher Literatur und Kunst (wie Realismus, Naturalismus, Expressionismus, auch der Jugendstil) vom Essentiellen sich nicht abbringen ließen. Deren Zeit- und Gesellschaftskritik verstärkte den Trend des sanktionierten Geschmacks, sich ins Wolkenkuckucksheim entleerter Schönheit zurückzuziehen. Die Salonmalerei etwa, deren Produkte, in ›Bilderfabriken‹ technisch reproduziert, zu günstigen Preisen en masse in vorwiegend bürgerliche Wohn- und Schlafzimmer geliefert wurden, stellte eine derartige Korruption des ästhetischen Bewußtseins dar: Die Sehnsucht des Menschen, eine entzweite Welt wieder zusammenzuschließen, war zur Beute romantizistischer und klassizistischer Epigonen geworden.

Die Salonmalerei ist Ausdruck der Sehnsucht nach dem irdischen Paradies, wie sie das gesamte 19. Jahrhundert durchzieht – korrespondierend mit dem Anbruch und der Ausweitung der industriellen Revolution, die das Bild einer häßlichen Welt, einer Welt im Gas-

licht, darbot.[279] Solches irdische Paradies ist weitgehend geprägt durch ein Zurück-zur-Natur, wobei die Natur bald in Form arkadischer Stilisierung (etwa in der bildenden Kunst), bald als gesellschaftliche Harmonisierung (in Form von Sozialutopien) in Erscheinung tritt. Die durch den Realismus in den Seh- und Beobachtungsweisen bewirkte Einsicht, daß das Schöne und das Wahre oft auseinanderklafften, weshalb auch nicht mehr der Glaube an die Kalokagathie (»Schöngutheit«) und an eine sich auf Elysium zuentwickelnde Menschheit vorwaltete, gipfelte in einem generellen Gefühl der Spaltung und Entzweiung bzw. verlorener Identität; sie rief freilich auch, als Gegentendenz, forcierte Anstrengungen zur Überwindung eben dieser Gespaltenheit hervor. Während auf der einen Seite die moderne Nervosität sich als ein Sensorium für die Registrierung der Entzweiung erwies und oft genug zu einer genießerischen Verinnerlichung eines solchen, an sich leidvollen Zustandes führte, sind auf der anderen Seite die Bemühungen um die Reproduktion eines ›goldenen Zeitalters‹ (Motive bei *Ingres, Hans von Marees, Böcklin* und *Gauguin*) ein ästhetisch faszinierender Versuch, Wirklichkeit durch Fiktion zu suspendieren. Dieser Kunst liegt eine Weltanschauung zugrunde, die durch mythische und dekorative Gebärde den Anspruch überheblicher Selbstsicherheit abzustützen und vor den vage empfundenen, aber immer wieder verdrängten Gefährdungen der Wirklichkeit mit Hilfe sensualistischer Beschwichtigung abzuschirmen sucht. Der Höhenflug solcher Kunst, das forciert Heroische wie die sinnliche Süße, ist auf eine »darüberschwebende« Frag-losigkeit programmiert. Inmitten imperialistischer Kolonialpolitik, ungeahnter wirtschaftlicher Expansion, raschen technischen Fortschritts, auf der Basis positivistischer Wissenschaft, aber auch angesichts wachsender sozialer Probleme und nationalistischer wie rassistischer Ideologien versuchte die tonangebende Schicht (als herrschende Schicht den vorherr-

sich präsentiert, ist die Salonkunst insgesamt als Seelenbadeanstalt organisiert. Nervosität erstarrt in Zuckerbäckerei, wird gefesselt in Ornamentik und in ihrer Sensibilität durch Sinnlichkeit betäubt.

Von einer 1903 in Wien veranstalteten *Gustav-Klimt*-Ausstellung schreibt ein zeitgenössischer Kritiker: »Dann schließlich, das Klimtsche Haar. Dieses proteische Element, das ornamentale Prinzip an sich. Ein ins Unendliche behandelbarer Urstoff, spinnbar, krämpelbar, schlängelbar, knüpfbar. Feuriger Wolkenball, der alle Gestalten annimmt, zuckender Blitz und züngelnde Schlange wird, kletterndes Rankenwerk, unauflöslich verstrickende Fessel, triefender Schleier, gespanntes Netz. Hier sieht man ihn den Zauberstoff aus der Natur holen, als Schopf, Mähne, Lockengeringel, als Rohstoff zu erfinderischer Verarbeitung. Auf diesen schlichten Blättern sind die natürlichen Keime aller seiner künstlerischen Einbildungen stenographiert, nach dem Diktat des lebendigen Lebens. Und dazu die besonderen Klimtschen Kurven, seine parabolischen und hyperbolischen Linien, die in der Natur nur zum Teile sichtbar sind. In solchen Schwingungen weht vielleicht der Wind, aber wir sehen ihn nicht.«[280]

Dergestalt wucherten Dekors allenthalben – in der Mode, im Städtebau, in den bourgeoisen Lebensformen. Der Architekt *Adolf Loos* setzte Ornament mit Verbrechen gleich und versuchte, im ästhetischen Labyrinth den Ariadnefaden der Einfachheit wiederzufinden. Auf handwerkliche Solidität, nicht auf sinnlichen Schmelz komme es an. – »All die großartig tönenden, orgiastischen, panischen, arkadischen, faunischen Phantastereien der Epoche

schenden Geschmack bestimmend), sich einen Schutzbezirk bereits versunkener oder gerade versinkender gesellschaftsmoralischer Normen abzustecken, in die sie sich vor den Irrungen und Wirrungen eines manischen Profitstrebens zurückzuziehen hoffte. Der Devise des »*Enrichissez-vous*« konnte sich das schlechte Gewissen des bürgerlichen Bewußtseins nur dadurch versöhnen, daß es dieser Devise ständig den Anschein altväterlicher Solidität gab oder sie mythologisch verpackte. Idealismus, ästhetische Überhöhung und visualisierte ethische Fiktion sollten helfen, inmitten des galoppierenden Fortschritts den Eindruck von Dauer zu erwecken. Was die bourgeoise Scheinsicherheit zu erschüttern vermochte, wurde durch Attitüden überspielt; nirgends Betroffenheit, wohl aber Rührung und Larmoyanz (und auch, nicht zu übersehen, ein durch Entrüstung oder Exotik ermöglichter Genuß von Grausamkeit). Suggerierte Selbstgewißheit vermittelt sich in den Bildern einer heilen Welt, die dem bürgerlichen Individualismus angesichts aufgelöster Strukturen einen neuen Sinn zu geben suchen. Die enorme Anspannung, unter der diese Kunst steht und entsteht, gibt ihr – wobei der Schritt vom Erhabenen zum Lächerlichen freilich verschwindend klein ist – eine gewisse Würde, so wie ein Mensch, der seine Nervosität mit dem Aufwand letzter Kraft zu zügeln und seine ›Lächerlichkeit‹ nach außen hin zu bezwingen vermag, Respekt erheischt, auch

wenn sich kaum Sympathie einstellt. Solcher »angestrengten Erhabenheit« bzw. solchem »erzwungenen Liebreiz« entspricht eine kulturelle Beflissenheit, die als reflexionslose Bejahung des Guten, Schönen und Wahren in Erscheinung tritt, allerdings mit Hilfe »fernliegender Verruchtheit« (vor allem im Topos ›Orient‹ lokalisiert) an dem eigenen, im Unbewußten als Fessel empfundenen Moralkodex sich schadlos zu halten sucht. – Die der Salonmalerei eigene Thematik – Genreszenen (Nach dem Bade, Das Erwachen), Szenen exotischer Verfremdung (Im Harem) oder mythologischer Erhöhung (Nymphen, Grazien) – zielt auf eine verschwommene Glückseligkeit, die mit ihrer hingebungsvoll-schaumigen Nacktheit alle Gedanklichkeit entsaftet und durch sinnlichen Schmelz das Wahre im Schönen aufhebt. Das ›Tierische‹ im Menschen wird als Göttliches dargeboten; selbst die Szene, in der der fesche Leutnant die nackt hingestreckte Dirne auf dem Pfühl mit dem *Post-coitum-omne-triste*-Blick mustert, hat noch etwas von der Aura überirdischer Liebe in sich. Glühende Liebesworte auf sehnsüchtigen Lippen, heiße Herzen in wogenden Busen, alabasterne Leiber auf weichen Kissen, aufgelöste Haare im fließenden Wasser (aber auch aufgeilende Orgien und dekorativer Sadismus) charakterisieren diese schöne Unverbindlichkeit, bei der Stil durch Technik ersetzt ist. So wie die Formen und Inhalte ständig auf Verschmelzung tendieren, die Leiblichkeit gerne androgyn

Fidus-Menschen: wehrhafte Freikörperkultur, in Tempellandschaft plaziert.

sind ja Stubenpoesie, falsche Freiheitstiraden von Stehkragenträgern, Flucht vor dem, was das neue Jahrhundert unerbittlich verlangte: in der Technik, in der Politik, in der Industrie. Das Leben als kosmisches Phänomen zu besingen, war einer der Wege, vor seiner harten Tatsächlichkeit auszuweichen.«[281]

Das ›Lichtgebet‹ von *Fidus* (eigentlich *Hugo Höppener*), 1. Fassung 1890, 5. Fassung 1910, 11. und letzte Fassung 1938, in einer ungeheuren Auflagenhöhe vor allem in den Bürger- und Kleinbürgerwohnungen verbreitet, auch Teil der Postkartenikonolatrie, ist ein wichtiges Symptom bzw. »Beweisstück« für die der modernen Nervosität entgegenstehende, ideologisch angelegte und abgerichtete ästhetische Fluchtbewegung der Zeit. Hier, wie im gesamten Werk von *Fidus*, wird der Versuch unternommen, im Rahmen nordischer Weihekunst (bei der sich Naturkunde mit Vegetarismus, Ernährungsreform, Siedlungsbewegung, Freikörperkultur, Frauen- und Ehereform, Reformpädagogik und Jugendbewegung verband) einen Tempeltanz der deutschen Seele zu arrangieren, um auf diese Weise, d. h. durch nationale Verzückung, gesellschaftlichen Konflikten sich zu entziehen und im Paradies einer sektiererischen Weltanschauung Ruhe und Frieden zu finden.[282]

Fidus zielte auf eine agrarisch strukturierte, antikapitalistische, in der natürlichen Befriedigung natürlicher Bedürfnisse aufgehende Lebensgemeinschaft, die jedoch bis in die Verkrampfungen ihrer stilistischen und mythischen Elemente ganz auf ästhetischer Gewaltsamkeit beruht. Die propagierten Lebensru-

nen, etwa im ›Lichtgebet‹ die Stilisierung des aufrecht stehenden Menschen, der mit erhobenen Armen die Sonne »anruft« (ekstatische Versinnlichung eines *Per-aspera-ad-astra*), signalisieren nicht wirkliche Geborgenheit; *Fidus* lenkt von modernem Zwiespalt durch heroisch-stilisierte Gebärde ab. »Auf der höchsten Felsenspitze eines Berges breitet ein nackter Knabe seine Arme nach der Himmelhöhe aus. Indem er sich auf die Zehen erhebt, wird uns das Symbol seiner kindlich-vertrauenden Sehnsucht nach Gott noch verständlicher beredter«, heißt es in einer zeitgenössischen Beschreibung der 2. Fassung des ›Lichtgebets‹ (1892).[283]

Die Furcht vor der »Auflösung« der modernen Welt, das Erlebnis der Diskrepanz zwischen den gesellschaftlich wie politisch geforderten idealtypischen ethischen Normen und dem in allen Bereichen vorwaltenden Relativismus wird durch den Mythos der Solidarität beschwichtigt, der als ›Gemeinschaft‹, ›Bund‹, ›Bewegung‹ sich ausprägt und an ein Universum glaubt, in dem Lichtmenschen Lichtgebete zelebrieren. Der Blick nach oben, abgewandt von den Niederungen, versunken in die brünstige Verehrung der Sonne, welche stets die dräuenden Wolken durchdringt, ist wichtigster Bestandteil des bildnerischen Baukastens, aus dem *Fidus* seine Seelengebäude montiert. Indem er die auch aus vielen anderen weltanschaulichen Traktaten aufquellenden regressiven Sehnsüchte der Menschen dieser Gesellschaft und Zeit, die sich vor den Umbrüchen und Verwerfungen auf ein Stück stabilen und unerschütterlichen Bodens zu retten versuchten, durch Reformbilder von leichter technischer Reproduzierbarkeit absättigte, erreichte er auf eine trivialästhetisch sehr einflußreiche Weise die Umformung moderner Nervosität in den Kult rückwärts orientierte Beruhigung.

Kraft und Schönheit, verknüpft mit rassischer Überheblichkeit und sozialem Herrenbewußtsein, prägen die Gesichtszüge der in Tempellandschaften angesiedelten *Fidus*-Menschen. Die stets präsente Geschlechtlichkeit, Ausdruck der Geschlechtsbesessenheit der Zeit bzw. des zeitgenössischen Triebstaus, wird durch sakrale Gesundheit überlagert; die Kopulationsekstase in Kopulationsmystik transformiert. Die penetrante Herausstellung primärer und sekundärer Geschlechtsmerkmale wird mit Hilfe einer vegetativen Ambiente (etwa in Form hochstilisierter Natur) und einer aggressiven Wehrhaftigkeit (Schwertersymbolik) der bürgerlichen Prüderie versöhnt. Der starre Blick der Frauen und Männer korrespondiert mit der Verkrampfung ihrer Muskulaturen. Die konstante Verzükkung gibt sich als Morgenwunder und Abendgebet, Hornungssturm und Wintergroll, Gnadennacht und Morgenglück, Königstraum und Brautkleid, Tempeltanz und Mittagslied, Quellsymphonie und Spatenwacht. Die Stimmungslage seiner Kunst charakterisierte

Fidus selbst (in nordischer Übersetzung von Karezza) mit dem Begriff der »Dauerkose«.

Die Verewigung der »Vorlust« kann als Versuch gedeutet werden, sich durch sexuelle Eurhythmie konkreten sozialen Beziehungen zu entziehen; dies ist insgesamt typisch für die bürgerlichen Fluchtbewegungen. Die von *Freud* konstatierte und offengelegte, auch bloßgestellte Kluft zwischen kultureller Sexualmoral und triebdynamischer Wirklichkeit soll durch mythisch-ideologische Fülle eingeebnet werden. Doch die illusionäre Brücke über den Abgrund konnte die Realität nicht tragen; Lebenswanderer und Natürlichkeitsapostel à la *Fidus* stürzten, bevor sie wieder Grund unter die Füße bekamen, in den Faschismus ab, der die Heilung von Neurose bzw. Nervosität durch einen Kult des schönen starken Lebens versprach.

Die Lust am Untergang

George Grosz: Berlin, Friedrichstraße (1918).

Moderne Nervosität

»Daß ich es nicht lassen kann, bei offenem Fenster zu schlafen. Elektrische Bahnen rasen läutend durch meine Stube. Automobile gehen über mich hin. Eine Tür fällt zu. Irgendwo klirrt eine Scheibe herunter, ich höre ihre großen Scherben lachen, die kleinen Splitter kichern. Dann plötzlich dumpfer, eingeschlossener Lärm von der anderen Seite, innen im Haus. Jemand steigt die Treppe. Kommt, kommt, unaufhörlich. Ist da, ist lange da, geht vorbei. Und wieder die Straße. Ein Mädchen kreischt: Ah tais-toi, je ne veux plus. Die Elektrische rennt ganz erregt heran, darüber fort, fort über alles. Jemand ruft. Leute laufen, überholen sich.«[284] In seinen ›Aufzeichnungen des Malte Laurids Brigge‹ von *Rainer Maria Rilke* (1904 begonnen, 1910 veröffentlicht) werden assoziativ und impressionistisch die Eindrücke der Großstadtwirklichkeit (Paris), vorwiegend ihre grausamen und entsetzlichen Seiten, eingefangen. Das nervöse Geflimmer des Films wird mit Sprache vorweggenommen, und das bedeutet vor allem die simultane Aufnahme von Umweltreizen, die allenthalben die Unbehaustheit und Verlorenheit des Menschen signalisieren. Die Jahrhundertwende, das *Fin de siècle*, macht deutlich: Industriekultur beginnt sich zu atomisieren; hinter der scheinbar kompakten Fassade von Materialismus, Positivismus, Kapitalismus hat sich eine geistige Sensibilität entwickelt, welche die Irrungen und Wirrungen, Schwingungen und Turbulenzen der zu Ende gehenden Epoche feinnervig registriert.

Für den Zustand moderner Nervosität ist es symptomatisch, daß nun der Kinematograph erfunden wird und die ersten Filme entstehen. 1895 war in Paris die erste öffentliche Vorführung »lebender Photographien« erfolgt. Die Filme hatten eine Länge von zwanzig Metern; man sah Bilder des täglichen Lebens, Arbeiter beim Verlassen der Fabrik oder die Ankunft eines Zuges. Im selben Jahr wurde ein Programm von acht »lebenden Photographien«, das eine Viertelstunde dauerte, im Berliner Winter-Garten vorgestellt. 1905 wurden die ersten Ladenkinos in den Berliner Arbeitervierteln aufgemacht. Der Kinematograph war nicht nur ein technisches Produkt; die ersten Kinofilme wandten sich im besonderen, neben

Slapstick- und romantischen Szenen, der Technik zu. Motive waren etwa: Ein Eisenbahnunglück / Die Sirene / Ein Automobilunfall.

Von der Frühzeit des Kinos, das häufig als Wanderkino von Ort zu Ort zog, berichtet der 1883 geborene Schauspieler Josef Ponten: »Man schreibt 1901. Etwas Neues: Der Kinematograph! Mein Vater schaut – ›mit Seherblick‹, nicht wahr? – ungeheure Möglichkeiten. Er kauft einen Apparat. Ich weiß, er kostete tausend Mark. Wir gaben Vorstellungen in Aachen, in Verviers in Belgien (im Theater Globe; als wandernder Handwerker hatte mein Vater zwanzig Jahre früher darin getischlert). Die Filme lieferte Pathé frères in Paris. Auch ein paar deutsche zeitchronistische Filme hatten wir: ›Der Kaiser in Hildesheim‹. Ferner Bilder aus dem Burenkriege – aber Stehbilder, zum Füllen zwischen die Laufbilder einzuschieben, ein kleiner Betrug. Feste Schrift im Laufbild gab es noch nicht, die Titel mußten ausgerufen werden. Ich rief mit meinem Schulfranzösisch: ›L'empereur à Hildesheim‹. ›Les Anglais attaquant les Boers‹. Das Publikum war geduldig. Die Filmspule mußte noch mit der Hand gedreht werden, was ich auch zu tun hatte.

Katastrophe: In einer Aachener Vorstellung riß der Film. Das Publikum verlangte sein Geld zurück, der Lokalvermieter die Miete, und er wollte uns verklagen, weil wir sein Lokal blamiert hätten. Ich telegraphierte in der Nacht an den Ingenieur, der uns den Apparat verkauft hatte, nach Essen, er solle kommen, er solle schleunigst kommen, Kostenpunkt Nebensache. Ich bekam Antwort, er sei in Amsterdam. Ich telegraphierte nach Amsterdam, ›dringend‹, dann ›Blitztelegramm‹ – Antwort: Dort kommen unmöglich, gebe hier selbst Vorstellung.

V. Akt. Der Vater weinte (ich weinte nicht). Wir verloren viel Geld. Heute weiß ich, daß es zum historischen Stil gehört, daß große Männer bei ihren ersten Unternehmungen immer Unglück haben, daß aber ›ihr ungebrochener Heldenmut… usw.‹. Nein, wir waren keine großen Männer. Wir weinten (ich habe doch geweint).«[285]

In seiner ›Sozialgeschichte der Kunst und Literatur‹ sieht *Arnold Hauser* die Kultur des anbrechenden 20. Jahrhunderts (die Krise des Kapitalismus) »im Zeichen des Films«. Auflösung, Atomisierung, Dekomposition, »Flimmerstruktur« stellten den gemeinsamen Nenner vieler künstlerischen Strömungen dar.[286] Kubismus, Konstruktivismus, Futurismus, Expressionismus, Dadaismus und Surrealismus verzichteten grundsätzlich auf jede Wirklichkeitsillusion und drückten ihr Lebensgefühl durch die bewußte Deformation der Naturobjekte aus. Der Impressionismus habe – obwohl selbst noch an Natur und Wirklichkeit gebunden – diese Entwicklung vorbereitet, als er keine integrierende Darstellung der Realität, keine Konfrontierung des Subjekts mit der Objektwelt als Ganzem anstrebte, sondern vielmehr den Beginn jenes Prozesses bezeichnet, wie man die »Annektierung« der Wirklichkeit durch Kunst genannt habe. Symbolisten und Surrealisten, die den Gemeinplatz, die konventionellen Formen, die fertigen Klischees aus der Sprache vollkommen ausscheiden wollten, kämpften gegen jede Befestigung und Erstarrung des leben-

Asphaltwerke bei Limmer in Hannover. »Heute sind in unseren großen Städten bereits zahlreiche Straßen mit Asphaltpflaster belegt; die Wagen rollen geräuschlos und mit außerordentlicher Leichtigkeit über die ebene Fläche, und ebenso nimmt auch der Fußgänger mit Vorliebe seinen Weg auf der dunklen, elastischen Bahn. Auch bei den Bauten findet Asphalt vielfache Verwendung, besonders da, wo es sich um Schutz gegen andringende Feuchtigkeit handelt.« (›Gartenlaube‹, 1882.)

Berlin, Alexanderplatz, 1904.

digen, flüssigen, intimen Lebens des Geistes, gegen jede Veräußerlichung, gegen jede »Veranstaltlichung«.

Koinzidenz, Automatik, Hektik, Diffusion, Assoziation, Kombination, Simultaneität, Montage, zeiträumliches Kontinuum – nirgends würden die neuen Wesensmerkmale der Epoche deutlicher hervortreten als im Film. »Der Film unterscheidet sich von den andern Künsten am wesentlichsten gerade dadurch, daß in seinem Weltbild Raum und Zeit fließende Grenzen haben, – der Raum, mit einem quasi-zeitlichen, die Zeit mit einem gewissermaßen räumlichen Charakter. ... Der Raum verliert seine Statik, seine in sich ruhende Passivität und gewinnt einen dynamischen Charakter; er entsteht sozusagen vor unseren Augen. Er ist fließend, unbegrenzt, unabgeschlossen, ein Element, das seine Geschichte, seine einmaligen Momente, Etappen und Sta-

dien hat.«[287] Im Medium des Films verlöre die Zeit ihre ununterbrochene Kontinuität, andererseits ihre unumkehrbare Richtung. »Sie kann zum Stehen gebracht werden: in Großaufnahmen; zurückgeschraubt werden: in Retrospektionen; wiederholt werden: in Erinnerungsbildern; und übersprungen werden: in Zukunftsvisionen. Parallellaufende, simultane Vorgänge können nacheinander, und zeitlich auseinanderliegende – durch Zusammenkopieren oder durch alternierende Montage – gleichzeitig gezeigt werden; das Frühere kann später, das Spätere vorzeitig erscheinen. Diese filmische Zeitkonzeption hat der empirischen, aber auch der dramatischen gegenüber einen durchaus subjektiven und scheinbar unregelmäßigen Charakter. Die Zeit der Erfahrungswirklichkeit ist eine gleichmäßig progressive, lückenlos kontinuierliche, durchaus irreversible Ordnung, in welcher die Vorgänge einander wie ›auf dem laufenden Band‹ folgen.«[288]

Für *Walter Benjamin* veränderte sich im Zeichen der technischen Reproduzierbarkeit von

Kunst deren Wahrnehmung und Aufnahme entscheidend. Als autonome Kunst sei sie auf individuellen Genuß angelegt; nach dem Verlust ihrer Aura auf Massenrezeption. Der Kontemplation des vereinzelten kunstbetrachtenden Individuums stellt *Benjamin* die stimulierende Zerstreuung im Kollektiv gegenüber. Das Gemälde lade den Betrachter zur Kontemplation ein; die Filmaufnahme lasse dies nicht zu; darauf beruhe die Schockwirkung des Films, die wie jede Schockwirkung durch gesteigerte Geistes-Gegenwart aufgefangen sein wolle.[289]

Diese Gedanken fortführend, kann man feststellen, daß die neue Phase des Industriezeitalters, die nach dem Ersten Weltkrieg voll einsetzt, deren Ursprünge aber bis auf die Zeit vor der Jahrhundertwende zurückzuführen sind, durch den Schock eines neuen Zeitgefühls geprägt ist, der nun neben den »Eisenbahnschock« und neben den »Metallschock« der vorangegangenen Dezennien tritt. Immer deutlicher wird – der »Geschwindigkeitsrausch« der Eisenbahn hatte dies vorberei-

Berlin, Linkstraße 1928.

›*Kinematographen mit vorzüglicher optischer Wirkung*‹ (1912).

tet! –, daß man in einer sich ständig verändernden Zeit lebt, daß die dadurch bewirkte Eindrucksfülle bei gleichzeitiger Auflösung geschlossener Erlebnisbereiche nur durch erhöhte Sensibilität bewältigt werden kann – oder zur Abstumpfung führt. Die Erfahrung ständiger Veränderungen, Übergänge, Neuanfänge, Gleichzeitigkeiten und Ungleichzeitigkeiten verstärkt das vom Schienenrhythmus bereits vorgegebene Gefühl der Zeit-Not. Pünktlichkeit, durch die Industrialisierung zur Primärtugend gemacht, bewirkt Hektik und Hast; das Pendant der modernen Zeit-Not ist das Phänomen der modernen Nervosität.

Dabei ergibt sich der paradoxe Zustand, daß der Film, der in seiner flimmernden Assoziationsfülle Unruhe allein schon dadurch spiegelt, daß er sich als unfähig erweist, bei einem Bild zu verweilen, zum zentralen Topos für die Vielfalt der Fluchtbewegungen wird, mit deren Hilfe modernes Bewußtsein Ruhe und Beruhigung sucht. Im Kino wird, vor allem dann in der Weimarer Republik, einer Gesellschaft, die zwischen Frustration und Hoffnung hin- und hergerissen ist, Halt und Geborgenheit in der Fiktion offeriert. Von Traumfabriken werden die Surrogate für entfremdetes (nun auch im Zeiterlebnis irritiertes) Dasein geliefert, Tranquilizers für moderne Rastlosigkeit, Neurasthenie und Neurotik. Wenn die kleinen Ladenmädchen ins Kino gehen, (so *Siegfried Kracauer* in einem Essay 1928), würden ihre Seelen in den Traumkitsch einmöbliert; Heimat, die sonst fehle, werde vorfabriziert angeliefert und von ihnen in Ermangelung eines individuellen Lebenssinns süchtig konsumiert. »Die Filme sind der Spiegel der bestehenden Gesellschaft. Sie werden aus den Mitteln von Konzernen bestritten, die zur Erzielung von Gewinnen den Geschmack des Publikums um jeden Preis treffen müssen.«[290] Leben orientiere sich an Kolportage; die Tippmamsell würde sich nach den Vorbildern auf der Leinwand modeln. Die blödsinnigsten und irrealsten Filmphantasien seien die »Tagträume der Gesellschaft«, in denen ihre eigene Realität zum Vorschein komme, ihre sonst unterdrückten Wünsche sich gestalteten. In der unendlichen Reihe der Filme kehre eine begrenzte Zahl typischer Motive immer wieder;

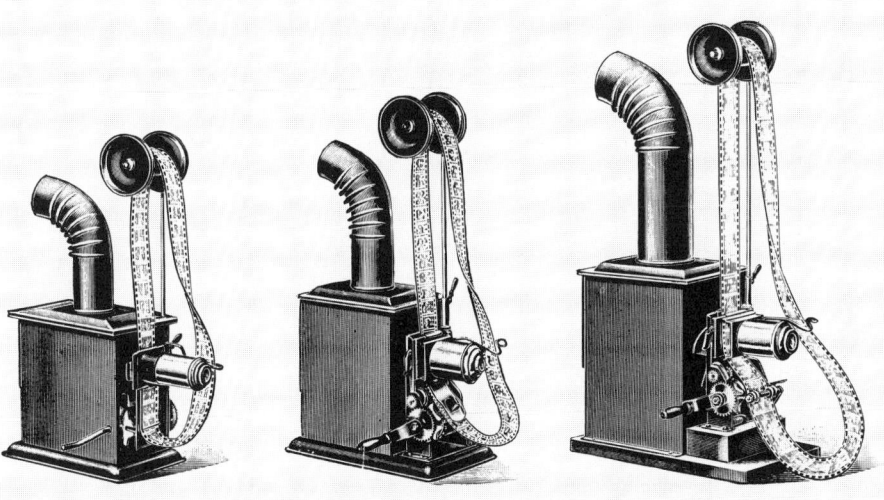

Kinematographen.

Unsere Kinematographen sind mit Hilfe grossartiger, bis ins kleinste Detail durchgeführter Spezialeinrichtungen hergestellt. Nur dadurch ist es möglich, die mechanischen Bestandteile in stets gleichmässiger, **zuverlässig funktionierender Qualität** zu liefern; des weiteren zeichnen sich unsere Apparate durch eine **hervorragende Optik** aus; die beigegebenen Films sind von vorzüglicher Zeichnung und Wirkung. Bei diesen sprechenden Vorteilen sind unsere Apparate **besonders preiswert**, und gelten wegen ihrer eleganten Gesamtausführung und soliden Verpackung

als anerkannt hervorragendstes Fabrikat.

Mehrere D. R.-G.-Muster und D. R.-Patente.

sie zeigten an, wie die Gesellschaft sich selber zu sehen wünsche. Der Inbegriff der Filmmotive stelle zugleich die Summe der vorherrschenden gesellschaftlichen Ideologien dar; vorgegaukelt würden zum Beispiel:
»Freie Bahn«: Klassenunterschiede aufhebend;
»Verlobungsapotheosen«: Geschlecht und

Charakter zur positiven Identifikation bringend;
»Ein-Volk-in-Waffen«: Heldenstärke und patriotische Kraft suggerierend;
»Auch-ich-an-der-Riviera«: trostloses Dasein in exotische Ferne transportierend;
»Goldenes Herz«: den glänzenden Chef auch inwendig aus Gold sich vorstellend.

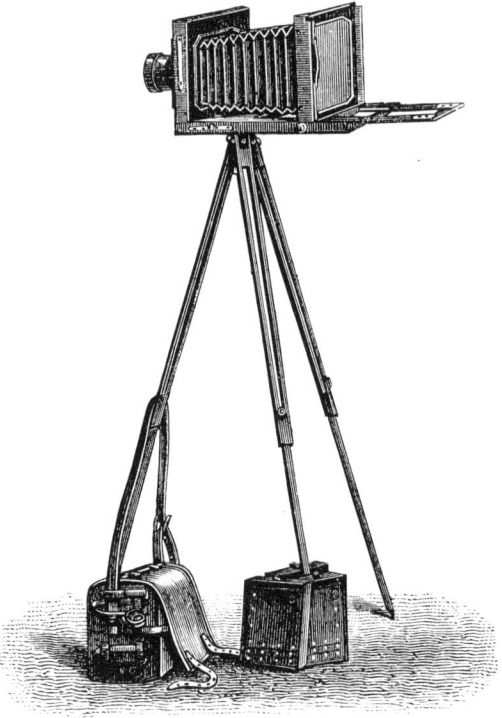

›Vollständiger Apparat für Momentaufnahmen‹.

In unnachahmlicher Treue

Auch das statische Bild der Photographie erfährt im Zeichen moderner Nervosität und Unrast eine Dynamisierung. Entscheidend wird nun der Schnappschuß (der einen Augenblick, den Punkt der Übergangs vom einen in den anderen Zustand, festhält), die Bildserie, die Bildreportage.
Die Kunst der Photographie spiegelt zwei Grundmuster von Zeitgefühl und Realitätsbewußtsein, die weniger chronologisch aufeinander folgen, sondern vielmehr von Anfang an nebeneinander bestehen: ·
Da ist einmal das Photo als Gemälde. Wirklichkeit soll – wie in der vorimpressionistischen Kunst – in ihrer Essenz erfaßt werden; besonders aus den Porträtphotos spürt man, daß es dem Photographierenden wie den Pho-

tographierten darum geht, nicht einen beliebigen Augenblick festzuhalten, sondern »Biographie«, Leben in seiner Personalität und Totalität, auf die Platte zu bannen. Natürlich ist Photographie immer Ausschnittskunst; sie will aber wie die Malerei des 18. und des beginnenden 19. Jahrhunderts das zunächst unüberschaubare Wirklichkeitsganze *in nuce* einfangen und ›ordnen‹. Man blickt auf Einzelelemente – und erfährt Wesentliches: von einer Landschaft, einer Person, einer Familie. Als *Alexander von Humboldt* im Jahre 1839 aus Paris von einer neuen revolutionären Erfindung, dem photographischen Verfahren des *L. J. M. Daguerre*, an die *Herzogin Friederike von Anhalt-Dessau* berichtet, ist er besonders fasziniert von der Tatsache, daß dadurch die

Natur »in unnachahmlicher Treue« abgebildet werde, daß, genaugenommen, die Natur sich hier selbst male. »Gegenstände, die sich selbst in unnachahmlicher Treue malen; Licht, gezwungen durch chemische Kunst, in wenigen Minuten bleibende Spuren zu lassen, die Contouren bis auf die zartesten Teile scharf zu umgrenzen, ja, diesen ganzen Zauber (freilich einen farbenlosen) bei heiterem sonnenklarem Tage unserer nördlichen Zone in 8–10 Minuten, bei Egyptischer Durchsichtigkeit der Luft und tropischer Lichtfülle wahrscheinlich in 2–3 Minuten hervorgerufen zu sehen, das spricht unaufhaltsam den Verstand und die Einbildungskraft an.«[291]
Vom romantischen bzw. spätromantischen Lebensgefühl aus, auch von dem des Biedermeier und Realismus, bedeutete »Natur«, die sich selber malte und dabei den Verstand wie die Einbildungskraft ansprach, Innenwelt der Außenwelt der Innenwelt – durchs technische Wunderwerk zutage befördert. Das Photo versuchte, Welt zu ergründen, deren Grund ausfindig zu machen. »Die Erfindung der Photographie fällt mit dem Höhepunkt der frührealistischen Kunst im Biedermeier zusammen. Deren geistige Voraussetzungen, die zugleich Voraussetzung für die Idee der Photographie sind, wurzeln im 18. Jahrhundert: nämlich in dem bürgerlich-aufgeklärten Streben, das

Photoatelier mit elektrischem Licht.

Photograph mit Auto vor seinem Atelier,
1910.

Wesen der Wirklichkeit durch Anschauung ihrer sichtbaren Erscheinung zu begreifen. Hieraus entwickelt sich der ästhetische Anspruch, die Dinge so zu gestalten, wie sie sind, das heißt, wie sie der Wahrnehmung jedes einzelnen Menschen gegeben sind. Der Wirklichkeitsgehalt der Darstellung soll sich mit der Wirklichkeit des Dargestellten decken, denn es gilt, Ausschnitte der den Menschen umgebenden Welt zwecks vernunftmäßiger, wiederholend-vertiefender Betrachtung dauerhaft zu vergegenwärtigen. Erst durch einen solchen ästhetischen Anspruch wurde die Voraussetzung geschaffen, daß der Gedanke an eine exakt reproduzierende Bildtechnik aufkommen konnte. Die Photographie ist das Produkt einer Zeitströmung, deren geistige

und ästhetische Grundauffassung vom Ideal der exakten Gegenstands- und Weltauffassung geprägt ist. So bedeutet die technische Erfindung der Photographie als solche auch keineswegs eine ›Veränderung der Sehweise und des Bildstils‹. Deswegen nicht, weil es eine rein und nichts als technische Erfindung, die von aller übrigen Geschichte abgelöst, lediglich das Produkt einer folgerichtigen Entwicklung von Naturkenntnis und Naturbeherrschung wäre – weil es eine solche Erfindung nie gegeben hat‹.« *(Ursula Peters)*[292]

Da ist zum anderen das Photo als Dokument, als Schnappschuß, als Element der Reportage, ganz auf den Augenblick ausgerichtet, ganz Außenwelt (ohne Innenwelt). Die technische Entwicklung kam dem entgegen. Vor Erfindung und Verbreitung der Trockenplatte, d. h. in der Zeit zwischen 1816 und 1880, war zum Photographieren ein großer Materialaufwand notwendig: Dunkelkammer in unmittelbarer

Nähe des Aufnahmeortes, mehrere Wannen, Kästen zum Schutz der Platten, Vorräte an Chemikalien und Zubehör für die verschiedensten Negativformate. Wollte man unter freiem Himmel ein Photo machen, mußte zuerst ein schwarzes Zelt aufgeschlagen werden, unter dem dann das Kollodium auf die Platte gegossen und durch vorsichtiges Hin- und Herkippen der Platte gleichmäßig in alle Richtungen verteilt wurde; schließlich wurde die Kollodiumplatte in ein Silbernitratbad getaucht, in die Kamera eingesetzt und sehr schnell belichtet, denn mit der Verdunstung des Äthers ließ deren Empfindlichkeit rasch nach. War die Belichtungszeit beendet, sie dauerte zwischen zwanzig Sekunden und zwei Minuten, wurde die Platte entwickelt, was wiederum eine lange Prozedur bedeutete.[293] Die Trockenplatte konnte dank der Brüder *Lumière* 1882 erstmals industriell hergestellt werden. Bald darauf gab es Photopapier und schließlich einen rollbaren Negativfilm auf

Photogeschäft mit Atelier, um 1912.

Papierbasis; die Glasplatte wurde dadurch mehr und mehr abgelöst. Handkameras erschienen auf dem Markt, mit denen man hintereinander eine Reihe von Aufnahmen machte. »Diese technische Entwicklung leitete eine neue Ära ein. Die Photographie ermöglichte es in Zukunft jedermann, sich anhand von Photos so eingehend über aktuelle Ereignisse zu informieren, als sei er selbst dabeigewesen, und ihr authentischer Charakter garantierte ihm gleichzeitig, daß sie ihm stets ein wahrheitsgetreues Bild der Wirklichkeit präsentierte. Die größte technische Erfindung war jedoch die Kodak, eine kleine, von *George Eastman* 1888 herausgebrachte Kamera, deren Auslöser eine Belichtungszeit von nur 1/20 Sekunde ermöglichte. Sie war für einen Rollfilm konstruiert, der zunächst aus Papier, bald jedoch aus Nitrozellulose hergestellt wurde. Eine Kamera mit etwa 100 Aufnahmen kostete 25 Dollar. War die Filmrolle abgelaufen, schickte der Benutzer seinen Apparat an die Fabrik, die den Film entwickelte und die Abzüge mit dem für 10 Dollar neu geladenen Apparat zurücksandte. Auf diese Weise wurde die Firma Kodak ihrem weltberühmten Werbespruch: ›You press the button, we do the rest‹ vollauf gerecht. ... Das war eine Revolution, denn nun war die Photographie nicht mehr nur dem Berufsphotographen oder den begeisterten Amateuren, die 40 Jahre lang ihre Entwicklung bestimmt hatten, vorbehalten, sondern öffnete sich zu einem unendlich viel breiteren Publikum. Für Millionen von Menschen wurde die Kamera zu einem Gebrauchsgegenstand; das photographische Bild eroberte sich den Alltag und wurde als Augenzeuge außergewöhnlicher Ereignisse unentbehrlich. Dadurch eröffneten sich neue Perspektiven des ›Sehens‹ mit einer Genauigkeit und Deutlichkeit, an die weder Worte noch Zeichnungen heranreichten. Photographie war nur das Spiegelbild der Welt. Lange Zeit nur für Porträts und Sehenswürdigkeiten genutzt, gehörte sie fortan zum täglichen Leben und dokumentierte nahezu alles, was sich auf der Welt ereignete.« *(André Barret)*[294]

Hinter der neuen Technik stand ein neues Lebensgefühl: es ging nicht mehr ums Wesentliche, sondern Gegenwärtige, nicht ums Gleichbleibende, sondern Aktuelle. Der Photoreporter wollte die sensationelle Einzelheit, das Unerwartete, Unvorhersehbare, das Einmalige auf die Platte bannen. Das Photo als Gemälde hält ›Essenz‹ fest; das Photo als Reportageelement will Ereignisse, Erlebnisse, vor allem in der Fremde, einfangen. Die Entwicklung des Zeitungs- und Illustriertenwesens förderte solche Photo-Abenteuer und -Weltentdeckungen. Wie beim geschriebenen Wort gab es auch hier »rasende Reporter« – Allround-Reporter oder solche, die sich spezialisierten (auf soziale Fragen, auf Kriegsereignisse, auf ferne Länder und Kulturen, auf Sensationen allgemeiner Art wie Brände, Überschwemmungen, Eisenbahnunglücke etc.).

Verkehrs- und Kommunikationsdichte

In seiner Schrift ›Über die wachsende Nervosität unserer Zeit‹ (1893) schreibt *W. Erb*: »Die Ansprüche an die Leistungsfähigkeit des Einzelnen im Kampfe ums Dasein sind erheblich gestiegen, und nur mit Aufbietung all seiner geistigen Kräfte kann er sie befriedigen; zugleich sind die Bedürfnisse des Einzelnen, die Ansprüche an Lebensgenuß in allen Kreisen gewachsen, ein unerhörter Luxus hat sich auf Bevölkerungsschichten ausgebreitet, die früher davon ganz unberührt waren; die Religionslosigkeit, die Unzufriedenheit und Begehrlichkeit haben in weiten Volkskreisen zugenommen; durch den ins Ungemessene gesteigerten Verkehr, durch die weltumspannenden Drahtnetze des Telegraphen und Telefons haben sich die Verhältnisse in Handel und Wandel total verändert; alles geht in Hast und Aufregung vor sich, die Nacht wird zum Reisen, der Tag für die Geschäfte benutzt, selbst die ›Erholungsreisen‹ werden zu Strapazen für das Nervensystem; große politische, industrielle Krisen tragen ihre Aufregung in viel weitere Bevölkerungskreise als früher; ganz allgemein ist die Anteilnahme am politischen Leben geworden: Politische, religiöse, soziale Kämpfe, das Parteitreiben, die Wahlagitationen, das ins Maßlose gesteigerte Vereinswesen erhitzen die Köpfe und zwingen die Geister zu immer neuen Anstrengungen und rauben die Zeit zur Erholung, Schlaf und Ruhe.«[295]

Zeitnot und Hetze auf der einen Seite, Geschwindigkeitsrausch und der Drang, Entfernungen (Räume) rasch zu überwinden, auf der anderen führten zu einem weitverbreiteten »Unbehagen in der Kultur«. *Sigmund Freud* analysierte diese Grundbefindlichkeit der Epoche in seiner 1930 erschienenen gleichnamigen Schrift. In der letzten Generation hätten die Menschen außerordentliche Fortschritte in den Naturwissenschaften und in ihrer technischen Anwendung gemacht und ihre Herrschaft über die Natur in einer früher unvorstellbaren Weise gefestigt. Die Menschen seien stolz auf diese Errungenschaften und hätten ein Recht dazu. Aber sie glaubten nun bemerkt zu haben, daß diese neugewonnene Verfügung über Raum und Zeit, diese Unterwerfung der Naturkräfte (Erfüllung jahrtausendealter Sehnsucht) das Maß von Lustbefriedigung, das sie vom Leben erwarten, nicht erhöht, sie nach ihren Empfindungen nicht glücklicher gemacht habe. »Man möchte einwenden, ist es denn nicht ein positiver Lustgewinn, ein unzweideutiger Zuwachs an Glücksgefühl, wenn ich beliebig oft die Stimme des Kindes hören kann, das Hunderte von Kilometern entfernt von mir lebt, wenn ich die kürzeste Zeit nach der Landung des Freundes erfahren kann, daß er die lange, beschwerliche Reise gut bestanden hat? Bedeutet es nichts, daß es der Medizin gelungen ist, die Sterblichkeit der kleinen Kinder, die Infektionsgefahr der gebärenden Frauen so außerordentlich herabzusetzen, ja die mittlere Lebensdauer des Kulturmenschen um eine beträchtliche Anzahl von Jahren zu verlängern? Und solcher Wohltaten, die wir dem vielgeschmähten Zeitalter der wissenschaftlichen und technischen Fortschritte verdanken, können wir noch eine große Reihe anführen; – aber da läßt sich die Stimme der pessimistischen Kritik vernehmen und mahnt, die meisten dieser Befriedigungen folgten dem Muster jenes ›billigen Vergnügens‹, das in einer gewissen Anekdote angepriesen wird. Man verschafft sich diesen Genuß, indem man in kalter Winternacht ein Bein nackt aus der Decke herausstreckt und es dann wieder einzieht. Gäbe es keine Eisenbahn, die die Entfernungen überwindet, so hätte das Kind die Vaterstadt nie verlassen, man brauchte kein Telefon, um seine Stimme zu hören. Wäre nicht die Schiffahrt über den Ozean eingerichtet, so hätte der Freund nicht die Seereise unternommen, ich brauchte den Telegraphen nicht, um meine Sorge um ihn zu beschwichtigen. Was nützt uns die Einschränkung der Kindersterblichkeit, wenn gerade sie uns die äußerste Zurückhaltung in der Kindererzeugung aufnötigt, so daß wir im ganzen doch nicht mehr Kinder aufziehen als in den Zeiten vor der Herrschaft der Hygiene, dabei aber unser Sexualleben in der Ehe unter schwierige Bedingungen gebracht und wahrscheinlich der wohltätigen, natürlichen Auslese entgegengearbeitet haben? Und was soll uns endlich ein langes Leben, wenn es beschwerlich, arm an Freuden und so leidvoll ist, daß wir den Tod nur als Erlöser bewillkommnen können?«[296]

Eisenbahn, Straßenbahn, Auto (aber auch Fahrrad), schließlich Zeppelin und Flugzeug, Film, Photographie, Telegraph, Telefon, Postverkehr – zusammen mit der Erfindung und Ausbreitung des elektrischen Lichts sowie den Erneuerungen im Zeitungsdruck (Rotationspresse) –, schließlich Grammophon und Radio bewirkten eine Verkehrs- und Kommunika-

Warnung.

[handschriftlicher Text, transkribiert in rechter Spalte]

»*Durch das Gesetz vom 24. Dezember 1849 / Gesetzblatt Nr. VI, werden die strengsten Strafen – nach Umständen bis zu achtjährigem Arbeitshause – gegen diejenigen ausgesprochen, welche einer Beschädigung der Telegraphen-Anstalten sich schuldig machen. Die Telegraphen sind öffentliche Einrichtungen, durch welche wichtige Nachrichten für das Publikum sowohl als für die Staatsregierung befördert werden. Durch Verletzung, ja durch bloße Berührung der Drahtleitung wird nicht nur die Benutzung momentan gehindert, sondern es kann dadurch möglicherweise großes Unglück, selbst der Verlust von Menschenleben veranlaßt werden. Deshalb muß die strengste Strafe den Urheber solcher Beschädigung treffen… München, den 30. Dezember 1849.*«

Berufsmöglichkeiten: als Telefonistin, Sekretärin oder Stenotypistin erhielt sie Zutritt zu den ›Bureaus‹ und ›Comptoirs‹, die bislang als Domäne der Männer angesehen worden waren. »Hallo! Du süße Klingelfee!« hieß ein weitverbreiteter Schlager (1919), der das ›Fräulein vom Amt‹ besang.

»Hier in der Zentrale,
geb ich Signale,
wenn ich grad will.
Doch wenn man schreit
und ist nervös gleich,
dann werd' ich bös gleich
und bleibe still.

Und wird ein Herr dann wild
und strengt sich an und brüllt:
Zweihundertzwanzig, zwei!
Dann ruf ich roh:
Zwo, zwo, zwo!
Bis er schließlich brav wird
und bettelt süß und zart:
Ach, sei doch nicht so hart:

Hallo!
Du süße Klingelfee!
Hallo! …«[298]

Im Bereich des Verkehrs hatte – wie ausführlich dargestellt wurde – die Eisenbahn den Zeitbegriff revolutioniert. Die Schnelligkeit, mit der man Räume überwinden, von Ort zu Ort sich bewegen konnte, blieb freilich für Jahrzehnte auf die Schiene beschränkt. Auf den Straßen vollzog sich das Leben nach wie vor im gemächlichen Rhythmus. Man bewegte sich zu Fuß, mit dem Fuhrwerk, der Kutsche oder dem Pferde-Postomnibus. In Bayern fuhren, in Ablösung der Postkutsche, solche königlich-bayerischen Postomnibusse ab 1851; der letzte beförderte noch 1930 im Zenntal Personen, Briefe und Pakete. Um die Jahrhundertwende erreichte der Postomnibusbetrieb einen Höhepunkt: In Mittelfranken z. B. gab es 76 Linien. Ab 1905 kamen die Motorpostwagen auf.

tionsdichte, die von den einen als optimale Möglichkeit für Aufklärung, von den anderen als Informationsverwirrung empfunden wurde. »Nervosität« war die Folge. Die Postsendungen nahmen von 1872 bis 1910 von 972 auf 5939 Millionen, also um mehr als das Sechsfache zu; die Zahl der beförderten Telegramme stieg von 12 Millionen (1872) auf 46 Millionen (1900) und 48 Millionen (1910). Die nur geringfügige Zunahme der versandten Telegramme nach 1900 war auf die Konkurrenz des 1877 als sensationelle technische Neuheit eingeführten Telefons zurückzuführen. 1912 gab es im Deutschen Reich bereits 39 500 Orte mit Fernsprechanstalten, von denen 2327 Millionen Gespräche vermittelt wurden.[297] Die Erfindung und schnelle Durchsetzung des Telefons wie das gleichzeitige Aufkommen der Schreibmaschine erschlossen der Frau neue

Das Hauptfernsprechamt für 12 000 Teilnehmer in Dresden, 1905.

Das Reisen Anno dazumal stand nicht unter Zeitnot. Das Tempo, mit dem man bei der Post befördert wurde, war Anlaß für Satire und viele Witze. Von Berlin nach Leipzig fuhr man anderthalb Tage, nach Breslau vier Tage, nach Königsberg eine Woche lang. Die Fahrzeit von Frankfurt am Main nach Stuttgart betrug vierzig Stunden, es gab vierzehn Aufenthalte, der längste dauerte über drei Stunden. »Die vielen Klagen über die Mühseligkeit des Reisens, die uns aus jedem Reisebericht der Zeit entgegentönen, erscheinen nur allzu begreiflich, wenn wir uns die Bedingungen anschauen, unter denen das Reisen vonstatten ging. Nur auf ganz wenigen Strecken Chausseen oder gepflasterte Straßen. Im ganzen Königreich Preußen waren 1816 erst 523 Meilen Chausseen vorhanden (1919 mehr als 10 000 Meilen auf demselben Gebiet); davon drei Fünftel in Westfalen und Rheinland, während

die Provinzen Pommern und Posen überhaupt noch keine Chaussee hatten, Preußen immerhin schon 1 Meile. Die Regel also: Sand, Lehm, Rasennarbe, das heißt Staub im Sommer, Morast im Winter; tiefe Löcher; Stubben und Steine an allen Orten. Daher Berichte über Berichte von steckengebliebenen Wagen, gelegentlich sogar von Postknechten, die im Sumpfe erstickt waren. Oft genug wollte man die Wege gar nicht bessern. Die Posten und Frachtzüge sollten langsam durch ein Gebiet ziehen, damit Gastwirte und Handwerker recht viel an ihnen verdienten.«[299]

Die Veränderung des Straßenbildes erfolgte zunächst in der Großstadt; zum Gewimmel der Kutschen, Fuhrwerke, Pferdeomnibusse kam zunächst die elektrische Straßenbahn; bald tauchten Fahrräder auf, und schließlich die ersten Autos. Die Chausseen alter Bauart waren auf die Dimension und die Geschwindigkeit von Pferdefuhrwerken ausgelegt. Nun wurde das Verfahren der Asphaltierung aus den USA übernommen. Die ersten Straßen wurden 1882 in der Berliner Innenstadt asphaltiert; eine besondere Attraktion stellten

dabei die von einer amerikanischen Firma eingesetzten schwarzen Arbeiter dar. Ursprünglich hatten die Fahrräder nur dem Sport gedient; man organisierte sich dazu in exklusiven Bicycle-Clubs (Stahlfahrräder wurden aus England importiert und kosteten 900 Goldmark das Stück). Als die ›Knochenschüttler‹ durch Massenfabrikation billiger geworden waren, wurden sie ein allgemeines Beförderungsmittel für Arbeit und Freizeit; und schließlich kamen die ersten Automobile, die neue Anforderungen an den Straßenbau stellten.

Der »einfache Gedanke, einen auf zwei Räder befestigten Sitz mittels der Füße fortzubewegen«, kam dem großherzoglich-badischen Forstmeister *Carl Friedrich Baron Drais von Sauerbronn* im Jahre 1816 (vorher hatte er ein Schnellschreibklavier, eine Fleischhackmaschine, ein »dynamisches Rechensystem« und eine weitreichende »Schießmaschine« erfunden). Er nannte sein Gefährt Velociped (später Draisine).

»Beschaffenheit und Eigenschaften:
1. Berg auf geht die Maschine, auf guten

Kaiserliches Postamt in Oberfranken. (Das Autokennzeichen RJ bedeutete ›Reuß, Jüngere Linie‹.)

Arbeitsplatz der ›Klingelfee‹.

Landstraßen, so schnell, als ein Mensch im starken Schritt.
2. Auf der Ebene, selbst sogleich nach einem starken Gewitterregen, wie die Staffetten der Posten, in einer Stunde 2.
3. Auf der Ebene, bei trockenen Fußwegen, wie ein Pferd im Galopp in einer Stunde gegen 4.
4. Berg ab, schneller als ein Pferd in Carrière.«[300]

Drais, der sich von dieser Erfindung großen kommerziellen Erfolg versprach, hatte »alles vorgesehen, sowohl mit Rücksicht auf Dauerhaftigkeit und Leichtigkeit, als auf Eleganz«. Es gab eine Schraubeinrichtung, um den Sitz mehrere Zoll höher oder niedriger zu stel-

len; Sonnen- und Regenschirme; eine Art Segel, um günstigen Wind auszunutzen; Lampen; Gepäckträger; zwei Stützen zum Abstellen der Maschine; eine »Erholungseinrichtung«, eine Art Fußraste; eine Fahrradbremse mit Bremsschnur, die Drais »Schleifsperre« nannte. Die »Maschine« wurde auch mit zwei hintereinander befindlichen Sitzen und als drei- oder vierrädriges Velociped, dem man ein Pferd vorspannen konnte, geliefert.

Die Biedermeiergesellschaft sah im Fahrrad ein Kuriosum. *Drais* selbst wurde 1836 für geistesverwirrt erklärt; er starb 1851. Seine Erfindung jedoch eröffnete das Zeitalter des Individualverkehrs, vervielfachte den Aktionsradius des Menschen und verdrängte das Reitpferd aus seinem jahrtausendealten Monopol.

»... All Heil dem Reiter auf dem Rad!
Das man so lang bekriegt,
es hat in seinem raschen Lauf
die ganze Welt besiegt.

All Heil, der Freude und der Lust,
die Welt, sie ist so kalt,
vor dem, der warm geradelt ist,
macht aller Trübsinn halt.

All Heil! Du schöne Radlerin,
nimm theil an uns'rem Zug,
es eilt der kleine Liebesgott
voran im frohen Flug.

Und wenn er von dem Flügelrad
entsendet seinen Pfeil,
dann ruft ihm zu nach Radlerbrauch
ein fröhliches All Heil!«[301]

Als dieses Gedicht um die Jahrhundertwende (in dem Sammelband ›Radlerei‹, herausgegeben vom Wiener Radfahr-Club ›Künstlerhaus‹ mit 40 Kunsttafeln) erschien, radelten in Deutschland schon über eine Million Menschen.

Nach der Erfindung der Tretkurbeln am Vorderrad (den Pedalen), hölzernen Felgen, eisernen Radreifen setzte sich ab 1879 das Niederrad mit Kettenantrieb durch. 1885 erfand

Dr. *John Boyd Dunlop,* Tierarzt in Belfast,
den Luftreifen.

Mit großer Ingeniosität wurden immer neue
Bewegungsmaschinen konstruiert, mit Stützen und ohne Stützen, für zwei und mehr Personen, mit Sitzen hintereinander und nebeneinander, mit großen und kleinen Rädern, mit
Tiefsitzen und Hochsitzen. Die Massenfabrikation, auf die sich z. B. die Opel-Werke in
Rüsselsheim, die mit der Herstellung von
Nähmaschinen begonnen hatten und später
auf Autos ›umstiegen‹, konzentrierten, ermöglichte eine verhältnismäßig preiswerte Herstellung. »1911 bekommt Karl sein erstes
Fahrrad, ›Velociped‹, so heißt das damals
noch. Bei Vollquartz wird es gekauft, am Hopfenmarkt. Es ist ein gebrauchtes Brennabor-Rad und kostet zwanzig Mark. … Ein schönes
Fahrrad ist es, mit Kerzenbeleuchtung zwar,
aber mit Trillerglocke und Gepäckträger. An
der Hinterachse ist ein Dorn, auf den sich ein
Mitfahrer stellen kann, am Buckel des Fahrers
hält er sich fest.«[302]

Das Fahrrad war nicht nur ein Vehikel, das
den Menschen zur Arbeit und bei Besorgungen beförderte; es transportierte als Gefährt
für die Freizeit ein ganz neues Bewußtsein:
proletarische wie bürgerliche Emanzipationsbestrebungen idealisierten, ja mystifizierten
das Fahrrad. Wenn man am Sonntag ins Grüne frei, frank, frisch hinausradelte, der Sonne
entgegen, verließ man die dumpfe Plüschwelt
der Philister; anstatt zwielichtiger Bierseligkeit erlebte man unmittelbar Natur, Jugend,
Erotik. Taten die Fahrräder als ›Drahtesel‹

»Streitet doch nicht, ob sich's schickt, / Radlerin zu sein. / Wagt es wer, der mich erblickt, / noch zu sagen: Nein!«

»… dem Fernsten naht im Flug das Rad!«

nützliche Arbeit, so vermittelten sie als
›Stahlrösser‹ das Gefühl der Schranken- und
Bindungslosigkeit (und die Hersteller leisteten solchem »Transzendieren« mit mythischen
Firmenbezeichnungen besonderen Vorschub).
Die Welt wurde »im Fluge« erfahren:
»Gebundenheit an Raum und Zeit ist uns'res
Daseins enge Schranke, – vor jedes Menschen
Fortschritt lag, alpdrückend dieser Schwergedanke; – als Bollwerk war sie vorgestellt –
dem freien Fluge durch die Welt, – doch sollte
glücken – ihr Weiterrücken, – den Fernsten
naht im Flug das Rad!
Mit Macht spricht es heut' beiden Hohn – und
trägt schon fast den Sieg davon. – Nicht der
Scholle haftet mehr der ungestüme Drang in's
Weite, – Entfernung ist jetzt ein Begriff, der
sich verkürzt nach Läng' und Breite, – der
Radler spürt die Schranke kaum, – die noch
die Zeit trennt von dem Raum, – ihm sollte
glücken, – ihr Weiterrücken, – dem Fernsten
naht im Flug das Rad!«[303]
»Die Welt steht im Zeichen des Zweirads!«
heißt es in Nummer 35/1896 der ›Jugend‹. Die
Zeitschrift, die selbst ansonsten oft genug dem
Fahrrad in Wort und Bild huldigte, karikiert
hier »den Massenwahnsinn ohne Gleichen«,
der über die Menschen gekommen sei. »Fragt
man heute einen Menschen – Mann oder Weib
– zwischen 10 und 95 Jahren, ob er Zweirad
fahre, so bekommt man zur Antwort: ›Natürlich!‹ Nicht einmal ›Ja!‹ – sondern ›Natürlich‹. Es gibt aber schon Leute, welche die
Frage ebenso übelnehmen würden, wie die, ob
sie lesen könnten oder ob sie im Besitze der

Sportlicher Radfahrer 1898.

bürgerlichen Ehrenrechte seien. … Es ist kein
Ende abzusehen, wohin das noch führen
mag. Alles ist angesteckt von der verrückten
Passion, strampelnd und die eigenen
Knochen, wie die der Mitmenschen gefährdend durch die Welt zu fliegen.« Der Verfasser
des Beitrags fügt hinzu: »Alles, alles – ich
auch!«[304]
So wie das Fahrrad neben Roß und Reiter trat,
gesellte sich das Automobil als ›Benzinkutsche‹ zu Fuhrwerk und Chaise. Während freilich das Fahrrad verhältnismäßig bald als
»demokratisches« Beförderungsmittel genutzt
wurde, dauerte dies beim Auto viel länger –
nicht nur, weil die Anschaffungs- und Unterhaltungskosten wesentlich höher lagen, sondern auch, weil man meist ohne Fachmann
(d. h. Chauffeur) das neue Gefährt nicht handhaben konnte oder es sich nicht zu handhaben
getraute.
In Form einer »horizontalen Dampfmaschine«
hatte der Franzose *Étienne Lenoir* 1860 den
Gedanken verwirklicht, ein komprimiertes
Leuchtgas-Luft-Gemisch im Innern eines
eisernen Zylinders zu entzünden, in den ein
beweglicher Hubkolben eingepaßt war, und
innerhalb des Zylinders kontinuierlich fortgesetzte Explosionen als Antriebskraft eines
Motors zu verwenden.[305] Als Berichte darüber
in einer deutschen Zeitung erschienen, inspirierten sie einen Kaufmannsgehilfen in Köln,
August Otto (1832–1891), in einer kleinen
Werkstatt einen zufriedenstellend arbeiten-

*Titelblatt der ›Jugend‹ von Bruno Pauls,
Nr. 35, 1896.*

Tourenwagen (Torpedo-Karosserie), 1910.

den Gasmotor von einer halben Pferdestärke zu bauen. Er gründete mit einem Altersgenossen, dem Ingenieur *Eugen Langen*, eine Firma, die als erster Fabrikationsbetrieb der Welt sich ausschließlich dem Bau von Verbrennungsmotoren widmete. Die Gasmotoren bewährten sich; die »Gas-Motoren-Fabrik Deutz AG« wurde ins Leben gerufen. Für die Einrichtung der vergrößerten Produktion wurde *Gottlieb Daimler* (1834–1900), Werkstättenvorstand der Karlsruher Maschinenbaugesellschaft, gewonnen. Mit ihm kam als Konstrukteur der 26jährige Ingenieur *Wilhelm Maybach* (1846–1929). Die Arbeitsgemeinschaft von *Langen, Daimler* und Maybach schuf 1876 die erste Viertaktmaschine, den Otto-Motor. Das große Petroleumangebot seit Mitte der 60er Jahre des 19. Jahrhunderts brachte die Motorenbauer auf den Gedanken, statt Leuchtgas flüssigen Treibstoff als Antrieb zu verwenden. Damit war der Weg vom stationären Gasmotor zum Fahrzeugmotor eröffnet.

Daimler, der 1882 bei Deutz ausgeschieden

war, entwickelte zusammen mit *Maybach* in eigener Werkstatt den Benzinmotor weiter. 1885 entstand das erste Motorrad, 1886 die erste vierrädrige Motorkutsche und 1888 das erste Motorboot. 1890 wurde die Daimler-Motoren-Gesellschaft mbH. gegründet. Unabhängig von *Daimler* arbeitete *Carl Benz* (1844–1929) in Mannheim an der Konstruktion eines Fahrzeugmotors. Er schuf, da der Viertaktmotor mit dem Ottoschen Patent ›belegt‹ war, einen Zweitaktmotor, der 1879 erstmal lief. Als der Ottosche Viertaktmotor nicht mehr geschützt war, ging auch *Benz* zum Bau von Viertaktmotoren über. Sein dreirädriger Kraftwagen fuhr 1886 zum erstenmal durch die Straßen von Mannheim. 1926 fusionierten die Firmen Benz und Daimler zur Daimler-Benz AG.

Der von *Rudolf Diesel* (1858–1913) geschaffene, mit billigem Schweröl zu betreibende, später nach seinem Erfinder benannte Motor wurde 1897 in Zusammenarbeit mit der Maschinenfabrik Augsburg-Nürnberg und *Friedrich Krupp* gebaut; er bildete auf der von 39 Millionen Menschen besuchten Pariser Weltausstellung im Jahre 1900 einen Hauptanziehungspunkt. Bald setzte der Siegeslauf des »Diesels« in allen Industrieländern der Welt

ein; er trat zunächst als stationärer Motor in Erscheinung, seit 1903 fand er Eingang als Schiffsmaschine, 1913 kamen die Diesellokomotiven und das Unterseeboot hinzu und seit 1923 der Diesellastkraftwagen.

Trotz der hohen Kosten fanden die Automobile guten Absatz; sie wurden bald auch von vielen kleinen Firmen hergestellt – wobei sich aus diesen dann oft Großproduktionsstätten entwickelten (so kaufte die Firma Opel 1894 die kleine Automobilfabrik Lutzmann in Dessau und verlegte die Herstellung nach Rüsselsheim. 1914 fertigen die Opel-Werke 3514 Wagen; sie gehörten damit zu den größten Automobilfabrikanten.).

Das Auto, soweit es nicht gewerblich genutzt wurde, gehörte zum Statussymbol der Oberklassen (›Herrenfahrer‹); doch leistete sich auch mancher Angehörige des Mittelstandes ein Auto zum Privatvergnügen. Um 1914 gab es in Deutschland rund 55 000 Personenkraftwagen, 9000 Lastkraftwagen und 20 600 Krafträder. Auf die einzelnen Städte und Gegenden verteilt, bedeuteten freilich diese Zahlen zunächst nur eine geringe Verkehrsdichte. 1907 zählte man zum Beispiel in Karlsruhe 14 Motorräder, 50 Automobile und sechs Lastkraftwagen. In Nürnberg gab es bis 1914 nur

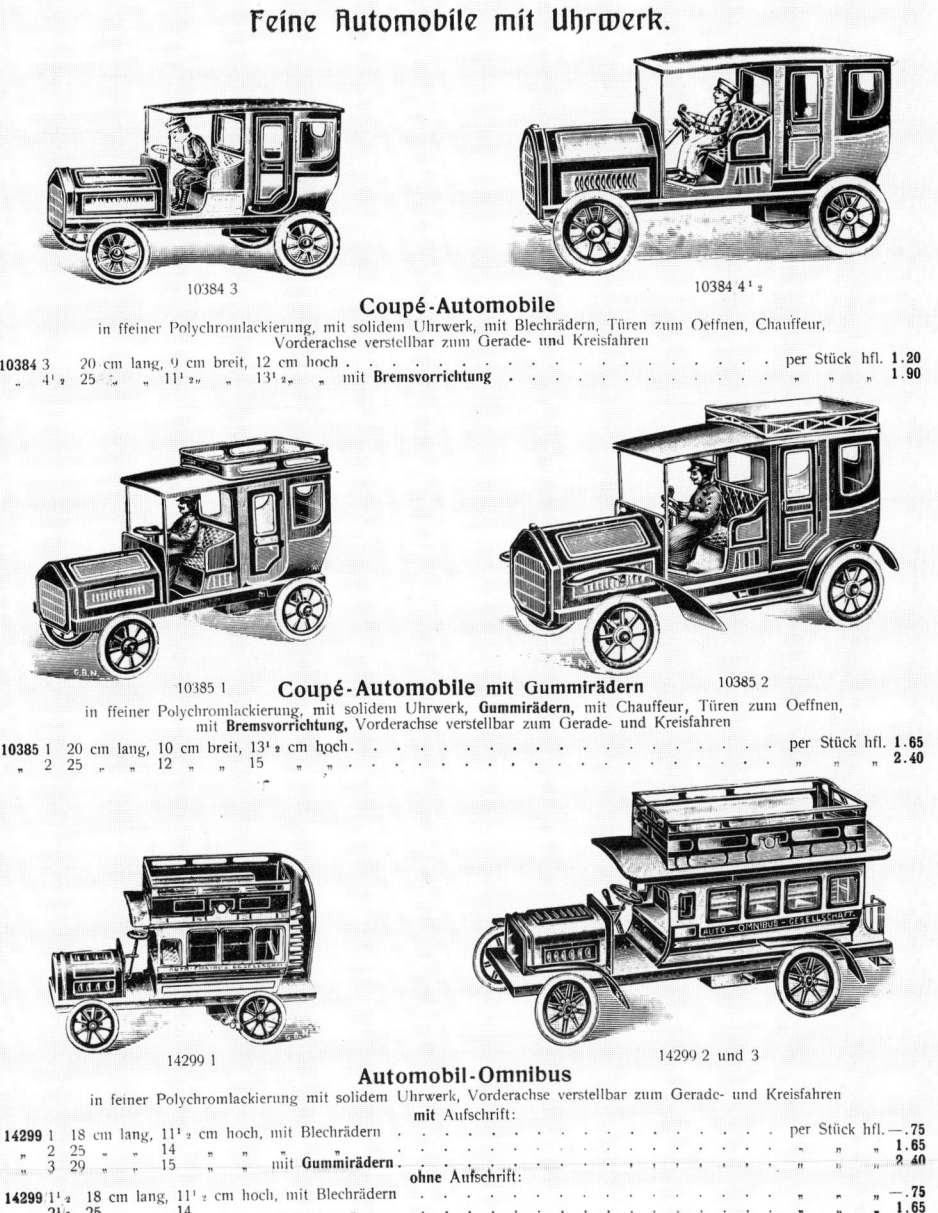

Feine Automobile mit Uhrwerk.

Coupé-Automobile

10384 3   10384 4½

in ffeiner Polychromlackierung, mit solidem Uhrwerk, mit Blechrädern, Türen zum Oeffnen, Chauffeur,
Vorderachse verstellbar zum Gerade- und Kreisfahren

10384 3	20 cm lang, 9 cm breit, 12 cm hoch	.	. per Stück hfl.	1.20
„ 4½	25 „ „ 11½ „ 13½ „ mit **Bremsvorrichtung**	.	.	1.90

Coupé-Automobile mit Gummirädern

10385 1   10385 2

in ffeiner Polychromlackierung, mit solidem Uhrwerk, **Gummirädern**, mit Chauffeur, Türen zum Oeffnen,
mit **Bremsvorrichtung**, Vorderachse verstellbar zum Gerade- und Kreisfahren

10385 1	20 cm lang, 10 cm breit, 13½ cm hoch	. per Stück hfl.	1.65
„ 2	25 „ „ 12 „ 15 „	„ „	2.40

Automobil-Omnibus

14299 1   14299 2 und 3

in feiner Polychromlackierung mit solidem Uhrwerk, Vorderachse verstellbar zum Gerade- und Kreisfahren

mit Aufschrift:

14299 1	18 cm lang, 11½ cm hoch, mit Blechrädern	. per Stück hfl.	—.75
„ 2	25 „ „ 14 „	„	1.65
„ 3	29 „ „ 15 „ mit **Gummirädern**	„	2.40

ohne Aufschrift:

14299 1½	18 cm lang, 11½ cm hoch, mit Blechrädern	. „	—.75
„ 2½	25 „ „ 14 „	„	1.65
„ 3½	29 „ „ 15 „ mit **Gummirädern**	.	2.40

— 134 —

Werbemarke der Firma Dunlop.

Neben der Eisenbahn gehörte das Auto zum beliebtesten technischen Spielzeug.

Frau K. war eine der ersten Autofahrerinnen in Deutschland. Hier fährt sie mit ihrem Sohn (im vorderen Wagen) auf einer Landstraße in der Nähe der Burg Colmberg im Altmühltal (1904). Das Auto war ein Polymobil Einzylinder; ein Jahr später fuhr sie damit nach Bremen und zurück, jeweils in zwei Tagen. Der Wagen dahinter ist ein ›Ansbach‹.

ganz wenige Privatwagen; nach Einführung des Führerscheins erhielt der dortige Autofabrikant *Ludwig Maurer* nach jahrelanger Fahrpraxis die erste Lizenz. Das erste Motortaxi wurde hier 1906 eingeführt; die Nürnberger Feuerwehr stellte 1912 eine Wache auf Motorwagen um; 1926 gab es zwei Tankstellen in der Stadt; 1928 wurde die erste Verkehrsampel am Königstor eingerichtet.
Eine solche geradezu idyllisch anmutende Entwicklung ändert freilich nichts an der Tatsache, daß die »Eroberung der Straße« durch das neue Verkehrsmittel dem kollektiven Bewußtsein und Unterbewußtsein als zunehmende Gefährdung des Lebens erschien. Während auf der einen Seite die Automobilisten beim Dahinrasen über die Landstraßen das Triumphgefühl »gewaltiger Motorenkraft« voll auskosteten (die ersten Rennen fanden 1894 und 1895 in Frankreich und England statt), empfand die Mehrzahl der Bevölkerung Angst und Schrecken vor einer Entwicklung, die ein weiteres Stück Ruhe, Sicherheit und Geborgenheit wegnahm und damit die allgemeine Nervosität verstärkte.

Das Bild zeigt das erste Militärflugzeug in Bayern im Jahre 1911 auf dem Exerzierplatz in Straubing. Es wird streng bewacht von Soldaten der 4. Eskadron des 7. Chevauleger-Regiments ›Prinz Alfons von Bayern‹ unter der Aufsicht von Wachtmeister Emil Triebel, hoch zu Pferd.

Der erste Zeppelin, genannt nach seinem Erfinder Ferdinand Graf Zeppelin, erhob sich am 2. 7. 1900. Seine Geschwindigkeit betrug 28,8 Kilometer in der Stunde.
Z III über den Dächern von Berlin, 1909.

In *Hermann Hesses* 1927 erschienenem Roman ›Der Steppenwolf‹ ist ein Raum des »magischen Theaters« mit der Inschrift »Auf zum fröhlichen Jagen! Hochjagd auf Automobile« versehen. Es handelt sich um das Teilstück einer traumhaften, surrealen Szenerie, in der sich der »Steppenwolf« (dem bürgerlichen Namen nach Harry Haller) von seinen Komplexen und Aggressionen zu befreien sucht. Im Spiel des »magischen Theaters« wird Hal-

ler, dessen Seelenkrankheit Teil der großen Zeitkrankheit ist, gezwungen, den Gang durch die Hölle der Zeit, die zugleich seine eigene Hölle ist, anzutreten, »einen bald angstvollen, bald mutigen Gang durch das Chaos einer verfinsterten Seelenwelt, gegangen mit dem Willen, die Hölle zu durchqueren, dem Chaos die Stirn zu bieten, das Böse bis zu Ende zu erleiden«.[306]
Umhergetrieben zwischen versinkender, alter europäischer Kultur und wuchernder moderner Technologie, zwischen humanistischer Idealität und atavistischer, animalischer Regression, überwindet Harry Haller die Zeitkrankheit, indem er sie nicht beschönigt und verdrängt, sondern voll durchlebt und durchsteht.
»Die Inschrift ›Auf zum fröhlichen Jagen! Hochjagd auf Automobile‹ lockte mich an, ich öffnete die schmale Türe und trat ein.
Da riß es mich in eine laute und aufgeregte Welt. Auf den Straßen jagten Automobile, zum Teil gepanzerte, und machten Jagd auf die Fußgänger, überfuhren sie zu Brei, drückten sie an den Mauern der Häuser zuschanden. Ich begriff sofort: Es war der Kampf zwischen Menschen und Maschinen, lang vorbereitet, lang erwartet, lang gefürchtet, nun endlich zum Ausbruch gekommen. Überall lagen Tote und Zerfetzte herum, überall auch zerschmissene, verbogene, halbverbrannte Automobile, über dem wüsten Durcheinander kreisten Flugzeuge, und auch auf sie wurde von vielen Dächern und Fenstern aus mit Büchsen und mit Maschinengewehren geschossen. Wilde, prachtvoll aufreizende Plakate an allen Wänden forderten in Riesenbuchstaben, die wie Fackeln brannten, die Nation auf, endlich sich einzusetzen für die Menschen gegen die Maschinen, endlich die fetten, schöngekleideten, duftenden Reichen, die mit Hilfe der Maschinen das Fett aus den andern preßten, samt ihren großen, hustenden, böse knurrenden, teuflisch schnurrenden Automobilen totzuschlagen, endlich die Fabriken anzuzünden und die geschändete Erde ein wenig auszuräumen und zu entvölkern, damit wieder Gras wachsen, wieder aus der verstaubten Zementwelt etwas wie Wald, Wiese, Heide, Bach und Moor werden könne. Andre Plakate hingegen, wunderbar gemalt, prachtvoll stilisiert, in zarteren, weniger kindlichen Farben, außerordentlich klug und geistvoll abgefaßt, warnten im Gegenteil alle Besitzenden und alle Besonnenen beweglich vor dem drohenden Chaos der Anarchie, schilderten wahrhaft ergreifend den Segen der Ordnung, der Arbeit, des Besitzes, der Kultur, des Rechtes und priesen die Maschinen als höchste und letzte Erfindung der Menschen, mit deren Hilfe sie zu Göttern werden würden. Nachdenklich und bewundernd las ich die Plakate, die roten und die grünen, fabelhaft wirkte auf mich ihre flammende Beredsamkeit, ihre zwingende Logik, recht hatten sie, und tief überzeugt stand ich bald vor dem einen, bald vor dem andern, immerhin merklich gestört durch die ziemlich saftige Schießerei ringsum. Nun, die Hauptsache war klar: Es war Krieg, ein heftiger, rassiger und höchst sympathischer Krieg, worin es sich nicht um Kaiser, Republik, Landesgrenzen, um Fahnen und Farben und dergleichen mehr dekorative und theatralische Sachen handelte, um Lumpereien im Grunde, sondern wo ein jeder, dem die Luft zu eng wurde und

dem das Leben nicht recht mehr mundete, seinem Verdruß schlagenden Ausdruck verlieh und die allgemeine Zerstörung der blechernen zivilisierten Welt anzubahnen strebte. Ich sah, wie allen die Zerstörungs- und Mordlust so hell und aufrichtig aus den Augen lachte, und in mir selbst blühten diese roten wilden Blumen hoch und feist und lachten nicht minder. Freudig schloß ich mich dem Kampfe an.«[307]

Der Eisberg und der Luxusliner

»Freudig sich dem Kampfe anschließen«: *Hermann Hesses* Seelen-Analyse und -Therapie, bei ihm auf die »wilden zwanziger Jahre« bezogen, kann man auch zur Beurteilung des kollektiven Psychogramms der Zeit vor dem Ersten Weltkrieg heranziehen. Im Zeichen eines neuen Tempos auf Straßen und Schienen und bald darauf in der Luft, inmitten einer vibrierenden, durch Zeitnot bedingten Nervosität ergriff den Menschen Euphorie: ein grenzensprengendes Lustgefühl vor dem Ende. Während bei Haller, dem Prototyp einer zerrissenen Welt, der triebdynamisch bewirkte Aggressionsstau, angeheizt durch die Reizflut der modernen Welt, fiktiv abkanalisiert, im psychoanalytischen Verfahren sublimiert wird, gab es für die Wirklichkeit des beginnenden 20. Jahrhunderts keine Lösung, keine Erlösung. Die Nutzbarmachung des dynamoelektrischen Prinzips und der Ausbau der Elektrizitätsanwendung führte seit den letzten Jahren des 19. Jahrhunderts zu einer »Erhellung« des Maschinenzeitalters und seiner Gesellschaft, die vielfach als Höhepunkt technologischer Aufklärung empfunden wurde; die »Welt im Gaslicht« hatte sich in strahlenden Glanz verwandelt; bald jedoch gingen in Deutschland und in Europa die Lichter aus. Der Weltkrieg beendete das Zeitalter industrieller Entfaltung.
In seinem 1915 geschriebenen Essay ›Zeitgenössisches über Krieg und Tod‹ zeichnet *Sigmund Freud* im Rückblick das Bild der Vorkriegsgesellschaft als ein urbanes, durch technischen Fortschritt geprägtes Panorama. Wen die Not des Lebens nicht festhielt, der konnte Europa in voller Offenheit und Schönheit erleben; der »Vernetzungstraum« schien zumindest für das Bürgertum Wirklichkeit geworden. »Vertrauend auf diese Einigung der Kulturvölker haben ungezählte Menschen ihren Wohnort in der Heimat gegen den Aufenthalt in der Fremde eingetauscht und ihre Existenz an die Verkehrsbeziehungen zwischen den befreundeten Völkern geknüpft. Wen aber die Not des Lebens nicht ständig an die nämliche Stelle bannte, der konnte sich aus allen Vorzügen und Reizen der Kulturländer ein

neues, größeres Vaterland zusammensetzen, in dem er sich ungehemmt und unverdächtigt erging. Er genoß so das blaue und das graue Meer, die Schönheit der Schneeberge und die der grünen Wiesenflächen, den Zauber des nordischen Waldes und die Pracht der südlichen Vegetation, die Stimmung der Landschaften, auf denen große historische Erinnerungen ruhen, und die Stille der unberührten Natur. Dieses neue Vaterland war für ihn auch ein Museum, erfüllt mit allen Schätzen, welche die Künstler der Kulturmenschheit seit vielen Jahrhunderten geschaffen und hinterlassen hatten. Während er von einem Saale dieses Museums in einen anderen wanderte, konnte er in parteiloser Anerkennung feststellen, was für verschiedene Typen von Vollkommenheit Blutmischung, Geschichte und die Eigenart der Mutter Erde an seinen weiteren Kompatrioten ausgebildet hatten. Hier war die kühle unbeugsame Energie aufs höchste entwickelt, dort die graziöse Kunst, das Leben zu verschönern, anderswo der Sinn für Ordnung und Gesetz oder andere der Eigenarten, die den Menschen zum Herrn der Erde gemacht haben.«[308]
Die »Welt von gestern« bot sich hier im verführerischen Glanze dar; es handelte sich um die Vergangenheit einer Illusion. Von den großen weltbeherrschenden Nationen weißer Rasse, denen man die Führung des Menschengeschlechts zuordnete, die man mit der Pflege weltumspannender Interessen beschäftigt glaubte, deren Schöpfungen die technischen Fortschritte in der Beherrschung der Natur wie die künstlerischen und wissenschaftlichen Kulturwerte waren, von diesen Völkern hätte man erwarten können, daß sie es verstehen würden, Mißhelligkeiten und Interessenkonflikte auf anderem als dem kriegerischen Wege zum Austrage zu bringen. Der Krieg, an den man nicht hatte glauben wollen, brach aus, und er brachte grenzenlose Enttäuschung. »Er ist nicht nur blutiger und verlustreicher als einer der Kriege vorher, infolge der mächtig vervollkommneten Waffen des Angriffes und der Verteidigung, sondern mindestens ebenso grausam, erbittert, schonungslos

Zugvögel am Leuchtturm von Cuxhaven:
»Angezogen vom Licht und dann von dessen
mächtiger Wirkung geblendet, stoßen die
Vögel auf die Scheiben und zerschmettern
sich Köpfe oder Flügel.«

wie irgendein früherer. Er setzt sich über alle
Einschränkungen hinaus, zu denen man sich
in friedlichen Zeiten verpflichtet, die man das
Völkerrecht genannt hatte, anerkennt nicht
die Vorrechte des Verwundeten und die des
Arztes, die Unterscheidung des friedlichen
und des kämpfenden Teils der Bevölkerung,
die Ansprüche des Privateigentums. Er wirft
nieder, was ihm im Wege steht, in blinder
Wut, als sollte es keine Zukunft und keinen
Frieden unter den Menschen nach ihm geben.
Er zerreißt alle Bande der Gemeinschaft unter
den miteinander ringenden Völkern und droht
eine Erbitterung zu hinterlasssen, welche eine
Wiederanknüpfung derselben für lange Zeit
unmöglich machen wird.«[309]
Der technische Fortschritt, durch den Kampf
der Arbeiterbewegung zunehmend humani-
siert, schlug um in technische Barbarei; die

Kriegsmaschinerie stellte die Maschinenwelt
in ihren Dienst. Die erworbene bzw. erkämpf-
te Sicherheit wie der Traum nach ihr wurden
in Stahlgewittern zerschlagen. Der »gefesselte
Prometheus« entpuppte sich als blindwütiger
Mars; die Erbschaft des industriellen Zeitalters: der Versuch, trotz aller Widrigkeiten
menschliches Dasein ein Stück glücklicher zu
machen, Menschenwürde in einem tragfähige-
ren ökonomischen wie zivilisatorischen Unterbau zu fundieren, und damit für die Gesamtheit der Menschen lebenswürdige Verhältnisse zu schaffen, wurde vertan. Die Zeit-
Not akzentuierte nun das Stakkato der Ma-
schinengewehre. Die Eisenbahnen lieferten
die Menschenmassen für die Verblutungsstra-
tegie. Die Vision vom fliegenden Menschen,
um die Jahrhundertwende durch Zeppelin
und Flugzeug realisiert, endete in Absturz,
Vernichtung. Die technischen und wirtschaftlichen Blütenträume schienen gereift, die sozialen und humanen Ideen zeigten hoffnungs-
volle Ansätze – da ging alles unter im furchtbaren Erwachen: Der Aufbruch der Industrialisierung endete im Rückfall in die Barbarei.
Die Geistes-Gegenwart war wie der Schock,
der sie hervorrief, pervertiert: »Der Geist der

Materialschlacht und des Grabenkampfes, der
rücksichtsloser, wilder, brutaler ausgefochten
wurde als je ein anderer, erzeugte Männer, wie
sie bisher die Welt nie gesehen hatte. Es war
eine ganz neue Rasse, verkörperte Energie,
und mit höchster Wucht geladen. Geschmeidi-
ge, hagere, sehnige Körper, markante Gesichter, Augen in tausend Schrecken unterm Helm
versteinert. Sie waren Überwinder, Stahlna-
turen eingestellt in den Kampf in seiner gräß-
lichsten Form. Ihr Anlauf über zersplitterte
Landschaften bedeutete den letzten Triumph
eines phantastischen Grausens. Brachen ihre
verwegenen Trupps in zerschlagene Stellun-
gen ein, wo bleiche Gestalten mit irren Augen
ihnen entgegenstarrten, so wurden ungeahnte
Energien frei. Jongleure des Todes, Meister
des Sprengstoffes und der Flamme, prächtige
Raubtiere, schnellten sie durch die Gräben. Im
Augenblick der Begegnung waren sie der Inbegriff des Kampfhaftesten, was die Welt tragen konnte, die schärfste Versammlung des
Körpers, der Intelligenz, des Willens und der
Sinne.« *(Ernst Jünger)*[310]
Die »Menschheitsdämmerung« hatte sich vor
1914 vielfach angekündigt; die Dichter und
die Sozialisten erahnten das kommende Un-

»Er zerreißt alle Bande der Gemeinschaft...«

Truppentransport auf einem Berliner Bahnhof, 1914.

heil. Die schwarze Vision des Expressionismus signalisierte Endzeitstimmung. ›Weltende‹ hieß ein Gedicht des 1887 in Berlin als Sohn eines Arztes geborenen, in den 20er Jahren in eine Irrenanstalt eingelieferten und 1942 von den Nationalsozialisten deportierten und ermordeten *Jakob van Hoddis:*

»Dem Bürger fliegt vom spitzen Kopf der Hut,
in allen Lüften hallt es wie Geschrei
Dachdecker stürzen ab und gehn entzwei
und an den Küsten – liest man – steigt die Flut.

Der Sturm ist da, die wilden Meere hupfen
an Land, um dicke Dämme zu zerdrücken.
Die meisten Menschen haben einen Schnupfen.
Die Eisenbahnen fallen von den Brücken.«[311]

»Europa, diese Gräberstätte, ist von Völkern bewohnt, die singen, bevor sie sich gegenseitig umbringen«, so charakterisierte *Georges Sorel*

im Dezember 1912 den Zustand spätmaschinenzeitlicher Euphorie. So wie einst das Erdbeben von Lissabon für weite Kreise der Menschheit den aufgeklärten Glauben an die Theodizee, die beste aller Welten, zum Einsturz gebracht hatte, zerschellten die industriekulturellen Hoffnungen an dem Eisberg, mit dem die ›Titanic‹ 1912 kollidierte. Ein technisches Spektakulum endete mit einem furchtbaren Unglück, das von vielen Zeitgenossen des Ereignisses mit Recht als Ankündigung kommenden Verhängnisses empfunden wurde. Der Dampfer ›Titanic‹, 46 329 Bruttoregistertonnen, 1911 vom Stapel gelaufen, war das damals größte Schiff der Welt. Er hatte 900 Mann Besatzung und konnte 2203 Passagiere, 505 in der I. Klasse, 564 in der II. Klasse, 1134 in der III. Klasse, aufnehmen. Er glich einer schwimmenden Stadt mit vielen Palästen und Mietskasernen (wie Hinterhöfen). Einen Geschwindigkeitsrekord wollte er aufstellen, das ›Blaue Band‹, die Trophäe für die schnellste Atlantiküberquerung, gewinnen.
In ihrer Zeit-Not, vibrierend im Geschwindigkeitsrausch, mißachtet die ›Titanic‹ fünf Eiswarnungen. Mit der vollen Geschwindigkeit von 21 Knoten stößt sie am 14. April 1912, um

Die ›Industrielandschaft‹ des Ersten Welt-
kriegs (Arrasfront 1916): Technische Ingenio-
sität war der totalen Mobilmachung und
Vernichtung hörig geworden.

Die technischen Giganten des letzten Kriegs-
jahres 1918, britische Tanks vom Typ ›Mark
V‹. Die riesigen Panzerkampfwagen trugen
Faschinen auf dem Rücken, mit deren Hilfe
die tiefen Sperrgräben der deutschen Verteidi-
gungsstellungen, der sogenannten Hindenb-
burg-Linie, überwunden werden sollten.

23.40 Uhr, bei den Neufundlandbänken gegen
einen Eisberg, der das Schiff in fast neunzig
Meter Länge, von der Vorpiek bis zum vorderen Kesselraum, aufschlitzt. Um 2.18 Uhr gehen
die Lichter aus, kurz darauf versinkt das
Schiff im Ozean. Die mit äußerster Kessel-
kraft herbeigeeilte ›Carpathia‹ der Cunard
Linie kann 703 Überlebende an Bord nehmen;
für 1503 Menschen gibt es keine Rettung
mehr.
In der ›Geschichte einer Jugend‹: ›Die gerettete Zunge‹ erzählt *Elias Canetti* von den persönlichen Erschütterungen und der Massen-
trauer, die der Untergang der ›Titanic‹ hervorrief. »Ich kann mich nicht erinnern, wer zuerst
vom Untergang der ›Titanic‹ sprach. Aber unsere Gouvernante weinte beim Frühstück, ich
hatte sie noch nie weinen sehen, und Edith,
das Hausmädchen, kam zu uns ins Kinderzim-
mer, wo wir sie sonst nie sahen, und weinte
mit ihr zusammen. Ich erfuhr vom Eisberg,
von den furchtbar vielen Menschen, die er-
tranken, und was mir am meisten Eindruck
machte, von der Musikkapelle, die weiter-

spielte, als das Schiff versank. Ich wollte wissen, was sie gespielt hatten, und bekam eine
grobe Antwort. Ich begriff, daß ich etwas Un-
passendes gefragt hatte und begann nun mit-
zuweinen. So weinten wir eigentlich zu dritt
zusammen, als die Mutter von unten nach
Edith rief, vielleicht hatte sie es eben erst selber erfahren. Dann gingen wir auch hinunter,
die Gouvernante und ich, und da standen
schon die Mutter und Edith weinend zusammen.
Wir müssen aber dann doch ausgegangen sein,
denn ich sehe die Menschen auf der Straße vor
mir, es war alles sehr verändert. Die Leute
standen in Gruppen beisammen und sprachen
aufgeregt, andere traten dazu und hatten etwas zu sagen, mein kleiner Bruder im Kinderwagen, der sonst seiner Schönheit wegen von
allen Passanten ein bewunderndes Wort bekam, wurde von niemand beachtet. Wir Kinder waren vergessen, und doch sprach man
auch von Kindern, die auf dem Schiff gewesen
waren und wie sie und die Frauen zuerst
gerettet wurden. Immer wieder war die Rede
vom Kapitän, der sich geweigert hatte, das
Schiff zu verlassen. Aber das häufigste Wort,
das ich hörte, war ›iceberg‹. Es prägte sich mir
ein wie ›meadow‹ und ›island‹, obwohl ich es
nicht vom Vater hatte, das dritte englische
Wort, das mir geladen blieb, das vierte war
›captain‹. Ich weiß nicht, wann genau die
›Titanic‹ unterging. Aber in der Aufregung jener Tage, die sich nicht so bald legte, suche ich
vergeblich nach meinem Vater. Er hätte doch
darüber zu mir gesprochen, er hätte ein beru-
higendes Wort für mich gefunden. Er hätte
mich vor der Katastrophe geschützt, die mit
aller Kraft in mich einsank. Jede seiner Regungen ist mir teuer geblieben, aber wenn ich

*Der Norddeutsche Lloyd, Bremen, fuhr, in
Konkurrenz mit der englischen Cunard-Linie,
die Nordatlantik-Route. Hier der Dampfer
›Werra‹, der auch Rahsegel setzen konnte (Plakat aus den 70er Jahren des 19. Jahrhunderts).*

*»Erst nach der Wiedergeburt des Deutschen
Reiches begann in den deutschen Häfen
sich ein neues, frisches Treiben zu entfalten,
und auch die deutschen Werften schickten
sich an, sprechende Beweise ihrer Leistungsfähigkeit abzulegen; da kam die deutsche
Handelsflagge und auch das in Deutschland
erbaute Eisenschiff zu Ehren. Der deutschen
Kriegsmarine gebührt das Verdienst,
das Vorurtheil gegen die deutsche Schiffsbau-
kunst gebrochen zu haben; sie gewann
Vertrauen zur deutschen Arbeit und ließ nun
ihre Schiffe auf heimischen Werkstätten
erbauen.« (Die Werft zu Gaarden; ›Gartenlaube‹, 1882.)*

*Der Untergang der Titanic, 1912; Zeichnung
von W. Stoewer.*

›Titanic‹ denke, sehe ich ihn nicht, höre ich ihn
nicht und fühle nackt die Angst, die mich
überkam, als mitten in der Nacht das Schiff
auf den Eisberg stieß und im kalten Wasser
versank, während die Musikkapelle
spielte.«[312]
Die großen Dampfschiffe in ihrer Pracht und
Sicherheit hatten im ganz besonderen
Maße die Identitätsgewißheit des Maschinenzeitalters verkörpert. Die Schnelligkeit,
mit der sie Menschen und Waren über die
Meere transportierten und die Kontinente
miteinander verbanden, evozierte ein Triumphgefühl, das die Herrschaft der Technik über

Natur und Welt verlieh; nun hatten die Naturgewalten sich als stärker, hatte die technische Wunderwelt sich als höchst verletzlich erwiesen.

Wieder einmal waren die Menschen in ihrem nervösen Geschwindigkeitsrausch den Maschinen zum Opfer gefallen, hatten die »eisernen Engel« als »eiserne Teufel« sich erwiesen. Der industrie-kulturelle Stolz, wie er sich seit den Tagen des Biedermeier immer stärker herausgebildet hatte, war erschüttert.

»... Das Wasser schießt in die Schotten. An dem leuchtenden Rumpf gleitet, drei Meter hoch über dem Meeresspiegel, schwarz und lautlos der Eisberg vorbei und bleibt zurück in der Dunkelheit.«[313]

Metropolis oder die häßlichen goldenen Jahre

Anton S. wurde am 6. Januar 1881 in Pinzing geboren; mit fünfzehn Jahren ging er auf die Walz; 1903 erhielt er in Radolfzell am Bodensee eine Anstellung bei der Eisenbahn. Dort lernte er seine spätere Frau kennen; er heiratete 1908; aus der Ehe gingen fünf Kinder hervor. 1914 meldete sich *Anton S.* freiwillig zum Kriegsdienst; er wurde Rangiermeister; bei Wilna verwundete ihn 1916 eine Granate an der Stirn. Bewußtlos lag er auf einer Eisenbahnschiene; eine Lok fuhr ihm beide Beine ab. Mit Draht banden Lokführer und Heizer die Stumpen ab. Er kam nach Wilna ins Lazarett, von dort aus nach Berlin. Über das schlechte Essen beschwerte er sich bei der Regierung; als die Kontrolle kam, feierten die Schwestern und Ärzte im Keller mit den Rationen der Verwundeten.

Nach dem Tod seiner Frau zog *Anton S.* nach Cham in die Oberpfalz. Dort ließ er sich 1920 ohne Beine mit seinen Kindern photographieren und ein paar tausend Drucke von der Aufnahme machen; er fuhr nach Oberammergau zu den Passionsspielen, stellte sich mit einem Fahrstuhl vor den Eingang und verkaufte die Karten für eine Reichsmark das Stück. Sein Haus erweiterte er um einen Stall; kaufte zwei Pferde, handelte mit Alteisen und Schleifholz. Später gründete er ein Bierdepot und stellte einen Knecht ein. Für die Kriegsteilnehmer veranstaltete er Weihnachtsfeiern mit Verlosung; Gewinne erbettelte er von den Geschäftsleuten. Das Kriegerdenkmal ließ er schön schmücken, bei den Feiern trugen seine Kinder Gedichte vor. Nun aber kamen die Neider und schrieben an die Rentenstelle; es sollte die Rente gekürzt werden. *Anton S.* ging in die Berufung. Von Sanitätern ließ er sich ohne Prothesen in den Gerichtssaal tragen. Er sagte: »Ich bin hilflos, ohne und mit Prothesen, ich brauche immer Leute für jede Tätigkeit. Aber ich muß etwas unternehmen können, sonst verkomme ich. Der Verdienst geht so ziemlich Null für Null auf, weil ich das Futter für meine Pferde kaufen muß, da ich ja keine Landwirtschaft habe. Meine Haxen wachsen leider nicht mehr, die habe ich dem Vaterland geopfert.« Das Verfahren wurde eingestellt, *Anton S.* verkaufte seinen kleinen Besitz und zog in die Großstadt; mit 61 Jahren starb er.

Anton S. war ein Bürger der Weimarer Republik, einer von den vielen Namenlosen, die es schwer hatten und schauen mußten, wie sie zurechtkamen.[314]

Oskar Maria G. war ein anderer Bürger; dumpf und armselig seine Existenz; gepeinigt und gequält vom Bruder. »Zehn Jahre war ich alt, als einer in mein Leben trat, erzogen von Soldaten, Unteroffizieren und Offizieren, und meine Erziehung in die Hand nahm. Zehn Jahre, als einer zu befehlen begann, mich anschrie, prügelte und mich immer noch mehr prügelte.

Zehn Jahre war ich alt, als ich anfing zu wissen, was Zwang ist, und anfing, ihn zu hassen, sinnlos zu hassen.

Zehn Jahre war ich alt und ging in die fünfte Klasse der Volksschule, als wir nach bestandener erster Beichte für die Kommunion vorbereitet wurden. Der Pfarrer, der uns unterrichtete, erzählte uns von der ungeheuren Wandlung. ... Ich hatte Angst, Angst, Angst!«[315]

Oskar Maria G. schlängelte sich durch das Labyrinth des Krieges. In der Großstadt wollte er seine arme Herkunft, die Leib und Geist gefesselt hatte, loswerden. Die Revolution von 1918 erlebte er in München. »Christenmenschen predigten in Versammlungen, Nacktkulturanhänger verteilten ihre Kundgebungen, Individualisten und Bibelforscher, Leute, die den Anbruch des tausendjährigen Reiches verkündeten und Käuze, die für Vielweiberei eintraten, eigentümliche Darwinisten und Rassentheoretiker, Theosophen und Spiritisten trieben ein harmloses Unwesen. Einmal nachts ging ich über den Stachus. Ein magerer Mensch schoß auf mich zu, steckte mir hastig einen Zettel zu und lief eilends in der trüben Dunkelheit weiter. Ich trat unter eine Laterne und besah den Wisch. Nichts weiter stand darauf als: ›Der Jude spricht dazwischen! Deutsche besinnt euch!‹ Zu alledem stieg die Gärung in den Massen immer mehr. Die bürgerlichen Zeitungen erschienen wieder, aber der Zensurrat redigierte sie. Die sozialistischen Parteien bekämpften sich unablässig und mit größter Hitzigkeit. Im Hotel Wagner tagte eine proletarische Versammlung in Permanenz. Spartakisten und Unabhängige hielten dort ständig Reden, Mehrheitssozialisten wurden niedergeschrien. Resolutionen wurden abgefaßt, Abordnungen zusammengestellt, die ihre Forderungen sofort dem Zentralrat im Landtag überbrachten. Ein fortwährendes Aus und Ein, ein dauerndes Hin und Her war es.«[316]

Die Revolution wird niedergeschlagen. *Oskar Maria G.* sieht die langen Reihen verhafteter, zerschundener, blutig geschlagener Arbeiter mit hochgehaltenen Armen. »Seitlich, hinten und vorne marschierten Soldaten, brüllten, wenn ein erlahmter Arm niedersinken wollte, stießen mit Gewehrkolben in die Rippen, schlugen mit Fäusten auf die Zitternden ein. Ich wollte aufschreien, biß aber nur die Zähne fest aufeinander und schluckte. Das Weinen stand mir hinter den Augen. Ich fing manchen Blick auf und brach fast um; ich sammelte mich wieder und sah einem anderen Verhafteten ins Auge. Das sind alle meine Brüder, dachte ich zerknirscht, man hat sie zur Welt gebracht, großgeprügelt, hinausgeschmissen, sie sind zu einem Meister gekommen, das Prügeln ging weiter, als Gesellen hat man sie ausgenützt und schließlich sind sie Soldaten geworden und haben für die gekämpft, die sie prügelten. – Und jetzt? Sie sind alle Hunde gewesen wie ich, haben ihr Leben lang sich kuschen und ducken müssen, und jetzt, weil sie beißen wollten, schlug man sie tot. Wir sind Gefangene!«[317]

Anton S., dem im Krieg beide Beine von einer Lokomotive abgefahren wurden, mit seinen Kindern.

Philipp Scheidemann ruft vom Balkon des Reichstages die Republik aus (Berlin am 9. November 1918).

Jahre danach hat sich *Oskar Maria Graf* mit dem autobiographischen Bekenntnisbuch ›Wir sind Gefangene‹ von der Last der frühen Jahre freigeschrieben. Als Bürger der Weimarer Republik war er ein bekannter Schriftsteller, »der sich und die Sache fühlte«. Ein vom Lande in die Stadt aufgebrochener Rebell, der den Weg nach Utopia suchte. Ein plebejischer Tor, mit der Vision einer neuen Gemeinschaft. »Uns kann nur die Revolution retten!« Franz Biberkopf ist Zement- und Transportarbeiter; gegen die Großstadt und ihre Amoralität kommt er nicht auf. In einem Streit bringt er seine Geliebte um, muß ins Gefängnis; kaum entlassen, wird er wieder dem Laster und Verbrechen zugetrieben; er wird erneut Zuhälter, Einbrecher, verliert sein Mädchen, das ein Kumpan ermordet. Schließlich landet er im Irrenhaus. Er kommt frei. Zuletzt sehen wir ihn am Alexanderplatz in Berlin. »Sehr verändert, ramponiert, aber doch zurechtgebogen.« Das »furchtbare Ding«, das sein Leben war, bekommt einen Sinn; es ist eine Gewaltkur mit Franz Biberkopf vollzogen worden. »Dies zu betrachten und zu hören, wird sich für viele lohnen, die wie Franz Biberkopf in einer Menschenhaut wohnen und denen es passiert wie diesem Franz Biberkopf, nämlich vom Leben mehr zu verlangen als das Butterbrot.«[318]
Ein Gleichnis für den Weg Deutschlands seit der Niederlage 1918 hat *Alfred Döblin* mit seinem Roman ›Berlin Alexanderplatz‹ gegeben. Die Großstadt erscheint als modernes Babylon, als Heimat der Gauner, Huren, Zuhälter, Hehler. Der Himmel »blickt auf die dunklen Stätten der Menschheit«. Der Mensch wird auf seine animalischen Funktionen festgelegt. Er geht herum, lebt, blüht, säuft, frißt, verspritzt seinen Samen, verbreitet weiter Leben. »Dann geht der dicke Kerl raus, schnauft, macht sich hinten den Hosenbund locker, damit der Bauch gut Platz hat. Dem liegen gut drei Pfund im Magen, lauter Eßwaren. Jetzt geht's damit los in seinem Bauch, die Arbeit, jetzt hat der Bauch damit zu schaffen, was der Kerl reingeschmissen hat. Die Därme wackeln und schaukeln, das windet und schlingt sich wie Regenwürmer, die Drüsen tun, was sie nur können, sie spritzen ihren Saft in das Zeug hinein, spritzen wie die Feuerwehr, von oben fließt Speichel nach, der Kerl schluckt, es fließt in die Därme ein, auf die Nieren erfolgt der Ansturm wie im Warenhaus bei der Weißen Woche und sachte, sachte, sieh mal an, fallen schon Tröpfchen in die Harnblase, Tröpfchen nach Tröpfchen. Warte, mein Junge, warte, balde gehst du denselben Gang hier zurück an die Tür, wo dransteht ›Für Herren‹. Das ist der Lauf der Welt.«[319]

Dora D. wurde 1902 als Tochter eines Werkzeugmachers geboren. Die Mutter starb bei der Geburt des siebten Kindes nach sieben Ehejahren. Der Vater heiratete nochmals. Die Stiefmutter hatte zwanzig Jahre in einer Weinhandlung gearbeitet und dort das ›Dudeln‹ (Trinken) gelernt. Im Rausch schlug sie die Kinder; sie wurde wegen Kindesmißhandlung zu einem Vierteljahr Gefängnis verurteilt. Die Kinder sollten in ein Waisenhaus eingeliefert werden. Da nahm die Großmutter die Enkel zu sich. *Dora D.* ging in Stellung. Als die Großmutter an Krebs erkrankte, pflegte *Dora*, damals 14jährig, sie bis zu ihrem Tode. Anschließend nahm sie eine neue Stelle als Dienstmädchen an. Dort blieb sie bis zu ihrer Heirat.
Ihr Mann, die einzige ›Bekanntschaft‹ in ihrem Leben, war Reparaturschlosser. Er war wie sie mit einer Stiefmutter aufgewachsen und hatte kein richtiges Zuhause gehabt. Bei der Heirat besaßen beide nichts als einen Holzkoffer mit

Holzschnitt von Frans Masereel (aus dem Zyklus ›Die Sonne‹).

George Grosz: Grauer Tag, 1921.

Pinneberg, Buchhalter in bescheidener Stellung, und ›Lämmchen‹, seine Freundin, die schwanger geworden ist, heiraten. Trotz äußerster Sparsamkeit können sie den minimalen Lebensunterhalt kaum bestreiten. Pinneberg fällt dem Personalabbau zum Opfer; beide ziehen nach Berlin zur verwitweten Mutter Mia, die dort einen Zirkel von Falschspielern und Amüsiermädchen unterhält. Über den Liebhaber seiner Mutter erhält Pinneberg eine Stellung in der Herrenkonfektionsabteilung eines Warenhauses; auch dort wird er wieder »abgebaut«. Die Familie muß in ein Schrebergartenhäuschen vor der Stadt ziehen. Den verwahrlost aussehenden Pinneberg weist ein Polizist eines Tages vom Gehsteig. Nun bricht sein Selbstbewußtsein vollends zusammen. Aber die familiäre Geborgenheit gibt ihm Halt.
»Kleiner Mann – was nun?« fragt *Hans Fallada* im gleichnamigen Roman. Es sei ein Buch, meinte *Hermann Hesse*, »vom armen geduldigen kleinen Mann, der zwischen der Not seines bedrückten Lebens und den Werbungen der Parteien sich an das einzige hält und klammert, was er als wirklich, als Leben inmitten von all dem Papier und Schwindel erkennt: an seine Frau, an sein Kind, an sein bißchen bedrohtes Glück und Menschentum«. Trotz Arbeitslosenelend und Wirtschaftskrise versucht der Angestellte Pinneberg mit ›Lämmchen‹, seiner jungen, aus einer klassenbewußten Arbeiterfamilie stammenden Frau, und mit seinem Kind ›Murkel‹ den Traum vom kleinbürgerlichen Idyll zu verwirklichen.

Wäsche und Kleidung. So gründeten sie ihr eigenes Heim; sie mieteten zwei kleine Zimmer für 22 Mark im Monat. Von Arbeitskollegen bekamen sie ein paar alte Möbel: Bett, Tisch, Stuhl, Sessel, Waschschüssel mit Ständer, Ofen und Petroleumlampe. Der Mann trug die Möbel auf dem Buckel nach Hause, die Geschwister brachten Schüssel, Topf, Häfele und Teller. Messer und Gabeln schuf sich Dora selber an; jeden Monat kaufte sie ein Stück. »Was wir alles mitgemacht haben: Inflation, Streiks, Arbeitslosigkeit und zwei Kriege. Nach der Inflation hat alles nimmer gestimmt.« *Doras* Mann war insgesamt acht Jahre arbeitslos; während dieser Zeit machte er heimlich in Gaststätten Musik, um die Arbeitslosenunterstützung mit etwa drei bis vier Mark pro Abend aufzubessern. ›Schön ist die Jugend‹, ›Püppchen, du bist mein Augenstern‹, ›Wer hat denn den Käse zum Bahnhof gerollt?‹ hat er in einer Kapelle mit Harmonika, Violine und Schlagzeug gespielt.[320]

Conrad Felixmüller: Arbeitsinvaliden, 1922.

George Grosz: Querschnitt, 1920.

»Und plötzlich ist die Kälte weg, eine unendlich sanfte grüne Woge hebt sie auf und ihn
mit ihr. Sie gleiten empor, die Sterne funkeln,
ganz nahe; sie flüstert: ›Aber du kannst mich
doch ansehen! Immer und immer. Du bist
doch bei mir, wir sind doch zusammen.‹ ... Die
Woge steigt und steigt. Es ist der nächtliche
Strand zwischen Lehnsahn und Wick, schon
einmal waren die Sterne so nah. Es ist das alte
Glück, es ist die alte Liebe. Höher und höher,
von der befleckten Erde zu den Sternen. Und
dann gehen sie beide ins Haus, in dem der
Murkel schläft.«[321]
Auf eine Rundfrage des Gewerkschaftsbundes
der Angestellten schrieben Stellenlose:
»Früher Betriebsleiter mit etwa 400 RM Ge-
halt. Mußte Möbel und Pelz verkaufen und ein
Zimmer vermieten. Ich bin 40 Jahre alt und
verheiratet. Vater von zwei Kindern (Junge
3 1/2, Mädchen 1/2 Jahr). Stellenlos seit
1. 4. 25.«
»39 Jahre, verheiratet, drei Kinder (14, 12, 9
Jahre). Drei Jahre nichts verdient. Zukunft?
Arbeit, Irrenanstalt oder Gashahn.«
»Die Kündigung erfolgte, weil Militäranwär-
ter eingestellt wurden. Ich verkaufte meine
Möbel. Vor dem Kriege mehrere eigene Geschäfte, die ich infolge des Krieges und meiner
Einberufung aufgeben mußte. Als ich zurück-
kam, starb meine Frau. Meine ganzen Ersparnisse sind mir durch den großen Volksbetrug
(Inflation) geraubt. Jetzt bin ich 51 Jahre alt
und muß deshalb überall hören: ›So alte Leute
stellen wir nicht ein.‹ Der letzte Schritt ist für
mich Selbstmord. Der deutsche Staat ist unser
Mörder.«

*Dora D., etwa 1919; als die Aufnahme ent-
stand, war sie siebzehn Jahre alt und arbeitete
als Dienstmädchen im Haushalt eines Fisch-
händlers.*

»Ich bin seelisch gebrochen und beschäftige
mich ab und zu mit Selbstmordgedanken. Außerdem habe ich das Vertrauen zu sämtlichen
Menschen verloren. 38 Jahre alt, geschieden,
vier Kinder.«

»Zukunft? Trostlos, falls nicht bald etwas für
uns ältere, doch noch voll arbeitsfähige und
durchgebildete Angestellte in irgendeiner
Art und Weise getan wird. 44 Jahre, verheiratet.«[322]

Lebensgeschichten aus der Weimarer Republik. Schicksale von Namenlosen, ohne Prä-
tention aufgezeichnet oder erzählt; und
Schicksale von Namenlosen, denen dichteri-
sche Ingeniosität zur Unvergeßlichkeit verhalf.

Ein neuer Staat war entstanden; der alte
weste weiter. *Leviné* sprach von einer Räte-
republik ohne Räte, von einer proletarischen
Diktatur ohne Proletariat, von revolutionären
Phrasen ohne revolutionären Inhalt. *Heinrich
Mann* fühlte sich in eine Republik ohne Repu-
blikaner versetzt. Das Diktat des Vertrags von
Versailles, bürgerkriegsähnliche Zustände,
revolutionäre Wirren und wirtschaftlicher
Niedergang prägten die häßlichen zwanziger
Jahre. Der maßlose Strom des Lebens tobte,
heulte, keuchte, lachte und starb. *(Alfred
Döblin)*

Die zwanziger Jahre waren aber auch goldene
Jahre: Ein Fest des Geistes, beflügelt von der
Hoffnung, daß der Militarismus (›Potsdam‹)
endgültig besiegt sei und ein Staatswesen wie
eine gesellschaftliche Ordnung unter dem
Vorzeichen von ›Weimar‹, als Rekonstruktion
eines sublimierten Individualismus angesichts
sich formierender Massen, möglich wären.
Berlin war Mittelpunkt intellektueller Bril-
lanz und narzißtischer Koketterie, faszinierender Urbanität und sorgloser Operetten-
stimmung. »Wir machen Epoche!« hieß die
Parole. Allen wirtschaftlichen und politischen
Problemen zum Trotz verbreitete sich ein
kultureller Optimismus, der dem Reich des
Geistes inmitten aller Nöte große Chancen
einräumte. Auch dort, wo Weltschmerz, Un-
tergangsstimmung und das Gefühl von einer
transitorischen Epoche vorherrschten, war
noch Lust, vorwiegend freilich »Lust am Untergang«, unverkennbar. »Wir machen Epoche«: das bedeutete Morgenrot und Abendrot,
Aufbruchs- und Endzeitstimmung, Angst vor
der großen Kälte und Gefühlsrausch. Das
neue junge Deutschland genoß die Zerrissenheit, so wie das Theater dieser Zeit gleichermaßen entfesselt, kulinarisch, realistisch und
visionär war. Inmitten eines vielfach verderb-
ten Milieus, geprägt durch Kriegsgewinnler,
Schieber und Spießer, abgetakelte Militari-

sten und falsche Propheten, die ihre Visionen zu Markt trugen (*George Grosz* hat in diesem Sinne die Physiognomie der Zeit gezeichnet!), erhielt sich, gewissermaßen in einer Enklave, eine O-Mensch- und O-Welt-Gesinnung, die bei aller Vergeistigung die Züge tumber Torheit trug. Der expressionistische Parzival war ständig auf der Suche nach dem Gral. Die Zeichen der Zeit wiesen jedoch auf »neue Sachlichkeit«. – Die Tagträume waren stark ausgeprägt; für die mühevolle Klein- und Dreckarbeit der Reform aber waren die Intellektuellen, die das Klima der goldenen zwanziger Jahre bestimmten, weitgehend ungeeignet. Was die Größe der Weimarer Zeit ausmachte – nämlich ihre Geistigkeit und Kultiviertheit –, bewirkte zugleich ihre Lähmung.

Das Übermaß des Denkens verstellte den Mut zum Handeln. »Die wundervollsten Jahre Deutschlands und Berlins, seine Pariser Jahre voll von Talenten und Kunst«, nannte Gottfried Benn die Weimarer Epoche; »es kommt nicht wieder.«[323]
Eine Krankheit zum Tode war der Weltkrieg gewesen. Nun blühte neues, hektisches Leben aus den Ruinen. Die Furchtbarkeit des Krieges wurde in einer Vergnügungssucht sondergleichen hinweggewirbelt. Der einzelne wollte

Berlin: Die Armen kaufen bei der Freibank.

George Grosz: Ausgesperrt.

Scala-Revue.

Metropolis – ein Film von Fritz Lang; hier Straßenbild der Zukunftsstadt ›Metropolis‹ mit dem neuen Turm Babel.

wieder ein solcher sein; er versuchte, sich im Meer der Massen auf die Insel der Privatheit zu retten. Diese Massen hatten sich mit der industriellen Revolution, der sprunghaft zunehmenden Bevölkerungsvermehrung und dem damit verknüpften Übergang der Agrar- in die Industriegesellschaft vorwiegend in den Städten zusammengeballt. Die herrschende bürgerliche Gesellschaft, welche die proletarischen Massen mit Hilfe politischer, wirtschaftlicher, sozialer und allgemein kultureller Repression diszipliniert und zunächst aus ihrem Klassenbewußtsein verdrängt hatte, mußte nun den »Aufstand der Massen« hinnehmen. Das Ringen um eine neue Lebensordnung setzte ein. Das Psychogramm der Zeit ist – expressionistisch-dichterisch formuliert – durch »Sturz und Schrei«, »Erweckung des Herzens«, »Aufruf und Empörung«, »Liebe den Menschen« markiert – *Kurt Pinthus* hatte 1919 seine Gedicht-Anthologie ›Menschheitsdämmerung‹ dergestalt gegliedert. Es war eine Sammlung der Erschütterungen und Leidenschaften, der Sehnsüchte und Qualen der Epoche. Gezeigt wurde die »schäumende, chaotische, berstende Totalität der Zeit«. Die Lyrik sei das Barometer seelischer Zustände, der Bewegung und Bewegtheit der Menschheit. Vorgestellt werde die charakteristische Dichtung einer Jugend, die recht eigentlich als die junge Generation des letzten Jahrzehnts zu

gelten habe, »weil sie am schmerzlichsten an dieser Zeit litt, am wildesten klagte und mit leidenschaftlicher Inbrunst nach dem edleren, menschlicheren Menschen schrie«.[324] Keine mechanische, historische Folge wurde angestrebt, sondern dynamisches, motivisches Zusammenklingen: Symphonie. »Man möge also nicht nur auf die einzelnen Instrumente und Stimmen des lyrischen Orchesters lauschen: die aufschwebende Sehnsucht der Violinen, die herbstlich-klagende Melancholie der Celli, die purpurnen Posaunen der Erweckung, das ironische Staccato der Klarinetten, die Paukenschläge des Zusammensturzes, das zukunftslockende Marciale der Trompeten, das tiefe, dunkle Raunen der Oboen, der brausende Sturzbach der Bässe, das rapide Triangelgeklingel und die bleckenden Beckenschläge genußgierigen Totentanzes. Sondern es kommt darauf an, aus den lärmenden Dissonanzen die melodischen Harmonien, dem wuchtigen Schreiten der Akkorde, den gebrochensten Halb- und Vierteltönen – die Motive und Themen der wildesten wüstesten Zeit der Weltgeschichte herauszuhören. Diese bewegenden Motive (zeugte sie ein inneres Geschehen aus uns heraus, oder ließ nur ein gleichgültiges Werden sie ungeheuer in uns erklingen?) variieren sich je nach Wesen und Wollen der Dichter, rauschen empor zum zersprengenden Fortissimo oder schwinden hin im beglückenden Dolce. Das Andante des Zweifels und der Verzweiflung steigert sich zum befreienden Furioso der Empörung, und das Moderato des erwachenden, erweckten Herzens erlöst sich zum triumphalen Maestoso der menschenliebenden Menschheit.«[325] Irisierender Glanz lag über harter, brutaler Faktizität: Die flimmernde Leinwand der Ki-

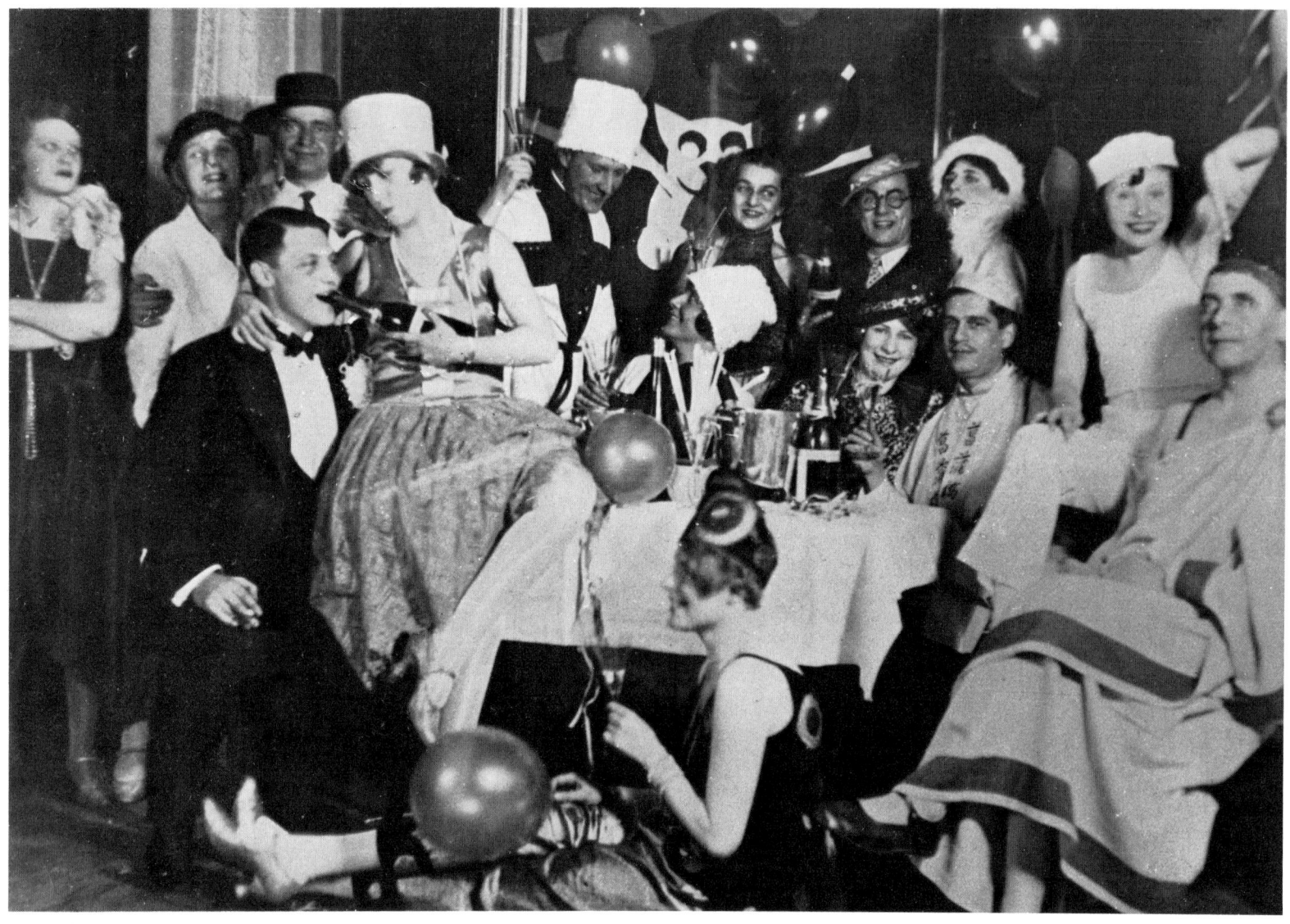

Faschingsfest bei Kroll, Berlin 1929.

nos, die Glitzerwelt der Reklame, die Delirien des Amüsements (vom Boxsport bis zum Sechs-Tage-Rennen, vom Schlager bis zur Revue)! Diejenigen, die – wie *Bert Brecht* – aus den »schwarzen Wäldern« in die Asphaltstädte verschlagen waren, entwickelten eine wölfische Existenz, voller Gier nach der Beute der Vergnügung. Der »Steppenwolf« in *Hermann Hesses* gleichnamigem Roman beklagt zwar den Verlust bürgerlicher Geborgenheit; sie blieb zurück im heiligen Schatten der Araukarie, in Wohnungen voll von strahlendem Mahagoni, Anstand und Gesundheit, mit Frühaufstehen, Pflichterfüllung, gemäßigt heiteren Familienfesten, frühem Schlafengehen; viel mehr aber genießt er die Wildheit des Asphaltdaseins, wie es immer wieder mit ungebändigter Sinnlichkeit und Gewalt heranbrandet.

»Aus einem Tanzlokal, an dem ich vorüberkam, scholl mir, heiß und roh wie der Dampf von rohem Fleisch, eine heftige Jazz-Musik entgegen. Ich blieb einen Augenblick stehen; immer hatte diese Art von Musik, so sehr ich sie verabscheute, einen heimlichen Reiz für mich. Jazz war mir zuwider, aber sie war mir zehnmal lieber als alle akademische Musik von heute, sie traf mit ihrer frohen rohen Wildheit auch bei mir tief in die Triebwelt und atmete eine naive redliche Sinnlichkeit. Ich stand einen Augenblick schnuppernd, roch an der blutigen grellen Musik, witterte böse und lüstern die Atmosphäre dieser Säle. Die eine Hälfte dieser Musik, die lyrische, war schmalzig, überzuckert und troff von Sentimentalität, die andere Hälfte war wild, launisch und kraftvoll, und doch gingen beide Hälften naiv und friedlich zusammen und gaben ein Ganzes. Untergangsmusik war es, im Rom der letzten Kaiser mußte es ähnliche Musik gegeben haben. Natürlich war sie, mit Bach und Mozart und wirklicher Musik verglichen, eine Schweinerei – aber das war all unsre Kunst, all unser Denken, all unsere Scheinkultur, sobald man sie mit wirklicher Kultur verglich. Und diese Musik hatte den Vorzug einer großen Aufrichtigkeit, einer liebenswerten unverlogenen Negerhaftigkeit und einer frohen, kindlichen Laune. Sie hatte etwas vom Neger und etwas vom Amerikaner, der uns Europäern in all seiner Stärke so knabenhaft und kindlich erscheint. Würde Europa auch so werden? War es schon auf dem Weg dazu? Waren wir alten Kenner und Verehrer des einstigen Europas, der einstigen echten Musik, der ehemaligen echten Dichtung, waren wir bloß eine kleine dumme Minorität von komplizierten Neurotikern, die morgen vergessen und verlacht würden? War das, was wir ›Kultur‹, was wir Geist, was wir Seele, was wir schön, was wir heilig nannten, war das bloß ein Gespenst, schon lange tot und nur von uns paar Narren noch für echt und lebendig gehalten? War es vielleicht überhaupt nie echt und lebendig gewesen? War das, worum wir Narren uns mühten, schon immer vielleicht nur ein Phantom gewesen?«[326]

Wer geglaubt hatte, daß in den Materialschlachten des Weltkrieges mit seinen unerhörten Menschenopfern der optimistische Glaube an die Kraft der Technik verglüht sei, wurde eines anderen belehrt. *Oswald Spengler*, dieser »Optimist des Untergangs«, feierte rhapsodisch den Sieg der Zivilisation über die

Soldat – ›Arbeiter der Stirn‹ – ›Arbeiter der Faust‹ waren Leitfiguren nationalsozialistischer Weltanschauung.

Kultur; in der Einleitung zum ›Untergang des Abendlandes‹ schreibt er: »Wenn unter dem Eindruck dieses Buches sich Menschen der neuen Generation der Technik statt der Lyrik, der Marine statt der Malerei, der Politik statt der Erkenntniskritik zuwenden, so tun sie, was ich wünsche und man kann ihnen nichts Besseres wünschen.«[327] Parallel zum expressionistischen Aufbegehren wird hier der technokratischen Anpassung das Wort geredet. Eingefärbt mit elitärem Stolz, überantwortet man sich dem wieder auferstandenen technischen Zeitgeist. Kontrapunktorisch zur »Aktion Vatermord«, die eine neue Bruderschaftsgesinnung zu etablieren versuchte, wird der Weg zum spätpreußischen Führerstaat gewiesen.

Solches Denken entspricht insgesamt dem »tragischen Bewußtsein« der Soziologie in den zwanziger Jahren. In Furcht vor der organisierten Arbeiterschaft, vor den sozialistischen Massen, sollte der Kulturpessimismus die Anpassung an die faschistischen Massen legitimieren, da diese eben nicht nivellierte Massen, sondern elitär geleitete Massen wären. Die Träger eines derartigen tragisch-soziologischen Lebensgefühls entstammten ihrem geistigen Habitus nach durchwegs der geistigen Welt des monarchistischen Staatswesens: Der bevorstehende Kulturtod befriedigt sie, da sie damit auch ihre eigene Neurotik zu überwinden hoffen. Von dem erhabenen Sitz ihrer Einsicht aus beobachten sie mit Freude, wie die Dämmerung über die Menschen hereinbricht. Die Soziologie erweist sich als Religion, die dem Opfergang die szientistisch-ritualistische Aura verleiht.

Für viele Söhne aus bürgerlichem wie proletarischem Haus, die vor 1914 im Rahmen der strengen Klassentrennung nicht miteinander in Berührung gekommen waren, hatte der Weltkrieg eine gegenseitige Entdeckung gebracht. Er war ein Schmelztiegel gewesen: Man erkannte die Klassengegensätze und brachte die Überzeugung mit nach Hause, daß diese im Geiste einer Volksgemeinschaft aufzuheben seien. So bot sich die idealistisch-soziale Erfahrung dar. Zugleich aber hatte man die Macht des politischen Potentials der Arbeiterschaft kennengelernt. Kriege, aber auch die Macht im Staat, waren offenbar nur mit Hilfe der Arbeiterschaft zu gewinnen. »Der Industriearbeiter ist der erste und stärkste Faktor beim Aufmarsch des modernen Nationalismus«, formulierte *Ernst Jünger* programmatisch[328]; »der Klassenstaat wird vernichtet werden durch den nationalsozialistischen Staat«.[329]

Jünger verlangte eine Fragestellung, durch die der Arbeiter in die nationale Front einbezogen

werde. Hier wurde, wenn auch mit wesentlich tieferer Fundierung, als es die Publizisten und Propagandisten der Rechten normalerweise taten, die Arbeiter vom konservativen und reaktionären Standpunkt aus vereinnahmt, der »totalen Mobilmachung« (mit ihrer Ausrichtung auf »Kriegsarbeit«) integriert. »Und so sehe ich ein neues, führendes Geschlecht im alten Europa auftauchen, ein Geschlecht furchtlos und fabelhaft, ohne Blutscheu und rücksichtslos, gewohnt, Furchtbares zu erdul-

den und Furchtbares zu tun und das Höchste an seine Ziele zu setzen. Ein Geschlecht, das Maschinen baut und Maschinen trotzt, dem Maschinen nicht totes Eisen sind, sondern Organe der Macht, die es mit kaltem Verstand und heißem Blute beherrscht. Das gibt der Welt ein neues Gesicht.«[330]

Ernst Jüngers Schrift ›Der Arbeiter. Herrschaft und Gestalt‹ erschien zwar erst im Jahre 1932, aber die ihr zugrunde liegende Philosophie und Analyse sind in den Jahren des

Krieges und der unmittelbaren Nachkriegs-
zeit gewachsen.[331] Für Jünger bedeuteten die
Materialschlachten des Weltkrieges den Zusammenbruch eines hoffnungslos verlorenen
Zeitalters. Er war überzeugt von dem Heraufziehen einer nationalistisch-kriegerischen
Welt, welche die bürgerlich-dekadente abzulösen im Begriffe war. Humanität, friedliche
Geschäftigkeit, Vernunftglaube, internationale Wirtschaftsordnung, Demokratie, Parla-
mentarismus, liberaler Rechtsstaat, all das,
was nach dem Ersten Weltkrieg mit soviel
Hoffnung bedacht wurde, galten ihm als »aus-
gebrannte Fassade«. Hierin trafen sich die
Kommunisten und aktivistischen Nationali-
sten; doch während jene sich dem Kern der
Masse angehörig und damit als deren
Vollzugsorgan empfanden, waren diese überzeugt, daß die Masse für elitäre Zwecke mani-
puliert werden müsse. Der lebensfeindliche,
seinsvergessene Intellekt war im Kult des
autonomen, unantastbaren Individuums genauso am Werk wie im bürgerlichen Utilita-
rismus, in der positivistischen Wissenschaft
wie in der sensitiv-verfeinerten Kunst. Dem
bürgerlichen Verfall wurde die Hoffnung auf
einen Zukunftsstaat entgegengestellt, welche
die kriegerisch-nationalistische Diktatur an-
tizipierte bzw. (wenn auch in anderer Form,
als dann im Nationalsozialismus verwirklicht) ersehnte. Vier Grundpfeiler sollten
den neuen Staat stützen: »der nationale,
der soziale, der kriegerische und der dikta-
torische Gedanke«.[332]
Der Arbeiter war Träger und damit Garant des
neuen Staates. In ihm schlossen sich Sozialismus und Nationalismus auf der Basis von
Heldentum zusammen. Ähnlich hatte Oswald
Spengler bereits 1919 in ›Preußentum und Sozialismus‹ die Ideologie eines »Kriegssozialis-
mus« propagiert.[333] Immer wieder erfolgte der
Rückgriff auf die Erfahrungen des Krieges,
da, wie *Hans Zehrer* 1931 in der ›Tat‹ schrieb,
diese Generation sozialistisch nach Hause
zurückgekommen sei, »nicht, weil sie Karl
Marx gelesen und verstanden hatte, sondern,
weil sie einer Gemeinschaft auf Tod
und Leben zutiefst das soziale Unrecht er-
spürt und die Berechtigung des sozialen
Ressentiments, das in der Arbeiterschaft lebte,
begriffen hatte«.[334]
Wenn *Jünger* von der Arbeit spricht, so meint
er damit weder die körperliche noch geistige,
weder Arbeit im ökonomischen Verständnis
noch technische Tätigkeit; Arbeit ist ihm Ausdruck eines neuen Seins: »eines besonderen
Seins, das seinen Raum, seine Zeit, seine Ge-
setztätigkeit zu erfüllen sucht.« Arbeit ist ihm
alles: »das Tempo der Faust, der Gedanken,
des Herzens, das Leben bei Tag und Nacht, die
Wisenschaft, die Liebe, die Kunst, der
Glaube, der Kultus, der Krieg; Arbeit ist die
Schwingung des Atoms und die Kraft, die
Sterne und Sonnensysteme bewegt«.[335]
Eine solche Mythisierung wie Mystifikation
von Arbeit mußte all jenen willkommen

sein, die, anstelle der konkreten Veränderung sozialer Verhältnisse, die Massen als
Stimmvieh für sich zu gewinnen hofften,
indem sie tiefgreifende Sehnsüchte auf das
Über-Ich des Führers hinweg zu projizieren
suchten.
So wie einerseits *Ernst Jüngers* Ideensyndrom
als »preußischer Leninismus«[336] empfunden
wurde, andererseits Sozialismus wie Kommunismus mit dem Nationalismus sich liierten,
zeigte generell die Parole von »Aufruf und
Empörung« widersprüchliche, ambivalente
Züge. Es gab den Aufruf für den Sozialismus
wie gegen ihn; Empörung für die Freiheit wie
gegen sie. Immer mehr wurde deutlich, daß
das, was im Gegensatz zu ›Potsdam‹ mit ›Weimar‹ begonnen werden sollte, wieder auf
›Potsdam‹ zuglitt; daß die von der Solidarität
der Massen getragene humane Utopie auf re-
vanchistische Gewalt hin sich umorientierte.
Die politischen Ideen des deutschen Nationalismus zwischen 1918 und 1933 waren die
eines antidemokratischen Denkens; sie brei-
teten sich vehement aus. In der Strömung des
politischen Irrationalismus mit seinem Anti-
intellektualismus und seiner Politik aus dem
Gemüt heraus war der wahre Staat der autori-
täre bzw. totalitäre Staat. Die sich selbst be-
stimmende Genossenschaft suspendierte ihren
Sozietätsbegriff im Ruf nach dem Führer. Die
Demokratie von Weimar erwies sich als Produkt einer Aporie, war »eine Demokratie quasi aus Verlegenheit«.[337] So war es nicht allzu
schwer, den »nationalen Durchbruch« zu bewirken.
Nach *Kurt Sontheimer,* der die umfassendste
Studie zum antidemokratischen Denken in
der Weimarer Republik verfaßt hat, stehen im
Zentrum des antidemokratischen Denkens
eine Reihe von Grundbegriffen und Wesens-
zügen, die als Topoi durch die gesamte rechte
Literatur und Politik ziehen; sie machten die
Substanz dieses Denkens aus und gaben ihm
Ziel und Inhalt. Es waren die Begriffe des Volkes, der Gemeinschaft, der Nation, des Organismus, einer neuen Politik, einer neuen Freiheit, des nationalen Sozialismus.[338]
Im Volksgedanken artikulierte sich das spezifisch Deutsche, Antiwestliche des antidemokratischen Denkens. Die Zerrissenheit des
Volkes in Parteien und Klassen wurde als be-
drückend empfunden. Wenn gerade das Bürgertum sich mit besonderer Inbrunst dem
Volksgedanken ergab, so war dies im Grunde
ein Versuch, den gesellschaftlichen und politischen Wandel im Übergang vom 19. ins 20.
Jahrhundert zu verdrängen. »Das Bürgertum
war nach 1919 aus seinem nationalen, staats-
tragenden Stand zu einer Klasse unter anderen geworden, seine verlorene Vormachtstel-
lung hoffte es sich mit Hilfe des völkischen
Gedankens wieder sichern zu können, wenn

Berlin, Potsdamer Platz 1924.

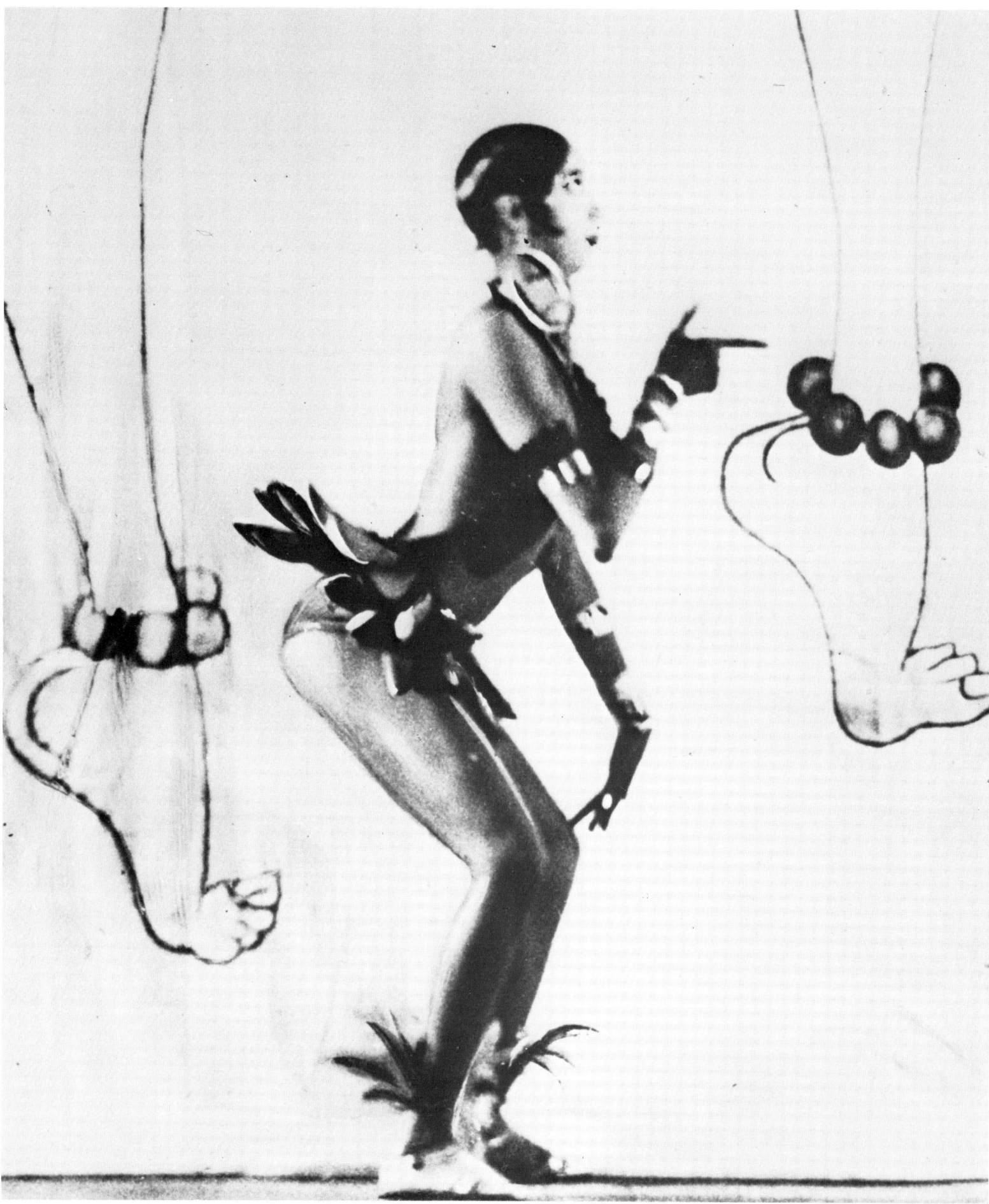

Josefine Baker in Berlin.

auch unter Verleugnung der liberalen Ideen, mit denen es groß geworden war.«[339] Zugleich glaubte man, der Kompliziertheit und Problematik der industriellen Gesellschaft mit Hilfe des Mythos vom Volksgeist entgehen zu können – mit einer neuen Totalität des Lebens, einer gemeinschaftlichen Ganzheit, die anstelle der »Zerklüftung« hochdifferenzierter staatlicher Institutionen und Organisationen eine einfache Lösung anbot.

»Der Mythos vom Volke war aufs innigste verknüpft mit der Idee der Gemeinschaft. Man wies nicht allein nach, daß sich das Wesen des Deutschen nur in der Gemeinschaft erfülle, sondern beschrieb ungeachtet der offen zutage liegenden spezifischen Existenzbedingungen der modernen Industriegesellschaft die Gemeinschaft als durchaus realisierbares soziales Ideal.«[340] Gesellschaft war böse, Gemeinschaft gut; Gesellschaft war künstlich, Gemeinschaft organisch; Gesellschaft ein Gebilde von Menschenhand, Gemeinschaft Gottes Schöpfung. »Volksgemeinschaft! Die Jugend erbebt in hohem, höchstem Gefühl, wenn dieses Wort fällt, denn es ist ihr ein Wort, das höchste Vergangenheit über die entartete bourgeoise Epoche hinweg mit fruchtbar Zukünftigem verbinden soll. Es ist der heilige Wille der Jugend, das Ich münden und sich vollenden lassen im Wir. Denn sie weiß, daß in der Vereinzelung die Welt der Väter zerbrochen ist, nachdem sie sich immer mehr veräußerlicht und liberalistisch verhärtet hatte. Nur in der Gemeinschaft kann ein Volk und jeder Einzelne sich erfüllen und sein Leben steigern.« *(Jonas Lesser)*[341]

Mit dem Begriff der ›Nation‹ wurde von einem anderen Denkansatz aus die Einheit betont. Nation bedeutet nicht nur völkische Einheit im politischen Sinne, sondern Einheit des Geistes, gemeinsames Festhalten an überlieferten Werten, gemeinsames Arbeiten zur Kräftigung und Stärkung des volkhaften deutschen Staates. Mochte das Volk auch reich sein an Ausdrucksmöglichkeiten und vielfältig in seinen Bestrebungen, als nationale Größe mußte es von *einem* Willen beseelt, von *einem* verbindlichen historischen Bewußtsein getragen werden. Da gerade die Weimarer Republik die Vielfalt der geistigen Standpunkte und Entwicklungen betonte, entbehrten die Massen eines einheitlichen nationalen Wertbewußtseins, das ihnen eine handfeste Lösung ihrer Frustrationen hätte anbieten können. Die Nation war das große Über-Ich, an dem die Furcht vor individueller Selbstbestimmung Halt fand.

Die Vokabel »organisch« stammte aus der romantischen Staatsphilosophie des frühen 19. Jahrhunderts. Der durch Technik und Vermassung bewirkten »Entseelung« wurden organische Ideologien gegenübergestellt, die den »einfachen« Prozeß des »Stirb-und-Werde« in allen Bereichen des menschlichen Daseins am Werke sahen (selbst – wie bei *Oswald Spengler* – in der Kulturentwicklung). Mit dem Wort »organisch« wurde auch der Kampf gegen die Ratio geführt: der Geist sei Widersacher der Seele, Glauben wichtiger als Denken. Den Kräften des Gemüts und der Instinkte sollte freie Bahn gegeben und Vernunft möglichst weitgehend ausgeschaltet werden. Entscheidung und Tat: das antidemokratische Denken der Weimarer Republik war ein Denken des Entweder-Oder. Es verteufelte die rationale Darlegung von Gründen und Begründungen; es forderte die charismatische Führergestalt, die aus instinktivem oder intuitivem Erleben heraus die »richtigen« Maßstäbe setzte, die »richtigen« Handlungen bewirkte. Die dezisionistischen »Philosophien« waren die Vorbedingungen für den sich anbahnenden Führerstaat.[342] »Der Glaube an die Dezision schließt den demokratischen Glauben an die Möglichkeit des Kompromisses aus. Dem dezisionistischen Denken wohnt ein ästhetizistisches Moment inne. Es hat seine Lust an der Eindeutigkeit, der Klarheit und Konsequenz der Entscheidung. Es findet Gefallen an einer Ordnung, die widerspruchslos von oben nach unten durchkonstruiert ist, und kann einen Zustand, in welchen sich viele verschiedene Kräfte um Anteil an der Macht bemühen, nur als unschönes Durcheinander begreifen, das sich keiner eindeutigen und übersichtlichen Struktur mehr fügt.«[343]

Unter »neuer Politik« verstand man die Abfolge von großen Taten großer Männer. Aus diesem Grunde war das antidemokratische Denken vorwiegend an der Außenpolitik interessiert, denn das, was im Innern geschah, war sowieso geprägt durch die Einheit des Volkswillens und nationalen Gemeinschaftsgeist; hier hatte alles seinen Standort und seine ihm zugedachte Funktion. Nach außen hin aber galt es, den Ruhm und die Kraft des Staates zu nähren. »Volk ohne Raum« wurde zum Motto einer Politik, die auf Expansion und Weltherrschaft ausging.[344] »Politik wird letztlich zum geforderten Vollzug eines schicksalsmäßig vorgeschriebenen Weges deutscher Geschichte, wird zur Erfüllung der deutschen Sendung.«[345]

Die »neue Freiheit« verachtete den individualistischen, liberalen Freiheitsbegriff. Dieser galt als Wurzel der politischen Misere der liberalen Demokratie; denn die liberalen Freiheiten des einzelnen gegenüber dem Staat würden dessen Schwäche und innere Zerrissenheit bedingen. Sie müßten in letzter Konsequenz zur Anarchie führen. Ein Staat, in dem regiert werden und Ordnung herrschen solle, könne individuelle Freiheiten seinen Bürgern nicht zubilligen. Der Staat sei kein Dienstleistungsinstitut, kein Vertrag, abgeschlossen zur Sicherung der Freiheitssphäre des Bürgers und zum Schutze gegenüber dem Mitmenschen, sondern ein souveräner Herrschaftsverband, der sich selbst wähle. Freiheit: was war in Wirklichkeit die rückhaltlose Bejahung von Ordnung und Unterordnung. »Diese neue Freiheit ist erst die wahre Freiheit; sie ist nicht äußerlich, nicht festgelegt in Grundrechten, sondern ruht auf der Bindung an das Ganze. Es handelt sich um eine innere sittliche Freiheit, die zugleich organische Bindung ist.«[346] Freiheit bestand letztlich darin, daß sie nicht mehr bestand, d. h. nicht mehr als Freiheit des einzelnen. Die Autonomie des Menschen, seine ›Selbstherrlichkeit‹, sollte zugunsten staatlicher Ordnung gebrochen werden. »Die Idee der Freiheit wird ausgelöscht als individuelle Freiheit, weil diese individuelle Freiheit das Ganze in seiner Kraft und Geschlossenheit beeinträchtigt, weil, wie F. G. Jünger an einer Stelle sagt, diese Freiheiten dazu ausgebeutet werden, den Staat zu bekämpfen. Die neue Freiheit hingegen erfüllt sich im Aufgehen des einzelnen im Ganzen, sie will die Unterordnung und Einordnung in das Ganze. Der als Freiheit verbrämte Dienst des einzelnen für das Ganze sichert erst die Freiheit des Ganzen. ›Frei ist der Mensch, wenn er in seinem Volke frei ist. Frei ist der Mensch, wenn er in einem konkreten Gemeinwillen steht.‹« *(H. Freyer)*[347]

Der »nationale Sozialismus« verband den antibourgeoisen Affekt und die Ablehnung des kapitalistischen Wirtschaftssystems mit nationalistischen Ressentiments und kriegerischem Enthusiasmus. Das Bürgertum wurde vom nationalen Sozialismus genauso bekämpft wie der internationale Kommunismus. Wo der Marxismus ende, da beginne Sozialismus; der deutsche Sozialismus sei berufen, in der Geistesgeschichte der Menschheit allen Liberalismus abzulösen, meinte *Moeller van den Bruck* in seinem Buch ›Das Dritte Reich‹ (1923), das – einem Brennglas gleich – alle Topoi des antidemokratischen Denkens zusammenfaßt oder vorwegnimmt.

Paradoxerweise war dem Hauptwerk des Traktats, dem der nachfolgende Absatz entnommen ist, das Motto vorangestellt: »Wir müssen die Kraft haben, in Gegensätzen zu leben.« Gerade diese jedoch, die Antinomien und Aporien der Epoche, sollten im neuen Mythos »aufgehoben«, das heißt hier: vernichtet werden.

»Die dritte Partei will das dritte Reich.
Sie ist die Partei der Kontinuität deutscher Geschichte.
Sie ist die Partei aller Deutschen, die Deutschland dem deutschen Volke erhalten wollen.
Die Deutschen aller Parteien werden hier rufen: dies wollen wir auch! Wir glauben Euch gerne. Aber wir wissen zu gut, daß Ihr dabei an das Deutschland Eurer Partei denkt und ein Leben in ihm nach dem Zuschnitte Eurer Parteiprogramme wollt.
Ihr zieht mit Euren Fahnen auf, die ihr dem

Lande aufzwingen möchtet. Ihr kommt mit der roten Fahne, die nur ein Tuch ist, das reizt, und die Farbe von Blut ohne Geist. Sie kann unsere Fahne auch dann nicht sein, wenn Ihr sie mit Hammer und Sichel und einem Menschheitssterne verziert. Oder Ihr habt die schwarzrotgoldene Fahne hervorgeholt, die einst der schöne Irrtum von Romantikern für die Fahne unseres ersten Reiches hielt. Aber sie hat längst den Goldglanz verloren, den ihr damals eine schwarmstürmende Jugend gab. Oder Ihr haltet noch immer zu der schwarz-weißroten Fahne unseres zweiten Reiches, die über einem Machtgedanken flatterte, der das Weltmeer zu befahren gedachte, ehe ihm das Festland gehörte. Aber wir erlebten den Tag, an dem diese Fahne, die unsere ehrenvollste blieb, in den Wirbeln von Scapa Flow versank.

Über Deutschland weht heute nur eine Fahne, die Zeichen von Leid und ein Gleichnis unseres Daseins ist: nur eine einzige Fahne, die keine Farben neben sich verträgt und den Menschen, die in ihrer Düsterheit gehen, alle Lust an bunten Wimpeln und frohen Standarten nimmt: nur die schwarze Fahne der Not, der Demütigung und einer letzten Erbitterung, die Gefaßtheit ist, um nicht Verzweiflung zu sein – Banner der Unrast von Gedanken, die bei Tage und in der Nacht um das Schicksal kreisen, das eine verschworene Welt unserem entwaffneten Lande zugedacht hat – Banner des Widerstandes von Männern, die nicht in Ergebung ein Vernichtungswerk hinnehmen wollen, das mit der Zerreißung des Landes beginnen und mit der Austilgung unseres Volkstums enden soll – Banner des Aufbruches von Deutschen, die entschlossen sind, den Betrug auf die Betrüger zurückzulenken, die Nation zu retten und das Reich zu bewahren.«[348]

Die Kultur der Weimarer Republik erwies sich als eine faszinierende, aber späte Blüte am Stamme der Industriekultur. Die Kommunikations- und Verkehrsdichte beförderte Urbanität; trotz der vernichtenden Wirkung des Weltkrieges, der alle Humanität zerstört zu haben schien, und der niederdrückenden Wirkung des Vertrags von Versailles[349], der Deutschland auf lange Zeit zu isolieren versuchte, entwickelte sich eine neue Form von Kosmopolitismus. Bevorzugter Ort dieser Großstadtkultur der 20er Jahre war das Kaffeehaus, nach *Hermann Kesten* »ein Wartesaal der Poesie«. Die Atmosphäre des Kaffeehauses war eine Mischung aus Weltschmerz und Lebensfreude; in euphorischen Diskussionen wurden gegenwärtige und zukünftige Perspektiven be- und zerredet. Die Kaffeehausliteraten fühlten sich am Nabel der Welt. Das Kaffeehaus war eine literarische Karawanserei; man nahm seine Inspirationen aus Ost und West und inspirierte seinerseits die halbe Welt. Was abends in den Berliner literarischen Cafés erörtert wurde, war ein paar Tage später Thema in New York, London, Paris und

Rio de Janeiro. Schulreformer saßen neben weltanschaulichen Fanatikern, Revolutionäre neben Taschendieben, Rauschgiftsüchtige neben Vegetariern. Solche Mischungen erzeugten allerhand Verwirrung, wirkten aber auch als starke Stimulanzien. Tiefsinn und Charme gingen eine prickelnde Verbindung ein. Das Café war Bastion geistiger Freiheit – einer Freiheit, die freilich mehr in den Feuilletons denn in der sozialen und politischen Wirklichkeit zu Hause war. »In jenen Jahren war die Literatur freier als je in Deutschland. Es wohnten Hunderte Literaten in Berlin. Ausländische Schriftsteller kamen aus aller Welt. Die Berliner Theater, Zeitungen, Zeitschriften, Verlage, Universitäten, Museen, Kunsthandel und die Filmindustrie florierten.« *(Hermann Kesten)*[350] Das Kaffeehaus war der Ort, von dem die neuesten Stimmungen und Strömungen ausgingen; man dachte, fühlte und lebte à la mode, versorgte sich und seinesgleichen mit immer neuen Reizen, nahm immer neue Attitüden an. »Sie dichten, komponieren, schmieren Papier voll und streiten sich um Richtungen, das muß sein. Sie sind expressionistisch und supranaturalistisch; sie sitzen neben dicken Damen auf dem Sofa, kriegen plötzlich lyrische Kalbsaugen und sprechen mit geziertem Mündchen, und sind feige und lassen sich verleugnen oder lügen telefonisch. Sie dirigieren Symphonien und fangen einen kleinen Weltkrieg an, und sie haben für alles eine Terminologie. Welche Aufregung –! Welcher Eifer –! Welcher Trubel –! Horch: sie leben«, schrieb *Peter Panter (Kurt Tucholsky)* 1927 in der ›Bilderausstellung eines Humanisten‹.[351] Man glaubte daran, daß Probleme durch Diskussion bewältigt würden; man liebte die Worte, so wie man die Häuser, Plätze, Chausseen, die Großstadt insgesamt liebte. Doch fand man den Weg von den Hügeln des Geistes in die Gassen des Wirklichen nur selten. Man blieb unter sich und versäumte, das, was man erspekuliert hatte, vom Kopf auf die Füße zu stellen.

Deshalb konnte die späte Blüte der Weimarer Industriekultur auch so rasch der Kälte einer Weltanschauung zum Opfer fallen, welche die Regression auf dunkle Instinkte mit gewissenlosem technokratischem Futurismus verband. In ›Mein Kampf‹ verkündete *Adolf Hitler*: »Alles, was wir heute auf dieser Erde bewundern – Wissenschaft und Kunst, Technik und Erfindungen – ist nur das schöpferische Produkt weniger Völker und vielleicht ursprünglich einer Rasse. Von ihnen hängt auch der Bestand dieser ganzen Kultur ab. Gehen sie zugrunde, so sinkt mit ihnen die Schönheit dieser Erde ins Grab. ... Was wir heute an menschlicher Kultur, an Ergebnissen von Kunst, Wissenschaft und Technik vor uns sehen, ist nahezu ausschließlich schöpferisches Produkt des Ariers. Gerade diese Tatsache läßt den nicht unbegründeten Rückschluß zu, daß er allein der Begründer höheren Menschentums über-

haupt war, mithin den Urtyp dessen darstellt, was wir unter dem Wort ›Mensch‹ verstehen. ... Solange er den Herrnstandpunkt rücksichtslos aufrechterhielt, blieb er nicht nur wirklich der Herr, sondern auch der Erhalter und Vermehrer der Kultur. ... Hier freilich kommt der echt judenhaft freche, aber ebenso dumme Einwand des modernen Pazifisten: Der Mensch überwindet eben die Natur. ... Mit der Zertrümmerung der Persönlichkeit und der Rasse fällt das wesentliche Hindernis für die Herrschaft des Minderwertigen – dieser aber ist der Jude. ... Indem ich mich des Juden erwehre, kämpfe ich für das Werk des Herrn.«[352]

Stiernackig, aber rhetorisch trickreich wurde der Zivilisation der Geist ausgetrieben. Der Arier, so *Alfred Rosenberg*, der Künder des »Mythus des 20. Jahrhunderts«, müsse den Asphaltdschungel der Großstadt von Neger- und Judenbastarden säubern. »Gebären die Frauen einer Nation Neger- oder Judenbastarde; geht eine Schlammflut von Nigger-Begeisterung und Niggerkunst weiter so ungehindert über Europa hinweg wie heute; darf die jüdische Bordell-Literatur weiterhin ins Haus gelangen wie jetzt; wird der Syrier vom Kurfürstendamm noch weiter als Volksgenosse und ehe-möglicher Mann betrachtet, dann wird einmal der Zustand eintreten, daß Deutschland und Europa in seinen geistigen Zentren nur von Bastarden bevölkert sein wird ... Der härteste Mann ist für die eiserne Zukunft gerade noch hart genug. Wenn auf Rassen- und Volksverhöhnung, wenn auf Rassenschande einmal Zuchthaus und Todesstrafe stehen werden, dann erst wird es stählernen Nerven und schroffesten Formkräften gelingen, den kommenden Typus zu schaffen.«[353]

Dem kommenden Typus, der vom zweiten ins dritte Reich sich hineinträumte, Kulturpessimismus zur Waffe gegen den urbanen Geist schmiedete, Alldeutschtum verkündete, vom Wandervogel zum Jungenstaat aufbrach, antisemitisch den Mythos vom Volk verkündete und die radikale Gegenrevolution in Gang setzte[354] – diesem Typus mit seiner stahlharten Gewissenlosigkeit und seinem windhundflinken Opportunismus, mit seiner braunplüschernen Kulturverachtung und seinem gefühllos-techniziden Perfektionismus waren weder linke Ingeniosität noch linke Melancholie gewachsen. Die Liebe zu den kleinen Leuten und den kleinen Freuden galt nicht mehr. Der Individualismus hatte ausgespielt. Im gleichen Schritt und Tritt vollzog sich der Marsch in die neue gewaltige, strahlende Zeit. – Die Weltwirtschaftskrise beschleunigte den Sturz der Republik. Vor dem Getöse eines dampfenden, schwitzenden, alle Gegensätze niederbügelnden Aufbruchs verklang die

immer leiser werdende »Großstadtmelodie«
in ihrer zwischen Sentimentalität und
Schnoddrigkeit hin und her pendelnden
Tonlage.

»Jetzt ruhn auch schon die letzten Großstadthäuser.
Im Tanzpalast ist die Musik verstummt
Bis auf den Boy, der einen Schlager summt.
Und hinter Schenkentüren wird es leiser.

Es schläft der Lärm der Autos und Maschinen,
Und blasse Kinder träumen still vom Glück.
Ein Ehepaar kehrt stumm vom Fest zurück,
Die dürren Schatten zittern auf Gardinen.

Ein Omnibus durchrattert tote Straßen.
Auf kalter Parkbank schnarcht ein Vagabund.
Durch dunkle Tore irrt ein fremder Hund
Und weint um Menschen, die ihn blind vergaßen.

In schwarzen Fetzen hängt die Nacht zerrissen,
Und wer ein Bett hat, ging schon längst zur Ruh.
Jetzt fallen selbst dem Mond die Augen zu…
Nur Kranke stöhnen wach in ihren Kissen.

Es ist so still, als könnte nichts geschehen.
Jetzt schweigt des Tages Lied vom Kampf ums Brot.
– Nur irgendwo geht einer in den Tod.
Und morgen wird es in der Zeitung stehen…«
(Mascha Kaléko)[355]

Der Lautsprecher

Die häßlichen goldenen zwanziger Jahre waren laute Jahre. Der Lautsprecher war die adäquate »Maschine« der Epoche. Auf der Grundlage der in den 80er Jahren des 19. Jahrhunderts erzielten Forschungsergebnisse des deutschen Physikers *Heinrich Hertz* über die Ausbreitung elektromagnetischer Wellen entwickelte der Italiener *Guglielmo Marconi* die erste Sendeantenne für drahtlose Nachrichtenübermittlung. Bereits in den Jahren vor dem Weltkrieg wurde die Radiotechnik vervollkommnet, während des Krieges dann intensiv ausgebaut. Damit war auch die Grundlage für die wirtschaftliche Nutzung des Funks geschaffen. Das Ursprungsland der Rundfunkindustrie waren die Vereinigten Staaten; es folgten Großbritannien und Deutschland. 1921 wurde in Pittsburgh der erste für die Öffentlichkeit bestimmte Rundfunksender in Betrieb genommen; Ende 1922 gab es in den USA dreißig Stationen mit Sendelizenz, 1924 bereits fünfhundert. In Deutschland begann der Unterhaltungsrundfunk am 29. Oktober 1923.[356]
Maßgebend für die Entwicklung des Rundfunks in Deutschland war *Hans Bredow*, den man mit Recht »Vater des deutschen Rundfunks« genannt hat. Er wurde 1879 in Hinterpommern geboren; sein Hochschulstudium konnte er aus Geldnot nicht abschließen; ohne jedes Diplom ging er in die Ingenieurspraxis, wurde jedoch bald Leiter der von den Firmen AEG und Siemens getragenen ›Gesellschaft für drahtlose Telegraphie GmbH‹ (Telefunken). Damals beherrschte die britische Firma Marconi den internationalen Funkverkehr, speziell den Schiffs- und Küstenfunk, auch den deutschen. Als *Bredow* einen eigenen Funkdienst aufbaute, verweigerte *Marconi* jeden Verkehr mit Schiffen, die nicht von *Marconi* ausgerüstet waren. Vier Jahre dauerte der Kampf; *Bredow* setzte sich durch; 1912 wurde auf einem Kongreß in London, bei dem *Bredow* nebenbei die erste Funkausstellung

der Welt veranstaltete, ein allgemeiner »Weltfunkfrieden« geschlossen.
1917 veranstaltete *Bredow* vor Reims mit Grammophonmusik für Soldaten die erste Rundfunksendung; die Idee eines allgemeinen »Rund-Funks«, den jedermann empfangen könne, trug er 1919 dem Hauptausschuß der Nationalversammlung vor; bald darauf wurde er ins Reichspostministerium berufen. Der technische Schriftsteller *Hans Dominik* schrieb im Berliner ›Lokalanzeiger‹: »Trotzdem der Vortragende streng auf dem Boden der Sachlichkeit blieb, konnte er doch gelegentlich Zukunftsperspektiven von *Jules Verne*scher Kühnheit entwerfen, so beispielsweise den künftigen politischen Redner, der seine Rede an einer Stelle in den drahtlosen Sendeapparat spricht, während sie gleichzeitig in ganz Deutschland von Millionen gehört wird.«[357] Bald darauf war die Fiktion Wirklichkeit. »Eine Sensation« – unter dieser Überschrift vermittelte die ›Berliner Illustrirte Zeitung‹ am 6. Januar 1924 ihren Lesern in einem Schemabild die praktische Anwendung des Radios: »Mitteilung von Wahlergebnissen in London durch Lautsprecher an die wartende Menge.« Sie zeigte den »Spezialapparat«, der für diese Zwecke aufgestellt war. Und darunter veröffentlichte sie ein Bild des deutschen Reichskanzlers bei seiner Weihnachtsansprache, die durch das »Radio« verbreitet wurde (Radio schrieb man damals noch in Anführungszeichen!).[358]
Der Weimarer Rundfunk war staatsnah, zentralistisch, kommerziell. Die einzelnen regionalen Sendegesellschaften waren florierende Aktiengesellschaften. Man wollte unpolitisch, vor allem belehrend sein; besonders der Deutschlandsender (1925 gegründet) diente diesem Ziel.
1926 schied *Bredow* aus seinem Beamtenverhältnis als Staatssekretär beim Reichspostministerium aus und übernahm mit dem Titel »Rundfunk-Kommissar« als Vertrauensmann

der Reichspost und der Rundfunkgesellschaften den Vorsitz in dem Verwaltungsrat der eben gegründeten Dachorganisation ›Reichs-Rundfunk-Gesellschaft‹. 1933 wurde *Bredow* verhaftet. Der von *Goebbels* angestrengte Prozeß gegen die Weimarer Rundfunkprominenz versandete freilich aus Mangel an stichhaltigen Anklagepunkten.
Rudolf Arnheim, 1904 in Berlin geboren, von 1928 bis 1933 Redakteur der ›Weltbühne‹, dann in die USA emigriert, hat die Faszination des neuen industriekulturellen Mediums »Rundfunk« in seinem Buch ›Rundfunk als Hörkunst‹, das Anfang der 30er Jahre konzipiert wurde und 1936 erschien, wie folgt (als Frage ans eigene Werk) beschrieben:
»Ob von den vielen, seltsamen Sensationen, die das Rundfunkhaus und der Rundfunkempfänger vermitteln, etwas in diesem Buch der Theorien zu spüren ist? Von den teppichbelegten Räumen, auf denen kein Tritt hallt und deren Wände die Stimmen schlucken, von den unzähligen Türen und Gängen mit ihren bunten Signallämpchen, von dem rätselhaften Zeremoniell der Schauspieler in Hemdsärmeln, die, wie angezogen und abgestoßen vom Mikrofon, sich dem zahnärztlich anmutenden Metallständer nähern und wieder von ihm entfernen, und die man durch eine Glasscheibe wie in einem Aquarium fern agieren sieht, während ihre Stimmen fremd und ganz nah aus dem Kontroll-Lautsprecher der Abhörkabine schallen; von dem ernsthaften jungen Mann am Schaltbrett, der mit seinen schwarzen Knöpfen die Stimmen und Klänge aufdreht und abdrosselt wie einen Wasserstrahl; von der Einsamkeit des Sendezimmerchens, wo du mit deinem Blatt Papier und deiner Stimme allein und doch vor dem größten Publikum sitzt, das je einem Redner zuhörte; von der Zärtlichkeit, die einen für das tote Kästchen ergreift, das da an Hosenträgergummis in einem Ringe aufgehängt ist, schätzereicher und geheimnisvoller als die drei Kästchen der Porzia; von dem Wagnis eines improvisierten Gesprächs vor den Ohren der Welt; von der Verlockung des stillen Raums zu Vertraulichkeit und häuslicher Ungezwungenheit und der Angst vor der Öffentlichkeit, die sich hinter ihm verbirgt; von der Freude des Schriftstellers, der als unbehinderter Schöpfer im Gedankenreich Symbole und Thesen zu Darstellern phantastischer Geisterspiele machen darf; und endlich von den langen, überraschungsreichen Abenden am Lautsprecher, wo du, ein Gott oder doch ein Gulliver, mit einem Fingerdruck die Länder durcheinanderpurzeln lässest und Begebenheiten erlauschst, die so irdisch klingen, als hättest du sie im eigenen Zimmer, und doch so unmöglich fern, als wären sie nie gewesen?«[359]
Der Rundfunk, so meint *Arnheim*, sei zusammen mit dem Fernsehen das bisher letzte Glied einer Entwicklung, die mit den ersten Seefahrern und Karawanen begonnen habe.

Aus der Geburtszeit des Rundfunks (1924).

Der Mensch verlasse seinen Stammsitz, überquere Land, Gebirge und Meer, tausche Produkte, Erfindungen, Kunstgegenstände, Sitten, Religion, Kenntnisse aus. Europäische Ärzte, Missionare, Instruktionsoffiziere in Asien und Afrika, Chinesen, Japaner, Inder, Neger an europäischen Universitäten, der afrikanische Fetisch im Großstadtsalon und der steife Herrenkragen um den Hals des schwarzen Häuptlings ... und nun heute die singende, lehrende, predigende, herrschende Stimme, die von überall her überallhin dringe und alle im Augenblick zu Mitwissern an allem mache. Der Wagen und das Segelschiff seien von der Eisenbahn und dem Dampfschiff übertrumpft worden, und diese wiederum vom Flugzeug; aber je einfacher und schneller sich der Mensch von Ort zu Ort bewegen könne, um so mehr vermöge er auf diese Beweglichkeit zu verzichten, denn Hören, Sprechen und Sehen, die einen so großen Teil seiner Tätigkeit ausmachten, würden immer vollkommener und auch über den Raum hinweg möglich. Immer schneller reisten die

Briefe um die Welt; der Telegraph schalte die Reisezeit vollkommen aus; das Telefon mache den Umweg über die Schrift überflüssig, die Photographie ersetze das Augenzeugnis; die Bildtelegraphie erübrige den Posttransport der Bilder, und über Ton- und Bildrundfunk endlich hörten und sähen beliebig viele Menschen gleichzeitig, was allenthalben in der Welt geschehe. Der Rundfunk diene auf unbefangenste Weise allem, was Verbreitung und Gemeinsamkeit bedeute, und schädige alle Absonderung und Isolierung. Während Buch, Film und Zeitung erst ›exportiert‹ werden müßten (ein Vorgang, den Ausfuhr- und Einfuhrland nach Belieben beeinflussen könnten), sei der Rundfunk ebenso unmittelbar diesseits wie jenseits der Landesgrenzen. Er sei kein Brief, kein Bote, kein Telegramm oder Telefongespräch, das unterbrochen oder an der Grenze abgefangen werden könne; er passiere alle Zollposten, brauche kein Kabel, dringe durch alle Mauern und sei selbst bei Haussuchungen schwer zu ertappen. Alle Versuche, gewisse ausländische Sender durch Störsender zu übertönen oder den Hörern den Empfang gewisser ausländischer Stationen zu verbieten, seien bisher ohne rechten Erfolg geblieben. Der Rundfunk plaudere alles aus –

jedenfalls überall, wo er sich verständlich machen könne. Er stelle ein neues Werkzeug im Sinne internationaler Sprachentwicklung dar.

»Ist es schon recht wirksam mit anzuhören, was ein fremdes Land seinen Bürgern vorsetzt und mitteilt, so redet der Rundfunk schon heute ganz bewußt immer häufiger auch über die Grenzen hinweg. Man spricht zu den Volksgenossen im Ausland und in den Kolonien und macht so die politischen und soziologischen Gebilde immer unabhängiger von dem alten Begriff des Raumkontinuums. Der Papst ist durch seinen Kurzwellensender in unmittelbarer Verbindung mit allen Legaturen der Welt – bestes Beispiel eines übergeographischen, drahtlosen Geistesreiches. Politiker beteiligen sich über die Grenzen hinweg, die sie leibhaftig nicht passieren dürften, an Wahlkampagnen im Ausland, und Proteste gegen solche ›Einmischung‹ – die ja nichts weiter ist als ein eindringlicher Beweis dafür, daß sich die Isolierung nicht mehr aufrechterhalten läßt – wirken in ihrer Hilflosigkeit ein wenig lächerlich und altmodisch. Rußland, Italien, Deutschland werben durch tägliche Rundfunkberichte in fremden Sprachen um Verständnis für ihr Regierungssystem. Die Mög-

Aus der Anfangszeit des Rundfunks.

Der Reichskanzler Marx (links vom Mikrophon) bei seiner durch den Rundfunk übertragenen Weihnachtsansprache 1924.

lichkeiten, einem einzelnen Volk Tatsachen vorzuenthalten, über welche die ganze übrige Welt spricht, oder Lügen über andre Völker im Inland zu verbreiten, schwinden, denn die aufklärende Stimme schallt von draußen herein. Der Rundfunkhörer, der am Abend inner-

halb einer Stunde die neuesten Nachrichten aus London, Paris, Berlin, Rom, Moskau und Basel hört, findet die gleichen Tatsachen von den verschiedensten Interessenzentren aus subjektiv interpretiert und kann sich auf dieser Basis von ungefähr eine eigene Meinung bilden. Es wird immer schwieriger, die öffentliche Meinung eines einzelnen Volkes unter geistiger Isolierung gegen das Ausland in einem bestimmten Sinne zu steuern, was besonders bedeutungsvoll im Falle eines Krieges wird. Man stelle sich einen Krieg vor, währenddessen jeder Rundfunkhörer in täglichem Kontakt mit dem Leben der feindlichen Par-

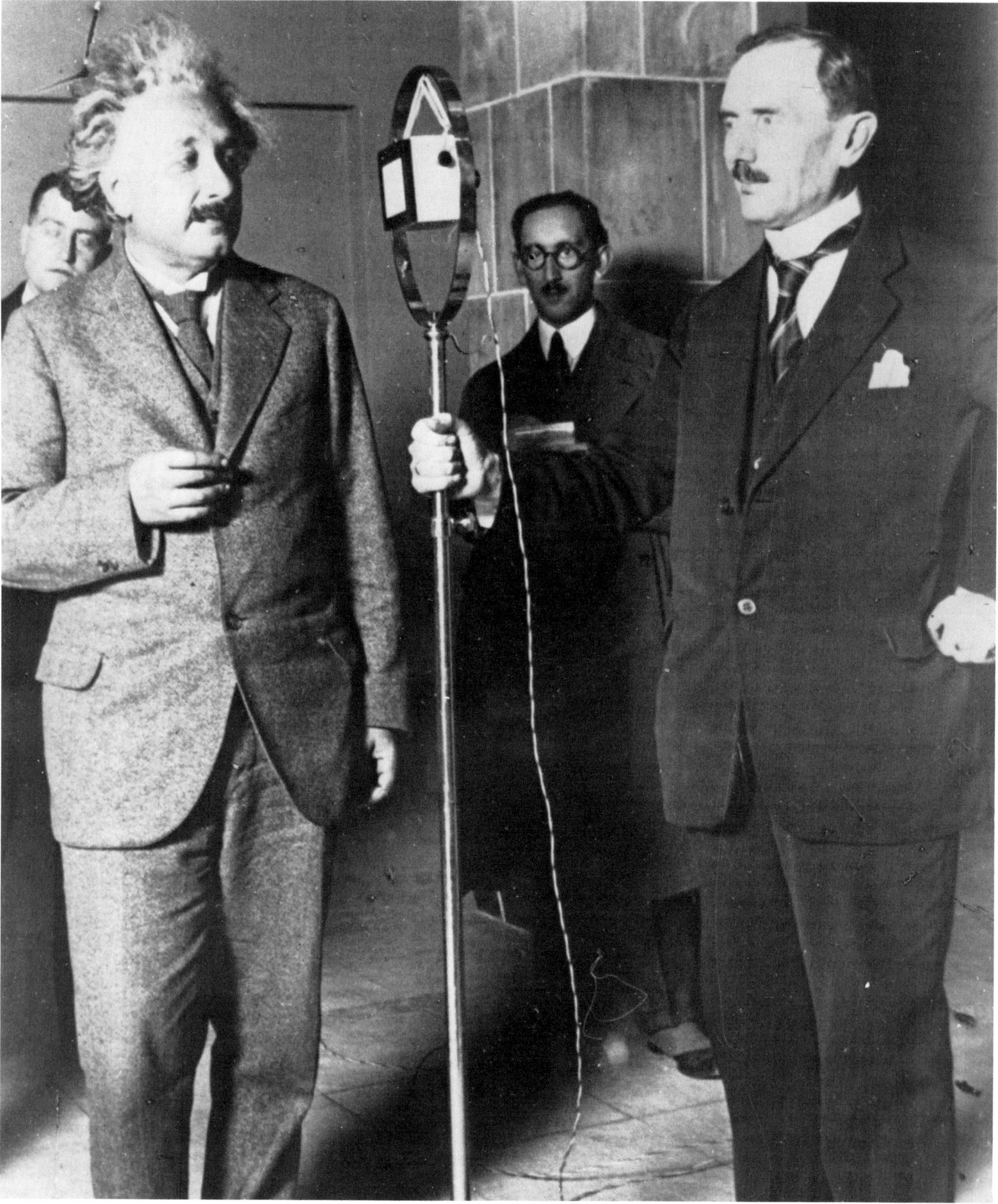

Eine bürgerliche ›Rundfunk-Familie‹, 1926.

Albert Einstein spricht aus Berlin durch Rundfunk nach Amerika die Festrede für Edison (1929).

teien bleiben kann, in dem er die Reden und Kriegsberichte von drüben hören, das Leben im Hinterlande der andern auf dem Fernsehschirm betrachten kann. Zur Erzeugung einer kriegerischen Stimmung ist ja doch eine gewisse stilisierende Umformung der Vorstellung, die man von dem fremden Volke hat, notwendig. Man muß vergessen, daß jenseits der Schützengräben Menschen wie man selbst auf die gleiche Weise wie man selbst leben. Wird sich die in früheren Kriegen durch Zeitung, Witzblattzeichnung, Film, Buch und Rede geschaffene Figur des Feindes aufrechterhalten lassen, wenn gleichzeitig der Fernsehrundfunk in Tätigkeit ist? Es sind dies Fragen, welche die Militärfachleute zu studieren haben werden.«[360]

In dieser optimistisch-kosmopolitisch eingefärbten Deutung erweist sich der Rundfunk als Medium industrieller Kultur; das Medium wird zur überbrückenden Botschaft. Von den frühen Radioaktivitäten an ging es jedoch bereits auch um die Frage, wem der Rundfunk gehöre. »Es gibt keine tendenzlose Kunst, keine tendenzlose Wissenschaft – es gibt überhaupt keine Tendenzlosigkeit. Die Benutzung des Rundfunks den Klassentendenzen des Proletariats vorenthalten, heißt den Rundfunk zur Waffe gegen das Proletariat machen«, schrieb *Erich Mühsam*.[361]

Die »Arbeiter-Radio-Bewegung«, Organ des Kampfes der Arbeiterschaft, ein universales publizistisches Medium in ihren Dienst zu stellen, geht bis auf den November 1918 zurück. Für die Arbeiter- und Soldatenräte war der Funk ein wesentliches Kommunikations- und Koordinierungsinstrument. Als die meuternden Matrosen in Kiel die Funkanlagen besetzten, erkundigte sich die russische Sowjetregierung wenige Tage später in einem Funkspruch: »An alle Arbeiter-, Soldaten- und Matrosenräte Deutschlands! Wir haben Radio von Kiel erhalten, daß Arbeiter, Soldaten und Matrosen Deutschlands die Macht erlangt haben... Verbindet euch mit uns durch Funkspruch, ruft die

Moskauer und Zarskoje Seloer Funkstation an und teilt mit, was in Deutschland geschieht.«[362]

Nach den Erfahrungen mit dem ›Funkerspuk‹ während der Revolution bestanden vor allem Reichswehr und Innenministerium darauf, daß die Sender in der Verfügungsgewalt des Staates blieben.

In einem Geheimschreiben des Reichsinnenministers an das Postministerium heißt es: »Seit der Staatsumwälzung hat sich immer mehr der Mangel fühlbar gemacht, daß die Reichsregierung nicht über die nötigen Apparate verfügt, um ihre Meinung in der Öffentlichkeit zum Ausdruck zu bringen... Ich muß unter diesen Umständen unbedingt Wert darauf legen, daß alle noch verbleibenden Möglichkeiten, hier einen Ersatz zu schaffen, nicht an irgendwelche Privatgesellschaften, deren Einstellung zur jeweiligen Reichsregierung schwankend ist, vergeben, sondern in erster Linie für das Reich und seinen Einfluß selbst genützt werden.«[363]

In einem Brief an das Reichsinnenministerium schreibt der preußische Ministerpräsident *Severing*: »Alle Wahrscheinlichkeit spricht dafür, daß das im Rundfunkwesen liegende

Kurt Günther: Der Radionist, 1927.

Der NS-Propagandaminister Josef Goebbels am Mikrophon.

Beeinflussungsmittel sehr bald eine solche Bedeutung gewinnen wird, daß eine Regierung, die darauf keinen maßgeblichen Einfluß hat,

überhaupt den Boden unter den Füßen verloren hat.«[364]

Die Geschichte der proletarischen Radio-Bewegung und des bürgerlichen Rundfunks, wie sie *Peter Dahl* in seinem Buch ›Arbeitersender und Volksempfänger‹ beschrieben hat, zeigt, daß von beiden Seiten verhältnismäßig rasch die Wichtigkeit des Rundfunks als Machtinstrument erkannt wurde. Die einen versuchten, den Rundfunk sozialistischer Realitäts-

sicht nutzbar zu machen, die anderen in den Dienst affirmativer, die Verhältnisse stabilisierender Kultur zu stellen. Den Gegensatz der beiden Lager macht das Gedicht einer Arbeiterin aus dem Jahr 1932 deutlich, das in der Zeitschrift ›Arbeitersender‹ erschien; diese war ein Organ des »Freien Radio-Bundes Deutschland«, zu dem »werktätige Rundfunkhörer«, die der kommunistischen Partei nahestanden, sich zusammengeschlossen hatten.

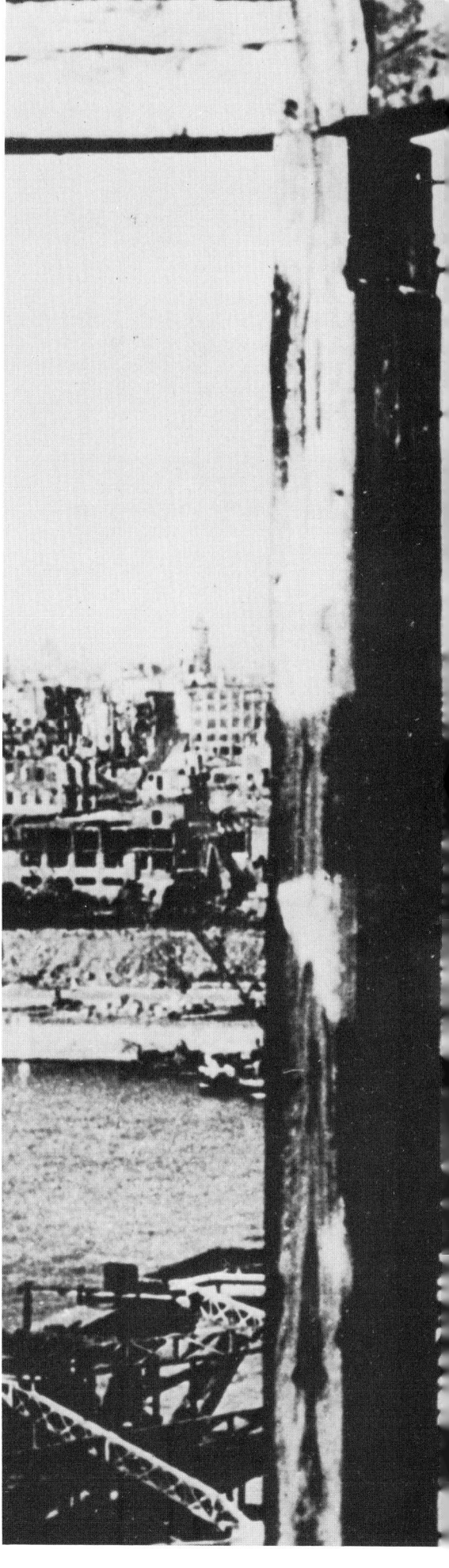

Ja!

Führer wir folgen Dir!

NS-Plakat.

Blick auf Köln 1948.

»Ich möcht' einmal am Sender stehn
Und sprechen dürfen. – Ohne Zensur.
Ein einziges Mal. – Eine Stunde nur –
›Hetzen‹ – und Haß und Feuer säen. –
Laßt einmal mich am Geräte stehn
Und nur einen Tag aus meinem Leben
Wahrhaft und nüchtern ›zum Besten‹ geben.
– Nichts weiter. – Es würde ein Wunder geschehn.
– – Ich möchte die wütenden Fratzen sehn
Der satten Bürger und lächelnden Spießer,
Der Jazz- und Rumba-Radau-Genießer. –

All derer, die an der Skala kauern
Auf Hindenburg-Reden und ›Funkbrettl‹ lauern,
Wenn's hieße: Achtung! – Deutsche Welle!
Eine Arbeiterin spricht! – Thema: Die Hölle…«[365]

1929, als *Bertolt Brecht* Radioautor wurde und sich in zunehmendem Maße mit Radiopraxis und Radiotheorie beschäftigte, war der deutsche Rundfunk sechs Jahre alt. Er hatte drei Millionen Teilnehmer; es arbeiteten zehn Sendegesellschaften mit einem jährlichen Gesamtetat von 30 Millionen Mark.

Für die künstlerische Entwicklung des Funks war *Brechts* Hörspiel ›Lindberghflug‹, das 1930 in Baden-Baden zur Aufführung kam, ein bedeutsames Ereignis. Zwei Medien moderner Industriekultur, der Rundfunk und das Flugzeug, waren da in ihrer Aura gewissermaßen vereint worden. Brecht stellte freilich eher resignierend fest – angesichts der Erfahrung, daß ein Stück, das den Rundfunk verändern sollte, vom Rundfunk in der gewohnten Weise verwertet und verändert wurde –

»teils der gewohnheit meinesgleichen folgend teils
                                                    dem auftrag
habe ich ein gedicht geschrieben für das radio
schildernd den flug eines fliegers über das atlanti-
                                          sche meer im vergangenen jahr
ich habe dazu entworfen den genauen plan seiner
                                                       verwendung
neue aufgaben der apparate im dienste der päd-
                                                    agogik
und alles drucken lassen nach meinem recht als
                                                   schriftsteller
nach wochen das gedruckte durchlesend
schien mir der plan undurchführbar
die großen institutionen
wurden in ihm angesprochen mit namen
der plan entsprach der genauen
betrachtung der vorhandenen apparate
er deutete kindlich die unverkennbaren anzeichen
entstehender bedürfnisse der massen
beruhte auf der zunehmenden konzentration der
                                                   produktionsmittel
und der spezialisierung der arbeitskräfte
der dringenden notwendigkeit geistiger ausbildung
                                                   möglichst vieler
zur bedienung unserer stetig feiner werdenden
                                                   maschinen
und erstrebte zur ermöglichung für die arbeit not-
                                          wendiger mechanisierung
eine einfache schulung des geistes in der mechanik
viele gründe ergaben den plan jener öffentlichen
                                                   übung
neuer verwendung der vorhandenen ungenützten
                                                   apparate
und entschuldigten ihn vor den fachleuten aber
wieviele gründe immer dafür sprachen einer zu-
                                                   mindest
fehlte den plan
auszuführen
nachdenkend über jenen grund der fehlte
vielen gründen gegenüber die vorhanden waren.«[366]

Mit der nationalsozialistischen »Rundfunkrevolution« fanden sowohl der proletarische wie der bürgerliche Rundfunk ihr Ende. Der Rundfunk solle das »Braune Haus deutschen Geistes« sein, forderte der neue Reichssendeleiter *Eugen Hadamovsky* auf einer Kundgebung des ›Reichsverbandes Deutscher Rundfunkteilnehmer‹ im Berliner Sportpalast 1933. Wenig später schrieb er im ›NS-Funk‹: »Ich klage das System Bredow vor dem deutschen Volke an: der politischen Verlotterung und Pfründenwirtschaft, der jüdischen Versippung und des Kultur-Bolschewismus, der Profitjägerei und Dividendengesinnung, der Sabotage an der nationalsozialistischen Erhebung.« Im Rundfunk dürfe es nichts geben, was nicht auf den letzten und tiefsten Sinn der Propaganda hinziele. »Wahrer, rechter Rundfunk ist Propaganda schlechthin. Er ist der Inbegriff des Wortes ›Propaganda‹.«[367]

Der Volksempfänger machte das Volk zum Befehlsempfänger: aus dem Lautsprecher ertönte der »Führer« als Laut-Sprecher. Die drahtlose Gleichschaltung erwies sich als ein besonders erfolgreiches Instrument nationalsozialistischen Machtanspruchs: Der Hallraum der Unmenschlichkeit konnte ins Unermeßliche gesteigert, die abgründigste Bosheit mit forscher Begleitmusik versehen werden. Die wilden Zwanziger, die häßlich goldenen, die golden häßlichen Jahre der Weimarer Republik, waren laute Jahre gewesen: es tönte und widertönte.

Ab 1933 gab es nur noch *einen* »Richtstrahl«: den der nationalsozialistischen Weltanschauung und Weltdeutung. »Das ist das Wunder unserer Zeit, daß ihr mich gefunden habt – daß ihr mich gefunden habt unter so vielen Millionen! Und daß ich euch gefunden habe, das ist Deutschlands Glück«[368], sagte *Hitler* am 13. September 1936 auf dem Parteitag in Nürnberg. Der Rundfunk förderte in einem ungemeinen Maße solche ›Vereinigung‹. Hitler als Laut-Sprecher vermittelte sich über den Lautsprecher. Er ist, meinte der Tiefenpsychologe *Carl G. Jung* 1938, »der Lautsprecher, der das unhörbare Wispern der deutschen Seele verstärkt, bis er vom bewußten Ohr der Deutschen gehört werden kann. Er ist der erste Mensch, der jedem Deutschen sagt, was er die ganze Zeit, besonders seit der Niederlage im Weltkrieg, in seinem Unbewußten über das deutsche Schicksal gedacht und gefühlt hat«.[369] Die Zuhörer erwiesen sich als Hörige eines Mannes, dessen halluzinierter Auftrag es

war, die deutsche Niederlage von 1918 rückgängig zu machen und die Wiedergeburt nationaler Weltgeltung zu ermöglichen.

Am 1. Januar 1939 gab es über zehn Millionen Rundfunkteilnehmer. So konnte bald darauf fast das ganze Volk an der Verkündung bzw. Verkündigung des Krieges durch *Hitler* am 1. September 1939 teilnehmen; drahtloser Beifall umtoste das Eröffnungssignal für die letzte, lange und furchtbare Wegstrecke zum Untergang. Totaler Krieg und Rundfunk waren eng miteinander verschränkt; aber auch die Botschaften der Freiheit drangen drahtlos in die »Festung Deutschland«, die ein Gefängnis war, ein. (Am 17. September 1941 wurden die ersten Todesurteile wegen Abhörens von Feindsendungen ausgesprochen.)

Der Lautsprecher als Medium grenzüberwindender Kommunikation – der Lautsprecher als Medium menschenverachtender Propaganda: noch einmal macht eine »Maschine« real wie symbolisch deutlich, was Industriekultur insgesamt bedeutet: nämlich die Gleichzeitigkeit von Verheißung und Gefährdung, von Paradies und Apokalypse. »Soviel Anfang war nie« – das Menschenzeitalter ist damit charakterisiert. Wenn man freilich das Ende von Anfängen nicht einbedenkt, droht Gefahr, daß nie mehr ein Anfang möglich wird. Industriekultur sollte nicht Laut-Sprechern vertrauen, sondern vom »sanften Gesetz« durchdrungen sein.

Bilanz: Geschichte als Aufklärung

Man lerne aus der Geschichte, daß man nichts lerne – solchem Pessimismus ist die Hoffnung entgegenzusetzen, daß der Mensch sich doch, zumindest nach längeren Erfahrungen, als lernfähiges Wesen erweise, für ihn also Geschichte mehr ist als das, was *Goethe* einmal ironisch-skeptisch eine Art, sich das Vergangene vom Halse zu schaffen, nannte. Wenn man sich mit Geschichte beschäftigt und sie zu »bewältigen« sucht, so sollte man sie »loswerden« in einem anderen Sinne als demjenigen der »Entledigung«: Es geht darum, daß, aus der Fülle der Details, aus den quantitativ oft überwältigenden »sinnlichen« Vorkommnissen und Ereignissen, Folgerungen und Reflexionen »entbunden«, die Anschauung von Geschichte in ein Nachdenken über sie und in ein vorausschauendes Bedenken der Zukunft verwandelt wird. »Der Sinn des Umganges mit Geschichte kann nicht darin liegen, Last anzuhäufen und sich mit den Nippessachen von gestern zu behängen, sondern – in Auseinandersetzung mit Geschichte – Vergangenheit loszuwerden. Nicht ein Bewußtsein ist das, sondern ein Bewußtwerden, ein Prozeß, ein eigener Erziehungs- und Reifungsprozeß, durch den wir hindurchmüssen. Die Dinge der Vergangenheit bewältigen heißt: sie in die eigene Gewalt zu bekommen, und das bedeutet auch: sie verarbeitet zu haben, sie abstoßen zu dürfen, sie, haben wir das alles geistig und seelisch verarbeitet, auch vergessen zu dürfen.« *(Otto Borst)*[370]

Geschichte, meint *Alexander Demandt*, sei verstanden als Bezeichnung aller vergangenen Handlungen, Gedanken, Vergegenständlichungen und Situationen, insofern diese in einem zeitlichen Zusammenhang miteinander stehen (»soweit das, was Menschen tun, denken oder leiden, davon abhängt, was zuvor getan, gedacht oder gelitten worden ist, sprechen wir von Geschichte«).[371] Der »Steinbruch« der Geschichte, das heißt die schier unerschöpfliche Ereignisfülle, wie sie Vergangenheit jeweils darstellt, sollte Bausteine für die »Errichtung« kollektiver Identität abgeben: Wer sich seiner selbst und des Volkes, dem er angehört, ›sicher‹ sein will bzw. sich seiner Zugehörigkeit zur Nation ›vergewissern‹ will, kann geschichtliche Besinnung nicht aussparen. Dies bedeutet, um zwei Leitbegriffe historischen Bewußtseins, wie sie in der Einleitung schon skizziert wurden, wieder aufzugreifen: Trauerarbeit und Stolzarbeit.

Solche »Arbeit«, die Schuld, Versäumnisse, Verfehlungen nicht kaschiert, dem Abgründigen der Geschichte nicht aus dem Wege geht, aber auch Leistungen, Errungenschaften, Fortschritte fest-hält, die ›dankbar‹ zu sein vermag, verknüpft mit der daraus abzuleitenden Aufforderung zu weiterer, neuer humaner Anstrengung – solche »Arbeit« sollte von einem aufgeklärten Bewußtsein aus erfolgen. Natürlich impliziert »aufgeklärtes Bewußtsein« das Bekenntnis zu ganz bestimmten »Inhalten«; der Aufklärung liegt zum Beispiel eine »negative Anthropologie« zugrunde, die wohl das Positivste ist, was der »Pluralismus« eines demokratisch-republikanischen Staatswesens zu garantieren vermag: nämlich einen Begriff vom Menschen zu haben, der die Unmöglichkeit *eines* Begriffs vom Menschen begrifflich nachweist.[372] Da aber die »Dialektik der Aufklärung«, ihr Umschlag in ihr Gegenteil, vor allem die Folge verabsolutierter, dekretierter, oktroyierter Inhalte ist (soweit es sich nicht um die unumstößlichen Grundsetzungen des Humanen, wie sie auch Eingang in das Grundgesetz der Bundesrepublik Deutschland gefunden haben, handelt), muß angesichts einer solchen Gefährdung von Aufklärung, durch eine Aufklärung, die sich an Inhalten fixiert, der »Relativismus« von Aufklärung als Methode zur Geltung gebracht werden. Dies bedeutet »Skepsis gegen die Endgültigkeit von Vernunftwahrheiten jenseits des vernünftig-humanen Grundkonsenses der liberalen Demokratie über die Form unseres Miteinanderlebens, Skepsis gegen die ideologischen Annahmen des anthropologischen Optimismus, also um das Bewußtsein der Fragwürdigkeit, Endlichkeit, Fehlbarkeit, Widersprüchlichkeit unseres Wissens sowohl wie unseres Tuns. Geschichte als Aufklärung ist vom Geist solcher aufgeklärten Skepsis methodisch und substantiell getragen.

Geschichte als Aufklärung hat von der Übermacht der Traditionen befreit und hält uns davon frei.

Geschichte als Aufklärung hat uns von der Geschichte der Sieger und der Geschichte der Herrschenden befreit und hält uns davon frei.

Geschichte als Aufklärung befreit uns heute von der neuen Macht von Ideologien und Utopien, die Vernunfts- und Zukunftsziele setzen und monopolisieren wollen, ihre Werte und Parteinahmen mit dem Anspruch der Wissen-

schaft durchsetzen wollen, und danach ein Bild der Geschichte präsentieren.

Geschichte übernimmt so Ideologiekritik als Erbe der Aufklärung und überträgt es auf Aufklärung, wo sie Ideologie wird.

Geschichte durchbricht die Gehäuse, die wir uns immer bauen, indem sie Vergangenheit unbefangen und unverzerrt vor Augen bringt.

Das allein ermöglicht das realistische Bewältigen der Welt und auch ihre Veränderung im Sinne von Freiheit und Vernunft. In diesem Sinne kann Geschichte heute Aufklärung sein.« *(Thomas Nipperdey)*[373]

Geschichte als Aufklärung – bezogen auf diesen Band, auf diesen Versuch über »Menschen und Maschinen«: eine Bilanz der industriekulturellen Entwicklung vom Biedermeier bis zur Weimarer Republik kann ›eindeutig‹ nicht gezogen, nicht mit dogmatisch-inhaltlichem Absolutheitsanspruch verkündet werden. Generell läßt sich jedoch sagen, daß die rückwärts gerichtete Spurensuche, die Bestandsaufnahme der Lebensformen und Lebensräume im Zeitalter der Industrialisierung, uns darin bestärken sollte, einen Weg zu finden bzw. zu beschreiten, auf dem der vernünftig-humane Grundkonsens der liberalen Demokratie über die Formen unseres Miteinanderlebens, also auch das Bewußtsein von der Fragwürdigkeit, Endlichkeit, Fehlbarkeit, Widersprüchlichkeit unseres Wissens wie unseres Tuns, verstärkt zur Geltung kommen kann. Eine solche allgemeine skeptische Befindlichkeit angesichts des »entfesselten Prometheus«, wie er uns aus dem Maschinenzeitalter entgegentritt, sei in zwei Überlegungselemente aufgefächert:

1. Es ist für unsere Identität notwendig, Ehrfurcht vor denjenigen zu empfinden, die ›fortschrittlich‹, im Sinne persönlich-subjektiver wie dinglich-objektiver Leistung, das Maschinenzeitalter bewältigten.
2. Es ist für unser Überleben notwendig, angesichts der Weichenstellung, welche die Industrialisierung bedeutete, ständig über neue ›Streckenführungen‹ und ›Zielorte‹ nachzudenken und entsprechende Handlungsvorschläge zu machen. Die Fahrt ist bei den Grenzen des Wachstums angekommen. Wie soll es weitergehen?

Die ehrfürchtige Zuwendung zu denjenigen, die als Individuen, Gruppen, Gesellschaftsschichten in der schwierigen Zeit der Industrialisierung ihr Leben ›mit Anstand‹ lebten, in oft aussichtsloser Lage mit Tapferkeit durchstanden oder, meist namenlos, den ›Verhältnissen‹ zum Opfer fielen, sollte auch kulturpolitische Folgen haben: Die Kultur der »Leute« muß als Kultur mehr gewürdigt, besser erhalten, eindrucksvoller vermittelt werden (etwa in Ausstellungen und Museen). Die Kultur der Leute ist wichtiger als die der Herrscher und Dynastien.

Lutz Niethammer spricht von einem bereits erkennbaren Perspektivenwechsel. Man denke sich nicht mehr so leicht in die »Pupille Gottes« oder des Weltgeistes hinein; es falle schwerer, sich in die Position der Mächtigen zu versetzen und die gesellschaftlichen Probleme allein von oben als Ordnungs-, Herrschafts- oder Integrationsfragen zu analysieren. Wir begännen uns vielmehr für uns selbst und für die Herkunft der eigenen Lebensbedingungen, Verhaltensweisen, Deutungsmuster und Handlungsmöglichkeiten zu interessieren. Innerhalb der Dimension des Alltäglichen, deren schon äußere Geschichte nur mühsam und mit methodischer Phantasie zu erschließen sei, werde nach der Subjektivität derer gefragt, die wir als Objekte der Geschichte zu sehen gelernt hätten, nach ihren Erfahrungen, ihren Wünschen, ihrer Widerstandskraft, ihrem schöpferischen Vermögen, ihrem Leiden. Dabei dürften diese nicht in ihrem Objektstatus belassen werden, sondern müßten in ihrer Subjektivität rekonstruiert werden. Auch solle man sich davor hüten, die Blindstellen der Subjektivität mit geschichtsphilosophischen Konstruktionen oder sonst willkürlichen Postulaten aufzufüllen, also den Subjekten, wenn auch auf benevolente Weise, erneut Gewalt anzutun.[374] Man muß sie vielmehr in ihren spezifischen Traditionen wiedererkennen und diesen eben zu Ansehen (auch zum An-sehen, zur Anschaulichkeit) verhelfen.

Solchem »Ansehen« einer vergangenen Epoche, in ihrer Würde wie »Anschaulichkeit«, will dieser Band dienen, indem er das, was an »Abdrücken« und »Eindrücken« von der Kultur der Leute im Zeitalter der Industrialisierung vorhanden ist bzw. erforscht wurde, vorstellt.

Ausgehend von einer umfassenden Analyse des Verhältnisses von »Geschichte und Öffentlichkeit« (»Geschichte als Hilfe zur rationalen Handlungsorientierung«), stellt *Walter H. Pehle* fest, daß das ungemein große Geschichtsinteresse heute, wie es sich zum Beispiel im Besuch historischer Ausstellungen spiegelt, durch eine gewisse »Unverbindlichkeit« geprägt sei: Bei den Ausstellungen falle auf, daß sie in der Regel berühmte und berüchtigte archäologische Ereignisse und Pioniertaten sowie Herrscher- und sonstige besondere Geschlechter zum Thema haben. »In den seltensten Fällen werden auch ausgewogene Aussagen zu ihrer Zeit, zu ihrem politischen und gesellschaftlichen Kontext ge-

macht. Wenn dorthin ein Blick geworfen wird, dann geschieht dies flüchtig, eher am Rande, dann wird die Zeit gern als Tummelplatz für die großen Individuen dargestellt. Mit diesen Beobachtungen korrespondieren entsprechende auch auf dem Buchmarkt. Dort sind besonders beliebt Biographien klassischer Provenienz, die von dem Leben und den Taten hervorragender Einzelpersönlichkeiten aus ›Kunst, Kultur und Politik‹ (so die Werbung eines Taschenbuch-Verlages) zu handeln pflegen.« Geschichte bzw. das, was darunter verstanden werde, sei in vielen Bestsellern nicht oder nur unzureichend auf die Gegenwart und auf die Erfahrungswelt des Lesers bezogen.[375]

Im Sinne einer konkreten Sozialgeschichtsschreibung von unten gilt es statt dessen, Alltäglichkeit, alltägliche Menschlichkeit, Erlebniskomplexe, Erlebnisknotenpunkte aufzuzeigen, sanfte Wirkungskräfte in ihrer Größe herauszustellen, Umwertungen vorzunehmen, das Kleine ernst zu nehmen. Man sollte nicht nur zeigen, wodurch die Menschen bewegt werden, sondern vornehmlich, was sie selbst bewegte und was sie selbst in Bewegung setzten. Angesichts der überwältigenden Macht der Ideologien und Systeme kann man mit *Hans Magnus Enzensberger* die sperrige und widerborstige Mentalität der Leute preisen:

»Einfach vortrefflich
all diese großen Pläne:
das Goldene Zeitalter
das Reich Gottes auf Erden
das Absterben des Staates.
Durchaus einleuchtend.

Wenn nur die Leute nicht wären!
Immer und überall stören die Leute.
Alles bringen sie durcheinander.

Wenn es um die Befreiung der Menschheit geht
laufen sie zum Friseur.
Statt begeistert hinter der Vorhut herzutrippeln
sagen sie: jetzt wäre ein Bier gut.
Statt um die gerechte Sache
kämpfen sie mit Krampfadern und mit Masern.
Im entscheidenden Augenblick
suchen sie einen Briefkasten oder ein Bett.
Kurz bevor das Millennium anbricht
kochen sie Windeln.
An den Leuten scheitert eben alles.
Mit denen ist kein Staat zu machen.
Ein Sack Flöhe ist nichts dagegen.

Kleinbürgerliches Schwanken!
Konsum-Idioten!
Überreste der Vergangenheit!

Man kann sie doch nicht alle umbringen!
Man kann doch nicht den ganzen Tag auf sie
    einreden!

Ja wenn die Leute nicht wären
dann sähe die Sache schon anders aus.

Ja wenn die Leute nicht wären,
dann ging's ruckzuck.

Ja wenn die Leute nicht wären
ja dann!
(Dann möchte auch ich hier nicht weiter
    stören.)«[376]

Daß im 19. und 20. Jahrhundert subjektive Humanität objektiver Inhumanität zum Opfer fiel, die Maschinerie der Industrialisierung Menschlichkeit niederwälzte und das Glück wie Wohlergehen so vieler Menschen verhinderte bzw. behinderte, müssen wir mit Trauer feststellen. Die Optionen, welche die neue Zeit anbot, blieben vielfach ungenutzt, die Mythen des Fortschritts, die von oben Erlösung signalisierten, erreichten die da drunten in der Tiefe meist nicht. Das Maschinenzeitalter bedeutete den Beginn einer Entwicklung, die heute in voller Konsequenz auf uns zukommt. Der Glaube an die totale Beherrschbarkeit der Natur durch den Menschen hat Umweltbedingungen geschaffen, die das Überleben der Menschen überhaupt in Frage stellen. Die Technisierung und Industrialisierung bewirkte einen Ressourcenverbrauch und Eingriffe in das lebendige Regelsystem der Umwelt – die weltpolitische wie die natürliche –, die in unseren Tagen einen kritischen Punkt erreicht haben. Die Industrialisierung führte zur schrittweisen Verwirklichung »großer Systeme«; immer schneller, immer umfassender sollte der Fortschritt vor sich gehen; die Bedeutung der ökologischen Nische, als eines in sich geschlossenen autonomen Kleinsystems, das aufgrund seiner Unabhängigkeit »stabil« bleibt, wurde verkannt. »Der Mensch kann dank seiner geistigen Fähigkeiten natürliche Barrieren übersteigen (oder überspielen). Er schuf sich im Interesse der Effizienzsteigerung Großstrukturen mit weiträumigen Abhängigkeitsbeziehungen. Das Grundprinzip dieser Strukturen ist die funktionale Differenzierung (Arbeitsteilung): Teilfunktionen, Teilaufgaben, Teilfertigkeiten werden aus ihrem ursprünglichen ganzheitlichen Zusammenhang herausgelöst und zu neuen räumlichen Einheiten zusammengefaßt, die (weil sie alle zusammen die Gesamtfunktion erfüllen müssen) stark voneinander abhängig sind. Je weiter das Prinzip der funktionalen Differenzierung getrieben wird, desto größer werden diese ›strukturellen Schicksalsgemeinschaften‹. Konsequenter Endpunkt dieser Entwicklung wäre die weltweite Großstruktur, bei der die Funktionsfähigkeit jedes Teilsystems von der (fast) aller anderen Teilsysteme abhängt, und der Ausfall eines Teilsystems (fast) alle anderen in Mitleidenschaft zieht.« *(Karl Friedrich Müller-Reißmann)*[377]

Die Arbeitsteilung forcierte die Entstehung von Strukturen, die in gewisser Hinsicht als spiegelbildlich zu den natürlichen Strukturen sich erweisen. Während für diese eine Reduzierung von Außenbeziehungen und eine hohe Komplexität von Innenbeziehungen charakteristisch ist, kehren sich in den Systemen gesellschaftlicher Arbeitsteilung die Verhält-

nisse um. »Das soll an einem simplen Beispiel erläutert werden. Nehmen wir an, in einer Schuhmacherwerkstatt werden von mehreren Schuhmachern gemeinsam Schuhe hergestellt. Ihre Außenbeziehungen beschränken sich auf die Beziehungen zu dem Materiallieferanten und den Kunden; zwischen den einzelnen Schuhmachern muß dagegen rege Kommunikation stattfinden. Ginge man nun dazu über, die Schuhe nach dem Prinzip der funktionalen Differenzierung herzustellen (an einem Ort würden nur noch Absätze hergestellt, an einem anderen das Oberleder zugeschnitten, an einem dritten genäht), dann hätte sich das Verhältnis umgekehrt: die einzelnen Arbeiter, die nebeneinander am Fließband stehen und nur noch Absätze stanzen, brauchen praktisch nicht mehr miteinander in Verbindung zu stehen, die Außenbeziehungen der neuen Substrukturen wären dagegen groß (Abstimmung mit den Mitherstellern über Maße, Farbe, Lieferung, Termine; Transporte zwischen den Mitherstellern). Im ersten Fall blieben von den Problemen in einer Schuhmacherwerkstatt die anderen Schuhmacherwerkstätten verschont; im Falle der Arbeitsteilung würden sie sich von einem Mithersteller auf den anderen übertragen.« *(Karl Friedrich Müller-Reißmann)*[378]
Eine solche Strukturverschiebung hin zum Übergewicht der »Fernverbindungen«, zu Lasten der »Nahverbindungen«, zeigt sich heute in fast allen Lebensbereichen. Die Straße etwa ist nicht mehr Nahverbindung, Ort der Kommunikation und Sozialisation; sie zerschneidet nachbarschaftliche Beziehungen. Die mit der Industrialisierung einhergehende Entwicklung zu Großsystemen (»Think big!«) stärkte den Prozeß der Entfremdung des Menschen vom Menschen und des Menschen von den Dingen. Demgegenüber wird heute mit Recht das Prinzip der kleinen Kreisläufe und der feingegliederten Strukturen verfochten (»Small is beautiful!«). Neben dem Prinzip der Dezentralisierung wird zudem in der ökologischen Bewegung das Prinzip der Ganzheitlichkeit betont.
Unheile Welt: Das bedeutet eine von den eigentlichen Bedürfnissen des Menschen als humanem Wesen sich immer mehr entfernende Welt, die Vorherrschaft zweckhaften Funktionierens gegenüber sinnvoller Gestaltung, Pseudobedürfnisse, die herbeimanipuliert werden, damit die »große Maschine« in Bewegung gehalten werden kann.
»Die Entwicklung unserer Technik führt, über die spezifisch kapitalistische Konzentrations- und Zentralisationstendenz hinaus, auch aus sich heraus zu einer immer größeren Ansammlung von Macht in wenigen Zentralen und erhöht damit die Chancen des Einsatzes dieser Macht auch gegen demokratische Entscheidungen.
Derselbe Prozeß fördert und beschleunigt die bürgerferne Zentralisierung im politischen System, indem die Exekutiven ihren Aktions-

raum dem der ökonomischen Einheiten anzupassen trachten.
Der ständig wachsende Umfang der technisch-ökonomischen Projekte, ihr riesiger Finanzbedarf und der Rattenschwanz der ›externen Effekte‹ und Folgekosten schaffen mächtige Sachzwänge, die den demokratischen Entscheidungsspielraum dramatisch verengen. Auf diese Weise tendiert die faktische Entwicklung dazu, sich selbst alternativlos zu machen.
Die hierarchische Struktur der technischen Apparate, die radikale Trennung planender und ausführender Arbeit und die exzessive Zerteilung der Arbeitsprozesse führen zu Einseitigkeit und Verkümmerung und fördern subalternes Verhalten.
Dadurch, daß immer neue Lebensbereiche den Absatzstrategien der großen Konzerne und dem Zugriff der technischen Apparate erschlossen und immer neue Tätigkeiten professionalisiert werden, wächst die Abhängigkeit der Menschen von Fremdleistungen und schwindet die Fähigkeit, sich selbst zu helfen.
Die zur politischen Entscheidung anstehenden Fragen werden immer komplexer, der Umfang der relevanten Daten immer gewaltiger, der Prozeß der Willensbildung und Entscheidung selbst immer unüberschaubarer. Trotz aller Bildungsanstrengungen wird auf diese Weise die politische Laienkompetenz, eine tragende Säule der Demokratie, ausgehöhlt. Wir steuern in die Expertokratie.
Je komplizierter die technische Welt, um so weniger Informationen kann der Bürger aus eigener Anschauung und Erfahrung gewinnen. Wie seine Welt aussieht und was in ihr passiert, erfährt er zumeist vermittelt durch die Medien. Wer die Medien kontrolliert, hat damit also nicht nur ein Mittel zur Beeinflussung von Meinungen, sondern auch ein Instrument zur weitgehenden Kontrolle des menschlichen Erfahrungsraums. Durch den rasant steigenden Verbrauch an Rohstoffen und Energie wird die Abhängigkeit der rohstoffarmen Länder wie die Bundesrepublik vom Ausland immer größer.
Die Verwundbarkeit unseres technisch-ökonomischen Systems und die Gefahr ökologischer Katastrophen nimmt ständig zu. Störfälle können jederzeit einen ökologischen Notstand oder eine ernste Versorgungskrise herbeiführen. Die Verknappung und Verteuerung der Rohstoffe erhöht die Gefahr kriegerischer Auseinandersetzungen. Die Wahrscheinlichkeit eines allgemeinen Notstandes nimmt zu; und der Notstand ist die Stunde der Exekutive, nicht der Demokratie. Gegen die wachsenden Risiken versuchen wir uns mit immer umfassenderen Sicherheitsmaßnahmen zu schützen. Die Gefahr, daß die Demokratie sich zu Tode schützt, liegt auf der Hand.
Neue technische Möglichkeiten der Herrschaftssicherung und der Manipulation, deren grauenerregendste die Gen-Chirurgie ist, be-

drohen die Freiheit und die Menschlichkeit heute radikaler als alle frühere Herrschaftstechnik.« *(Johanno Strasser)*[379]
Die Konzentrationstendenzen, die rapide Bevölkerungsvermehrung, die weltweite Unterernährung, die Ausbeutung der Rohstoffreserven, die Zerstörung des Lebensraumes ließen die zivilisatorischen Blütenträume, wie sie das 19. Jahrhundert bestimmten, nicht reifen. Der Optimismus des Maschinenzeitalters ist längst gelähmt, die furchtbaren Katastrophen zweier Weltkriege und die nukleare Bedrohung haben ein weltweites Gefühl der Angst hervorgerufen. Der moderne Zweifel an der Fähigkeit des Menschen, die rapide größer werdenden Menschheitsprobleme zu lösen und eine katastrophale Entwicklung zu verhindern, unterscheidet sich, so *Anton Andreas Guha,* wesentlich von dem Pessimismus, den es zu allen Zeiten gegeben hat, jenem »Unbehagen in der Kultur«, das sich utopisch nach einer besseren Welt sehnte und das in die eigenen, oft intellektuell glänzend begründeten Untergangsvisionen verliebt war. Die heutigen Probleme seien gleichsam meßbar: Statt Prophezeiungen ließen sich begründete Prognosen aufzeigen; die Visionen beruhten auf Fakten, und statt Hoffnung könne man die Voraussetzungen anbieten, die zur Verhinderung einer Katastrophe notwendig wären. Den drei dominanten Weltproblemen (Umweltzerstörung, Rüstungswettlauf, Nord-Süd-Gefälle) sei eines gemeinsam: Die Problemlösungskapazitäten hielten nicht mehr Schritt mit der Geschwindigkeit, mit der sie anwüchsen und immer neue Unterprobleme erzeugten. Allmählich werde zur Gewißheit, daß die Lösungen, die auf realistische Weise notwendig wären, selbst utopisch würden und sich ins Illusionäre verflüchtigten.
»Es gibt namhafte Astronomen, die die Wahrscheinlichkeit, auf außerirdische Kulturen zu stoßen, unter anderem deshalb für so gering halten, weil sie annehmen, daß sich übertechnisierte Zivilisationen selbst auslöschen. Selbst große Optimisten werden einräumen, daß die Mittel zur Unbewohnbarmachung des ›blauen Planeten‹ bereits vorhanden sind und nur die pure Hoffnung bleibt, daß sie zu diesem Zwecke nicht auch eingesetzt werden.«[380]
Man darf freilich die »Medaille des Fortschritts«, wie sie im 19. Jahrhundert geprägt wurde, nicht nur von ihrer düsteren Seite betrachten. Wenn auch Grund zu großer Sorge bestehe, heißt es im Bericht des »Club of Rome« (›Die Grenzen des Wachstums‹), so gebe es auch Grund zur Hoffnung. Eine bewußt vorgenommene Wachstumsbeschränkung werde schwierig sein, aber sie sei nicht unmöglich. »Die Generallinie des Vorgehens ist klar, die Schritte, die unternommen werden müssen, sind zwar neuartig für die menschliche Gesellschaft, aber sie liegen im Bereich ihrer Fähigkeiten. Gegenwärtig, für einen kurzen Zeitraum in der Geschichte, besitzt der

Mensch die wirksamste Kombination aus Wissen, technischen Hilfsmitteln und Rohstoffquellen, alles, was physisch notwendig ist, um eine völlig neue Form der menschlichen Gemeinschaft zu schaffen, die für Generationen Bestand hätte. Was noch fehlt, sind ein realistisches, auf längere Zeit berechnetes Ziel, das den Menschen in den Gleichgewichtszustand führen kann, und der menschliche Wille, dieses Ziel auch zu erreichen. Ohne dieses Ziel vor Augen fördern die kurzfristigen Wünsche und Bestrebungen das exponentielle Wachstum und treiben sie gegen die irdischen Grenzen und in den Zusammenbruch. Mit diesem Ziel als Leitlinie wäre die Menschheit gerüstet für den geordneten und kontrollierten Übergang vom Wachstum zu einem weltweiten Gleichgewicht.« *(Denis Meadows)*[381]

Schon vor über hundert Jahren sprach *John Stuart Mill* davon, daß das Ende des Wachstums von Bevölkerung und Wohlstand keineswegs das Ende des Fortschritts generell bedeuten müsse. Es gäbe statt dessen jede Menge Raum für alle Arten geistiger Kultur, für moralischen und sozialen Fortschritt, für eine Vervollkommnung der Kunst des Lebens und eine weit größere Wahrscheinlichkeit für eine solche Verbesserung, sobald der menschliche Geist nicht mehr nur vom Streben nach vermehrtem Reichtum erfüllt sei.

Die Industrialisierung förderte freilich nicht nur den Selbstzweck großer Systeme, sondern machte vor allem auch die Selbstverwirklichung des einzelnen Menschen möglich. Die durch Arbeitsteilung und Mechanisierung bewirkte Leistungssteigerung der Gesamtgesellschaft kam und kommt allerdings nur dem Leben und der Überlebensfähigkeit des einzelnen zugute, wenn soziale Gerechtigkeit vorwaltet. Die Weichenstellung der Industrialisierung bedeutete, daß endlich nun auch für die »Leute« eine Möglichkeit bestand, voranzukommen. Mußten früher viele auf den Feldern malochen, damit wenige in den Parks lustwandeln konnten, so bot die Industrialisierung die Chance, vom Proletarier zum Kleinbürger, vom Kleinbürger zum Bürger aufzusteigen. Die moderne Gesellschaft mit ihrer Erhöhung der Arbeitsproduktivität befreite im Rahmen sozialer Demokratie vom »Determinismus der Armut«.

»Zeit und Geld sind die beiden wichtigsten Währungen für menschliche Optionen. Die Erhöhung des Reallohnes und die Verkürzung der Arbeitszeit sind daher die entscheidenden Instrumente jener erstaunlichen Vergrößerung sozialer Optionen, die die letzten Jahrhunderte gesehen haben, die insbesondere das letzte Jahrhundert gesehen hat.« *(Ralf Dahrendorf)*[382]

Bildung, Freizeit, Altersversorgung etwa bieten heute Lebenschancen, wie sie frühere Generationen nur erträumen konnten. Die Segnungen der Modernität dürfen nicht durch leichtfertige Regression, durch Romantisierung des »einfachen Lebens« aufs Spiel

gesetzt werden. Der Glaube, man könne »arm leben, aber mit Stil«, ist genauso elitäre Arroganz wie die kompensierende Feststellung, daß Armut einen großen Glanz von innen darstelle. Auch *Marx'* Vision des von Arbeitsteiligkeit befreiten, vom nicht mehr entfremdeten Menschen einbegreift die Dimension des Kulinarischen, des Menschenrechtes auf Genuß (so *Rolf Schneider*).[383] Marxismus sei immer auch Sensualismus; wer das in Frage stellen wolle, gehe besser zu den Bettelmönchen. Die ideologisch-grüne Alternative zum geilen und parasitären Konsumüberfluß sei die härene Vision vom einfachen Leben, und alles geistesgeschichtliche Pochen auf den großen Rousseau ändere nichts daran, daß in dieser Vision sehr viel Irrationalismus und auch leise tickender Faschismus stecke.

Regressive »grüne« Tendenzen müßten in einem »grünen Ethos« »aufgehoben« werden, das die Hoffnung eines Paradieses auf Erden mit einem realistischen Blick für seine Machbarkeit verbindet. Die Geschichte von den Menschen und den Maschinen lehrt, daß das Utopische durchaus real sein kann; Behagen in der Kultur eine konkrete Hoffnung ausmacht. Die Misere des Maschinenzeitalters ist vielfach überwunden – aber die historische Erfahrung massenhafter Armut und krasser sozialer Gegensätze sollte uns für die Aktualität der Not in weiten Bereichen der Welt das Bewußtsein schärfen.

Für eine neue Weltmoral und Weltkultur wird »nachmodernes« Bewußtsein einen entscheidenden Faktor darstellen. Die nachmoderne Gesellschaft verfahre (meinen *Theodor Leuenberger* und *Rudolf Schilling*) weder rein rational noch rein arational; sie sei nicht geistfeindlich, betone aber die Bedeutung emotionaler und intuitiver Erkenntnis.[384] Der Begriff der Emanzipation bedeute für sie nicht wie im 19. Jahrhundert Befreiung von den Beschränkungen und Zwängen, die die Natur dem Menschen auferlege, impliziere nicht die Forderung, daß der Mensch die Natur zu beherrschen, sich dienstbar und nutzbar zu machen habe (Grundtendenz sowohl der liberal-kapitalistischen wie auch marxistischen Emanzipationstheorien). Heute meine Emanzipation Befreiung gerade von dieser modernen Ideologie der Besitzergreifung. Der Ausgangspunkt sei, daß die rationalistische Wissenschaft und Technik nicht nur von der Natur, sondern auch vom Menschen und der Gesellschaft Besitz ergriffen habe. Die wissenschaftlich-technischen Systeme hätten die Menschen an sich angepaßt; zur durchrationalisierten Welt gehöre auch der durchrationalisierte Mensch. In der Geschichte der Moderne sei die Herrschaft der Technokratie an die Stelle einer politisch-menschlichen Herrschaft getreten; Außenlenkung durch die Interessen der Technologie und Ökonomie überwuchere die demokratische Selbstbestimmung. Hier nun setze der Protest ein und beginne der Wandel. Die Gerade sei der Feind alles Lebendigen; der Regu-

lationszwang moderner Technologie stoße zunehmend auf Menschen, die sich zu weigern begännen, die der Intellektualität und Rationalität wieder Emotionalität, Intuition und ein ganzheitliches Begreifen entgegensetzten. Der Mensch wolle wieder Hauptakteur werden, von den technischen Systemen nicht kontrolliert werden, sondern diese seinerseits kontrollieren. Er wolle über die gegebenen Schemata produktiv hinausgreifen, die Dominanzansprüche bürokratisch-wissenschaftlich-technischer Großsysteme überwinden. Er nehme die bestehende gesellschaftliche Wirklichkeit nicht mehr als unabänderlich hin, sondern durchforsche sie auf Alternativen hin. »Wir sind daran, uns von der verengenden Idee einer einheitlich durchrationalisierten Gesellschaft frei zu machen. Der Übergang zur Nachmoderne bedeutet Übergang zu einem ›Mehr-Gesellschafts-Modell‹. Kein System, keine politische oder wirtschaftliche Ordnung kann absolute Geltung beanspruchen, weder eine Kirche, noch ein Staat, noch eine Partei. Die modernen Systeme mit ihrer Vereinheitlichungstendenz haben sich als zu eng erwiesen. ›Unglaube‹ macht sich überall bemerkbar, es kommt zu Ablehnung orthodoxer Glaubenslehren. Häresie- und Spaltungserscheinungen sind in Ost und West an der Tagesordnung. Wir bewegen uns auf eine vielschichtige und offene Gesellschaft zu, auf die nachmoderne Gesellschaft.«[385]

Wer einen solchen Weg, der demokratisch-republikanische Identität auch für die Zukunft zu bewahren vermag, bejaht, der kann inmitten einer Welt und Umwelt, die vielerlei Lasten auferlegen und den Mut zur Reflexion wie die Tapferkeit des Standhaltens abfordern, aus der Geschichte der Leute viel lernen, Kraft aus vergangenen Beispielen für die eigene Ich-Stärke gewinnen. An den Grenzen des Wachstums offensichtlich angelangt, wird man beim Rückblick auf das Maschinenzeitalter, beim Anblick der Industrielandschaft des 19. Jahrhunderts und des Homo faber, der in ihr unermüdlich und hemmungslos den Fortschritt schmiedete, im Nachvollzug der Schicksale von einzelnen und Gruppen, von Ständen und Schichten zum mitleidenden Beobachter einer großen *comédie humaine*. Im Wissen um die Hektik und die Gefährdungen einer ins Grenzenlose sich verlierenden, gleichermaßen sensiblen wie tätigen, nervösen wie brutalen Welt, bei dem Bemühen, die Geschichte der Industrialisierung in einem aufgeklärten Sinne zu begreifen, kann man die Bedeutung eines Wortes von *Günter Grass* ermessen: »Nur wer den Stillstand im Fortschritt kennt und achtet, wer schon einmal, wer mehrmals aufgegeben hat, wer auf dem leeren Schneckenhaus gesessen und die Schattenseiten der Utopie bewohnt hat, kann Fortschritt ermessen.«[386]

Anmerkungen

1 H. Chr. Andersen: *Eines Dichters Basar.* Weimar o. J., S. 33, 25.
2 Vgl. zum Nachfolgenden W. Müller: *Die wirtschaftlich-technische Entwicklung des Eisenbahnwesen in Mittelfranken im 19. Jahrhundert.* Zulassungarbeit für das Lehramt an Voksschulen. Pädagogische Hochschule der Universität Erlangen-Nürnberg. Nürnberg 1969 (ungedruckt).
3 J. P. Eckermann: *Gespräche mit Goethe in den letzten Jahren seines Lebens.* Wiesbaden 1949, S. 558 f.
4 F. List: Das deutsche Eisenbahnsystem II, 1841. In: *Schriften, Reden, Briefe.* Im Auftrag der Friedrich-List-Gesellschaft hrsg. von. E. v. Beckerath, K. Goeser, F. Lenz, W. Notz, E. Salin, A. Sommer. Berlin 1932 ff., Band 3, S. 331.
5 F. List: Das deutsche Eisenbahnsystem III, 1841; a.a.O., S. 347 ff.
6 Vgl. hierzu S. Strandh: *Die Maschine. Geschichte, Elemente, Funktion.* Freiburg/Basel/Wien 1980, S. 113 ff. A. Hemberger: *Die Eisenbahnfibel.* Bamberg 1954.
7 W. Müller: a.a.O., S. 46 ff.
8 K. Bosl: *Der technische Fortschritt in Bayerns Staat und Gesellschaft.* Festvortrag zum Verfassungstag 1979. Sonderdruck Nürnberg 1980, S. 13.
9 Zit. nach D. Sternberger: *Panorama oder Ansichten vom 19. Jahrhundert.* Hamburg 1955, S. 25.
10 W. Schivelbusch: *Geschichte der Eisenbahnreise. Zur Industrialisierung von Raum und Zeit im 19. Jahrhundert.* München/Wien 1977, S. 16.
11 E. Geibel: *Gesammelte Werke in acht Bänden.* Stuttgart/Berlin 1906, Band 3, S. 4 ff.
12 Zit. nach R. R. Rossberg: *Vom Reiz der Eisenbahn.* Künzelsau/Thalwil/Straßburg/Salzburg 1979, S. 231.
13 Zit. nach C. Magris: Das Schreiben und das wilde Leben des alten Mannes. Zu Italo Svevos 50. Todestag. In: *Akzente,* Heft 6/1978, S. 509.
14 D. v. Liliencron: *Ausgewählte Gedichte,* Berlin, Leipzig 1907, S. 11 f.
15 Zit. nach W. Schivelbusch: *Geschichte der Eisenbahnreise;* a.a.O., S. 74.
16 Ebda., S. 74.
17 F. Kafka: Das dritte Oktavheft. In: *Gesammelte Werke,* Band 6. Frankfurt am Main (Fischer Taschenbuch Verlag) 1976, S. 54.
18 Zit. nach R. R. Rossberg: *Vom Reiz der Eisenbahn;* a.a.O., S. 214 f.
19 Zit. nach W. Schivelbusch: *Geschichte der Eisenbahnreise;* a.a.O., S. 39.
20 H. Bebber: Uhrmacherei. In: H. Glaser/W. Ruppert/N. Neudecker (Hrsg.): *Industriekultur in Nürnberg. Eine deutsche Stadt im Maschinenzeitalter.* München 1980, S. 156.
21 L. Thoma: *Gesammelte Werke.* München 1925, Band 1, S. 633 f.
22 Vgl. F. Grube/G. Ritter: *Das große Buch der Eisenbahnen.* Hamburg 1979, S. 274 ff.
23 K. Fischer: *Denkwürdigkeiten und Erinnerungen eines Arbeiters.* Herausgegeben und mit einem Geleitwort versehen von P. Göhre. Leipzig 1903, Band 1, S. 123 ff.
24 Hierzu und für das Folgende U. O. Ringsdorf: *Der Eisenbahnbau südlich Nürnberg. 1841–1849.* Nürnberg 1978, S. 103, 117 ff.
25 Zit. nach ebda., S. 167.
26 P. Rosegger: *Als ich noch der Waldbauernbub war.* Leipzig 1905, S. 99 ff.
27 Zit. nach K. O. Conrady (Hrsg.): *Das große deutsche Gedichtbuch.* Kronberg/Ts. 1977, S. 563.
28 Th. Mann: *Der Zauberberg;* o.O. 1954, S. 7 ff.
29 U. v. Kardorff: Säle der verlorenen Schritte. In: *Süddeutsche Zeitung,* 1. März 1979. Dazu Centre Georges Pompidou: *Le Temps des Gares.* Paris 1979 (Ausstellungskatalog). Deutsche Fassung Berlin 1980.
30 E. Straub: Verlorene Illusionen. Die Zeit der Bahnhöfe. In: *Frankfurter Allgemeine Zeitung,* 27. Januar 1979.
31 G. Engelhard: Die Liebhaber des Bahnhofs. In: *Deutsche Zeitung,* 1. Juni 1979.
32 H. Chr. Andersen: *Eines Dichters Basar;* a.a.O., S. 22 f.
33 Vgl. W. Schadendorf: *Das Jahrhundert der Eisenbahn.* München 1965, S. 52.
34 Ebda., S. 58.
35 Th. Mann: *Bekenntnisse des Hochstaplers Felix Krull.* Frankfurt am Main (S. Fischer Verlag) 1965, S. 202.
36 R. Dehmel: Vierter Klasse. Zit. nach R. R. Rossberg: *Vom Reiz der Eisenbahn;* a.a.O., S. 293.
37 J. Kerner: Im Eisenbahnhofe. Zit. nach R. R. Rossberg: *Vom Reiz der Eisenbahn;* a.a.O., S. 184.
38 W. Schivelbusch: *Geschichte der Eisenbahnreise;* a.a.O., S. 161.
39 G. Mattenklott: Reisezeit. In: *Merkur,* Nr. 374/1979, S. 681.
40 M. Proust: Auf der Suche nach der verlorenen Zeit. Zit. nach G. Mattenklott: Reisezeit; a.a.O., S. 683.
41 Th. Wolfe: Dunkel im Walde, fremd wie die Zeit. Zit. nach R. R. Rossberg: *Vom Reiz der Eisenbahn;* a.a.O., S. 421.

42 P. Heyse: Auf dem Bahnhof. Zit. nach R. R. Rossberg: *Vom Reiz der Eisenbahn;* a.a.O., S. 188.
43 Chr. Morgenstern: Das Häuschen an der Bahn. Zit. nach R. R. Rossberg: *Vom Reiz der Eisenbahn;* a.a.O., S. 201.
44 G. Hauptmann: *Gesammelte Werke in sechs Bänden.* Berlin o. J., Band 6, S. 26.
45 Zit. nach G. A. Ritter/J. Kocka: *Deutsche Sozialgeschichte. Dokumente und Skizzen.* Band II: 1870–1914. München 1977, S. 25.
46 H. Hauser: Les méthodes allemandes d'expansion économique. Paris 1915. Zit. nach G. A. Ritter/J. Kocka: *Deutsche Sozialgeschichte;* a.a.O., S. 18 f.
47 Zit. nach Werkbund Bayern: *Kontakte und Informationen. Johann Klöcker zum Thema Umweltpublizistik.* München 1979, S. 71.
48 Zit. nach R. Braun/W. Fischer/H. Großkreutz/H. Volkmann (Hrsg.): *Industrielle Revolution. Wirtschaftliche Aspekte.* Köln 1976, S. 22.
49 Ebda., S. 41.
50 Vgl. E. Friedell: *Kulturgeschichte der Neuzeit.* München 1929, Band 2, S. 301 f.
51 A. Smith: Untersuchungen über die Natur und die Ursachen des Nationalreichtums. Zit. nach R. Braun u. a. (Hrsg.): *Industrielle Revolution;* a.a.O., S. 44.
52 E. Friedell: *Kulturgeschichte der Neuzeit;* a.a.O., S. 302.
53 Hierzu R. M. Hartwell: Die Ursachen der Industriellen Revolution. Ein Essay zur Methodologie. P. Mathias: Wer entfesselte Prometheus? Naturwissenschaft und technischer Wandel von 1600–1800. Beide in R. Braun u. a. (Hrsg.): *Industrielle Revolution;* a.a.O., S. 35 ff. und S. 121 ff. Ferner D. S. Landes: *Der entfesselte Prometheus. Technologischer Wandel und industrielle Entwicklung in Westeuropa von 1750 bis zur Gegenwart.* Köln 1973.
54 Vgl. M. Weber: *Die protestantische Ethik und der Geist des Kapitalismus.* O. O. 1905.
55 Hierzu und für das Folgende G. A. Ritter/J. Kocka: *Deutsche Sozialgeschichte;* a.a.O., S. 11 f.
56 Ebda., S. 14.
57 A. Thun: Die Industrie am Niederrhein und ihre Arbeiter. Leipzig 1879. Zit. nach G. A. Ritter/J. Kocka: *Deutsche Sozialgeschichte;* a.a.O., S. 23.
58 Zit. nach G. A. Ritter/J. Kocka: *Deutsche Sozialgeschichte;* a.a.O., S. 26.
59 M. Stürmer: *Herbst des Alten Handwerks. Quellen zur Sozialgeschichte des 18. Jahrhunderts.* München 1979, S. 277.
60 Zit. nach ebda., S. 278.
61 Ebda., S. 324.
62 Vgl. W. Ruppert: Sigmund Schuckert, Mechaniker. In: H. Glaser/W. Ruppert/N. Neudecker: *Nürnbergs Industriekultur;* a.a.O., S. 84 f.
63 A. Stifter: *Der Nachsommer.* München 1964, S. 67 f.
64 P. v. Matt: Die Schwäche des Vaters und das Vergnügen des Sohnes. In: *Neue Rundschau,* 2. Heft/1979, S. 206 ff.
65 Ebda., S. 207.
66 Ebda., S. 207.
67 Zit. nach W. Fischer: *Hebbel. Maria Magdalene.* Frankfurt am Main/Berlin/Bonn 1958, S. 38 f.
68 Vgl. *Kindlers Literatur Lexikon.* Band IV. Zürich 1968, S. 2341.
69 Museum der Stadt Rüsselsheim: *Fabrikzeitalter. Dokumente zur Geschichte der Industrialisierung am Beispiel Rüsselsheim.* Gießen 1976, S. 34.
70 P. Adam: Lebenserinnerungen eines alten Kunstbuchbinders. Stuttgart 1951. Zit. nach W. Pöls: *Deutsche Sozialgeschichte. Dokumente und Skizzen.* Band I: 1815–1870. München 1973, S. 213.
71 G. Fischer: *Kleines Lesebuch für Sonntags- und Fortbildungsschulen,* München o. J., S. 164 f.
72 I. Weber-Kellermann: *Die Kindheit.* Frankfurt am Main 1979, S. 158 ff.
73 W. Blos: *Die Deutsche Revolution. Geschichte der Deutschen Bewegung von 1848 und 1849.* Hrsg. und eingeleitet von Hans J. Schütz. Berlin/Bonn 1978, S. 378.
74 Ebda., S. 381.
75 G. Keller: *Gesammelte Werke.* Stuttgart/Berlin 1915, Band 5, S. 59.
76 Ebda., S. 64 f.
77 W. Meyer: *Das Vereinswesen der Stadt Nürnberg im 19. Jahrhundert.* Nürnberg 1970, S. 181.
78 Zit. nach G. Schwarz: »Nahrungsstand« und »erzwungener Gesellenstand«. Mentalité und Strukturwandel des bayerischen Handwerks im Industrialisierungsprozeß um 1860. Berlin o. J., S. 61.
79 Ebda., S. 145.
80 Ebda., S. 148.
81 K. Marx/F. Engels. *Studienausgabe in vier Bänden.* Hrsg. von I. Fetscher, Frankfurt am Main 1966, Band 1, S. 118 ff.

82 P. Marschalck: Zur Rolle der Stadt für den Industrialisierungsprozeß in Deutschland in der 2. Hälfte des 19. Jahrhunderts. In: J. Reulecke (Hrsg.): *Die deutsche Stadt im Industriezeitalter. Beiträge zur modernen deutschen Stadtgeschichte.* Wuppertal 1978, S. 61.

83 Vgl. K. Rohe/H. Kühr: *Politik und Gesellschaft im Ruhrgebiet. Beiträge zur regionalen Politikforschung.* Königstein/Ts. 1979, S. 142.

84 A. Haardt u. a.: »... *und vor allen Dingen, dat is' wahr!« Eindrücke und Erfahrungen aus der Filmarbeit mit alten Menschen im Ruhrgebiet.* Duisburg 1978, S. 96 f.

85 G. Werner: *Ein Kumpel. Erzählung aus dem Leben der Bergarbeiter.* Berlin 1929, S. 123 f.

86 Vgl. hierzu R. Rübberdt: *Geschichte der Industrialisierung. Wirtschaft und Gesellschaft auf dem Weg in unsere Zeit.* München 1972, S. 79.

87 Ebda., S. 80 f.

88 K. Bröger: *Die singende Stadt.* Nürnberg 1913, S. 9.

89 G. Weerth: Fragment eines Romans. Zit. nach H. M. Enzensberger u. a. (Hrsg.): *Klassenbuch 1. Ein Lesebuch zu den Klassenkämpfen in Deutschland 1756–1850.* Darmstadt und Neuwied 1972, S. 180 f.

90 P. Göhre: *Drei Monate Fabrikarbeiter und Handwerksbursche.* Leipzig 1891, S. 1.

91 Ebda., S. 42 f.

92 Ebda., S. 87.

93 Zit. nach G. A. Ritter/J. Kocka: *Deutsche Sozialgeschichte;* a.a.O., S. 153.

94 Vgl. A. Gehlen: *Die Seele im technischen Zeitalter. Sozialpsychologische Probleme in der industriellen Gesellschaft.* Hamburg 1957, S. 36.

95 A. Afritsch: *Der Kinderfreund Anton Afritsch.* Graz 1958. Zit. nach F. G. Kürbisch (Hrsg.): *Wir lebten nie wie Kinder. Ein Lesebuch.* Berlin/Bonn 1979, S. 114 f.

96 F. Nietzsche: *Werke.* Hrsg. von K. Schlechta. Frankfurt am Main/Berlin/Wien 1979, Band 2, S. 131.

97 K. Marx/F. Engels: *Studienausgabe;* a.a.O., Band 2, S. 127 f.

98 E. Friedell: *Kulturgeschichte der Neuzeit.* München 1931, Band 3, S. 99.

99 Zit. nach G. A. Ritter/J. Kocka: *Deutsche Sozialgeschichte;* a.a.O., S. 112.

100 R. Wagner: *Der Ring des Nibelungen. Ein Bühnenfestspiel für drei Tage und einen Vorabend. Das Rheingold und die Walküre.* Frankfurt am Main 1910, S. 33. Für das Nachfolgende H. Glaser: *Sigmund Freuds Zwanzigstes Jahrhundert. Seelenbilder einer Epoche. Materialien und Analysen.* München 1976 (als Fischer Taschenbuch Bd. 6395), S. 62 ff.

101 F. A. Lange: *Geschichte des Materialismus und Kritik seiner Bedeutung in der Gegenwart.* Iserlohn 1877, S. 456 f.

103 M. Weber: *Die protestantische Ethik und der Geist des Kapitalismus.* Tübingen 1934, S. 198 f.

103 Vgl. H. Lüthy: Protestantismus und Kapitalismus. Die These Max Webers und die Folgen. In: *Merkur,* Nr. 203/1965, S. 104.

104 G. Simmel: *Philosophie des Geldes.* Leipzig 1907, S. VIII.

105 Ebda., S. 98 f.

106 Ebda., S. 128.

107 Ebda., S. 531.

108 Vgl. dazu D. Sternberger: *Panorama oder Ansichten vom 19. Jahrhundert.* Hamburg 1955, S. 94 ff.

109 H. G. Zmarzlik: Der Sozialdarwinismus in Deutschland als geschichtliches Problem. In: *Vierteljahreshefte für Zeitgeschichte,* Heft 3/1963, S. 250 f.

110 S. Freud: Formulierungen über die zwei Prinzipien des psychischen Geschehens. In: A. Mitscherlich/A. Richards/J. Strachey (Hrsg.): *Sigmund Freud.* Studienausgabe. Frankfurt am Main (S. Fischer Verlag) 1969 ff. Band 3, S. 17.

111 Th. Mann: *Buddenbrooks.* Zürich o. J., S. 598.

112 St. Zweig: *Die Welt von Gestern. Erinnerungen eines Europäers.* Frankfurt am Main (S. Fischer Verlag) 1970, S. 14 f.

113 W. Ruppert: *Bürgerlicher Wandel – Studien zur Herausbildung einer nationalen deutschen Kultur im 18. Jahrhundert.* Als Dissertation gedruckt. München 1977, S. 113.

114 B. Loewenstein: *Handel, Frieden und Aufklärung;* o.O., o. J., S. 128.

115 Zit. nach J. W. Goette/D. Mayer/Ch. Stumpf: *Kleine Leute. Ideologiekritische Analysen zu Nestroy, Weerth und Fallada.* Frankfurt am Main/Berlin/München 1979, S. 53.

116 Zit. nach *Kindlers Literatur Lexikon.* Zürich 1971, Band 4, S. 1667 f.

117 G. Freytag: *Soll und Haben.* München 1977, S. 835.

118 H. Rudolph: Die Anstrengung, ein Bürger zu sein. Zur Neuausgabe von Gustav Freytags ›Soll und Haben‹. In: *Frankfurter Allgemeine Zeitung,* 9. Juli 1977.

119 P. Göhre: *Das Warenhaus.* Frankfurt am Main 1907, S. 104 f.

120 W. Kempowski: *Aus großer Zeit.* Hamburg 1978, S. 26 f.

121 P. Göhre: *Das Warenhaus;* a.a.O., S. 36 f.

122 Zit. nach ebda., S. 103.

123 *Nürnberger Generalanzeiger,* Samstag, 18. April 1908.

124 G. Richter: *Erbauliches, belehrendes, wie auch vergnügliches Kitsch-Lexikon von A bis Z.* Gütersloh/Berlin/München/Wien 1972, S. 227.

125 *Zeitdokument Werbung. Am Beispiel NIVEA von 1912–1977* (1912). Hamburg o. J.

126 P.-K. Schuster: Schön und kolossal. Industrie-Ikonen. In H. Glaser/W. Ruppert/N. Neudecker: *Industriekultur in Nürnberg.* a.a.O., S. 294.

127 W. Bölsche: *Das Liebesleben in der Natur. Eine Entwicklungsgeschichte der Liebe.* Leipzig 1901, S. 6.

128 P. Göhre: *Das Warenhaus;* a.a.O., S. 12.

129 W. Spies: Der Heilige Antonius im Metzgerladen. Schaufenster von gestern. In: *Frankfurter Allgemeine Zeitung,* 16. Juli 1977.

130 P. Dehn: *Das neue Nürnberg und seine internationale Bedeutung.* München 1883, S. 15.

131 Katalog der *Bayerischen Landes-Industrie-Gewerbe- und Kunst-Ausstellung.* Nürnberg 1882. Vorwort.

132 Zit. nach J. F. Wittkop: *Europa im Gaslicht. Die hohe Zeit des Bürgertums 1848–1914.* Zürich/Freiburg im Breisgau 1979, S. 64.

133 *Weltausstellungen im 19. Jahrhundert.* Idee, Auswahl und Texte: Chr. Beutler. Mit einem Beitrag von G. Metken. Die Neue Sammlung. München o. J., S. V.

134 Ebda., S. XI.

135 Ebda., S. XVIII.

136 Ebda., S. XI f.

137 K. Pinthus: *Menschheitsdämmerung. Ein Dokument des Expressionismus.* Hamburg 1959 (1920), S. 42 f.

138 R. Rübberdt: *Geschichte der Industrialisierung;* a.a.O., S. 269.

139 H. Matzerath: Städtewachstum und Eingemeindungen im 19. Jahrhundert. In J. Reulecke (Hrsg.): *Die deutsche Stadt im Industriezeitalter;* a.a.O., S. 67 ff.

140 H. Matzerath: Städtewachstum; a.a.O., S. 87.

141 Zit. nach G. Hermann: *Das Biedermeier im Spiegel seiner Zeit.* Berlin/Leipzig/Wien/Stuttgart o. J., S. 55.

142 K. Mann: *Der Wendepunkt.* Frankfurt am Main 1952, S. 144.

143 W. Hofmann: Preußische Stadtverordnetenversammlung als Repräsentativorgane. In J. Reulecke (Hrsg.): *Die deutsche Stadt;* a.a.O., S. 50.

144 Für das Folgende W. Meyer: *Das Vereinswesen der Stadt Nürnberg im 19. Jahrhundert.* Nürnberg 1970, S. 119 ff.

145 Zit. nach J. P. Kleihues/E. Spiegel/H. Bönnighausen: Planungsbeispiel Siedlung Dahlhauser Heide Bochum. Dortmunder Architekturhefte, Nr. 12, Köln 1978, S. 11.

146 Zit. nach: Das 19. Jahrhundert. Industrialisierung – Soziale Frage. *Informationen zur Politischen Bildung.* Bonn 1975, S. 19.

147 Zit. nach A. Müller: Armenquartier. In: H. Glaser/W. Ruppert/N. Neudecker (Hrsg.): *Industriekultur in Nürnberg;* a.a.O., S. 39.

148 Zit. nach F. Heer: *Der Glaube des Adolf Hitler. Anatomie einer politischen Religiosität.* München/Esslingen 1968, S. 58.

149 Th. Fontane: Frau Jenny Treibel. In: *Gesammelte Werke.* Eine Auswahl in fünf Bänden. Berlin 1915, Band 3, S. 308 f.

150 C. Pese: Beletage. In H. Glaser/W. Ruppert/N. Neudecker (Hrsg.): *Industriekultur in Nürnberg;* a.a.O., S. 40 f.

151 Zit. nach J. P. Kleihues u. a.: Planungsbeispiel Siedlung Dahlhauser Heide; a.a.O., S. 11.

152 Ebda.

153 M. Scharfe u. a.: *Das andere Tübingen. Kultur und Lebensweise der Unteren Stadt im 19. Jahrhundert.* Untersuchungen des Ludwig-Uhland-Instituts der Universität Tübingen. Sonderband. Tübingen 1978, S. 231.

154 Ebda., S. 247.

155 Zit. nach K. D. Schwarz: *Weltkrieg und Revolution in Nürnberg.* Stuttgart 1971, S. 23.

156 Hierzu R. Binder: Die Nürnberg-Fürther Straßenbahn. In G. Hirschmann/W. Schultheiß (Hrsg.): *Verkehrsentwicklung Nürnbergs im 19. und 20. Jahrhundert.* Nürnberg 1972, S. 252 ff.

157 Zit. nach G. A. Ritter/J. Kocka: *Deutsche Sozialgeschichte;* a.a.O., S. 53.

158 Ebda., S. 54 f.

159 Zit. nach G. Hermann: *Das Biedermeier im Spiegel seiner Zeit.* Berlin/Leipzig/Wien/Stuttgart 1913, S. 282 f.

160 Zit. nach Kölnischer Kunstverein: *Entwurf zu einem Lexikon von Reliquien und Relikten aus zwei Jahrtausenden.* ›Köln Incognito‹ nach einer Idee von Daniel Spoerri. Köln 1979, S. 169.

161 G. Riedl: Die bayerische Gewerbeaufsicht 1879–1979. In Bayerisches Staatsministerium für Arbeit und Sozialordnung: *100 Jahre Bayerische Gewerbeaufsicht. 1879–1979.* München 1979, S. 15.

162 A. Tschechow: Krankenzimmer Nr. 6. Zit. nach Die ärztliche Kunst. In: *Süddeutsche Zeitung,* 24./25./26. Dezember 1979.

163 *Festschrift* zur Eröffnung des neuen Krankenhauses der Stadt Nürnberg. Nürnberg 1898, S. V f.

164 A. v. Chamisso: *Sämtliche Werke in vier Bänden.* Leipzig o. J., Band 1, S. 173 f.

165 Akten des Stadtarchivs Nürnberg: Armenpflegschaftsrat Nr. 1.

166 Zit. nach H. Rischbieter: Wann spielt »Die Wupper«? In: *Theater heute,* Nr. 8/1976, S. 29.

167 E. Lasker-Schüler: Die Wupper. In: *Theater heute;* a.a.O., S. 41.

168 H. Ihering. In: *Theater heute;* a.a.O., S. 29.

169 E. Lasker-Schüler: Die Wupper. In: *Theater heute;* a.a.O., S. 39.

170 H. Ihering. In: *Theater heute;* a.a.O., S. 29.

171 G. A. Ritter/J. Kocka: *Deutsche Sozialgeschichte;* a.a.O., S. 288.

172 Ebda., S. 288 f.

173 J.-W. Goette: Kritik des Bürgertums. Georg Weerths ›Humoristische Skizzen aus dem deutschen Handelsleben‹. In: J. W. Goette/D. Mayer/Chr. Stumpf: ›*Kleine Leute‹. Ideologiekritische Analysen zu Nestroy, Weerth und Fallada;* a.a.O., S. 55.

174 E. Bloch: *Erbschaft dieser Zeit.* Frankfurt am Main 1962, S. 33 ff.

175 G. A. Ritter/J. Kocka: *Deutsche Sozialgeschichte;* a.a.O., S. 244.

176 Th. Mann: *Buddenbrooks.* Frankfurt am Main/Hamburg 1965, S. 477 f.

177 Ebda., S. 478.

178 A. Popp: *Jugend einer Arbeiterin.* Berlin/Bonn-Bad Godesberg 1977, S. 48.

179 H. J. Schütz: Einleitung zu *Jugend einer Arbeiterin;* a.a.O., S. 8.

180 E. M. Johansen: *Betrogene Kinder. Eine Sozialgeschichte der Kindheit.* Frankfurt am Main (Fischer Taschenbuch Bd. 6622) 1978.

181 Ebda., S. 76.

182 Vgl. ebda., S. 101.

183 Ebda., S. 82.

184 Zit. nach ebda., S. 93 f.
185 Vgl. E. Roters: »Aber wehe, wehe, wehe, wenn ich auf das Ende sehe«. In: *Puppe, Fibel, Schießgewehr. Das Kind im kaiserlichen Deutschland*. Ausstellungskatalog der Akademie der Künste. Berlin 1977, S. 12.
186 F. Braun: Wer seinen Sohn lieb hat, der züchtigt ihn. Um 1912. In: W. Emmerich (Hrsg.): *Proletarische Lebensläufe. Autobiographische Dokumente zur Entstehung der Zweiten Kultur in Deutschland*. Band 2: 1914–1945. Reinbek bei Hamburg 1975, S. 75.
187 E. Key: *Das Jahrhundert des Kindes. Studien*. Berlin 1905. Motto.
188 I. Weber-Kellermann: *Die Kindheit. Eine Kulturgeschichte*. Frankfurt am Main 1979, S. 90 ff.
189 H. Hesse: *Unterm Rad*. Berlin 1956, S. 13, 10, 124, 242 f.
190 M. Gregor-Dellin (Hrsg.): *Deutsche Schulzeit. Erinnerungen und Erzählungen aus drei Jahrhunderten*. München 1979, S. 28.
191 Zit. nach ebda., S. 16 f.
192 St. Zweig: *Die Welt von Gestern. Erinnerungen eines Europäers*. Frankfurt am Main (S. Fischer Verlag) 1970, S. 35.
193 Zit. nach P. v. Rüden/K. Koszyk (Hrsg.): *Dokumente und Materialien zur Kulturgeschichte der deutschen Arbeiterbewegung. 1848–1918*. Frankfurt am Main/Wien/Zürich 1979, S. 24.
194 Vgl. F. K. Ringer: Bildung, Wirtschaft und Gesellschaft in Deutschland 1800–1960. In: *Geschichte und Gesellschaft*, Heft 1/1980, S. 5 ff.
195 F. Paulsen: *Das deutsche Bildungswesen in seiner geschichtlichen Entwicklung*. Leipzig 1912, S. 171.
196 Zit. nach Gregor-Dellin: *Deutsche Schulzeit*; a.a.O., S. 114.
197 J. Paul: Billet an meine Freunde anstatt einer Vorrede. Leben des Quintus Fixlein. *Jean Pauls Werke*. Dritter Teil. Berlin o. J., S. 9 ff.
198 H. Heine: *Werke und Briefe in zehn Bänden*. Hrsg. von H. Kaufmann. Berlin-Ost 1961, Band 3, S. 41.
199 Zit. nach M. Zimmermann: *Die Gartenlaube als Dokument ihrer Zeit*. München o. J., S. 11.
200 Vgl. W. Busch: *Humoristischer Hausschatz mit 1500 Bildern*. München 1925, S. 123 f. (»Tobias Knopp«).
201 Th. Mann: *Bekenntnisse des Hochstaplers Felix Krull*. In: Gesammelte Werke, o.O. 1960, Band 7, S. 268 f.
202 D. Sternberger: *Panorama oder Ansichten vom 19. Jahrhundert*. Hamburg 1955, S. 161 ff.
203 Vgl. H. Glaser: *Sigmund Freuds Zwanzigstes Jahrhundert. Seelenbilder einer Epoche*. München 1976 (als Fischer Taschenbuch Bd. 6395), S. 76 ff.
204 E. Friedell: *Kulturgeschichte der Neuzeit*. München 1931, Band 3, S. 358 f.
205 W. Benjamin: *Berliner Kindheit um Neunzehnhundert*. Frankfurt am Main 1962, S. 119, 121 ff.
206 Fr. v. Schiller: *Gedichte und Dramen*. Hrsg. von G. Güntter. Stuttgart o. J., S. 81 f.
207 C. Julius: Alltägliche Biographien. In: *Nürnbergs Industriekultur*. Denkschrift des Schul- und Kulturreferats der Stadt Nürnberg. Nürnberg 1978, S. B 59 ff.
208 H. Ibsens Werke. 3. Buch. *Meisterdramen*. Berlin o. J., S. 93 f.
209 Ebda., S. 95 ff.
210 J. Wettstein-Adelt: *3 1/2 Monate Fabrik-Arbeiterin*. Berlin 1893, S. 1.
211 Ebda., S. 3. Die nachfolgenden Zitate auf den Seiten 6, 11, 18, 20, 23, 24 f., 25, 26, 42 f., 48 f., 68, 68 f., 101.
212 Vgl. M. L. Könneker: *Mädchenjahre. Ihre Geschichte in Bildern und Texten*. Darmstadt und Neuwied 1978, S. 103.
213 I. Weber-Kellermann: *Die Familie*. Frankfurt am Main 1976, S. 104.
214 Ebda., S. 104.
215 Th. Fontane: Der Stechlin. In: *Gesammelte Werke*. Berlin 1915, Band 5, S. 173.
216 R. Engelsing: Die Wohnungen der Dienstboten. In: *Frankfurter Hefte*, Heft 2/1976, S. 37.
217 Ebda., S. 38.
218 A. Wiesmüller: *Erinnerungen einer alten Dienerin. 1878–1965*; o.O., o. J. (Privatdruck).
219 A. v. Chamisso: *Sämtliche Werke in vier Bänden*. Leipzig o. J., Band 1, S. 26.
220 S. Freud: Die ›kulturelle‹ Sexualmoral und die moderne Nervosität. In: Ders.: *Studienausgabe*. Hrsg. von A. Mitscherlich/A. Richards/J. Strachey. Band IX. Frankfurt am Main (S. Fischer Verlag) 1974, S. 21 f.
221 Ebda., S. 15.
222 A. Schnitzler: *Jugend in Wien. Eine Autobiographie*. Wien/München/Zürich 1968, S. 160 f.
223 E. Bleuler (Hrsg.): *Dulden. Aus der Lebensbeschreibung einer Armen*. München 1910. Zit. nach W. Gottschalch: *Vatermutterkind. Deutsches Familienleben zwischen Kulturromantik und sozialer Revolution*. Berlin 1979, S. 84.
224 St. Zweig: *Die Welt von Gestern. Erinnerungen eines Europäers*; a.a.O., S. 72 f.
225 R. Michels: *Die Grenzen der Geschlechtsmoral*. München/Leipzig 1911. Zit. nach W. Gottschalch: *Vatermutterkind*; a.a.O., S. 87 f.
226 F. Wedekind: *Frühlings Erwachen. Eine Kindertragödie*. München/Leipzig 1914, S. 21.
227 Th. Castner: Frühlings Erwachen. In H. Glaser/W. Ruppert/N. Neudecker: *Industriekultur in Nürnberg*; a.a.O., S. 272 ff.
228 F. Schleiermacher: Versuch einer Theorie des geselligen Betragens. In: *Schleiermachers Werke*. 2 Bände. Hrsg. von O. Braun. Leipzig 1927, S. 1 ff.
229 Vgl. hierzu U. Achten: *Illustrierte Geschichte des 1. Mai*. Oberhausen 1979.
230 Zit. nach: *Sozialdemokrat Magazin* Nr. 3/4 1979, S. 23.
231 Zit. nach W. Schivelbusch: *Das Paradies, der Geschmack und die Vernunft. Eine Geschichte der Genußmittel*. München/Wien 1980, S. 161.
232 Vgl. hierzu D. Hoffmann/D. Pokorny/A. Werner: Arbeiterjugendbewegung in Frankfurt 1904–1945. Material zu einer verschütteten Kulturgeschichte. In: *100 Jahre Historisches Museum Frankfurt am Main 1878 bis 1978. Drei Ausstellungen zum Jubiläum*. Frankfurt 1978.
233 A. Stauder: *Über Gartenkolonien*. Nürnberg 1909, S. 23.
234 Zit. nach P. v. Rüden/K. Koszyk (Hrsg.): *Dokumente und Materialien zur Kulturgeschichte der deutschen Arbeiterbewegung. 1848–1918*. Frankfurt am Main/Wien/Zürich 1979, S. 19.
235 Zit. nach P. v. Rüden (Hrsg.): *Beiträge zur Kulturgeschichte der deutschen Arbeiterbewegung. 1848–1918*. Frankfurt am Main/Wien/Zürich 1979, S. 21.
236 Ebda.
237 Vgl. hierzu R. Lindner/H. Th. Breuer: *»Sind doch nicht alles Beckenbauers«. Zur Sozialgeschichte des Fußballs im Ruhrgebiet*. Frankfurt am Main 1978.
238 S. Gehrmann: Fußball in einer Industrieregion. Das Beispiel F.C. Schalke 04. In J. Reulecke/W. Weber: *Fabrik, Familie, Feierabend. Beiträge zur Sozialgeschichte des Alltags im Industriezeitalter*. Wuppertal 1978, S. 387.
239 H. v. Schmid: Die Berge grüßen. In K. Stieler/H. v. Schmid: *Wanderungen im Bayerischen Gebirge und Salzkammergut*. München 1976 (Reprint), S. 1.
240 K. Stieler: Städtisches Landleben. In K. Stieler/H. v. Schmid: *Wanderungen*; a.a.O., S. 183.
241 G. Beier: Arbeiterbildung als Bildungsarbeit. In: P. v. Rüden (Hrsg.): *Beiträge zur Kulturgeschichte der deutschen Arbeiterbewegung*; a.a.O., S. 46.
242 Vgl. W. Gottschalch/F. Karrenberg/F. J. Stegmann: *Geschichte der sozialen Ideen in Deutschland*. Hrsg. von H. Grebing. München/Wien 1969, S. 8 f.
243 Zit. nach U. Schulz (Hrsg.): *Die deutsche Arbeiterbewegung 1848–1919 in Augenzeugenberichten*. München 1976, S. 24.
244 Vgl. B. Jostock: Gibt es noch ein Proletariat? In M. Feuersenger (Hrsg.): *Gibt es noch ein Proletariat?* Frankfurt am Main 1962, S. 12.
245 F. J. Stegmann: Geschichte der sozialen Ideen im deutschen Katholizismus. In W. Gottschalch u. a.: *Geschichte der sozialen Ideen*; a.a.O., S. 333.
246 Ebda., S. 334.
247 Zit. nach ebda., S. 335.
248 Ebda., S. 408.
249 Ebda., S. 408.
250 F. Karrenberg: Geschichte der sozialen Ideen im deutschen Protestantismus des 19. Jahrhunderts; in W. Gottschalch u. a.: *Geschichte der sozialen Ideen*; a.a.O., S. 577.
251 Ebda., S. 579.
252 Ebda., S. 584 f.
253 Zit. nach J. Hohlfeld: *Dokumente der Deutschen Politik und Geschichte von 1848 bis zur Gegenwart*. 1. Band: Die Reichsgründung und das Zeitalter Bismarcks 1848–1890. Berlin/München o. J., S. 22.
254 U. Schulz (Hrsg.): *Die deutsche Arbeiterbewegung 1848–1919*; a.a.O.
255 Zit. nach St. Hermlin: *Deutsches Lesebuch. Von Luther bis Liebknecht*. München 1976, S. 394 f.
256 Zit. nach O. F. Best/H. J. Schmitt: *Die deutsche Literatur. Ein Abriß in Text und Darstellung*. Band 8: Romantik I. Hrsg. von H. J. Schmitt. Stuttgart 1975, S. 209.
257 H. Heine: *Werke und Briefe in zehn Bänden*; Band 2, a.a.O., S. 343 f.
258 Zit. nach U. Schulz (Hrsg.): *Die deutsche Arbeiterbewegung 1848–1919;* a.a.O., S. 32.
259 F. Lassalle: *Arbeiterprogramm*. Stuttgart 1973, S. 44, 42.
260 Zit. nach P. Bleuel: *Ferdinand Lassalle oder der Kampf wider die verdammte Bedürfnislosigkeit. Eine Biographie*. München 1979, S. 46 f.
261 H. Heine: *Werke und Briefe in zehn Bänden;* Band 9: Briefe 1839–1856. a.a.O., S. 216.
262 U. Schulz (Hrsg.): *Die deutsche Arbeiterbewegung*; a.a.O., S. 139.
263 Zit. nach K. O. Conrady (Hrsg.): *Das große deutsche Gedichtbuch*; a.a.O., S. 509.
264 In: *Vorwärts*, 14. August 1913, S. 1.
265 Zit. nach K. Sauer/G. Weerth: *Lorbeer und Palme. Patriotismus in deutschen Festspielen*. München 1971, S. 138.
266 Ebda., S. 139 f.
267 H. Marcuse: Über den affirmativen Charakter der Kultur. In: *Kultur und Gesellschaft I*. Frankfurt am Main 1965, S. 66.
268 F. Nietzsche: *Werke*. Hrsg. von K. Schlechta. Frankfurt am Main/Berlin/Wien 1976, Band 3, S. 706.
269 W. Hartmann: *Der historische Festzug. Seine Entstehung und Entwicklung im 19. und 20. Jahrhundert*. München 1976, S. 7 f.
270 G. Keller: Der grüne Heinrich. In: *Gesammelte Werke*. Stuttgart/Berlin 1915, Band 2, S. 182 f.
271 W. Hardtwig: Traditionsbruch und Erinnerung. Zur Entstehung des Historismusbegriffs. In: M. Brix/M. Steinhauser (Hrsg.): *»Geschichte allein ist zeitgemäß«. Historismus in Deutschland*. Lahn-Gießen 1978, S. 25.
272 Zit. nach M. Schulte: Rettiche, Ochsen und Ludwigs schönster Tag. Die Bavaria zu München. In H. J. Hoch (Hrsg.): *Wallfahrtsstätten der Nation. Vom Völkerdenkmal zur Bavaria*. Frankfurt am Main 1971, S. 29.
273 F. Heyl: Des Deutschen Volkes Ehrentag. Eröffnung des Niederwalddenkmals. In: *Die Gartenlaube*, Jg. 1883, S. 551 f.
274 Zit. nach H. Mayer (Hrsg.): *Meisterwerke deutscher Literaturkritik*. Berlin 1954 ff., Band 2, S. 637 f.
275 F. Nietzsche: *Werke*. Hrsg. von K. Schlechta. München 1954, Band 1, S. 561.
276 Stadtarchiv Nürnberg: *Stadtchronik 1909*, S. 577.
277 Zit. nach: *Friedrich Schiller. Leben, Werk und Wirkung. Eine Ausstellung zum Gedächtnis der 200. Wiederkehr seines Geburtstages*. Schillermuseum Marbach am Neckar 1959, S. 222 f.
278 F. Schiller: Über die ästhetische Erziehung des Menschen (1793). In: *Schillers Werke*. Frankfurt am Main 1966, Band 4, S. 195.

279 Vgl. hierzu W. Hofmann: *Das irdische Paradies. Kunst im 19. Jahrhundert.* München 1960. P. Vogt: *Was sie liebten. Salonmalerei im 19. Jahrhundert.* Köln 1969.
280 Zit. nach L. Greve/W. Volke (Hrsg.): *Jugend in Wien. Literatur um 1900.* Katalog einer Ausstellung des Deutschen Literaturarchivs im Schiller-Nationalmuseum Marbach a. N. Stuttgart 1974, S. 285.
281 W. Ross: Ekstasen unserer Großeltern. Die Literatur der Jugendstilzeit. In: *Die Zeit,* 16. August 1968.
282 Vgl. hierzu J. Frecot/F. Geist/D. Kerbs: *Fidus, 1868–1948. Zur ästhetischen Praxis bürgerlicher Fluchtbewegungen.* München 1972. Ferner Akademie der Künste Berlin: *Monte verità. Berg der Wahrheit. Lokale Anthropologie als Beitrag zur Wiederentdeckung einer neuzeitlichen sakralen Topographie.* Berlin 1979.
283 Zit. nach J. Frecot u. a.: *Fidus;* a.a.O., S. 290.
284 R. M. Rilke: Die Aufzeichnungen des Malte Laurids Brigge. In: *Sämtliche Werke.* Frankfurt am Main 1966, Band 6, S. 710.
285 Zit. nach L. Greve/M. Pehle/H. Westhoff (Hrsg.): *Hätte ich das Kino! Die Schriftsteller und der Stummfilm.* Eine Ausstellung des Deutschen Literaturarchivs im Schiller-Nationalmuseum Marbach a. N. Stuttgart 1976, S. 16.
286 A. Hauser: *Sozialgeschichte der Kunst und Literatur.* München 1953, Band 2, S. 481 ff.
287 Ebda., S. 496.
288 Ebda., S. 497.
289 Vgl. W. Benjamin: *Das Kunstwerk im Zeitalter seiner technischen Reproduzierbarkeit.* Frankfurt am Main 1963.
290 S. Kracauer: *Das Ornament der Masse. Essays.* Frankfurt am Main 1963, S. 279.
291 Zit. nach Museen der Stadt Köln: ›*In unnachahmlicher Treue‹. Photographie im 19. Jahrhundert – ihre Geschichte in den deutschsprachigen Ländern.* Köln 1979, S. 28.
292 U. Peters: Die beginnende Photographie und ihr Verhältnis zur Malerei. In: ›*In unnachahmlicher Treue‹;* a.a.O., S. 66.
293 Hierzu A. Barret: *Die ersten Photoreporter. 1848–1914.* Frankfurt am Main (S. Fischer Verlag) 1978, S. 5 ff.
294 Ebda., S. 8.
295 Zit. nach S. Freud: Die ›kulturelle‹ Sexualmoral und die moderne Nervosität. In ders.: *Studienausgabe.* Bd. 9, a.a.O., S. 15.
296 S. Freud: Das Unbehagen in der Kultur. In ders.: *Studienausgabe.* Band 9, a.a.O., S. 218 f.
297 Vgl. G. A. Ritter/J. Kocka: *Deutsche Sozialgeschichte,* a.a.O., S. 93.
298 M. Sperr: *Das große Schlager-Buch. Deutsche Schlager 1800 – heute.* München 1978, S. 29.
299 W. Sombart: *Die deutsche Volkswirtschaft im 19. und im Anfang des 20. Jahrhunderts;* o.O. 1919, S. 1 ff.
300 Zit. nach M. J. B. Rauck/G. Volke/F. P. Paturi: *Mit dem Rad durch zwei Jahrhunderte. Das Fahrrad und seine Geschichte.* Stuttgart 1979, S. 18.
301 C. Rabis/C. Seidl: *Radlerei!* Wien o. J., S. 3.
302 W. Kempowski: *Aus großer Zeit.* Hamburg 1978, S. 92.
303 M. J. Rauck u. a.: *Mit dem Rad durch zwei Jahrhunderte;* a.a.O., S. 42.
304 In: *Jugend,* Nr. 35/1896.
305 Hierzu und für das Folgende R. Rübberdt: *Geschichte der Industrialisierung;* a.a.O., S. 117 ff.
306 H. Hesse: *Der Steppenwolf.* München 1963, S. 20 f.
307 Ebda., S. 150 f.
308 S. Freud: Zeitgemäßes über Krieg und Tod. In ders.: *Studienausgabe.* Bd. 9, a.a.O., S. 37.
309 Ebda., S. 38.
310 E. Jünger: *Der Kampf als inneres Erlebnis.* Berlin 1929, S. 33.
311 J. van Hoddis: *Gesammelte Dichtungen.* Hrsg. von P. Pörtner. Zürich 1958, S. 28.
312 E. Canetti: *Die gerettete Zunge. Geschichte einer Jugend.* München 1977, S. 70 f.
313 H. M. Enzensberger: *Der Untergang der Titanic. Eine Komödie.* Frankfurt am Main 1978, S. 9.
314 Bericht von E. Meister, Nürnberg.
315 O. M. Graf: *Wir sind Gefangene. Ein Bekenntnis.* Mit einem Nachwort von W. Jens. München o. J., S. 518.
316 Ebda., S. 463.
317 Ebda., S. 500.
318 A. Döblin: *Berlin Alexanderplatz. Die Geschichte von Franz Biberkopf.* Berlin 1929, S. 204.
319 Ebda., S. 82.
320 Centrum Industriekultur Nürnberg: *Lebensgeschichten. Zur deutschen Sozialgeschichte 1850–1950.* Ausstellungskatalog Nürnberg 1980, S. 156 f.
321 H. Fallada: *Kleiner Mann – was nun?* Hamburg 1950, S. 289 f.
322 Zit. nach S. Kracauer: *Die Angestellten.* Frankfurt am Main 1971, S. 36.
323 Zit. nach W. Laqueur: *Weimar. Die Kultur der Republik.* Frankfurt am Main/Berlin 1976, S. 351 f. Vgl. auch H. Glaser: *Literatur des 20. Jahrhunderts in Motiven.* Band II: 1918–1933. München 1979. Ders.: *Sigmund Freuds Zwanzigstes Jahrhundert;* a.a.O.
324 K. Pinthus (Hrsg.): *Menschheitsdämmerung. Ein Dokument des Expressionismus.* Hamburg 1959, S. 22 ff.
325 Ebda., S. 23.
326 H. Hesse: *Der Steppenwolf.* Berlin 1952, S. 59 f.
327 O. Spengler: *Der Untergang des Abendlandes. Umrisse einer Morphologie der Weltgeschichte.* München 1923, Band 1, S. 56.
328 Für das Nachfolgende H. Glaser: *Sigmund Freuds Zwanzigstes Jahrhundert;* a.a.O., S. 262 ff. Zitat nach H. P. Schwarz: *Der konservative Anarchist. Politik und Zeitkritik Ernst Jüngers.* Freiburg im Breisgau 1962, S. 68.
329 Zit. ebda., S. 69.
330 E. Jünger: *Das Wäldchen 125. Eine Chronik aus den Grabenkämpfen 1918.* Berlin 1925, S. 19.
331 E. Jünger: *Der Arbeiter. Herrschaft und Gewalt.* Hamburg 1932.
332 Zit. nach H. P. Schwarz: *Der konservative Anarchist;* a.a.O., S. 74.
333 O. Spengler: *Preußentum und Sozialismus.* München 1921.
334 Zit. nach H. P. Schwarz: *Der konservative Anarchist;* a.a.O., S. 77.
335 E. Jünger: *Der Arbeiter;* a.a.O., S. 65.
336 So etwa Klaus Mann 1930; vgl. M. Reich-Ranicki: Schwermut und Schminke. Zum Fall Klaus Mann aus Anlaß der zweibändigen Ausgabe seiner Briefe. In: *Frankfurter Allgemeine Zeitung,* 13. März 1976.
337 K. Sontheimer: *Antidemokratisches Denken in der Weimarer Republik. Die politischen Ideen des deutschen Nationalismus zwischen 1918 und 1933.* München 1962, S. 23.
338 Vgl. ebda., S. 306 ff.
339 Ebda., S. 308.
340 Ebda., S. 315.
341 J. Lesser: *Von deutscher Jugend.* Berlin 1932, S. 132.
342 Vgl. hierzu die Rolle, die der Staatsrechtler Carl Schmitt spielte. K. Sontheimer: *Antidemokratisches Denken;* a.a.O., S. 197.
343 Ebda., S. 331.
344 Vgl. H. Grimm: *Volk ohne Raum.* München 1928.
345 K. Sontheimer: *Antidemokratisches Denken;* a.a.O., S. 336.
346 Ebda., S. 338.
347 Ebda., S. 339 f.
348 Moeller van den Bruck: *Das Dritte Reich.* Hamburg 1932, S. 229 f.
349 Vgl. Sebastian Haffner u. a.: *Der Vertrag von Versailles.* München 1978.
350 H. Kesten: *Dichter im Café.* München/Wien/Basel 1965, S. 340.
351 K. Tucholsky: *Panter, Tiger & Co. Eine neue Auswahl aus seinen Schriften und Gedichten.* Hrsg. von M. Gerold-Tucholsky. Hamburg 1954, S. 13.
352 Vgl. A. Hitler: *Mein Kampf.* München 1934, S. 311 f., 44, 316 f., 324, 267, 314, 351, 70.
353 A. Rosenberg: *Blut und Ehre. Ein Kampf für die deutsche Wiedergeburt. Reden und Aufsätze 1919–1933.* München 1934, S. 221 ff.
354 Vgl. hierzu H. Pross: *Die Zerstörung der deutschen Politik. Dokumente 1871–1933.* Frankfurt am Main 1959.
355 M. Kaléko: *Das lyrische Stenogrammheft;* o.O. 1956, S. 21.
356 Vgl. hierzu R. Rübberdt: *Geschichte der Industrialisierung;* a.a.O., S. 104 f.
357 Zit. nach F. W. Hymmen: Überschätzt und unterschätzt: Hans Bredow. In: *Frankfurter Allgemeine Zeitung,* 23. November 1979.
358 *Berliner Illustrirte Zeitung,* 6. Januar 1924.
359 R. Arnheim: *Rundfunk als Hörkunst.* München/Wien 1979, S. 14 f.
360 Ebda., S. 137 f.
361 Zit. nach P. Dahl: *Arbeitersender und Volksempfänger. Proletarische Radio-Bewegung und bürgerlicher Rundfunk bis 1945.* Frankfurt am Main 1978, S. 13.
362 Zit. ebda., S. 15.
363 Zit. ebda., S. 20.
364 Zit. ebda., S. 24.
365 Zit. ebda., S. 39.
366 Zit. ebda., S. 95.
367 Zit. ebda., S. 108.
368 Zit. nach R. Binion: »*… daß ihr mich gefunden habt«. Hitler und die Deutschen: Eine Psychohistorie.* Stuttgart 1978, S. 15.
369 Zit. ebda., S. 78.
370 O. Borst: Geschichte muß man vergessen können. In: *Frankfurter Allgemeine Zeitung,* Jhg. 1977.
371 A. Demandt: *Metaphern für Geschichte. Sprachbilder und Gleichnisse im historisch-politischen Denken.* München 1979.
372 Vgl. D. Kamper: *Geschichte und menschliche Natur. Die Tragweite gegenwärtiger Anthropologiekritik.* München 1973.
373 Th. Nipperdey: Geschichte als Aufklärung. In: *Die Zeit,* 22. Februar 1980.
374 L. Niethammer: *Lebenserfahrung und kollektives Gedächtnis. Die Praxis der ›Oral History‹.* Frankfurt am Main 1980, S. 7 ff.
375 W. H. Pehle: *Geschichte als Hilfe zur rationalen Handlungsorientierung.* Abschlußvortrag, gehalten auf der Tagung ›Geschichte als Fluchtburg‹ in der Evangelischen Akademie Loccum. Oktober 1978. Abgedruckt in: Loccumer Protokolle 24/1978 ›Geschichte als Fluchtburg. Zum Phänomen historisches Sachbuch‹, S. 77 ff.
376 H. M. Enzensberger: *Gedichte 1955–1970.* Frankfurt am Main 1971, S. 128 f.
377 K. F. Müller-Reißmann: Die schwindende Wandlungsfähigkeit der Industriegesellschaft. In: *Frankfurter Hefte,* Heft 5/1979, S. 16.
378 Ebda., S. 17.
379 J. Strasser: Die 80er Jahre: Orwells Jahrzehnt? In: *L'80,* Heft 13/1980, S. 16 ff.
380 A. A. Guha: Das Notwendige wird utopisch. In: *Frankfurter Rundschau,* 9. August 1980. Vgl. auch A. A. Guha: *Der Tod in der Grauzone. Ist Europa noch zu verteidigen?* Frankfurt am Main (Fischer Taschenbuch Bd. 4217) 1980.
381 D. Meadows: *Die Grenzen des Wachstums. Bericht des Club of Rome zur Lage der Menschheit.* Stuttgart 1972, S. 164.
382 R. Dahrendorf: Im Entschwinden der Arbeitsgesellschaft. In: *Merkur,* Heft 8/1980, S. 755.
383 R. Schneider: Die Grünen – ein Unglück. In: *Der Spiegel,* Nr. 13/1980, S. 39.
384 Th. Leuenberger/R. Schilling: *Die Ohnmacht des Bürgers. Plädoyers für eine nachmoderne Gesellschaft.* Frankfurt am Main (S. Fischer Verlag) 1977.
385 Ebda., S. 233.
386 G. Grass: *Aus dem Tagebuch einer Schnecke.* Neuwied/Darmstadt 1972, S. 368.

Literaturverzeichnis

Herangezogene Literatur; aus den Anmerkungen wurden Titel des Sachschrifttums (also ohne Belletristik) nur dann übernommen, wenn vom Hauptthema her der vorrangige Bezug zum Bereich »Industriekultur«, aufgefächert nach den Kapiteln des Buches, gegeben ist.

Allgemeines

Berding, H. (Hrsg.): Wege der neuen Sozial- und Wirtschaftsgeschichte. In: Geschichte und Gesellschaft. Heft 1/1980.

Châtelet, F.: Die Philosophie im Zeitalter von Industrie und Wissenschaft (1860–1940). Frankfurt a. M./Berlin/Wien 1975.

Dreßen, W. (Hrsg.): 1848–1849. Chronik einer verlorenen Revolution. Berlin 1978.

Eggebrecht, A./Flemming, J. u. a. (Hrsg.): Geschichte der Arbeit. Vom Alten Ägypten bis zur Gegenwart. Köln 1980.

Gehlen, A.: Die Seele im technischen Zeitalter. Sozial-psychologische Probleme in der industriellen Gesellschaft. Hamburg 1957.

Greverus, I.-M. (Hrsg.): Kultur und Alltagswelt. Eine Einführung in Fragen der Kultur-anthropologie. München 1978.

Dies.: Auf der Suche nach Heimat. München 1979.

Hauser, A.: Sozialgeschichte der Kunst und Literatur. 2 Bände. München 1953.

Historisches Museum Frankfurt (Hrsg.): 100 Jahre Historisches Museum Frankfurt am Main 1878–1978. Drei Ausstellungen zum Jubiläum. Frankfurt a. M. 1978.

Johansen, E. M.: Betrogene Kinder. Eine Sozialgeschichte der Kindheit. Frankfurt a. M. (Fischer Taschenbuch Bd. 6622) 1978.

Killy, W. (Hrsg.): Zeichen der Zeit. Ein deutsches Lesebuch. Band 2-4. Frankfurt a. M./ Hamburg 1960.

Kohli, M. (Hrsg.): Soziologie des Lebenslaufs. Darmstadt/Neuwied 1978.

Kotowski, G./Pöls, W./Ritter, G. A. (Hrsg.): Das wilhelminische Deutschland. Stimmen der Zeitgenossen. Frankfurt a. M. 1965.

Lefebvre, H.: Kritik des Alltagslebens. 3 Bände. München 1975.

Niethammer, L. (Hrsg.): Lebenserfahrung und kollektives Gedächtnis. Die Praxis der »Oral History«. Frankfurt a. M. 1980.

Pohl, H. (Hrsg.): Sozialgeschichtliche Probleme in der Zeit der Hochindustrialisierung (1870–1914). Paderborn 1980.

Pöls, W. (Hrsg.): Deutsche Sozialgeschichte. Dokumente und Skizzen. Band I: 1815–1870. München 1976.

Pross, H. (Hrsg.): Die Zerstörung der deutschen Politik. Dokumente 1871–1933. Frankfurt a. M. 1959.

Ders. (Hrsg.): Deutsche Politik 1803–1870. Dokumente und Materialien. Frankfurt a. M. 1963.

Riehl, W. H.: Die bürgerliche Gesellschaft. Frankfurt a. M., Berlin/Wien 1976.

Ritter, G. A./Kocka, J. (Hrsg.): Deutsche Sozialgeschichte. Dokumente und Skizzen. Band II: 1870–1914. München 1977.

Rürup, R. (Hrsg.): Historische Sozialwissenschaft. Beiträge zur Einführung in die Forschungspraxis. Göttingen 1977.

Sande, T. A.: Industrial Archeology. A New Look at the American Heritage. Middlesex 1978.

Schnabel, F.: Deutsche Geschichte im neunzehnten Jahrhundert. 4 Bde. Freiburg/Br. 1929/1951.

Sternberger, D.: Panorama oder Ansichten vom 19. Jahrhundert. Hamburg 1955.

Ders.: Gerechtigkeit für das neunzehnte Jahrhundert. Zehn historische Studien. Frankfurt a. M. 1975.

Weichenstellung

Barret, A. (Hrsg.): Die große Zeit der Eisenbahnen. 1832–1914. Frankfurt a. M. (W. Krüger Verlag) 1979.

Centre Georges Pompidou (Hrsg.): Die Welt der Bahnhöfe. Berlin 1980.

Deutsche Bundesbahn (Hrsg.): Die Eisenbahn in der Kunst. Bonn 1958.

Deutsche Bundesbahn (Hrsg.): 125 Jahre Deutsche Eisenbahnen. Bonn 1960.

Grube, F./Richter, G. (Hrsg.): Das große Buch der Eisenbahn. Hamburg 1979.

Hemberger, A.: Die Eisenbahnfibel. Bamberg 1954.

Hornstein, A. v.: Eisenbahnmuseen, Denkmalloks, Touristikbahnen in aller Welt. Zürich 1973.

Logan, I.: Lost Glory. Eisenbahn in Amerika und ihre großen Tage. Frankfurt a. M. 1977.

Maedel, K.-E.: Liebe alte Bimmelbahn. Eine Erinnerung an unsere deutschen Klein- und Nebenbahnen. Stuttgart 1967.

Müller, W.: Die wirtschaftlich-technische Entwicklung des Eisenbahnwesens in Mittelfranken im 19. Jahrhundert – Beiträge zur landeskundlichen Technologie und Wirtschaft. Nürnberg 1969; ungedruckt.

Nagel, R. (Hrsg.): Abfahrt auf Gleis 11. Die schönsten Eisenbahngeschichten. München 1980.

Popp, W.: Gründung und Verwaltung der ersten deutschen Eisenbahn, der Ludwigsbahn, zwischen Nürnberg und Fürth. Eine rechtsgeschichtliche Betrachtung. Erlangen 1943.

Ringsdorf, U. O.: Der Eisenbahnbau südlich Nürnbergs 1841–1849. Organisatorische, technische und soziale Probleme. Nürnberg 1978.

Rossberg, R. R. (Hrsg.): Vom Reiz der Eisenbahn. Künzelsau/Thalwil/Straßburg/Salzburg 1979.

Schadendorf, W.: Das Jahrhundert der Eisenbahn. München 1965.

Schivelbusch, W.: Geschichte der Eisenbahnreise. Zur Industrialisierung von Raum und Zeit im 19. Jahrhundert. München/Wien 1977.

Stevens, A. N. (Hrsg.): Yankees Under Steam. An anthology of the best stories on the world of steam published in Yankee Magazine since 1935. Dublin, New Hampshire 1970.

Temming, R. L.: Illustrierte Geschichte der Eisenbahn. Braunschweig 1976.

White, R./Young, J. (Hrsg.): Eisenbahnen aus aller Welt. Freiburg i. Br. 1976.

Industrielandschaft

Baar, L.: Die Berliner Industrie in der industriellen Revolution. Westberlin 1966.

Bartetzko, D./Hoffmann, D./Junker A./Schmidt-Linsenhoff, V.: Wie Frankfurt photographiert wurde. 1850–1914. München 1977.

Bauer, K./Ruth, K. H.: Grube Camphausen. Neunkirchen o. J.

Bayrisches Landesamt für Denkmalpflege (Hrsg.): Vom Glaspalast zum Gaskessel. Münchens Weg ins technische Zeitalter. München 1978.

Bayrisches Staatsministerium für Arbeit und Sozialordnung (Hrsg.): 100 Jahre Bayerische Gewerbeaufsicht. 1879–1979. Bayreuth o. J.

Beiersdorf AG (Hrsg.): Zeitdokument Werbung am Beispiel NIVEA von 1912–1977. Hamburg o. J.

Brandstätter, C./Hubmann, F. (Hrsg.): Made in Germany. Die Gründerzeit deutscher Technik und Industrie in alten Photographien 1840–1914. Wien/München/Zürich 1977.

Braun, R./Fischer, W./Großkreutz, H./Volkmann, H. (Hrsg.): Industrielle Revolution. Wirtschaftliche Aspekte. Köln 1976.

Briggs, A.: Iron Bridge to Crystal Palace. Impact And Images of The Industrial Revolution. London 1979.

Buddensieg, T. (Hrsg.): Industriekultur. Peter Behrens und die AEG 1907–1914. Berlin o. J.

Crew, D. F.: Bochum. Sozialgeschichte einer Industriestadt 1860–1914. Frankfurt a. M./ Berlin/Wien 1980.

Deutscher Gewerkschaftsbund (Hrsg.): Arbeiter. Kultur und Lebensweise im Königreich Württemberg. Ludwig-Uhland-Institut für empirische Kulturwissenschaft, Universität Tübingen. Tübingen 1979.

Deutsches Museum München (Hrsg.): Kultur & Technik. Das Deutsche Museum – als Spiegel und im Spiegel. 75 Jahre Deutsches Museum. Heft 2/1978.

Drebusch, G.: Industriearchitektur. München 1976.

Eich, D.: Lothar von Faber. Ein Nürnberger Unternehmer des 19. Jahrhunderts. Nürnberg 1969.

Emmerich, W. (Hrsg.): Proletarische Lebensläufe. Autobiographische Dokumente zur Entstehung der Zweiten Kultur in Deutschland. 2 Bände. Reinbek 1974.

Enzensberger, H. M./Nitsche, R. (Hrsg.): Klassenbuch 1, 2, 3. Ein Lesebuch zu den Klassenkämpfen in Deutschland 1756–1850, 1850–1919, 1920–1971. Darmstadt/Neuwied 1972.

Fuhlrott Museum Wuppertal u. a. (Hrsg.): Das Wuppertal im 19. Jahrhundert. Wuppertal 1977.

Germanisches Nationalmuseum Nürnberg (Hrsg.): Peter Behrens und Nürnberg.

Geschmackswandel in Deutschland. Historismus, Jugendstil und die Anfänge der Industrieform. München 1980.

Glaser, H./Ruppert, W./Neudecker, N. (Hrsg.): Industriekultur in Nürnberg. Eine deutsche Stadt im Maschinenzeitalter. München 1980.

Göhre, P.: Drei Monate Fabrikarbeiter und Handwerksbursche. Eine praktische Studie. Leipzig 1891.

Göhre, P. (Hrsg.): Denkwürdigkeiten und Erinnerungen eines Arbeiters. 2 Bände. Leipzig 1903.

Göhre, P.: Das Warenhaus. In: Die Gesellschaft. Sammlung sozialpsychologischer Monographien. Hrsg. von Martin Buber. Frankfurt a. M. 1907.

Gömmel, R.: Wachstum und Konjunktur der Nürnberger Wirtschaft (1815–1914). Bamberg o. J.

Grote, L. (Hrsg.): Die deutsche Stadt im 19. Jahrhundert. München 1974.

Harten, J./Kurnitzky, H. (Hrsg.): Museum des Geldes. Über die seltsame Natur des Geldes in Kunst, Wissenschaft und Leben I, II. Düsseldorf 1978.

Henkel, M./Taubert, R.: Maschinenstürmer. Ein Kapitel aus der Sozialgeschichte des technischen Fortschritts. Frankfurt a. M. 1979.

Hobsbawm. E. J.: Die Blütezeit des Kapitals. Eine Kulturgeschichte der Jahre 1848–1875. Frankfurt (Fischer Taschenbuch Bd. 6404) 1980.

Holek, W.: Vom Handarbeiter zum Jugenderzieher. Lebensgang eines deutsch-tschechischen Handarbeiters. 2. Teil. Jena 1921.

Industriegewerkschaft Metall (Hrsg.): Vorwärts und nicht vergessen. Düsseldorf 1977.

Jentsch, R. (Hrsg.): Käthe Kollwitz. Radierungen, Lithographien, Holzschnitte. Esslingen 1979.

Kleihues, J. P. u. a. (Hrsg.): Siedlung Dahlhauser Heide Bochum. Gutachten über Bestand, Erhaltung, Erneuerung und Entwicklung. Greven 1978.

Klemm, F.: Kurze Geschichte der Technik. Freiburg/Basel/Wien 1961.

Kriedte, P./Medick, H./Schlumbohm, J.: Industrialisierung vor der Industrialisierung. Gewerbliche Warenproduktion auf dem Land in der Formationsperiode des Kapitalismus. Göttingen 1977.

Kuntz, A.: Der Dampfpflug. Bilder und Geschichte der Mechanisierung und Industrialisierung von Ackerbau und Landleben im 19. Jahrhundert. Marburg 1979.

Lacina, E.: Sigmund Schuckert. Nürnberg o. J.

Landes, D. S.: Der entfesselte Prometheus. Technologischer Wandel und industrielle Entwicklung in Westeuropa von 1750 bis zur Gegenwart. Köln 1973.

Landschaftsverband Westfalen-Lippe u. a. (Hrsg.): Fabrik im Ornament. Ansichten auf Firmenbriefköpfen des 19. Jahrhunderts. Münster 1980.

Lebeck, R. (Hrsg.): Reklame-Postkarten. Dortmund 1978.

Lütz, E. (Hrsg.): Der Hamburger Hafen 1880–1910. Luzern 1978.

Meininger, H./Doerrschuck, H.: 250 Jahre Karlsruhe. Die Chronik zum Jubiläum der Stadt. Karlsruhe 1965.

Mittig, H.-E./Plagemann, V. (Hrsg.): Denkmäler im 19. Jahrhundert. München 1972.

Mottek, H. (Hrsg.): Studien zur Geschichte der industriellen Revolution in Deutschland. West-Berlin 1960.

Murken, A. H.: Das Bild des deutschen Krankenhauses im 19. Jahrhundert. Münster 1978.

Museen der Stadt Nürnberg (Hrsg.): Der Ludwigs-Donau-Main-Kanal. Nürnberg o. J.

Museum der Stadt Rüsselsheim (Hrsg.): Fabrikzeitalter. Dokumente zur Geschichte der Industrialisierung am Beispiel von Rüsselsheim. Gießen 1976.

Neue Sammlung, Staatliches Museum für angewandte Kunst (Hrsg.): Weltausstellungen im 19. Jahrhundert. München 1973.

Pietsch, M.: Die Industrielle Revolution. Von Watts Dampfmaschine zu Automation und Atomkernspaltung. Freiburg/Basel/Wien 1961.

Puls, D. (Hrsg.): Wahrnehmungsformen und Protestverhalten. Studien zur Lage der Unterschichten im 18. und 19. Jahrhundert. Frankfurt a. M. 1979.

Reulecke, J. (Hrsg.): Die deutsche Stadt im Industriezeitalter. Beiträge zur modernen deutschen Stadtgeschichte. Wuppertal 1978.

Rohe, K./Kühr, H. (Hrsg.): Politik und Gesellschaft im Ruhrgebiet. Beiträge zur regionalen Politikforschung. Königstein/Ts. 1979.

Rübberdt, R.: Geschichte der Industrialisierung. Wirtschaft und Gesellschaft auf dem Weg in unsere Zeit. München 1972.

Ruhrfestspiele Recklinghausen '80 (Hrsg.): Aus Schacht und Hütte. Ein Jahrhundert Industriearbeit im Bild 1830–1930. Recklinghausen 1980.

Rürup, R. (Hrsg.): Technik und Gesellschaft im 19. und 20. Jahrhundert. In: Geschichte und Gesellschaft. Heft 2/1978.

Rusam, H.: Untersuchung der alten Dorfkerne im städtisch überbauten Bereich Nürnbergs. Nürnberg 1979.

Schneider, R. (Hrsg.): Denkmäler einer Industriestadt. Berlin 1978.

Selle, G.: Die Geschichte des Design in Deutschland von 1870 bis heute. Entwicklung der industriellen Produktkultur. Köln 1978.

Siemens, G.: Der Weg der Elektrotechnik. Geschichte des Hauses Siemens. Freiburg/München 1961.

Siemens, W. v.: Lebenserinnerungen. München 1966.

Stadtsparkasse Nürnberg (Hrsg.): Tradition und Fortschritt. 140 Jahre Stadtsparkasse Nürnberg. Entstehung und Entwicklung von 1821 bis 1961; o.O., o. J.

Stahlschmidt, R.: Quellen und Fragestellungen einer deutschen Technikgeschichte des frühen 20. Jahrhunderts bis 1945. Göttingen 1977.

Strandh, S.: Die Maschine. Geschichte, Elemente, Funktion. Freiburg i. Br. 1980.

Sturm, H.: Fabrikarchitektur, Villa, Arbeitersiedlung. München 1977.

Verein für Geschichte der Stadt Nürnberg (Hrsg.): Verkehrsentwicklung Nürnbergs im 19. und 20. Jahrhundert. Nürnberg 1972.

Vereinsbank in Nürnberg (Hrsg.): Bilder und Berichte aus hundert Jahren Bankgeschichte. Nürnberg 1971.

Volkshochschule Duisburg/Filmforum (Hrsg.): »… und vor allen Dingen, dat is' wahr!« Eindrücke und Erfahrungen aus der Filmarbeit mit alten Menschen im Ruhrgebiet. Duisburg 1979.

Wirth, I.: Eduard Gaertner. Der Berliner Architekturmaler. Frankfurt a. M./Berlin/Wien 1978.

Wittkop, J. F.: Europa im Gaslicht. Die hohe Zeit des Bürgertums 1848 bis 1914. Zürich 1979.

Zang, G. (Hrsg.): Provinzialisierung einer Region. Regionale Unterentwicklung und liberale Politik in der Stadt und im Kreis Konstanz im 19. Jahrhundert. Untersuchungen zur Entstehung der bürgerlichen Gesellschaft in der Provinz. Frankfurt a. M. 1978.

Von Ständen und Schichten

Achten, U. (Hrsg.): Süddeutscher Postillon. Berlin/Bonn 1979.

Ders.: Die Geschichte des 1. Mai. Oberhausen 1979.

Akademie der Künste (Hrsg.): Aspekte der Gründerzeit. 1870–1890; o.O. 1974.

Akademie der Künste Berlin (Hrsg.): Monte Verità. Berg der Wahrheit. Berlin 1979.

Akademie der Künste Berlin (Hrsg.): Puppe, Fibel, Schießgewehr. Das Kind im kaiserlichen Deutschland; o.O., o. J.

Arbeiterwohlfahrt, Kreisverband Nürnberg e. V. (Hrsg.): 60 Jahre Arbeiterwohlfahrt. Nürnberg o. J.

Baader, O.: Ein steiniger Weg. Lebenserinnerungen einer Sozialistin. Berlin/Bonn 1979.

Barthel, O. (Hrsg.): Die Schulen in Nürnberg 1905–1960 mit Einführung in die Gesamtgeschichte. Nürnberg o. J.

Bebel, A.: Aus meinem Leben. Frankfurt a. M. o. J.

Benjamin, W.: Berliner Kindheit um Neunzehnhundert. Frankfurt a. M. 1962.

Bleuel, H. P.: Ferdinand Lassalle oder der Kampf wider die verdammte Bedürfnislosigkeit. München 1979.

Bogdal, K.-M.: Schaurige Bilder. Der Arbeiter im Blick des Bürgers am Beispiel des Naturalismus. Frankfurt a. M. 1978.

Borchers, E. (Hrsg.): Das Poesiealbum. Verse zum Auf- und Abschreiben. Frankfurt a. M. 1979.

Böttger, F. (Hrsg.): Frauen im Aufbruch. Frauenbriefe aus dem Vormärz und der Revolution von 1848. Neuwied 1979.

Braun, R./Fischer, W./Großkreutz, H./Volkmann, H. (Hrsg.): Gesellschaft in der industriellen Revolution. Köln 1973.

Brix, M./Steinhauser, M. (Hrsg.): Geschichte allein ist zeitgemäß. Historismus in Deutschland. Lahn-Gießen 1978.

Bünger, F.: Entwicklungsgeschichte des Volksschullesebuches. Leipzig 1898. (Reprint Glashütten/Ts. 1972)

Campmann, R. W./Goehrke, K./Hensel, H./Peuckmann, H. (Hrsg.): Schulgeschichten. Frankfurt a. M. 1977.

Centrum Industriekultur (Hrsg.): Lebensgeschichten zur deutschen Sozialgeschichte 1850–1950. Nürnberg 1980.

Deneke, B./Kahsnitz, R. (Hrsg.): Das Germanische Nationalmuseum Nürnberg 1852–1977. München/Berlin 1978.

Dröscher, E.: Kinder-Photo-Album. Dortmund 1980.

Ferber, Chr.: Die Seidels. Geschichte einer bürgerlichen Familie. 1811 bis 1977. Stuttgart 1979.

Fischer, F.: Bündnis der Eliten. Zur Kontinuität der Machtstrukturen in Deutschland 1871–1945. Düsseldorf 1979.

Frauen-Reichssekretariat der KPD (Hrsg.): Die Not der Proletarierkinder. Berlin 1923.

Geist, J. F.: Passagen. München 1978.

Georg von Vollmar-Akademie (Hrsg.): Vom Untertan zum Staatsbürger. 130 Jahre bayerische Arbeiterbewegung; o.O., o. J.

Gerhard, A.: Konsumgenossenschaft und Sozialdemokratie. Nürnberg 1895.

Gnauck-Kühne, E.: Die Lage der Arbeiterinnen in der Berliner Papierwaren-Industrie. Eine sociale Studie. Leipzig 1896.

Göbels, H.: Hundert alte Kinderbücher aus dem 19. Jahrhundert. Eine illustrierte Bibliographie. Dortmund 1979.

Goette, J.-W. (Hrsg.): Arbeiterliteratur 2. Texte vom Vormärz bis zur Gegenwart. Frankfurt am Main/Berlin/München 1977.

Ders. (Hrsg.): Arbeiterliteratur. Texte zur Theorie und Praxis. Frankfurt a. M. 1978.

Ders./Mayer, D./Stumpf, C.: Kleine Leute. Ideologiekritische Analysen zu Nestroy, Weerth und Fallada. Frankfurt a. M. 1979.

Gottschalch, W.: Vatermutterkind. Deutsches Familienleben zwischen Kulturrevolution und sozialer Romantik. Berlin 1979.

Grebing, H. (Hrsg.): Geschichte der sozialen Ideen in Deutschland. München 1969.

Dies.: Geschichte der deutschen Arbeiterbewegung. Ein Überblick. München 1970.

Gregor-Dellin, M. (Hrsg.): Deutsche Schulzeit. Erinnerungen und Erzählungen aus drei Jahrhunderten. München 1979.

Grimm, R./Hermand, J. (Hrsg.): Deutsche Feiern. Wiesbaden 1977.

Grunwald, G./Merz, F. (Hrsg.): Vorwärts 1876–1976. Ein Querschnitt in Faksimiles. Berlin/Bonn-Bad Godesberg 1976.

Haller, J./Senften, P. (Hrsg.): Großmutters Schatzkästchen. Unterhaltsames Rezept- und Haushaltsbuch aus dem vorigen Jahrhundert. Gontenschwil 1976.

Hamburger Kunsthalle (Hrsg.): Ein Geschmack wird untersucht. Die G. C. Schwabe Stiftung. Hamburg o. J.

Hardach-Pinke, I./Hardach, G. (Hrsg.): Deutsche Kindheiten. Autobiographische Zeugnisse 1700–1900. Kronberg 1978.

Harenberg Kommunikation (Hrsg.): Musenklänge aus Deutschlands Leierkasten. Dortmund 1979.

Hartenstein, L. (Hrsg.): Facsimile Querschnitt durch den Kladderadatsch. München/Bern/Wien 1965.

Hartmann, W.: Der historische Festzug. Seine Entstehung und Entwicklung im 19. und 20. Jahrhundert. München 1976.

Heimrath, U. (Hrsg.): Deutsche Literatur im Wilhelminischen Zeitalter. Kunsttheoretische Schriften und literarische Beispiele. Frankfurt a. M./Berlin/München 1978.

Heinsen Becker, G.: Karl Bröger und die Arbeiterdichtung seiner Zeit. Die Publikumsgebundenheit einer literarischen Richtung. Nürnberg 1977.

Hepach, W.-D.: Ulm im Königreich Württemberg 1810–1848. Wirtschaftliche, soziale und politische Aspekte. Ulm 1979.

Hermann, G. (Hrsg.): Das Biedermeier im Spiegel seiner Zeit. Berlin/Leipzig/Wien/Stuttgart 1913.

Hirschmann, G.: Das Nürnberger Patriziat im Königreich Bayern 1806–1918. Eine sozialgeschichtliche Untersuchung. Nürnberg 1971.

Historisches Museum Frankfurt (Hrsg.): Schulgeschichte(n) von A bis Z. Für Kinder und Erwachsene. Frankfurt 1977.

Dass. (Hrsg.): Arbeiterjugendbewegung in Frankfurt 1904–1945. Material zu einer verschütteten Kulturgeschichte. Frankfurt 1978.

Historisches Museum der Stadt Wien (Hrsg.): Vor hundert Jahren. Wien 1879. Als Beispiel für die Zeit des Historismus. Wien o. J.

Hofmann, H. H./Franz, G. (Hrsg.): Deutsche Führungsschicht in der Neuzeit. Eine Zwischenbilanz. Boppard 1980.

Hubmann, F.: Das deutsche Familienalbum. Die Welt von Gestern in alten Photographien. Von der Romantik zum zweiten Kaiserreich. Herrsching o. J.

Industriegewerkschaft Metall für die Bundesrepublik Deutschland (Hrsg.): Fünfundsiebzig Jahre Industriegewerkschaft. 1891 bis 1966. Ein Bericht in Wort und Bild. Frankfurt a. M. 1966.

Kaminski, A.: Vom Polizei- zum Bürgerstaat. Zur Geschichte der Demokratie am Beispiel einer deutschen Stadt. Wuppertal 1976.

Klönne, A.: Die deutsche Arbeiterbewegung. Geschichte – Ziele – Wirkungen. Düsseldorf/Köln 1980.

Klucsarits, R./Kürbisch, F. G. (Hrsg.): Arbeiterinnen kämpfen um ihr Recht. Autobiographische Texte zum Kampf rechtloser und entrechteter »Frauenspersonen« in Deutschland, Österreich und in der Schweiz des 19. und 20. Jahrhunderts. Frankfurt a. M. o. J.

Koch, H. J. (Hrsg.): Wallfahrtsstätten der Nation. Vom Völkerschlachtdenkmal zur Bavaria. Frankfurt a. M. 1971.

Kocka, J. (Hrsg.): Arbeiterkultur im 19. Jahrhundert. In: Geschichte und Gesellschaft, Heft 1/1979.

Könneker, M.-L. (Hrsg.): Mädchenjahre. Ihre Geschichte in Bildern und Texten. Darmstadt/Neuwied 1978.

Krischker, G. C. (Hrsg.): Bamberg in alten Ansichtskarten. Frankfurt a. M. 1978.

Kunsthalle Bremen (Hrsg.): Simplicissimus. Eine satirische Zeitschrift. München 1896–1944. München 1977.

Kürbisch, F. G. (Hrsg.): Wir lebten nie wie Kinder. Ein Lesebuch. Berlin/Bonn 1979.

Lachmann, C. R. F.: Das Industrieschulwesen, ein wesentliches und erreichbares Bedürfnis aller Bürger- und Landschulen. Braunschweig/Helmstedt 1802. (Reprint Glashütten/Ts. 1973)

Lange, H.: Julius Curtius (1877–1948). Aspekte einer Politikerbiographie. Kiel 1970.

Lansdell, A.: Occupational Costume and working clothes, 1776–1976; o.O., o. J.

Lassalle, F.: Arbeiterprogramm. Stuttgart 1973.

Lebeck, R. (Hrsg.): Playgirls von damals. 77 alte Postkarten. Dortmund 1978.

Lindner, R./Breuer, H. Th.: Sind doch nicht alle Beckenbauers. Zur Sozialgeschichte des Fußballs im Ruhrgebiet. Frankfurt a. M. 1978.

Marcuse, L.: Mein zwanzigstes Jahrhundert. Auf dem Weg zu einer Autobiographie. Zürich 1975.

Mauer, B. u. a. (Hrsg.): Freie Volksbühne Berlin: Nichts muß bleiben wie es ist. 1890–1980; o.O., o. J.

Meyer, W.: Das Vereinswesen der Stadt Nürnberg im 19. Jahrhundert. Nürnberg 1970.

Miller, S.: Die Bürde der Macht. Die deutsche Sozialdemokratie 1918 bis 1920. Düsseldorf 1978.

Müller, H.: Dienstbare Geister. Leben und Arbeitswelt städtischer Dienstboten. Berlin 1981.

Müller, M.: Die Verdrängung des Ornaments. Zum Verhältnis von Architektur und Lebenspraxis. Frankfurt a. M. 1977.

Museum für Kunst und Gewerbe Hamburg (Hrsg.): Literatrubel 1900. Plakat und Buch der Jugendstil-Zeit. Hamburg 1979.

Neuer Vorwärts Verlag (Hrsg.): Vorwärts Sonderausgabe. 100 Jahre Gesetz gegen die Sozialdemokratie. Bonn 1978.

Niederrheinisches Museum der Stadt Duisburg (Hrsg.): Kinderleben – Kinderelend. Arbeiterkinder in der »guten alten Zeit«. Duisburg 1979.

Niethammer, L. (Hrsg.): Wohnen im Wandel. Beiträge zur Geschichte des Alltags in der bürgerlichen Gesellschaft. Wuppertal 1979.

Paul, W.: Das Feldlager. Jugend zwischen Langemarck und Stalingrad. Esslingen/München 1978.

Pforte, D.: Von unten auf. Studie zur literarischen Bildungsarbeit der frühen deutschen Sozialdemokratie und zum Verhältnis von Literatur und Arbeiterklasse. Gießen 1979.

Popp, A.: Jugend einer Arbeiterin. Berlin/Bonn-Bad Godesberg 1977.

Quennell, P. (Hrsg.): The Day Before Yesterday. A photographic album of daily life in Victorian and Edwardian Britain. New York 1978.

Ranke, W. (Hrsg.): Heinrich Zille. Photographien Berlin 1890–1910. München 1979.

Rehbein, F.: Das Leben eines Landarbeiters. Darmstadt/Neuwied 1973.

Rentsch, A. (Hrsg.): Fiduswerk. Eine Einführung in das Leben und Wirken des Meisters Fidus. Dresden 1925.

Reulecke, J./Weber, W. (Hrsg.): Fabrik – Familie – Feierabend. Beiträge zur Sozialgeschichte des Alltags im Industriezeitalter. Wuppertal 1978.

Richter, G. (Hrsg.): Die gute alte Zeit im Bild. Alltag im Kaiserreich 1871–1914. Gütersloh/Berlin/München/Wien 1974.

Richter, L.: Schiller's Lied von der Glocke in Bildern. Dresden o. J.

Ritter, G. A.: Wahlgeschichtliches Arbeitsbuch. Materialien zur Statistik des Kaiserreichs 1871–1918. München 1980.

Rivinius, K. J. (Hrsg.): Die soziale Bewegung im Deutschland des neunzehnten Jahrhunderts. München 1978.

Rocker, R.: Johann Most. Das Leben eines Rebellen. Berlin 1924. (Reprint Glashütten/Ts. 1973)

Rossmeissl, D.: Arbeiterschaft und Sozialdemokratie in Nürnberg 1890–1914. Nürnberg 1977.

Rovan, J.: Geschichte der deutschen Sozialdemokratie. Frankfurt a. M. (Fischer Taschenbuch Bd. 3433) 1980.

Rückel, G.: Die Fränkische Tagespost. Geschichte einer Parteizeitung. Nürnberg o. J.

Rüden, P. v. (Hrsg.): Beiträge zur Kulturgeschichte der deutschen Arbeiterbewegung 1848–1918. Frankfurt a. M./Wien/Zürich 1979.

Ruland, J.: Weihnachten in Deutschland. Bonn-Bad Godesberg 1978.

Rutschky, K. (Hrsg.): Schwarze Pädagogik. Quellen zur Naturgeschichte der bürgerlichen Erziehung. Frankfurt a. M./Berlin/Wien 1977.

Sass, H.-M.: Ludwig Feuerbach. In Selbstzeugnissen und Bilddokumenten. Reinbek 1978.

Sauer, K./Werth, G.: Lorbeer und Palme. Patriotismus in deutschen Festspielen. München 1971.

Schenda, R.: Die Lesestoffe der Kleinen Leute. Studien zur populären Literatur im 19. und 20. Jahrhundert. München 1976.

Schickedanz, H.–J. (Hrsg.): Der Dandy. Texte und Bilder aus dem 19. Jahrhundert. Dortmund 1980. (Reprint)

Schivelbusch, W.: Das Paradies, der Geschmack und die Vernunft. Eine Geschichte der Genußmittel. München/Wien 1980.

Schmid, H. v./Stieler, K.: Wanderungen im Bayerischen Gebirge und Salzkammergut. München 1976.

Schoenlank, B.: Zur Lage der arbeitenden Klasse in Bayern. Eine volkswirtschaftliche Skizze. Nürnberg 1887.

Schöfer, E. (Hrsg.): Der rote Großvater erzählt. Berichte und Erzählungen von Veteranen der Arbeiterbewegung aus der Zeit von 1914 bis 1945. Frankfurt a. M. (Fischer Taschenbuch Bd. 1445) 1974.

Schöndienst, E.: Geschichte des deutschen Bühnenvereins. Ein Beitrag zur Geschichte des Theaters 1846–1935. Frankfurt a. M./Berlin/Wien 1979.

Schreber, D. P.: Bürgerliche Wahnwelt um Neunzehnhundert. Denkwürdigkeiten eines Nervenkranken. Wiesbaden 1973.

Schröder, H. (Hrsg.): Die Frau ist frei geboren. Texte zur Frauenemanzipation. Band I: 1789–1870. München 1979.

Schröder, W. H.: Arbeitergeschichte und Arbeiterbewegung. Industriearbeit und Organisationsverhalten im 19. und frühen 20. Jahrhundert. Frankfurt 1978.

Schulte, R.: Sperrbezirke. Tugendhaftigkeit und Prostitution in der bürgerlichen Welt. Frankfurt a. M. 1979.

Schultze, J./Winter, A. (Hrsg.): Kunst im Alltag. Plakate und Gebrauchsgraphik um 1900. Bremen 1977.

Schulz, U. (Hrsg.): Die Deutsche Arbeiterbewegung 1848–1919 in Augenzeugenberichten. München 1976.

Schuster, P.-K.: Theodor Fontane: Effi Briest – Ein Leben nach christlichen Bildern. Tübingen 1978.

Schütz, H. J. (Hrsg.): Der wahre Jacob. Ein halbes Jahrhundert in Faksimiles. Berlin/Bonn-Bad Godesberg 1977.

Shorter, E.: Die Geburt der modernen Familie. Reinbek 1977.

Sichelschmidt, G.: Berliner Leben. Ein Photoalbum aus der Zeit der Jahrhundertwende. Berlin 1977.

Sparkasse Duisburg (Hrsg.): Bänkelsänger, Kolporteure, Folksänger. Straßenmusik vom 16. Jahrhundert bis zur Gegenwart. Duisburg 1979.

Staatliche Kunsthalle Berlin (Hrsg.): Die gesellschaftliche Wirklichkeit der Kinder in der bildenden Kunst. Berlin 1979.

Stadt Nürnberg (Hrsg.): Nürnberger Dürerfeiern 1828–1928. Nürnberg 1971.

Steinitz, W. (Hrsg.): Deutsche Volkslieder demokratischen Charakters aus sechs Jahrhunderten. Band I und Band II. West-Berlin 1979.

Stephan, C.: Genossen, wir dürfen uns nicht von der Geduld hinreißen lassen! Aus der Urgeschichte der Sozialdemokratie. Frankfurt a. M. 1977.

Stillich, O.: Die Lage der weiblichen Dienstboten in Berlin. Berlin 1902.

Stürmer, M. (Hrsg.): Herbst des Alten Handwerks. Quellen zur Sozialgeschichte des 18. Jahrhunderts. München 1979.

Teuteberg, H. J./Wiegelmann, G.: Der Wandel der Nahrungsgewohnheiten unter dem Einfluß der Industrialisierung. Göttingen 1972.

Theiss, K. (Hrsg.): Lebenserinnerungen des Glasmachers Germanus Theiss. Stuttgart 1978.

Treber, C. F.: Sächsische Kindheit. Frankfurt a. M./Berlin/Wien 1980.

Tübinger Vereinigung für Volkskunde e. V. (Hrsg.): Das andere Tübingen. Kultur und Lebensweise der Unteren Stadt im 19. Jahrhundert. Tübingen 1978.

Ueberhorst, H.: Deutsche Turnbewegung und deutsche Geschichte. Friedrich Ludwig Jahn und die Folgen. In: Aus Politik und Zeitgeschichte, 15. Juli 1978.

Vogt, P. (Hrsg.): Was sie liebten… Salonmalerei im 19. Jahrhundert. Köln 1969.

Vogt, W./Schmidt, K. (Hrsg.): Festzeitung für das 10. Deutsche Turnfest zu Nürnberg 1903. Nürnberg 1903.

Voltz, J. M.: Bilder aus dem Biedermeier. Baden-Baden 1957.

Weber- Kellermann, I.: Die Familie. Geschichte, Geschichten und Bilder. Frankfurt a. M. 1976.

Dies.: Die Kindheit. Kleidung und Wohnen. Arbeit und Spiel. Eine Kulturgeschichte. Frankfurt a. M. 1979.

Wiese, L. v.: Kadettenjahre. Ebenhausen bei München 1978.

Wirth, J. G. A.: Das Nationalfest der Deutschen zu Hambach. Neustadt a. H. 1832. (Reprint Vaduz 1977)

Zahn, E. (Hrsg.): Facsimile Querschnitt durch die Fliegenden Blätter. München/Bern/Wien 1966.

Ders. (Hrsg.): Facsimile Querschnitt durch die Jugend. München/Bern/Wien 1966.

Zola, F. E./Massin (Hrsg.): Emile Zola. Photograph. Eine Autobiographie in 480 Bildern. München 1979.

Die Lust am Untergang

Arnheim, R.: Rundfunk als Hörkunst. München/Wien 1979.

Arnold, F. (Hrsg.): Karl Arnold, Leben und Werk, München 1977.

Ders. (Hrsg.): Politische Plakate in Deutschland 1900–1970. Frankfurt/Wien/Zürich o. J.

Barret, A.: Die ersten Photoreporter 1848–1914. Frankfurt a. M. (W. Krüger Verlag) 1978.

Bierbaum, O. J.: Eine empfindsame Reise im Automobil. München 1979.

Blumenschein, U.: Luxusliner. Glanz und Elend der großen Passagierschiffe des Atlantiks. Oldenburg/Hamburg 1975.

Brecht, B.: Kuhle Wampe. Protokoll des Films und Materialien. Frankfurt a. M. 1969.

Canetti, E.: Die gerettete Zunge. Geschichte einer Jugend. München/Wien 1977. Auch als Fischer Taschenbuch Bd. 2083.

Centre Georges Pompidou (Hrsg.): Paris–Berlin 1900–1933. Übereinstimmungen und Gegensätze Frankreich–Deutschland. München 1979.

Clausberg, K.: Zeppelin. Die Geschichte eines unwahrscheinlichen Erfolges. München 1979.

Dahl, P.: Arbeitersender und Volksempfänger. Proletarische Radio-Bewegung und bürgerlicher Rundfunk bis 1945. Frankfurt a. M. 1978.

Dichand, H. (Hrsg.): Jugendstilpostkarten. Dortmund 1978.

Eskildsen, U./Horak, J.-C. (Hrsg.): Film und Foto der zwanziger Jahre. Eine Betrachtung der Internationalen Werkbundausstellung »Film und Foto« 1929. Stuttgart 1979.

Ferber, C. (Hrsg.): Uhu. Das Magazin der 20er Jahre; o.O., o. J.

Gebhardt, H.: Königlich bayerische Photographie. 1838–1918; o.O. und o. J.

Haffner, S. u. a. (Hrsg.): Der Vertrag von Versailles. München 1978.

Halfbrodt, D./Kehr, W. (Hrsg.): München 1919. Bildende Kunst. Fotografie der Revolutions- und Rätezeit. München 1977.

Hanschel, H.: Oberbürgermeister Hermann Luppe. Nürnberger Kommunalpolitik in der Weimarer Republik. Nürnberg 1979.

Hermand, J./Trommler, F. (Hrsg.): Die Kultur der Weimarer Republik. München 1978.

Honnef, K.: 150 Jahre Fotografie. Mainz 1977.

Ingold, F. P.: Literatur und Aviatik. Europäische Flugdichtung 1909–1927; o.O. 1976.

Just, K. G.: Von der Gründerzeit bis zur Gegenwart. Geschichte der deutschen Literatur seit 1871. Bern 1973.

Kisch, E. E. (Hrsg.): Klassischer Journalismus. Die Meisterwerke der Zeitung. München 1974.

Kranz-Michaelis, Ch.: Rathäuser im deutschen Kaiserreich 1871–1918. München 1976.

Laqueur, W.: Weimar. Die Kultur der Republik. Frankfurt a. M./Berlin 1976.

Matull, W.: Damals in Königsberg – Ein Buch der Erinnerung 1919–1939. München 1978.

Mayer, D. (Hrsg.): Hans Fallada: Kleiner Mann – was nun? Historische, soziologische, biographische und literaturgeschichtliche Materialien zum Verständnis des Romans. Frankfurt a. M./Berlin/München 1978.

Merten, K./Mohr, Chr.: Das Frankfurter Westend. Eine Dokumentation der Wohnbauten bis 1914. München 1974.

Möbius, H.: Progressive Massenliteratur? Revolutionäre Arbeiterromane 1927–1932; o.O. 1977.

Museen der Stadt Köln (Hrsg.): In unnachahmlicher Treue. Photographie im 19. Jahrhundert – ihre Geschichte in den deutschsprachigen Ländern. Köln 1979.

Neue Gesellschaft für Bildende Kunst (Hrsg.): Wem gehört die Welt – Kunst und Gesellschaft in der Weimarer Republik. Berlin 1977.

Pauly, E. (Hrsg.): 20 Jahre Café des Westens. Erinnerungen vom Kurfürstendamm. Berlin-Charlottenburg 1913/1914.

PEM (d.i. P. Markus): Heimweh nach dem Kurfürstendamm. Aus Berlins glanzvollsten Tagen und Nächten. Berlin 1952.

Rauck, M. J. B./Volke, G./Paturi, F. R.: Mit dem Rad durch zwei Jahrhunderte. Das Fahrrad und seine Geschichte. Aarau 1979.

Rennert, J. (Hrsg.): 100 Jahre Fahrradplakate. Berlin West 1974.

Richter, H. (Hrsg.): Dada 1916–1966. Dokumente der internationalen Dada-Bewegung. München o. J.

Riecken, H.: Die Männertracht im neuen Deutschland. Heckershausen b. Kassel 1934.

Rosenberg, H.: Große Depression und Bismarckzeit. Wirtschaftsablauf, Gesellschaft und Politik in Mitteleuropa. Berlin 1967.

Schnitzler, A.: Jugend in Wien. Eine Autobiographie. Wien/München/Zürich 1968.

Schwarz, K.-D.: Weltkrieg und Revolution in Nürnberg. Ein Beitrag zur Geschichte der deutschen Arbeiterbewegung. Stuttgart 1971.

Sloterdijk, P.: Literatur und Lebenserfahrung. Autobiographien der zwanziger Jahre. München 1978.

Sperr, M. (Hrsg.): Das große Schlager-Buch. Deutscher Schlager 1800 – heute; o.O., o. J.

Stadt Duisburg (Hrsg.): Kleiner Mann, was tun?! Volksstücke, Texte, Lieder. Duisburg 1979.

Stölzl, C. (Hrsg.): Die Zwanziger Jahre in München. Katalog zur Ausstellung im Münchner Stadtmuseum. München 1979.

Stürmer, M./Ziegler, S.: Das deutsche Kaiserreich und die europäischen Großmächte im Zeitalter des Imperialismus. München 1977.

Toeplitz, J.: Geschichte des Films 1895–1928. München o. J.

Toland, J.: Die große Zeit der Luftschiffe. Bergisch-Gladbach 1978.

Treue, W. (Hrsg.): Deutschland in der Weltwirtschaftskrise in Augenzeugenberichten. München 1976.

Waetzoldt, S./Haas, V. (Hrsg.): Tendenzen der Zwanziger Jahre. 15. Europäische Kunstausstellung unter den Auspizien des Europarates. Berlin 1977.

Wiener Radfahr-Club »Künstlerhaus« (Hrsg.): Radlerei! Wien o. J.

Wilde, A. und J. (Hrsg.): Friedrich Seidenstücker. Von Weimar bis zum Ende. Fotografien aus bewegter Zeit. Dortmund 1980.

Willsberger, J.: Alte Kameras. Dortmund 1979.

Wolf, W.: Fahrrad und Radfahrer. Dortmund 1979.

Zeller, B. (Hrsg.): Hätte ich das Kino! Die Schriftsteller und der Stummfilm. München/Stuttgart 1976.

Personenregister

Bildnachweis

(Bei mehreren Bildern auf einer Seite bezeichnet die Ziffer hinter dem Schrägstrich das jeweilige Bild in der Zählung von links nach rechts und von oben nach unten.

Archiv für Kunst und Geschichte Berlin: 67/1, 135
Bildarchiv H. Glaser, Roßtal: 9, 12/2, 13/1, 15/3, 17/1, 20/ 1, 20/2, 21/1, 21/2, 24/1, 24/2, 30/1, 32, 33/1, 33/2, 34/1, 44/2, 46/2, 47/1, 47/2, 51, 54/1, 54/2, 54/3, 55, 56/1, 59/2, 60/1, 60/2, 65, 69/1, 76/3, 78, 82, 83, 85/1, 86/1, 88/1, 94/2, 97/1, 101, 102/1, 107/2, 112/1, 112/2, 113, 116/2, 117/2, 121/1, 121/2, 122, 124/1, 126/1, 126/2, 128/2, 129/1, 132, 134/1, 134/2, 138, 142/1, 142/2, 145/1, 145/2, 146, 148, 151, 152/1, 152/2, 160/1, 160/2, 160/3, 163/1, 163/2, 166, 167/1, 170/1, 170/2, 173/2, 181, 196
Bildarchiv Werner-von-Siemens-Institut, München: 37, 114
Centrum Industriekultur, Nürnberg: 175
Faber-Castell Zentral Archiv, Stein bei Nürnberg: 89
Fackelträger Verlag Schmidt-Küster GmbH, Hannover: 94/1, 116/1
T. Felixmüller, Hamburg: 174/1
Germanisches Nationalmuseum Nürnberg: 30/2, 62, 76/1
Estate of George Grosz, Princeton, N.J.: 147, 173/1, 174/2, 176
H. Haase, Hamburg: Titelbild
E. Habbe, Erlangen: 108/1
A. Hascher, Aystetten: 110, 130

Hauptamt für Hochbauwesen Nürnberg/Bildstelle: 11/2, 11/3, 23/2, 23/3, 27, 64/2, 67/2, 70/2, 73, 76/2, 81, 93, 104, 109/1, 139, 140, 154
E. Hinz, Hamburg: 125/1
Historisches Museum Frankfurt am Main: 25, 52, 61, 64/1, 66, 79, 103
Historisches Zentrum Wuppertal, Bildarchiv: 80
Th. Hoff, Düsseldorf: 96
L. Kähler, Hamburg: 119
B. Katzer, Schwalbach: 17/2
B. Klein, Berlin: 102/2
K. Klemann, Berlin: 42
W. Klingebeil, Plattling: 163/3
R. Klöckner, Plön: 58
A. Kollwitz: 70/1, 77/3, 85/2, 90, 133
W. Konrad, Osthofen: 97/2
Kunsthistorisches Institut der Universität Bonn: 48, 63
Landesbildstelle Berlin: 69/2, 88/2, 91, 105
E. Langer, Stuttgart: 153
A. Lehmann, Berlin: 56/2
Lichtbildstelle der Bundesbahndirektion Nürnberg: 11/1, 19, 22, 29
MAN Werkarchiv Nürnberg: 13/2
E. Meister, Nürnberg: 95/1, 171
J. S. Mense, Schleswig: 127
E. Meyer, Rinteln: 193
Münchner Stadtmuseum: 15/1, 143
Museum der Stadt Rüsselsheim: 36, 40, 41/1, 41/2
H. Nousch, Berlin: 39
F. Pabst, Berlin: 125/3
W. Pehle, Frankfurt am Main: 28/1

K. Pfanner, Dernau/Ahr: 111, 118
M. Platte, Butzbach: 108/2
D. Prass, Lauf a. d. Pegnitz: 164/1
L. Radtke, Bremerhaven: 117/1
G. Reichelt, Essen: 189
Ruhrfestspiele Recklinghausen 1980/Städtische Museen: 45/1, 45/2
Ch. Scherer, Eglharting: 107/1
L. SChwerdberger, Nürnberg: 34/2, 99
L. Selhausen, Hagen: 162
Spielzeugmuseum der Stadt Nürnberg: 18, 26
Staatliche Landesbildstelle Hamburg: 95/2
Staatliche Museen zu Berlin, Hauptstadt der DDR, Nationalgalerie: 194
Stadtarchiv Nürnberg: 74, 124/2, 156
Stadtarchiv Wuppertal: 12/1
Stadtbibliothek Nürnberg: 136
Stadtgeschichtliche Museen Nürnberg: 15/2, 23/1, 43/1, 43/2, 44/1, 68, 71, 125/2
Stadt Köln: 141
Stadtsparkasse Nürnberg: 53
Ullstein Bilderdienst: 28/2, 46/1, 57, 59/1, 77/1, 86/2, 98, 128/1, 149, 150, 157, 158, 164/2, 167/2, 168, 169, 170/3, 172, 177, 178, 179, 180, 183, 184, 187, 190, 191, 192, 195, 197
G. Vaupel, Frankfurt am Main: 16
Verlag für Behörden und Wirtschaft (Aus dem Photoband »Damals«, Hof, 1980): 87, 159
B. Vesper, Bottrop: 109/2
H. Völker, Qickborn: 77/2
F. Wegener, Münster: 161
E. Zeddach, Köln: 129/2

Der Autor

Dr. Hermann Glaser; geb. 1928; Studium der Germanistik, Anglistik, Geschichte und Philosophie. Seit 1964 Schul- und Kulturdezernent der Stadt Nürnberg. Autor zahlreicher Bücher zu kultur- und literarhistorischen, soziologischen und sozialpsychologischen Themen, zuletzt »Sigmund Freuds 20. Jahrhundert« (Fischer Taschenbuch Bd. 6395), »Bundesrepublikanisches Lesebuch« (Fischer Taschenbuch Bd. 3809), »Literatur des 20. Jahrhunderts in Motiven«.